XINGSHIFA YANJIU

DIQIJUAN

XINGSHI ZERENLUN

刑事法研究

第七卷

刑事责任论

张智辉 著

中国检察出版社

图书在版编目（CIP）数据

刑事法研究．第七卷，刑事责任论／张智辉著．—
北京：中国检察出版社，2023.3
ISBN 978－7－5102－2876－6

Ⅰ.①刑…　Ⅱ.①张…　Ⅲ.①刑法－中国－文集②刑
事责任－中国－文集　Ⅳ.①D924.04－53

中国国家版本馆 CIP 数据核字(2023)第 033272 号

刑事法研究（第七卷·刑事责任论）

张智辉　著

责任编辑：葛晓湄
技术编辑：王英英
美术编辑：曹　晓

出版发行：中国检察出版社
社　　址：北京市石景山区香山南路 109 号（100144）
网　　址：中国检察出版社（www.zgjccbs.com）
编辑电话：（010）86423784
发行电话：（010）86423726　86423727　86423728
（010）86423730　86423732
经　　销：新华书店
印　　刷：北京联兴盛业印刷股份有限公司
开　　本：710 mm×960 mm　16 开
印　　张：34.5
字　　数：397 千字
版　　次：2023 年 3 月第一版　2023 年 3 月第一次印刷
书　　号：ISBN 978－7－5102－2876－6
定　　价：126.00 元

作者简介

张智辉，男，陕西武功人，1954 年 10 月生。法学博士，国务院政府特殊津贴享有者，首批“当代中国法学名家”。现任湖南大学教授、博士生导师，最高人民检察院咨询委员，中国行为法学会理论研究专业委员会主任。兼任国际刑法学协会中国分会副主席、中国刑法学研究会学术委员会副主任。曾任最高人民检察院检察理论研究所所长，中国检察官协会秘书长，中国检察学研究会秘书长，最高人民检察院司法体制改革领导小组办公室主任，国家检察官学院教授，中国廉政法制研究会副会长。

出版说明

拙作《刑事责任通论》一书于1995年由警官教育出版社出版后，曾于1999年获全国检察机关精神文明建设“金鼎奖”图书一等奖第一名。其缩写本《刑事责任比较研究》于1996年由中国台湾五南图书出版公司出版。本书问世后，受到海内外学者的关注。中国大陆著名刑法学家高铭暄教授对本书给予高度评价。中国台湾地区著名刑法学家蔡墩铭教授也惊叹大陆对刑事责任的研究远远超过了台湾地区，遂在其六十五华诞的时候以“刑事责任”为题出版纪念文集[1]，并邀请了包括本人在内的多位大陆学者撰写论文。

不过，也有学者对书中的个别观点提出了疑问。他们指出：刑事责任是犯罪的法律后果，只能是先有犯罪，而后才能有刑事责任，而本书作者却认为刑事责任可以先于犯罪而存在，显然是颠倒了犯罪与刑事责任的关系。其实，这是对书中基本观点的一个误解。在实然的层面上，确实是先有犯罪行为

〔1〕 该纪念文集即《现代刑事法与刑事责任》，由中国台湾五南图书出版公司1997年出版。

的实施，才会产生犯罪人的刑事责任问题。没有犯罪，就没有刑事责任。书中也是遵循这样的逻辑讨论刑事责任的基础与根据的。但是这并不妨碍在观念的层面上，立法者在考虑要不要把某种行为规定为犯罪时首先想到的是刑事责任。因为，对危害社会的行为用什么手段来规制，是立法者在讨论对该行为立法时必然要涉及的问题，而只有认为需要动用刑法手段追究该行为的刑事责任时，才会将其规定为犯罪。如果认为不需要追究刑事责任，立法者就不会将其规定为犯罪。这是不争的事实。对此，本书在此次修订中作了专门的说明。

此外，自1995年拙作出版后，刑法学界对刑事责任的研究依然活跃，先后出版了多部有关刑事责任的专著，许多刑法教科书也都设专章论述刑事责任。但并没有突破性的进展。鉴于刑事责任理论研究的现状，此次修订，并没有对本书的理论体系和主要观点进行大的修改，只是根据刑法、刑事诉讼法及相关法律的修改情况，对原来引用的法律条文序号及内容，按照新法进行了修改。同时，考虑到进入21世纪以来，外国刑法典翻译出版的情况，对第九章“刑事责任立法之比较”重新进行了校正，并补充修改了部分内容。

作　者

二〇二三年二月十日

原版序言

高铭暄[*]

刑事责任问题是近年来我国刑法学界着力研讨的热点问题之一。在相当长一段时间内，人们总是认为刑法是规定犯罪和刑罚的法律规范的总和，或者认为犯罪和刑罚是刑法的两个基本范畴，殊不知无论是犯罪还是刑罚，均离不开刑事责任。从特定意义上说，犯罪是应负刑事责任的行为；而刑罚则是行为人负刑事责任的法律后果。研究刑事责任，是对研究犯罪和刑罚问题的深化，也是从更高层次上对犯罪和刑罚这两种社会法律现象的联网。所以，将刑事责任作为刑法中的一个根本性的概念和范畴加以研究是非常必要的。确切地说，刑法学是研究刑法及其所规定的犯罪、刑事责任和刑罚的科学，而不仅仅是研究刑法及其所规定的犯罪和刑罚的科学。

可喜的是，近年来已有不少文章，其中也包括十余篇硕士

---

* 时任中国人民大学法学院教授、博士生导师，中国法学会副会长兼刑法学研究会总干事，国际刑法学协会中国分会副主席，国务院学位委员会学科评议组成员、法学组召集人。

学位论文和三篇博士学位论文，专门对刑事责任问题进行了研究，有的作者还公开出版了这方面的专著，如张明楷教授的《刑事责任论》（中国政法大学出版社 1992 年 5 月版）、宣炳昭副教授等的《犯罪构成与刑事责任——刑法学研究综述》（中国政法大学出版社 1993 年 8 月版）、张旭博士的《减免刑事责任比较研究》（长春出版社 1994 年 5 月版）等。现在，张智辉副编审的新著《刑事责任通论》又即将呈现在读者面前，从而把这一问题的研究推向一个新的高度。

我有幸率先读了智辉同志的样稿，感到本书确有不少特色。一是内容全面：诸如刑事责任的法律地位、历史轨迹、概念特征、基础根据、主体、程度、基本原则、立法比较等，均有涉及。二是研究深入：不仅提出问题，而且旁征博引、分析论证、比较鉴别，使每一个问题都有明确的说法和结论，充分表达作者的慧识卓见。三是联系实际：除了联系历史实际，注意问题发展的脉络之外，更重要的是联系中国当前的立法和司法实践，使抽象的理论思维得以化为具有可操作性内容的实践价值。四是资料翔实：书中引用了大量理论、历史和现实立法资料，或作为立论的根据、佐证，或作为辩驳、评判的对象，皆一一注明出处，使本书持之有故、言之及义，足以表明作者严谨的治学态度。当然，由于我国刑法学界对刑事责任问题的研究起步较晚，在许多问题上尚未取得共识，因此，尽管本书作者做了多年的潜心研究，出手不凡，成绩斐然，但难免在某些论点上也只是一家之言，尚有待实践的严格检验。不过，作为刑事责任的宏观理论著作，我认为本书的写作是成功的，其品位也是较高的。一些不同意见可以在“双百”方针指引下进一步展开讨论，真理越辩越明，这是我国包括刑法学在内的学术繁荣的必由之路。我寄望智辉同志发挥所长，再接再厉，在刑法学研究上作出新的更大的贡献。是为序。

一九九五年七月于北京

自 序

人到了老年往往会怀旧，喜欢回忆曾经的辉煌和趣事。一个学者，当学术思想枯竭的时候，也会追溯以往的成就，一方面是总结学术研究之路，宽慰自己的一生没有白过；另一方面也是给自己的家人、同行、亲友及弟子一个交代，留下一生劳苦的瞬间喜悦。

我与大多数学者有所不同。一方面，我不是一个专门从事学术研究或教学的学者。自 1984 年从中国人民大学刑法专业硕士研究生毕业之后，在中国人民公安大学学报编辑部（后来并入中国人民公安大学出版社）当编辑、编辑部主任、副总编辑，到 1996 年调入最高人民检察院检察理论研究所（亦称“中国检察理论研究所”）担任编译部主任、《检察理论研究》副主编、《中国刑事法杂志》主编（2012 年卸任），我一直从事为他人作嫁衣裳的工作。同时，在最高人民检察院检察理论研究所和司法体制改革领导小组办公室工作期间，我的主要精力是科研管理和行政管理工作。直到 2014 年退休以后被湖南大学聘为全职教授，才算专门从事法学教学研究工作。所以，我的理论研究，在很大程度上是一种业余爱好。另一方面，我虽然学的是刑法，但研究的范围并不全是刑法。围绕着刑法学的研究，我把自己的视野扩展到与刑法学密切相关的国际刑法学、犯罪学、犯罪被害者学、刑事诉讼法学、检察学、司法制度及其改革等多个领域，形成刑事一体化的研究领域。《刑事法研究》中所汇集的就是我这些年来围绕刑事法学进行研究所取得的部分成果。这些成果，对于现今的学者是否具有参考意义我不敢断言，但对我个人而言，是值得珍视的。

（一）关于刑法学的研究

在大学读书时，我虽然每一门功课都是优秀，但自己还是比较喜欢刑法，觉得刑法是惩恶扬善、伸张正义的法律。大学三年级选择学年论文时，我写了“论过失犯罪”，其中第二部分以“试论过失犯罪负刑事责任的理论根据”为题发表在《法学研究》1982年第2期上。1982年2月，我提前毕业，考入中国人民大学，跟随高铭暄、王作富教授攻读刑法专业硕士学位。硕士学位论文《我国刑法中的流氓罪》，由群众出版社1988年出版（1991年获北京市高等学校第二届哲学社会科学中青年优秀成果奖），成为新中国成立以来第一部以单个罪名为题出版的学术著作。1999年重返中国人民大学跟随高铭暄教授攻读博士学位。博士学位论文《刑法理性论》（2003年获中国人民大学优秀博士学位论文，2004年获教育部和国务院学位委员会颁发的“全国优秀博士学位论文”），由北京大学出版社2006年出版。

在刑法学研究中，我针对当时刑法立法中“宜粗不宜细”的指导思想，首次提出了刑法立法的明确性原则（1991年）；针对不同地方的不同定罪标准，首次提出了刑法的公平观（1994年）；针对刑法适用中存在的问题，把刑事司法引入刑法学研究的视野，首次指出了刑事司法中的地方化、行政化、大众化对刑法适用的负面影响（2002年）；首次在我国台湾地区出版了大陆学者撰写的“学术著作·大学用书”《刑事责任比较研究》（1996年）。

作为一名业余的刑法学者，我未能参加每年的全国刑法学年会，但在30年来的历届刑法学年会优秀论文评选中，我都获得了一等奖或特别奖，成为最幸运的学者：我撰写的《论刑法的公平观》一文，2000年获中国法学会“海南杯世纪优秀论文”（中国法学会刑法学研究会1984—1999优秀年会论文）一等奖；《论贿赂外国公职人员罪》一文，2006年获中国法学会“西湖杯优秀论文”（中国法学会刑法学研究会2000—2005优秀年会论文）一等奖；《社会危害性的刑法价值》（与我的博士研究生陈伟强联合撰写）一文，2011年获中国法学会“马克昌杯优秀刑法论文”（中国刑法学研究会2006—2010优秀年会论文）特别奖；《网络犯罪：传统刑法面临的挑战》一文，2016年获中国刑法学研究会（2011—2016）优秀年会论文一等奖。我撰写的《刑事责任通论》一书（警官教育出版社1995年出版），1999年获全国检察机关精神文明建设“金鼎奖”图书奖一等奖第一名；《刑法改革的价值取向》一文（《中国法学》2002年第6期），2003年获全国检察机关精神文明建设“金鼎奖”文章类一等奖第一名，并被收入《改革开放三十年刑法学研究精品集锦》（中国法制出版社2008年版）。

此外，我有幸参与了高铭暄教授主编的系统总结新中国成立30年刑法学研究的代表作《新中国刑法学研究综述》（河南人民出版社1988年出版），高铭暄、王作富教授联合主编的代表新中国成立30年来刑法学研究最高水平的著作《新中国刑法的理论与实践》（河北人民出版社1989年出版）的撰写；参与了中国与法国刑法合作研究项目（该项目的研究成果以中文版三卷本在中国人民公安大学出版社出版、法文版四卷本在法国巴黎第一大学出版社出版）；参与了香港城市大学与中国人民大学为香港回归所做的香港法律中文文本的编撰工作。有幸作为最高人民检察院刑法修改研究小组成员参加了1997年刑法修改的相关工作。

（二）关于国际刑法学的研究

我在1983年就与大学同学刘亚平合作翻译了巴西奥尼代表国际刑法学协会起草的《国际刑法及国际刑法典草案》（译稿全文经夏登俊、杨杜芳老师审校，西南政法学院《国外法学参考》以1983年增刊的形式印发），该书的部分内容收录在群众出版社1985年出版的《国际刑法与国际犯罪》和四川人民出版社1993年出版的《国际刑法概论》等著作中，是中国大陆最早出现的国际刑法学译著。1991年应邀撰写了《中华法学大辞书·刑法学卷》中国际刑法部分的全部词条。1993年出版了《国际刑法通论》（中国政法大学出版社1993年出版），1999年出版了《国际刑法通论》（增补版），2009年出版了《国际刑法通论》（第三版）。20多年来，该书一直被一些大学作为刑法专业研究生的教材或必读参考书。

我从1990年加入国际刑法学协会以来，参加了一系列国际刑法方面的会议、论坛及活动。1995年起担任国际刑法学协会中国分会秘书长，2002年起担任国际刑法学协会中国分会副主席，2009—2014年担任国际刑法学协会理事。2002年起草了中国分会向国际刑法学协会提交的国别报告《国际经济交往中的贿赂犯罪及相关犯罪》，2003年带领中国法学会代表团出席了在东京大学召开的第17届国际刑法大会专题预备会，2004年全程参与了国际刑法学协会第17届世界刑法大会的筹备和会务工作，并担任了第三单元大会讨论的联合主持人，2005年参加了在北京召开的第22届世界法律大会，并作为中方代表作了题为“惩治腐败犯罪应加强国际合作”的大会发言。这些活动，促使我不得不关注国际刑法问题，也为我研究国际刑法提供了素材和灵感。

（三）关于刑事诉讼法学的研究

尽管在大学读书时就学习过刑事诉讼法学，但只是初步地了解这门科学。1984年研究生毕业后分配到中国人民公安大学学报编辑部继而并入出版社工作期间，因为负责法学方面的稿件，就开始学习有关刑事诉讼法学方面的知识。在检察院工作期间，经常接触到刑事诉讼方面的问题，于是开始了对刑事诉讼法学的研究。特别是2000年，我带领最高人民检察院代表团应香港保安局的邀请赴香港对内地与香港的刑事诉讼制度进行比较研究，为香港市民撰写了宣传内地刑事诉讼制度的小册子，这件事进一步激发了我研究刑事诉讼法学的兴趣。2000年，我协助主编完成了国家哲学社会科学研究规划基金资助的重点课题“庭审改革后的公诉问题研究”，并撰写了该项目的结题报告；2003年主持召开了“预防超期羁押与人权保障研讨会”；2006年主持完成了国家哲学社会科学基金项目“刑事非法证据排除规则研究”；2009年主持完成了福特基金会资助项目“辩诉交易制度比较研究”；2011年主持完成了丹麦人权研究中心资助项目“附条件不起诉制度研究”。此外，我还主持完成了“认罪案件程序改革研究”“强制措施立法完善”“简易程序改革研究”等刑事诉讼方面重要课题的研究。作为最高人民检察院刑事诉讼法修改研究的职能部门负责人，我有幸参与了2012年刑事诉讼法修改后期的部门协商工作。

在刑事诉讼法学研究领域，我不仅是一个业余研究人员，而且是一个后学者，对刑事诉讼的许多问题都缺乏深入的研究。值得一提的是，从2007年起，我们单位就协同全国8个地方的公检法机关开展认罪案件从简从轻处理试点研究，2009年在我主持召开的“认罪案件程序改革试点”总结会议上，我提出的对犯罪嫌疑人认罪的案件在程序上应当从简、在实体上应当从轻的观点，受到与会的全国人大法工委刑法室的领导和其他刑事诉讼法学界专家们的认同。这个观点与2012年修改后的刑事诉讼法关于简易程序的规定高度契合，即对认罪案件，除特殊情况外，都可以适用简易程序审理，对不认罪案件适用普通程序审理。此外，我在1999年就提出了刑事司法的理性原则；2005年提出了检察机关有权介入死刑复核程序的观点；2006年提出了“二审全面审理制度应当废除”的观点等，都受到了有关领导机关和刑事诉讼法学界的关注。

（四）关于犯罪学与犯罪被害者学的研究

在读研究生期间，我翻译了《经济犯罪学》（载北京政法学院1984年编印的《犯罪学概论》），和同届研究生一起翻译了《新犯罪学》（华夏出版社1989年出版）。此后，我出版了个人著作《犯罪学》（四川人民出版社1993年出版）。1992年，中国犯罪学研究会成立时，我有幸成为第一批理事（以后担任常务理事，后来由于工作繁忙未能坚持参加研究会的活动而脱离了中国犯罪学研究会）。我参与了《美国犯罪预防的理论实践与评价》（中国人民公安大学出版社1993年出版）的翻译，参与了《中国劳改法学百科辞书》（中国人民公安大学出版社1993年出版）犯罪学部分的联合主编和部分词条的撰写，参与了《犯罪学大辞书》（甘肃人民出版社1995年出版）部分犯罪被害者词条的撰写，参与了国家哲学社会科学“九·五”规划重点科研项目《中国预防犯罪通鉴》（人民法院出版社1998年出版）第一编的联合主编和部分章节的撰稿。1997年参与了司法部法学教材编辑部编审的高等学校法学教材《犯罪学》（法律出版社1997年第一版）的撰写，该书此后曾多次再版。2009年，我与国务院法制办副主任张穹联合主持完成了国家社会科学基金重点项目《权力制约与反腐倡廉》。

在犯罪学与犯罪被害者学的研究方面，我首次提出了犯罪的制度性原因；首次把日本学者宫泽浩一的《犯罪被害者学》三卷本编译成中文；针对国内学者多数运用第二、第三手资料研究西方犯罪学的状况，邀请从国外留学回国的学者，首次运用不同国家的第一手资料共同编写了《比较犯罪学》；首次提出了治安预防、技术预防、刑罚预防三位一体的犯罪预防思路。

（五）关于检察学的研究

我调入最高人民检察院检察理论研究所（原称“中国检察理论研究所”）工作后，研究重心转向了检察学的研究。特别是在我主持检察理论研究所工作期间，我力主检察机关的研究机构要把研究检察理论作为自己的中心工作，并身体力行带领研究人员从事检察理论研究。幸运的是这期间的三任检察长和主管领导都非常重视检察理论研究，最高人民检察院还专门下发了《关于加强检察理论研究的决定》。据此，我主持筹备了12届全国检察理论研究年会（2000—2011），主编了《中国检察》（1—20卷），创办了《中国检察论坛》，先后主持完成了加拿大刑法改革与刑事政策国际中心资助项目“检察官作用与准则比较研究”（2001年）、最高人民检察院重点研究课题

“检察改革宏观问题研究”（2004年）、国家社会科学基金重点项目“检察权优化配置研究”（2014）等课题，主持编写了最高人民检察院教材编审委员会审定的《拟任检察官培训教程》（2004年），与朱孝清副检察长联合主编了《检察学》。我独立撰写的《检察权研究》（中国检察出版社2007年版）于2008年获得了最高人民检察院2007年度检察基础理论研究优秀成果特等奖；同年获得了中国法学会首次评审的“中国法学优秀成果奖”三等奖。此外，我主持了《法制日报》“检察话语”专栏52期（2004—2005年）。

在检察学研究领域，我重点论证了中国把检察机关作为国家的法律监督机关来建设的历史必然性和现实合理性，论证了法律监督的基本内涵及其与其他类型监督的异同，论证了检察权的基本构造和运行机制，提出了检察权优化配置的指标体系。

（六）关于司法改革的研究

1997年党的十五大报告提出司法改革的任务之后，我与国内的多数学者一样，对中国的司法制度及其改革投入了较大的热情，一直关注司法改革的进程，并就司法改革中的问题进行研究。2000年，在与刘立宪联合主编的《司法改革热点问题》一书中，我提出了把理想与现实结合起来，理性地对待司法改革的观点。同年，我在《检察日报》上分期介绍了法国、澳大利亚、日本、德国的司法改革，希望借鉴国外司法改革的经验，冷静地思考和对待中国司法制度和司法实践中存在的问题。由于工作原因，我对司法改革的研究重点在检察制度的改革方面，先后提出了检察改革的宏观目标和切入点。特别是2012年担任最高人民检察院司法体制改革领导小组办公室主任以后，有幸参与了第四轮司法体制改革的顶层设计，并主持完成了司法部重点课题“司法体制改革问题研究”（2014年）和国家社会科学基金重点项目“优化司法职权配置研究”（2018年），就司法体制改革中的一些重大问题提出了自己的看法。

马克思说过“人是最名副其实的社会动物”[1]。人的一生，都与他所处的社会有着千丝万缕的联系，既离不开前人所创造的物质财富和精神文明而独自生存，也不能摆脱社会环境的羁绊而天马行空地去遐想。一个人的学术道路和学术思想总是不可避免地印着他所处时代的烙印。我们这一代人处在新旧交替的改革年代，我们的学术研究无论是在内容上还是在深度上都难以避免地带有这个时代的特殊性和局限性。就个人而言，我是在农村长大的孩子，骨子里有着天然的吃苦耐劳的精神，从不吝啬自己的体力和智力，但是在学术上的每一个成就，一方面离不开部队的锤炼、老师的教诲、领导的要求、同学同事的帮助、家人的支持，另一方面离不开改革开放的时代所提出的研究课题、所提供的学术环境，以及研究空间所能供给的学术资源。加之我本人又是在工作与生活的缝隙中进行学术研究的，难以进行深邃的思索和系统地考证。在我个人的学术生涯中，我虽然奉行刑事一体化的道路，倡导理性地对待犯罪问题，力图多视角地研究犯罪及其对策，但还没有能够把这些方面有机地结合为一个整体。所研究的成果也未必都是自己的理想之作。但它毕竟是时代的产物，是自我思考的成果。诚望这个《刑事法研究》能给后来的学者提供一些研究的线索和批判的笑料。

---

〔1〕《马克思恩格斯全集》（第12卷），人民出版社1962年版，第734页。

需要说明的是，为了反映研究的历史足迹，《刑事法研究》中收集的文章基本保留了发表时的原貌，只是为了减少重复，对个别文章作了删节。原文中引用的法律条文，也是以当时有效的法律为蓝本。由此给阅读带来的不便，敬请读者见谅。

张智辉

2019年10月12日于北京广泉小区

目 录

第一章　刑事责任在刑法中的地位

刑事责任（Criminal Responsibility）一词，是现代刑事科学中广泛使用的一个术语；刑事责任问题，是世界各国刑法中共同的根本性的问题；刑事责任理论，是构建整个刑法学理论大厦的基石，也是构成刑法学理论大厦的支柱。对刑事责任的不同理解和不同态度，导致了不同的刑法制度、不同的刑法学派和不同的刑法理论。因此，研究刑事责任问题，在刑事立法研究、刑事司法实践和刑法理论研究中，都具有特别重要的意义。

一、刑事责任在刑法典中的地位

（一）责任原则是刑法立法的基本原则

在刑事立法的过程中，一种行为应当不应当负刑事责任，始终是立法者决定是否将其作为犯罪予以禁止性规定的基本因素；一种行为应负责任的程度，始终是立法者决定对其规定何种刑罚的根据。

J. W. 塞西尔·特纳在《肯尼刑法原理》中写道："有证据表明，在整个欧洲的古代时期，凡是给他人造成重大损害的行为都要受到神的严厉惩罚。在这种情况下，使罪犯受到严重的痛苦是为了安抚受到亵渎的神灵。但是，与这种见解相联系并最终保留下来的，是这样一个观念：一个人当其所实施的行为造成了明显的损害结果时，他就应当对之承担责任。"[1] 这种责任的承担方式，最初是"赎罪奉献物"（Deodand），其后是赔偿金（Wer），再后是刑罚（Penalty）。

H. C. A. 哈特在谈到刑事立法的直接目的时写道："这条真理便是：并非刑罚的目的而是刑事立法的目的才确实是把某些类型的行为当作不应实施的某种行为而予以谴责。相反，刑事立法的直接目的不可能是通常所提到的证明刑罚之正当性的任何东西。因为只有确定了什么行为应受法律谴责与遏制，我们才能确定我们要遏制人们实施什么样的行为，应把什么人视为我们使之遭到报应的罪犯，对什么人加以报复或对什么人进行改造。"[2]

上述引文表明，西方学者认为，支配刑事立法的是这样一种观念、一种目的：确定应受法律谴责的行为的责任。有了要追究某类行为的刑事责任的意识，才会有刑事立法活动；宣布某类行为为犯罪并对之规定刑罚的基础，是立法者对这类行为应受谴责、应当遏制的性质的认识，亦即对其在法律上应负刑事责任的认识以及对其责任程度的判断。没有对某类行为进行谴责和遏制以及对之追究刑事责任的要求，就没有刑事立法活动，从而也就不可能有法律意义上的犯罪和对这种犯罪的刑罚处罚。

对此，日本当代著名刑法学家大塚仁讲得更为精辟："实际上在立法的阶段存在评价先于命令的问题。即，在进行刑罚法规的立法时，之所以要将某种行为规定为犯罪，是因为从社

〔1〕〔英〕J. W. 塞西尔·特纳：《肯尼刑法原理》，王国庆、李启家等译，华夏出版社1989年版，第6页。

〔2〕〔美〕H. C. A. 哈特：《惩罚与责任》，王勇、张志铭、方蕾译，华夏出版社1989年版，第7—8页。

会伦理的角度看，难以允许该行为，有必要用刑罚制裁来加以抑制，或者是因为虽然在社会伦理上无须特别非难，但为了维持社会秩序这种一定的政策目的，有必要科以刑罚来加以取缔。只有在先作出了是当罚性行为的评价之后，才能作为犯罪在法律中加以规定。"[1] 大塚仁在此所说的“当罚性行为的评价”，用他自己的话讲，无非是“违法性判断”和“责任判断”。[2] 这段话亦表明，一种行为作为犯罪规定在刑法中的前提，是立法者对这种行为的“当罚性”即责任的评价。

事实上，整个刑事立法活动正是围绕着如何解决人的刑事责任问题展开的。从规定哪些行为及其具备什么样的条件就构成犯罪，构成什么犯罪，到该种犯罪应当受何种刑罚处罚；从哪些情况下应当从重、加重处罚，到哪些情况下应当从轻、减轻处罚乃至免除处罚；从认定和处罚犯罪的各项原则，到刑法中一系列具体规定，始终是并且主要是围绕着应当不应当负刑事责任、应当负什么样的刑事责任并依据立法者对这个问题的集体决断来确定的。

正如我国当代著名的刑法学家高铭暄教授指出的：“刑事责任是刑事立法中的一个基本范畴、一个带有根本性的概念。……刑法中有关犯罪和刑罚的规定，都是围绕着‘要不要追究刑事责任’‘追究什么样的刑事责任’以及‘如何实现刑事责任’等问题展开的。可以说，刑事责任是刑法中的一个核心问题。离开刑事责任问题，刑法的生命也就停止了。"[3] 《刑法学全

〔1〕〔日〕大塚仁：《犯罪论的基本问题》，冯军译，中国政法大学出版社 1993 年版，第 48 页。

〔2〕〔日〕大塚仁：《犯罪论的基本问题》，冯军译，中国政法大学出版社 1993 年版，第 46 页。

〔3〕 高铭暄主编：《刑法学原理》（第一卷），中国人民大学出版社 1994 年版，第 410 页。

书》中也指出："从刑事立法看……只有当行为的社会危害性达到必须使行为人承担具有强制性、最严厉性的刑事责任的时候，统治阶级才规定为犯罪。……刑事立法对法定刑幅度的确定，不能不考虑决定刑事责任大小的各种因素。"[1]

关于刑事责任在刑事立法中的地位，我曾在 1986 年的一篇论文中指出："从刑事立法的角度看，正像我们前面指出的那样，社会上存在的某类行为是否被刑事法律规定为犯罪，本身是由统治阶级认为该种行为要不要承担刑事责任决定的，是以统治阶级对刑事责任的理解和态度为转移的。在统治阶级眼里，哪些行为应当承担刑事责任，哪些行为才是犯罪。"[2] 在这个意义上，可以说没有刑事责任，就不存在犯罪。对此，有的学者提出了异议，认为"不论从存在论的角度，还是从解释论的角度看，刑事责任都不是决定犯罪存在的实质根据和立法上的规定犯罪的直接动因"[3]。持这种观点的学者认为我把刑事责任当成了犯罪的实质根据，把刑事责任看成是第一性的原因，而把犯罪看成是第二性的结果。其实，这是对我的观点的一种误解。在我的所有论述中从没有使用"刑事责任是犯罪的实质根据，是决定犯罪的，即刑事责任是因，是第一性的；犯罪是果，是第二性的"这样的字眼。恰恰相反，正如持上述观点的学者所引证的，我在我的文章中反复强调："立法者所以要把某种行为规定为犯罪，是因为在他们眼里，这种行为严重地危害了特定社会的生存条件，这种行为的实施者必须对国家承担一种最为严重的责任"；"而对这种威胁统治阶级生存条件

〔1〕 马克昌等主编：《刑法学全书》，上海科学技术文献出版社 1993 年版，第 50 页。

〔2〕《我国社会主义刑事责任理论初探》，载《法学季刊》1986 年第 2 期，经补充后收于法律出版社 1989 年出版的《中国刑法的运用与完善》一书。

〔3〕 马克昌主编：《犯罪通论》，武汉大学出版社 1991 年版，第 79 页。

的行为，统治阶级就提出了人的责任问题”；“刑事责任是基于严重危害社会的犯罪行为产生的，也是针对这种行为即为了制止这类行为的发生而产生”。这些论断清楚地表明，我把危害社会的行为看成是决定刑事责任的产生的第一性的东西，而把刑事责任看成是决定立法者将危害社会的行为规定为犯罪的观念性的东西。

我在我的文章中强调：“这种想要使实施某种危害行为的人承担一种最为严重的责任的意志，正是立法者把该种行为规定为犯罪的直接动因。”这是对刑事立法活动自身逻辑的揭示。刑事立法作为人类理性活动的一种，始终是在一定的意志支配下有目的有计划地进行的。离开了想要用刑罚来禁止某种行为的意志，就不可能发动任何刑事立法活动。但是强调这种意志的作用绝不意味着否定这种意志本身产生的原因，绝不意味着这种意志就是立法的实质根据。事实上，我在论述这个观点的过程中正是用较大的篇幅来说明这种意志产生的原因即刑事立法的“意志背后的更深层次的原因”的。不仅如此，我在该文中还强调指出：“犯罪作为一种法律现象，它的产生首先是因为它威胁到统治阶级的生存条件”，其次才是“统治阶级想要用法律手段来制裁它，想要追究它的刑事责任，以警告行为者和其他人：谁要实施这种行为，谁就必须承受沉重的负担”。如果说，我这样表述还没有揭示刑事责任背后的“更深层次的原因”以致使一些学者误认为我把刑事责任看成是犯罪的实质根据的话，那么，我可以用下面的语言来概括我在以前那篇文章中论述的观点：作为法律现象存在的犯罪，是立法者为了追究其刑事责任以便禁止它而通过刑事立法的形式加以确认的；立法者之所以要追究这种行为的刑事责任，是因为这种行为严重地危害了立法者所代表的统治阶级的生存条件。套用反对我的观点的学者的话：从存在论的角度看，先有危害行为，然后有想要追究其刑事责任的意志，再后才有作为法律概念的犯罪。没有前者，就不可能有后者。

持反对意见的学者之所以不同意我的看法，恐怕起因于他们对刑事责任概念的不同理解。这些学者把刑事责任仅仅视为犯罪的法律后果，因而只知道刑事责任是由犯罪引起的，坚信没有犯罪就不可能有刑事责任，于是不允许“没有刑事责任就没有犯罪”这种看法存在的余地。其实，这两种命题都是相对的，都只是在一定范围之内存在的，都离不开一定的前提。没有犯罪就没有刑事责任，是以刑法把某种行为已经规定为犯罪并且已经对之规定了一定的刑事责任的前提下，就刑事责任的个别化而言的。对于具体的行为人来说，对于刑事司法实践而言，这当然是无可非议的。但是没有刑事立法活动，没有对某种行为设定的刑事责任，任何实际存在的行为都不是犯罪，都不能对之追究刑事责任。这至少是现代多数国家刑法的基本原则，是刑法理论中不证自明的常识。同样地，没有刑事责任就没有犯罪，是就刑事立法活动而言的，是在客观上存在着或者可能出现危害统治阶级生存条件的行为的前提下，讨论要不要用刑法的手段来禁止这种行为时的思维逻辑。只有立法者认为，需要用刑法的手段来禁止这种行为亦即需要对这种行为规定刑事责任，才会通过刑事立法对之作出禁止性的规定，才会将其规定为犯罪、赋予其犯罪的法律特征。没有想要追究这种行为的刑事责任的意志，客观上存在或者可能出现的危害社会的行为就不是犯罪，就没有犯罪的法律特征，就不能称其为犯罪。这样说，只是强调了刑事责任在刑事立法中的重要性，而并不意味着将其作为一般结论取代在本源上刑事责任观产生于客观现实中存在的危害社会的行为以及在刑法适用过程中刑事责任作为犯罪之法律后果的地位。如果只承认在刑事责任个别化中犯罪对刑事责任的实际承担的决定作用，而不承认在刑事立法过程中刑事责任观对确定某种行为是犯罪的决定作用，难免有只知其二、不知其一之嫌。

（二）刑事责任是刑法典的主干

刑事责任不仅在制定刑法的过程中作为原则性的要求和观念制约着对犯罪的确认，而且在构建刑法典体系中居于重要的地位。

刑法通常被界定为“规定犯罪及其刑罚之法规”。关于犯罪和刑罚的规定，犹如枝叶密布在刑法这棵大树上。但是支撑刑法之树的主干，并不是犯罪和刑罚，而是刑事责任。一种行为被刑法规定为犯罪，首先是立法者认为这种行为应当用刑罚来禁止，而用刑罚来禁止的理由，是这种行为的实施者应当对其行为承担刑事责任。因此，实际实施了这种行为是否必须受到刑罚的制裁，必须取决于这种行为是否齐备了刑法规定的（亦即立法者认定的）应当负刑事责任的全部要件。其次，这种行为应当受到何种刑罚处罚，也取决于其应负刑事责任的程度。离开了对行为之责任的判断，犯罪行为在刑法中就会失去其应有的意义。刑罚通常被理解为犯罪的法律后果，但是这种法律后果是通过刑事责任来与犯罪行为相联系的。刑罚适用的规则是由刑事责任的原则制约的，刑罚适用的轻重是由刑事责任的程度制约的，刑罚适用的方式是由刑事责任的要求制约的。离开了刑事责任，刑罚就会成为无源之水、无本之木。在犯罪与刑罚之间，刑事责任不仅是连接双方的纽带，而且是调节二者关系的、支撑其运转的核心。

在盛行成文法的世界各国，刑法典的体系也都是以刑事责任为中心构建的。自从 1810 年《法国刑法典》首创独立的刑事法典以来，刑法典通常都由总则和分则两部分构成。在总则部分，关于刑法适用范围的规定，可以看作是对承担刑事责任的地域范围和时间范围的限定；关于犯罪一般问题的规定，通常都是关于责任要件和免责情况的规定；关于刑罚的规定，也是围绕着刑事责任的程度和承担方式展开的。在分则部分，关于具体犯罪的构成及其应处刑罚种类和幅度的规定，实际上是刑事责任在每一类具体场合下的实施规则。

我国刑法关于犯罪的定义中就包含了“应当受刑罚处罚”的含义。这说明，在立法者眼里，一个行为之所以被规定为犯罪，就是认为这种行为应当受到刑罚处罚；一个行为如果不应当受到刑罚处罚，就不是犯罪。刑法总则在有关犯罪的规定中总是以是否应当负刑事责任为落脚点。如《刑法》第 14 条关于故意犯罪的规定，其落脚点就是“故意犯罪，应当负刑事责任”；第 15 条关于过失犯罪的规定，其落脚点就是“过失犯罪，法律有规定的才负刑事责任”；第 17 条关于责任年龄的规定，也是强调“已满十六周岁的人犯罪，应当负刑事责任”“已满十四周岁不满十六周岁的人，犯故意杀人、故意伤害致人重伤或者死亡、强奸、抢劫、贩卖毒品、放火、爆炸、投放危险物质罪的，应当负刑事责任”；第 18 条关于精神病人的规定，其落脚点也是不负刑事责任或者应当负刑事责任；第 20 条关于正当防卫的规定、第 21 条关于紧急避险的规定，同样都是围绕着负还是不负刑事责任展开的。刑法关于犯罪的预备、未遂和中止的规定，关于共同犯罪的规定，关于单位犯罪的规定，都是落脚到应当不应当负刑事责任、如何负刑事责任上的。

对此，日本学者大谷实作了清晰的解释：“怎样理解责任，由于它与犯罪者的处理和待遇有着密切的联系，所以它不仅影响到犯罪的构造，而且影响到整个抑止犯罪的政策，这样，责任论就构成了刑法体系的根本……"[1]

二、刑事责任在刑事司法中的地位

（一）责任问题是刑事司法的中心问题

高铭暄教授指出："刑事责任是刑事司法要解决的基本问题。整个刑事诉讼活动的出发点和旧宿，都是为了准确、及时地查明犯罪事实，正确应用法律，惩罚犯罪分子，保障无罪的人不受刑事追究。一句话，就是为了正确、合法、及时地解决被告人的刑事责任问题。只有通过解决刑事责任问题，准确有效地打击犯罪，保障无辜的人不受非法追究，才能圆满地完成刑事诉讼的任务。可见，刑事责任也是刑事诉讼的中心问题。离开刑事责任问题，所谓进行刑事诉讼也就成了一句空话。"[2] 这段话，正确地揭示了刑事责任在刑事司法活动中的地位。

从刑事司法系统的活动来看，不论是人民法院、人民检察院还是公安机关，刑事案件立案的依据都是"有犯罪事实需要追究刑事责任"。对于控告、检举、自首的材料，有关机关进行审查之后，认为有犯罪事实需要追究刑事责任的，就应当立案；认为没有犯罪事实或者犯罪事实显著轻微不需要追究刑事责任的，就不予立案（《刑事诉讼法》第112条）。公安机关（包括有侦查权的国家安全机关和人民检察院）在刑事案件的侦查过程中，"发现不应对被告人追究刑事责任的，应当撤销案件"（第163条）。人民检察院审查侦查终结的案件，"认为被告人的犯罪事实已经查清，证据确实、充分，依法应当追究

〔1〕〔日〕大谷实：《刑事责任的展望》（第一部责任论的起源），成文堂1983年版。

〔2〕 高铭暄主编：《刑法学原理》（第一卷），中国人民大学出版社1994年版，第410—411页。

刑事责任的”才应当作出起诉决定，向人民法院提出公诉（第176条），否则就应当撤销案件或者免予起诉。人民法院审判刑事案件的直接目的正是依法解决被告人的刑事责任问题。按照《刑事诉讼法》第15条的规定，在整个刑事诉讼的过程中，如果有不应追究刑事责任（如情节显著轻微、危害不大，不认为是犯罪的；依照刑法告诉才处理的犯罪，没有告诉或撤回告诉的）、不再追究刑事责任（如犯罪已过追诉时效期限的；经特赦令免除刑罚的）、无法追究刑事责任（如被告人死亡的）、免予追究刑事责任的任何情况之一，刑事诉讼活动就应停止，各个各级刑事司法部门对有关案件就不再追究刑事责任；已经追究的，则应当撤销案件，或者不起诉，或者宣告无罪。由此可见，刑事司法系统的一切职能活动，归根结底是围绕着被告人的刑事责任问题进行的。刑事司法系统在刑事司法活动中的根本任务，只有通过准确、合法、及时地解决被告人的刑事责任问题才能完成。

《刑法学全书》也表达了类似的看法："从刑事司法活动看，它总是围绕定罪量刑来进行的。对一个人的行为为什么要定罪，就是因为该行为人具有刑事责任；对某一行为为什么要这样量刑和处罚，就是因为该犯罪人具有这样程度的刑事责任。定罪量刑的过程也就是追究刑事责任有无和大小的过程。"[1]

（二）责任原理是刑事司法的基础

既然刑事司法所要解决的中心问题是被告人的刑事责任问题，刑事责任的原理对于刑事司法活动就具有直接的指导意义，刑事责任的法律规则对于刑事司法机关的职能活动就具有直接的约束力。因此，正确理解和运用刑事责任的原理，正确

〔1〕 马克昌等主编：《刑法学全书》，上海科学技术文献出版社1993年版，第50页。

领会和把握刑事责任的立法精神，既是刑事司法系统职能活动的基础，也是刑事司法人员应当具备的基本素质。只有搞清了刑事责任的内在规定，才能在实践中正确地确定和把握区分罪与非罪的标准，正确地解决人的刑事责任问题。只有深刻理解刑事责任的条件，才能从实质上把握犯罪构成的要件，准确地认定罪名。只有搞清了决定刑事责任程度的因素，才能深刻地理解量刑的一般原则，正确地适用刑罚，合理地解决被告人的刑事责任问题。

司法机关在刑事责任个别化的过程中担负着极为重要的任务。如果不了解刑事责任的内在规定性，不掌握刑事责任的基本原则，不熟悉本国刑法关于刑事责任的具体规定，就不可能自觉地解决被告人的刑事责任问题，就难免出现对不该追究刑事责任的人追究了刑事责任，或者对本应追究刑事责任的人没有予以追究等偏差和失误，使刑事责任在个别化的过程中走向自身目的的反面。因此，为了准确无误地对那些应当负刑事责任的人及时地追究其刑事责任，并保障无辜的人不受刑事追究、保障被告人所受的刑事制裁与其应负的刑事责任相均衡，司法机关和司法人员在刑事司法实践中不仅应当熟练地掌握刑事法律规范的具体内容，知道自己应当干什么、怎么干，而且应当了解刑事责任的一般原理，弄懂刑事法律规范各项具体规定的理论根据和精神实质，明确为什么应当这样干。只有自觉地运用刑事责任理论指导刑事司法实践，才能减少盲目性，提高办案质量。

三、刑事责任在刑法理论中的地位

（一）责任理论是刑法的基础理论

我国台湾地区学者韩忠谟指出：“刑事责任之理论根据如

何，乃是刑法思想之根本问题。”[1] 关于刑事责任的不同理论，是刑法科学发展史上两大学派长期争论的焦点。刑事古典学派（即旧派）通过道义责任论构建了自己的刑法理论大厦；刑事人类学派和刑事社会学派（即新派）则以社会责任论为基石，从不同角度，抨击道义责任论之不足而构建自己的刑法理论大厦。现代的各种折中主义刑法学派，同样是以责任理论为突破口来重构刑法理论体系的。

刑事责任理论之所以能成为各派刑法学的旗帜，是因为刑法理论是以责任理论为基础构建的。刑法学是以刑法为研究对象的科学。它作为一门科学的理论体系，不仅要对刑法中的各项具体规定进行理论的解释，而且要揭示这些规定的实质和内在基础。而这个任务只有通过对刑事责任的科学阐述才能完成。因为刑法中关于犯罪和刑罚的规定，都是围绕着刑事责任问题展开的。不能科学地揭示刑事责任的根据和基础，就无法深刻理解关于犯罪和刑罚的许多规定，就不能准确回答刑法规定的实质和依据。相反，如果能够对刑事责任问题作出深刻的解释和科学的发挥，就能够抓住并解开犯罪与刑罚交织而成的网结，达到提纲挈领之效。

在刑法学中，犯罪论是通过对犯罪的概念及其规定性的研究，来揭示犯罪的本质特征和构成要件，从而为正确认定犯罪、准确区分罪与非罪提供武器的。然而对犯罪本质的揭示，离开了立法者在解决人的刑事责任问题上的基本观念和态度，离开了刑事责任理论的指导，就无法说明犯罪本质特征的缘由，就无法解释刑法对犯罪构成的规定何以这样而不那样，无法认识和判断其合理与否。刑罚论所研究的是刑罚的概念和目

〔1〕 韩忠谟：《刑法原理》，台湾大学法学院1981年增订14版，第13页。

的、刑罚的体系和种类，以及刑罚的具体运用等有关刑罚的普遍性问题。而刑罚本身又是以刑事责任为前提的，没有刑事责任也就没有刑罚，所以关于刑事责任的一般原理对于刑罚论的研究亦具有直接的指导意义，刑事责任的本质和目的决定着刑罚的本质和目的，刑事责任的原则制约和支配着刑罚的具体运用，刑事责任的程度决定着刑罚的轻重。因此，刑罚论的研究同样离不开刑事责任论的研究和指导。罪刑各论实质上是运用犯罪论和刑罚论的研究结论对具体犯罪行为的规格以及行为人对之所负刑事责任所作的综合分析，其目的在于确定具体行为是否构成犯罪、构成什么犯罪以及构成犯罪后究竟应负多大的刑事责任。因此，它实际上是刑事责任理论的进一步延伸以及在具体场合的实际运用，所以同样必须受到责任理论的指导。

（二）刑事责任理论在刑法学体系中的位置

在英美刑法学中，刑事责任的一般理论没有受到应有的重视和展开，但是由于他们对刑事责任作了广义的理解，所以有关犯罪成立所涉及的各种要素，都在“刑事责任”或“刑事责任的基本原则”的标题下展开论述。例如，《英国刑法导论》[1]把“刑事责任”作为紧列在“刑事犯罪的特征”“刑法的渊源和种类”之后的第三章专门论述，但其中所讲的只有犯罪行为和犯罪意图，并把这两个要素作为刑事责任的基本原则来论述。这实际上是用刑事责任代替了犯罪构成。《肯尼刑法原理》把总则分为“犯罪与刑法”“刑事责任的原则”“责任的不同形式”“预备罪”“犯罪中的共犯”“犯罪的分类”六章，其中关于刑事责任的论述（第二、三章），实际上也是代替了有关

〔1〕〔英〕鲁珀特·克罗斯、菲利普·A. 琼斯：《英国刑法导论》（第九版），理查德·卡德修订，张智辉等译，中国人民大学出版社 1991 年版。

犯罪构成的论述。《刑法哲学》[1] 更是把传统刑法理论的基本论题统统归入“刑事责任的基本原则”的标题下论述。在该书中，作者把“正统刑法理论中已被接受”而“相传了一代又一代”的刑法观点称为“刑事责任的基本原则”，并引用杰罗姆·霍尔的话强调这些原则“构成刑法的基础并渗透在刑法之中”。按照该书作者的归纳，英美刑法中关于刑事责任的基本原则包括：(1) 合法性——“刑事责任的承担必须永远参照所违反的刑法来确定”；(2) 犯罪行为——“刑事责任要求被告人的举动包含有犯罪行为”；(3) 犯罪意图——“无犯意之行为不为罪”；(4) 同时发生——“刑事责任要求单个犯罪的犯罪行为和犯罪意图同时具备或同时发生”；(5) 危害性——“刑事责任以具有危害性为先决条件”；(6) 因果性——“许多犯罪在追究刑事责任之前，必须要有一定结果。触犯此类犯罪，被告人的行为必须是引起这种特定结果的原因”；(7) 辩护——“刑事责任还要求被告人没有有效的辩护理由”；(8) 证据——“刑事责任要求证明被告人的罪过超过合理怀疑的范围”。这些刑事责任的基本原则，正是刑法尤其是犯罪论的基本内容，是支撑有关犯罪成立与否的各种因素的主干。

与英美刑法学的做法不同，德国、日本以及我国台湾地区的学者，通常都是从道义责任的立场上论证刑事责任的，他们认为刑法上的责任是基于“对那种行为人理应知道不该去做而事实上他却做了的违法行为要进行非难”这一点而确定的责

[1] 〔美〕道格拉斯·N. 胡萨克：《刑法哲学》，谢望原译，中国人民公安大学出版社1994年版。

任。[1] 责任的核心是行为人主观上的可责性。因此他们把责任理解为犯罪成立的一个要素，把责任与构成要件符合性、违法性并列起来，把责任论作为犯罪论中的一个组成部分，并且置于违法性论之后。不过，在这种刑法学体系中，责任问题是犯罪论最终要解决的问题，责任问题又是刑罚理论的前提。“无责任即无刑罚”的责任主义原则，正是从大陆法系的刑法学体系中产生出来的。

在我国，随着20世纪80年代中期以来对刑事责任理论研究的深入，20世纪90年代以来新编的一些刑法教科书和刑法学专著开始把刑事责任作为专章写进自己的理论体系。但是刑事责任理论在刑法学体系中应当居于何种位置，学者们的主张是不尽相同的。其中有的认为，应当以刑事责任—犯罪—刑罚的逻辑顺序来构建刑法学体系。因为从整个刑法特别是刑事立法的角度看，总是刑事责任在先、犯罪在后；刑事责任又是刑罚的前提，所以应当按照“责、罪、刑”的逻辑结构建立刑法学体系，包括建立刑法典总则体系。[2] 也有学者认为，犯罪是刑事责任的前提，刑事责任是犯罪所产生的责任，是犯罪的法律后果。而刑罚、非刑罚处罚方法以及刑事责任的其他实现方式，都是刑事责任的下位概念，是从属于刑事责任的，它们与刑事责任虽然都是犯罪的法律后果，但不是相同层次的法律后果，不能与刑事责任相并列。因此，刑法学总论的体系应当是刑法论—犯罪论—刑事责任论。刑罚论则是刑事责任论中的内

〔1〕 参见〔日〕小野清一郎：《犯罪构成要件理论》，王泰译，中国人民公安大学出版社1991年版，第25页；〔日〕大塚仁：《犯罪论的基本问题》，冯军译，中国政法大学出版社1993年版，第169页。

〔2〕 参见杨敦先主编：《刑法运用问题探讨》，法律出版社1992年版，第26—28页。

容之一，而不应当与犯罪论、刑事责任论处于同等地位。[1] 有的学者则认为，刑事责任是联结犯罪与刑罚的纽带，是介于犯罪与刑罚之间的概念；刑法典的规定采用了“罪—责—刑”的法律逻辑结构，因而刑法学的理论体系也应当是“犯罪论—刑事责任论—刑罚论”的体系。何秉松主编的《刑法教科书》、杨春洗等主编的《中国刑法论》等，都把刑事责任作为专门一章置于犯罪论的内容之后、刑罚论的内容之前。此外，还有学者认为，“刑事责任是整个刑法学范畴体系的最上位概念，它与一系列下位范畴一道构成了刑法学的科学之网”。刑事责任诸下位范畴（犯罪、犯罪人、刑罚、量刑、行刑）之间的相互联系与作用，集中体现了刑事责任的功能与特点。[2]

关于刑事责任论在刑法学体系中的位置，我原则上同意上述最后一种观点。1986 年，我曾在《我国社会主义刑事责任理论初探》中写道：“刑事责任理论在刑法科学中具有自己独立的地位。它不仅不能为刑法学中的其他部分所代替，而且对其他各方面的研究具有直接的指导意义，是刑法学的基础理论。”至今，我仍然认为，刑事责任论，虽然在理论体系上可以与犯罪论、刑罚论和罪刑各论相并列，但是在价值功能上，它具有基础理论的意义。刑事责任理论所揭示的是刑法的基本原理，它的具体内容应当有（由）犯罪论、刑罚论和罪刑各论来丰富。因此在体系上不能把刑事责任论作为犯罪之后果和刑罚之先导而插入犯罪论与刑罚论之间的部分，而应当作为刑法学的基础理论置于犯罪论之前，并作为刑法的基本原理来把握。如果将其置于犯罪论与刑罚论之间，就可能出现责任论要么与犯

---

〔1〕 参见张明楷：《刑事责任论》，中国政法大学出版社 1992 年版，第 152—153 页。

〔2〕 曲新久：《试论刑法学的基本范畴》，载《法学研究》1991 年第 1 期。

罪论和刑罚论重复、要么过于空洞从而使之成为多余的结果。

在体系上用责任论来取代刑罚论，不仅不现实，而且也未必科学。因为刑罚论在刑法学体系中具有牢固的、不可取代的地位。刑罚是人类最先选择的制裁犯罪人的方法。它在漫长的发展过程中不断完善，早已成为世界各国刑法同犯罪作斗争的基本手段。它作为犯罪的对立物，与犯罪之间具有不解之缘，以其为研究对象的刑罚论，不能不在刑法学体系中居于与犯罪论相并列的地位。并且，刑罚论所研究的内容并不是刑事责任论所能完全包容的，例如刑罚论关于刑罚种类和适用方法的研究，就可以说与刑事责任理论没有直接联系，将其纳入刑事责任论之中，既属多余，又显牵强附会。

需要说明的是，本书并不是在刑法学体系框架之下来研究刑事责任问题的。作为一本独立的专著，它在内容上超出了在刑法学体系中作为基础理论之一的刑事责任论的范围，而涉及犯罪论中的若干基本问题。这在一定程度上也表明刑事责任原理对犯罪论的指导意义。

第二章　刑事责任的历史轨迹及其蕴涵

刑法，从根本上说，就是设定和追究刑事责任的法律。因此刑法的历史也就是刑事责任的制度和观念演变和发展的历史。刑法的历史，从责任内容的角度看，可以大致划分为两个时代，即结果责任时代和行为责任时代。

一、结果责任时代

刑法起源于原始社会解体过程中不同氏族之间相互吞并的战争和维护氏族内部秩序的需要。因此在刑法产生之初，氏族观念和原始的复仇本能使刑法的制定和适用带有浓厚的团体主义和报复色彩。制定和适用刑法的人，更多地注重犯罪造成的实际危害结果并根据这种结果的危害程度来决定刑罚，而很少考虑犯罪时的具体情况和犯罪人是否有罪过，因而盛行带有团体主义色彩的结果责任，以绝对的报应刑体现惩罚的正义。

古代刑法中的结果责任，突出地表现在以下四个方面：

（一）严格地以结果论责任

在古巴比伦时代，著名的《汉穆拉比王法典》第229—230条规定：“倘建筑师为自由民建屋而工程不固，结果其所建房屋倒毁，房主因而致死，则此建筑师应处死”；“倘房主之子因而致死，则应杀此建筑师之子”。在这类规定中，行为人的主观状态如何乃至行为本身有无过错都不是追究责任的依据，唯有实际发生的危害结果是导致刑事责任的原因。

在盎格鲁—撒克逊时代，结果责任不仅可以施加于任何人，而且可以施加于动物乃至无生物。只要是对人的死亡起了作用的东西（不论是人、动物抑或物体），都要作为“赎罪奉献物（deodand）”“交给上帝”以用于虔诚的用途，为未被宽恕的死去的灵魂超度。例如，“如果一头牛误伤了一个男人或女人，致其死亡，那么，该牛通常要被砸死，并且它的肉不能食用”；“如果一个驾驭马车的人从马车上摔下来，以致马车轮和马就要被没收，交给有权获得‘赎罪奉献物’的主人”；“有一次，一个小男孩掉进一口盛满牛奶的锅里溺死了，这口锅就被没收了”；“当棍棒、石头、铁制品以及无声的和无感觉的东西降落在任何人的身上并杀死该人时，我们就把它们扔到国界以外；当一个人杀死了自己时，实施该行为的手就要从尸体上割下来埋掉”。[1] 在盎格鲁—撒克逊时代，法律把一切杀人案件（极凶残的或无罪的）都作为用支付赔偿金来赎罪的案件来处理。直到1118年，所谓《亨利一世法典》（Leges Henrici Prlmi）的汇编者仍然收集了韦塞斯王国的规则：任何杀人者，无论是故意的还是由于偶然事件，都必须向死者的家属支付赎罪金。于是逐渐确立了大致相同的规则：如果杀人行为被当即查明是某人所为，他就要承担支付法律规定的赔偿费的责任。这就是所谓“绝对的”或“严格的”责任。[2]

在中国古代刑法中，也存在着绝对的结果责任。我国台湾

〔1〕〔英〕J. W. 塞西尔·特纳：《肯尼刑法原理》，王国家、李启家等译，华夏出版社1989年版，第6—7页。

〔2〕参见〔英〕J. W. 塞西尔·特纳：《肯尼刑法原理》，王国家、李启家等译，华夏出版社1989年版，第8页。

地区学者蔡墩铭先生在其《刑法基本理论研究》一书中指出："过去之法律，刑事责任与民事责任不分，且责任之认定以有无不法结果发生为断。在刑事责任方面迄18世纪为止，当无不法结果出现时，犯人仍可不受处罚，或至多依未遂罪之。"[1] 按照《史记·陈胜世家》的记载，秦律中有"戍边失期，当斩"的规定。不论是因主观方面的原因，还是因纯属客观方面的原因（如连下暴雨），只要没有按照规定的时间到达指定地点，都要处以死刑。宁汉林先生指出："秦朝刑律之失，在于不区分情节，只要发生刑律中所规定的后果，一律论处。"[2]

关于绝对的结果责任，我国有的学者认为，只存在于古代西方刑法，中国古代刑法很早就明确区分故意与过失。例如《尚书·舜典》中的"眚灾肆赦，怙终贼刑"；《尚书·康诰》中的"人有小罪，非眚，乃惟终，自作不典，式尔，有厥罪小，乃不可不杀；乃有大罪，非终，乃惟眚灾，适尔，既道极厥辜，时乃不可杀"。这说明中国古代刑法已十分明确地把故意与过失加以区别并作为一项刑法原则来贯彻。

其实，这是对中国古代刑法的一种片面理解。中国古代刑法中关于"故"与"过"的区分，确实反映了中国古代文明的进步，表明立法者很早就已经注意到不同的心理状态对刑事责任程度的决定作用。但是这种关于故意责任与过失责任的区分并不意味着排除了中国古代刑法中的结果责任。因为中国古代刑法中关于故意、过失的区别只决定责任的大小和刑罚的轻重，并不决定责任的有无。在许多情况下，过失实际上包含

〔1〕 蔡墩铭：《刑法基本理论研究》，汉林出版社1980年版，第19页。
〔2〕 宁汉林：《中国刑法通史》（第二分册），辽宁大学出版社1986年版，第547页。

着意外事件造成危害结果的情形，只要不是明知故犯，在法律中统统称为“过”。凡是造成了损害结果，如果不能以故意来追究刑事责任，都作为过失来处理，从不分辨有无过失。《唐律·斗讼律》中规定：“诸过失杀伤人者，各依其状，以赎论。”所谓过失，“谓耳目所不及，思虑所不到。共举重物，力所不制。若乘高履危足跌，乃因击禽兽，以致杀伤之类，皆是”。对此，《疏议》解释道：“谓耳目所不及，假有投砖瓦及弹射，耳不闻人声，目不见人出，而致杀伤。其思虑所不到者，谓本是幽辟之所，其处不应有人，投瓦及石，误人杀伤。或共举重物，而力所不制，或共升高险而足蹉跌，或因击禽兽而误杀伤人者。如此之类，皆为过失。称之类者，谓若共捕盗贼，误杀伤旁人之类皆是。”从这一解释中可以看出，中国古代刑法中所谓的过失，只是意味着没有犯罪的故意、对行为所发生的危害结果没有认识，它实际上显然包含了在不可抗力作用下的无过失损害和在无法预见情况下造成损害结果的意外事件等情况。对这些情况下的损害结果，统统以过失追究刑事责任，即使责任程度较之故意为轻，仍然不能否定其为结果责任。

（二）机械地实行对等报应

以结果论责任，在原始的复仇本能的支配下，必然是以损害结果的大小和样态决定责任的大小和承担的方式。《汉穆拉比王法典》第196条规定：“倘自由民损毁任何自由民之子之眼，则应毁其眼。”第197条规定：“倘彼折断自由民（之子）之骨，则应折其骨。”第200条规定：“倘自由民击落与之同等之自由民之齿，则应击落其齿。”这种“以眼还眼、以牙还牙”的责任原则，在古罗马法中也可以看到。例如《十二表法》中明确规定，对于人身的伤害，根据受害部位实行同态复仇。

在中国古代，也盛行着极端的报应刑罚。正如荀子所言："杀人者死，伤人者刑，是百王之所同也。"[1] 公元前206年，汉高帝刘邦推翻秦王朝建立汉朝时即宣布："杀人者死，伤人及盗抵罪。"[2]

（三）长期实行株连责任

我国台湾地区学者洪福增先生在其《刑事责任之理论》一书中指出："古代刑法，受客观的责任（以结果论责任）以及团体的责任所支配，法律之责任，不问有无故意或过失，凡对于共同生活有害之行为皆加以处罚，此系以侵害法益的结果为依归，其责任之主体，在于团体，而不在于个人。加害行为者所属的团体，系就其成员所为之加害行为负责任，此种'团体责任'之观念，系使个人就他人之行为代负责任，连坐法即为此种观念而来之产物。"[3] 族刑即一人犯罪株连其家族的刑罚，在中国奴隶社会就有记载。例如《尚书·盘庚》中载，盘庚在迁都时发布命令说："乃有不吉不迪，颠越不恭，暂遇奸宄，我乃劓殄[4]灭之遗育。"《尚书·甘誓》中也载有"用命赏于祖，弗用命戮于社，予则孥戮[5]汝"。到秦朝时，株连责任被广泛采用，并发展到同居连坐、邻伍连坐、职务连坐、军伍连坐等多种形式。所谓同居连坐，就是"一人有罪，并坐其家室"[6]。"秦法，一人犯罪举家及邻伍坐之。"[7]《秦简》中规定："盗及诸它罪，同居所当坐。何谓同居？户为同居，坐

〔1〕《荀子·正论》。

〔2〕《汉书·高帝论》。

〔3〕洪福增：《刑事责任之理论》，刑事法杂志社1982年版，第6页。

〔4〕"劓殄"，即一人有罪，全家被诛。

〔5〕"孥戮"即诛及子孙。

〔6〕《史记·高祖本纪集碑》。

〔7〕《史记·孝文纪集碑》。

隶，隶不坐户谓也。”这说明，家庭成员中有人犯罪时，全家包括其奴隶都要承担连坐责任，但是奴隶犯罪时，主人可以不负责任。所谓邻伍连坐，就是“令民为什伍而相收司连坐”，“一家有罪，而九家连举发；若不纠举，则十家连坐”[1]。所谓职务连坐，就是“任人而所任不善者，各以其罪罪之”[2]。官吏荐举他人为官，若被推荐之人犯罪，推荐者与被推荐者共同承担被推荐者所犯之罪的刑事责任。所谓军伍连坐，就是在军伍之间，“一人逃而刭其四人，大将战及死事而刭其短兵”[3]。

这种株连责任，在《汉穆拉比王法典》中也有不同程度的反映。例如该法第22—23条规定：“自由民犯强盗罪而被捕者，应处死”；“如强盗不能捕获，被劫者应于神前发誓，指明其所有失物，则盗劫发生地点或其周围之公社及长老，应赔偿其所失之物”。这实际上就是一种以团体为依托的株连责任。

不仅如此，在古代西方国家的刑法中，也存在着团体责任的时代。彼得·斯坦、约翰·香德指出：“对于已经造成的损害后果，从群体责任向个人责任发展，是各国的法律制度中通常普遍存在的一种倾向。例如，一个处于其家长权力管辖之下的儿子犯了偷窃行为，或损坏了他人财产，罗马法允许财产所有人对违法者的家长提起法律诉讼。被告可以做出选择，或将违法者交到损害的一方，即所谓的‘犯法者抵罪’，或支付赔偿金。如果是奴隶犯罪，也有类似的处理规则。这种方法源自受害者对加害人施行报复的权利。家族群体不得藏匿加害人、使之逃避报复，除非支付赎金将他赎回”；“与罗马法的做法类似，盎格鲁—撒克逊法中，家族群体之间对违法行为的报复也

〔1〕《史记·商君列传》。

〔2〕《史记·蔡泽列传》。

〔3〕《商君书·境内》。

有两种不同的方式：或者支付赔偿金，或者将违法者交给受害人充当奴隶。后来，地域性的集团、郡所辖的区、封建领主等等取代了家族群体，区域领主就须在法庭面前承担交出嫌疑违法者的责任”，并且“在对违法行为所造成的损失进行赔偿的群体责任方面，法律并没有截然区分民事责任和刑事责任”。〔1〕

（四）带有浓厚的宗教色彩

“有证据表明，在整个欧洲的古代时期，凡是给他人造成重大损害的行为都受到神的严厉惩罚。在这种情况下，使罪犯受到严重的痛苦是为了安抚受到亵渎的神灵。但是，与这种见解相联系并最终保留下来的，是这样一种观念：一个人当其所实施的行为造成了明显的损害时，他就应当对之承担责任。”〔2〕在罗马法中，“最初的刑法……表现为一种根深蒂固的并且含有宗教成分的诉讼”，“宗教成分在早期的刑事处罚中占有较大比重，这首先表现为对触犯神明的罪犯普遍适用献祭刑”，即“将犯罪人开除出共同体，让他在被遗弃中赎罪，或者让他落入神的权力之下，接受神的报复”。〔3〕

在中国古代刑法中，刑罚的根据被归之于天命，认为刑法的适用是“恭行天罚”。《尚书·皋陶谟》中说：“天讨有罪，五刑五用哉。”《尚书·汤誓》则载：“有夏多罪，天命殛之。……夏氏有罪，予畏上帝，不敢不正，尔尚辅予一人，致天之罚。”这既反映了当时的刑罚是针对氏族整体的团体责任原则，也说明当时的统治者把刑罚的适用视为奉天之罚，似乎犯罪者应受

〔1〕〔美〕彼得·斯坦、约翰·香德：《西方社会的法律价值》，王献平译，中国人民公安大学出版社1989年版，第149—150页。

〔2〕〔英〕J. W. 塞西尔·特纳：《肯尼刑法原理》（中译本），王国庆、李启家等译，华夏出版社1989年版，第6页。

〔3〕〔意〕朱塞佩·格罗索：《罗马法史》，黄风译，中国政法大学出版社1994年版，第126页。

的刑罚是天的旨意。

与古代刑法中的结果责任相适应，古代盛行着神意责任论的观念。在古代，责任概念并不发达，无法科学地解释刑事责任存在的合理根据。但是人们普遍信奉“恶有恶报”的因果报应原理，强调作恶的人要遭天罚。所以常常把刑事责任归因于神的意志，用“天讨有罪”来说明刑事责任存在和施加的理由。在这种观念的指导下，只要客观上出现了损害事实，不论是人的行为还是动物的行为，也不论是否存在着可以归因于行为人的因素，都要追究责任，并且这种责任往往由于神意的不可知而变得残酷无边。在神意责任论的思想支配下，人们越来越崇尚刑罚的残酷性对于犯罪的遏制作用，而很少思虑刑罚适用的实际效果，以致重刑主义思潮成了古代刑法的主流，“禁奸止过，莫若重刑”成了刑事责任理论的核心。

在结果责任时代的后期，绝对的结果责任逐渐向结果责任与思想责任并存的状态发展。刑法在总体上仍然以结果责任为主干，但是开始注意犯罪人的主观状态，区分故意与过失的责任，主犯与从犯的责任、成年人与未成年人的责任，罪过逐渐成为刑事责任的基础。而在这种背景下，对主观罪过的重视又导致了追究单纯的思想责任的倾向。在西方，思想责任的出现与教会法的兴起和盛行有关。产生于公元1世纪古罗马奴隶制帝国统治下的亚洲西部巴勒斯坦的基督教，在欧洲进入封建社会的过程中，传播到欧洲各国并形成了教会组织。公元三四世纪，基督教逐渐形成了西部以罗马教皇为首的罗马公教会（天主教会）和东部以君士坦丁堡为中心的希腊正教会（东正教会）两个中心。公元5世纪到10世纪末，基督教在欧洲逐渐与封建政权结合为一体，成为封建神权统治的国际中心，教会法乃至成为欧洲各国立法的重要渊源之一。“对于教士们来说，人的心理活动是最重要的，因为他们的目标就是根除罪孽和邪恶，而这些重大错误正是发源于和存在于人的心里。按照他们的观点，需要苦行和赎回的，是已经引起损害行为的罪恶的意图和动机。"[1] 由于受教会法的影响，欧洲中世纪的立法者十分重视“恶意”，乃至把刑事责任强加于仅有“恶意”而没有任何“恶行”的人，甚至仅仅与当局信仰不同的人，也要承担刑事责任。例如查理大帝在《关于萨克森地区的教会》（大约780年）中宣布：“今后如有任何萨克森人隐藏在众人之中，不受洗礼，轻视洗礼，愿继续信奉异教者，处死刑”；“任何人如勾结异教徒，制造阴谋，反对基督教，或愿参加反对基督教的阴谋者，处死刑”；“任何人如同意此种阴谋以反对国王与基督教人民者，处死刑”；“凡对国王表现不忠诚的行为者，处死刑”。[2] 查理五世发布的诏令（1550年9月25日）宣布：“朕禁止任何人以隐匿所、食品、衣服、金钱及以任何普通方式来帮助那些被揭发的异端犯或异端嫌疑犯；违者将和异端同样处罚。如果任何人即使没有被揭发为异端或邪说罪犯，但在这方面曾有严重嫌疑并被宗教法院判决要和异端绝缘，或被世俗法院判决公开忏悔罚款者，又如果他再度被认为有异端罪的嫌疑或看来受到了异端的感染，哪怕没有证据来证明他破坏或违反了上述各条款中任何一项——然而，朕命令把他作为重犯异端犯罪，因此应处以死刑和没收财产的处罚，而且对于这项处罚，不得期望任何减轻或宽大。"[3] 在这种立法思想指导下，

---

〔1〕〔英〕J. W. 塞西尔·特纳：《肯尼刑法原理》，王国庆、李启家等译，华夏出版社1989年版，第12页。

〔2〕法学教材编辑部《外国法制史》编写组编：《外国法制史资料选编》（上册），北京大学出版社1982年版，第204页。

〔3〕法学教材编辑部《外国法制史》编写组编：《外国法制史资料选编》（上册），北京大学出版社1982年版，第297页。

不仅教会法院，而且世俗法院，时常用违背教义的异端、叛教、崇信异教等罪名把刑事惩罚施加于没有任何实际危害结果甚至任何行为也没有的言论、思想，单纯以思想观念上的好恶决定人的刑事责任。这不仅大大扩大了刑事责任的范围，而且从一个极端走向了另一个极端。把所谓的犯罪意图作为追究刑事责任的根据，从而使刑法的适用失去了可资衡量和监督的依据。

这种追究单纯思想的责任的做法，主要是宗教教义中重视恶意的思想体系影响的结果，但是同时也与中世纪的统治者对犯罪缺乏深刻的认识，惧怕犯罪威胁其政治统治的基础，过分严厉地对待犯罪的想倾向有关。

在中国封建社会里，也长期存在着追究思想的刑事责任的做法。早在汉武帝时代，廷尉张汤就开始用“腹非”的罪名处死异已。《汉书·食货志》载：“御史大夫张汤与大农令颜异有隙，异与客语，客语初令下有不便者，异不应，微反唇，张汤奏称异九卿见令不便，不入言而腹非，论死。自是之后，有腹非之法比。”自汉武帝听从张汤建议，以腹非之罪处死颜异之后，腹非即作为一种罪名，被后世各代封建君主采用，直到清朝末年。所谓腹非（诽）之罪，实际上正是最典型的在没有任何行为的情况下追究思想的刑事责任的立法。

尚未用语言文字表现出来的思想和尚未表现为行为的意图，无论其正谬对错，都还只是没有定型化的非实在的东西。它既不能被主体之外的人所准确认识和把握，也无法通过客观的因素加以证实。所以追究思想的刑事责任，实际上是实行任意责任原则，它必然导致主审官任意出入人罪现象的盛行。

欧洲中世纪追究思想的刑事责任的倾向，与古代以来就有的结果责任的同时并存和盛行，使作为古代刑法基本特征的罪刑擅断达到顶峰。由此引起的严重的司法专横，使人的基本权利在刑法领域得不到最起码的保障，引起了广大人民的强烈不满，从而导致了行为责任时代的到来。

二、行为责任时代

对中世纪罪刑擅断之司法黑暗的批判导致了行为责任时代的到来。资产阶级在反封建斗争中打起的反对司法专横、尊重人权的旗帜，在资产阶级夺取政权之后，在刑事立法和刑事司法中逐渐演变为限制法官任意定罪量刑、保障人权的宗旨，以致把刑法上的责任和惩罚限定在表现于客观的行为的限度之内。这一时期的刑法具有以下三个特点：

（一）强调罪刑法定

早在资产阶级启蒙运动中，卢梭、伏尔泰、孟德斯鸠等人就提出了罪刑法定的思想，主张犯罪应当有行为，并且什么样的行为构成犯罪以及对这种犯罪行为应当如何处罚，必须预先由法律加以规定。这种思想，由意大利的贝卡里亚和德国的费尔巴哈加以发挥，成为一项法律原则，被西方近代各国的立法者所接受，写进了1787年的美利坚合众国宪法（“不准制定任何事后法”）、1789年的法国人权宣言（“不依据犯罪行为前制定、颁定并付诸实施的法律，不得处罚任何人”）、1810年的法国刑法典（“犯罪行为之处罚，以行为前有法律明文规定者为限”）、1871年的德国刑法典（“行为之得处刑者，以法律在该行为前已有规定者为限”）。

上述刑法的颁布施行，成为世界上许多国家仿效的范本，遂使罪刑法定成为近代各国刑法中通行的基本原则之一。随着罪刑法定原则的确立，开始了行为责任的时代。罪刑法定原则的基本要求是不得以行为之前的法律处罚任何人。如果法律中没有明确规定行为的类型，或者没有实际行为的实施，就无法确定“行为前”的法律之存否。因此罪刑法定原则的确立必然要求以行为为中心的刑事责任原则。1789年法国人权宣言在宣布罪刑法定原则（第8条）之前，就首先明确规定：“法律仅有权禁止有害于社会的行为。凡未经法规禁止的行为即不得受到妨碍。而且任何人都不得被迫从事法律所未规定的行为。”(第五条)

按照罪刑法定原则的要求，近代各国刑法都把犯罪归结为行为，并且对于应当作为犯罪来追究刑事责任的行为作了详尽的描述，规定了对犯罪行为追究刑事责任必须具备的各种条件以及不应当追究刑事责任的各种情况。这种刑法由于以犯罪行为作为刑法谴责和刑事处罚的对象，强调无犯罪行为即无刑罚，注意在客观上表现出来的行为及其违法性，所以被称为“行为刑法”。

（二）坚持主客观统一的责任原则

“如果认为盎格鲁—撒克逊时代和早期诺曼底时代的法学家们没有意识到故意造成的损害与由于意料外事件而导致的损害二者之间的道德上的差别，那当然是错误的”，然而，法官们认为“人的意图是不能调查清楚的，即使撒旦也不知道人的意图”，因而他们实际上把刑事判决建立在这样一个假定之上：“在几乎每个案件中，被告对实施他已经实施的行为都有故意，或者至少预见到他的行为会带来损害。”[1] 这是西方结果责任时代的客观写照。在中国，虽然汉代以来就强调“原心定罪”，但是由于皇帝的旨意在各个朝代都凌驾于法律之上，皇室可以随时随地修改法律，置法律于不顾，法官在法律与权力之间首

〔1〕〔英〕J. W. 塞西尔·特纳：《肯尼刑法原理》，王国庆、李启家等译，华夏出版社1989年版，第11—12页。

先必须服从的是权力而不是法律，所以也不可能把主客观相统一作为刑事责任的基本原则来贯彻。

但是在近代刑法中，各国刑法在强调行为责任的同时，都把行为限定在意志支配的范围之内。18 世纪以来，英国刑法把曾经只要求重罪具有的犯意（mens rea）作为一切犯罪行为承担刑事责任的必备要素。正如《肯尼刑法原理》一书中记载的："有一个短语被指定为普遍适用并成为英国刑法中最著名的格言，科克最先使用这个短语时强调：'没有犯罪意图的行为不能构成犯罪'（Et actus non facit reum nisi mens sit rea）。在这个著名的短语中，人的'行为'（actus）与他在实施导致这个'行为'的活动时的心理过程（mens）之间具有明显的区别。这意味着导致这个行为的举动是由行为者的犯罪意图引起和驱使的"（1789 年福勒诉帕德格特案）。此后，在英美刑法中，不仅犯罪行为"是刑事责任的基础"，而且犯罪意图成了"惩罚责任的必要条件"。"这被坚定地认为是刑法的基本特征。"[1]

作为近代刑法标志的 1810 年法国刑法典，则以成文法的形式明确宣布："明知"是构成共犯的必要条件之一（第 61、62 条），精神病患者与受不可抗拒之胁迫者，不负刑事责任（第 64 条）；13 岁以上 16 岁以下未成年人犯罪得减轻或免除刑罚（第 66 条）。1871 年德国刑法典确认并发展了法国刑法典的类似原则，从而使故意、过失、责任年龄和责任能力等主观要素与犯罪行为一起成为追究刑事责任的不可或缺的要素。

这种把客观上的危害行为与主观上的故意过失以及行为人的责任能力结合起来认定刑事责任的做法，已成为世界各国刑

〔1〕〔英〕J. W. 塞西尔·特纳：《肯尼刑法原理》，王国庆、李启家等译，华夏出版社 1989 年版，第 13—29 页。

法中的不易之论。正如哈特所指出的："所有文明的刑罚制度都不只是依据这样的事实即应受刑罚的人实施了犯罪之外在的行为，而且也依据他是在某种心理或意志构成状态下实施的这一行为，来确定就无论怎样严重的犯罪应承担的受惩罚的义务。"〔1〕

在英美刑法中，不仅强调客观因素（犯罪行为及其危害结果）与主观要件（犯意与责任能力）是使一个人承担责任必不可少的两个方面，而且强调这两个方面必须同时存在。"被告的犯罪意图必须与他的作为、不作为或事件同时存在，这是一项基本的规定。"〔2〕"刑事责任要求每个犯罪的犯罪行为和犯罪意图同时具备或同时发生。更为确切地说，被告人的精神状态必须'激发'其身体行为实施特定犯罪。"〔3〕

这种原则，正是我国刑法学中所称的主客观一致的刑事责任原则。这种原则在我国现行刑法中，与在现代各国刑法中一样，得到了充分的体现，在司法实践中得到了坚定不移的贯彻。

（三）实行罪、责、刑均衡

近代各国刑法摒弃了古代刑法中的绝对报应刑，强调等价报应，实行犯罪程度与责任大小以及刑罚轻重相均衡的原则，把由犯罪的主客观方面所决定的刑事责任大小作为裁量刑罚的基本依据。

1810年法国刑法典，按照应当判处的刑罚的轻重把犯罪分

〔1〕〔美〕H. C. A. 哈特：《惩罚与责任》，王勇、张志铭、方蕾译，华夏出版社1989年版，第108页。

〔2〕〔英〕鲁珀特·克罗斯等：《英国刑法导论》，张智辉等译，中国人民大学出版社1991年版，第46页。

〔3〕〔美〕道格拉斯·N. 胡萨克：《刑法哲学》，谢望原译，中国人民公安大学出版社1994年版，第15页。

为重罪、轻罪和违警罪，开创了按照犯罪的责任程度系统划分犯罪等级之先河，并为1871年德国刑法典所仿效，使罪、责、刑相均衡成为现代刑法的基本原则之一。

在现代，各国刑法不仅按照各种犯罪侵害的价值大小对之规定了相应的法定刑幅度，而且普遍规定了量刑要以犯罪的轻重和犯罪人的责任大小为依据的原则。有的国家在刑法典中还把决定和影响责任程度的主客观因素作为加重或减轻刑罚的法定情节予以明文规定。这类规定，旨在保障刑法适用过程中罪、责、刑之间的正当比例，使之在价值上保持均衡。

1917年十月革命胜利，世界上出现了第一个社会主义国家。1919年的《苏俄刑法指导原则》、1923年的《苏俄刑法典》在刑法的发展史上创造了一个在本质上不同于以往刑法制度的新的类型即社会主义刑法。它公开承认刑法的阶级性，强调刑法的任务是用追究刑事责任的方法来保护符合劳动群众利益的社会制度，明确规定犯罪是违反刑法所保护的社会利益的行为。[1] 第二次世界大战后建立的各社会主义国家在自己的刑事立法中也都规定了大致相同的原则，从而形成了既不同于英美法系又不同于大陆法系的社会主义法系的刑法制度。

1980年1月1日起施行的《中华人民共和国刑法》是当代社会主义刑法的典型代表。它在总则第一章第2条中规定，刑法的任务是用刑罚同一切犯罪行为作斗争，“以保卫无产阶级专政制度，保护社会主义的全民所有的财产和劳动群众集体所有的财产，保护公民私人所有的合法财产，保护公民的人身权利、民主权利和其他权利，维护社会秩序、生产秩序、工作秩序、教学科研秩序和人民群众生活秩序，保障社会主义革命和

---

〔1〕 参见《苏俄刑法指导原则》第3条、第5条。

社会主义建设事业的顺利进行”。与之相适应，总则第二章在第一节“犯罪与刑事责任”中明确规定了犯罪的定义和刑事责任的原则，在强调行为责任的同时，赋予犯罪行为以实质性的含义，从而使刑事责任的设定和追究具有了社会基础。

社会主义刑法作为现代刑法之一种类型，广泛吸收了人类刑法史中所创造的文明成果，坚持罪刑法定、行为责任、主客观相统一的责任原则，因而与其他国家的现代刑法又具有许多共同之处。

三、责任理论之演变

关于刑事责任的理论，既是近代刑法得以确立的思想基础，也是刑法理论研究随着近代刑法中罪刑法定原则和行为责任原则的确立和实行而不断深化、发展的结果。

以罪刑擅断为基本特征的古代刑法，不需要也不可能产生任何有科学依据的刑事责任理论。古代刑法的宗教色彩为客观归罪的结果责任和主观归罪的思想责任披上了一层神秘的袈裟。由此产生的神意责任论，虽然也谈论责任的根据，但是把犯罪说成是“原罪”，把惩罚世俗的罪人归结为上帝的旨意、“天罚”的表现，这就从根本上否定了从犯罪本身来解释犯罪引起的责任之合理性的必要。这种理论并不包含科学的定在的内容。

只有以罪刑法定为前提，才有可能产生以本身包含着某种规定性的客体（犯罪与刑罚）为研究对象的科学，才有可能形成真正的刑事责任理论。

近代刑法中的刑事责任理论，正是在罪刑法定的前提下，科学总结古代刑法的长期实践中包含的合理内核，结合现代刑法的基本原则和司法实践而产生和深化的。

（一）道义责任论

首先为近代刑法提供思想武装、奠定理论基础的是刑事古典学派所主张的道义责任论。

道义责任论认为，犯罪的实质是具有自由意志和辨别是非善恶能力的人，基于自己的自由意志，在衡量利害得失的基础上自我选择的结果。这种结果本身所具有的危害社会的性质，使行为人在道义上就负有对自己所选择的这种犯罪行为承担责任非难的义务，并且这种非难的程度应当取决于在客观现实中表现出来的犯罪行为所反映的罪过程度。

道义责任论是在结果责任时代孕育而在18世纪中期逐渐形成的。

在反对封建司法专横的过程中，刑事古典学派首先从社会契约的角度论证刑罚权的正当根据，确立自己的责任理论乃至整个刑法理论。

在17世纪末18世纪初启蒙思想家洛克、卢梭、孟德斯鸠等人的社会契约论的影响下，意大利学者贝卡里亚在其名著《论犯罪与刑罚》中强调：神明启迪、自然法则和社会契约这三者是不同的，把产生于人类契约即人们确认或默许的公约的东西分离出来是极为重要的，"因为它的力量足以在不肩负上天特别使命的情况下，正当地调整人与人之间的关系"。〔1〕他认为，君主惩罚犯罪的真正权力的基本起点是需要有些"易感触的力量"来阻止个人专横的心灵把社会的法律重新沦入古时的混乱之中，因为，如果所采用的力量并不直接触及感官，又不经常映现于头脑之中以抗衡违反普遍利益的强烈私欲，那

〔1〕〔意〕贝卡里亚：《论犯罪与刑罚》，黄风译，中国大百科全书出版社1993年版，第3页。

么，群众就接受不了稳定的品行准则，也背弃不了物质和精神世界所共有的涣散原则，“正是这种需要迫使人们割让自己的一部分自由，而且，无疑每个人都希望交给公共保存的那份自由尽量少些，只要足以让别人保护自己就行了。这一份份最少量自由的结晶形成惩罚权”，“如果刑罚超过了保护集体的公共利益这一需要，它本质上就是不公正的”。[1] 贝卡里亚在论证刑罚权的同时，实际上也就指出了刑事责任存在的理由和正当的根据，那就是在维护最大多数人的最大幸福的目标下更有效地预防犯罪。他认为，刑罚要起到预防犯罪的作用，就必须触及人的心灵。他对刑罚作用的论述大多是建立在刑罚对人的心理的影响之基础上的。如“什么是刑罚的政治目的呢？是对其他人的威慑”；“人们只根据已领教的恶果的反复作用来节制自己，而不受未知恶果的影响”；“人的心灵就像液体一样，总是顺应着它周围的事物，随着刑场变得日益残酷，这些心灵也变得麻木不仁了”；“对人类心灵发生较大影响的，不是刑罚的强烈性，而是刑罚的延续性”；“一个人如果发现他将在生活于自由之中的本国公民的眼下，在苦役和痛苦之中，度过许多岁月甚至是整整一生，成为曾保护过他的法律的奴隶，那么，他将把这种结局同成败未卜的犯罪、同他可能享受到的暂时成果进行有益的比较”；“即便是最小的恶果，一旦成了确定的，就总令人心悸”；“无论谁一旦看到，对打死一只山鸡、杀死一个人或者伪造一份重要文件的行为同样适用死刑，将不再对这些罪行作任何区分；道德情感就这样遭到破坏”；“你们要预防犯罪吗？那你们……就应该让人畏惧这些法律，而且是让他们仅仅

〔1〕〔意〕贝卡里亚：《论犯罪与刑罚》，黄风译，中国大百科全书出版社 1993 年版，第 9 页。

畏惧法律”。

贝卡里亚的上述思想被德国学者费尔巴哈发展为“心理强制说”。他强调刑法的目的、刑罚的正当根据，是“从心理上强制市民不实施犯罪”。他在其《对现行刑法理论与基本概念的反省》（1799 年）一书中指出，所有违法行为的根源都在于趋向犯罪行为的精神动向即动机形成源，所以预防犯罪的第一道防线应当是道德教育，使市民培养起应为的道德情操，不为违法的精神动向所驱动。预防犯罪的第二道防线便是心理强制（Psychological compulsion）。因为人具有“趋乐避苦”的本性，犯罪行为的实施正是受了“潜在于犯罪行为的快乐”以及“不能得到这种快乐时所潜在的不快”的诱惑与驱使。法律正是根据人的本性，设定痛苦的刑罚，使犯罪行为中蕴含着痛苦，并使市民确信“痛苦与犯罪不可分”。当市民确信犯罪行为所蕴含的苦大于其中的乐时，人就会基于本能回避大于犯罪之苦的苦，而追求大于犯罪之乐的乐，自我抑制“违法的精神动向”使之不发展为犯罪行为。

刑事古典学派的这种刑罚观被当时的哲学大师赋予浓厚的哲学色彩。德国学者康德以自由观念为基础，强调人的理性是思考的根源。刑罚即实践理性的绝对命令，因而对犯罪科以刑罚乃是正义的当然要求。他在其《道德与形而上学》一书中指出，人是有理性有意志的，人在选择自己的行为时不受自然法则的支配，而人的自由意志决定的行为要负道德责任。黑格尔以自由意志为基础，强调对犯罪的惩罚是对犯罪者的自由意志的尊重。他指出：“刑罚既被包含着犯人自己的法，所以处罚他，正是尊重他是理性的存在。”[1] 黑格尔认为，费尔巴哈的

〔1〕〔德〕黑格尔：《法哲学原理》，范扬、张企泰译，商务印书馆 1982 年版，第 103 页。

心理强制说忽视了人的自由意志和人的尊严，“如果以威吓为刑罚的根据，就好像对着狗举起杖来，这不是对人的尊严和自由予以应有的重视，而是像对狗一样对待他”[1]。因此，他强调把刑罚看成是犯罪人的意志本身所包含的自我否定。他指出：“加于犯人的侵害不但是自在地正义的，因为这种侵害同时是他自在地存在的意志，是他的自由的定在，是他的法，所以是正义的；不仅如此，而且它是在犯人自身中立定的法，也就是说，在他的达到了定在的意志中，在他的行为中立定的法。其实，他的行为作为具有理性的人的行为，所包含着的是：它是某种普遍物，同时通过这种行为犯人定下了一条法律，他在他的行为中自为地承认它，因此他应该从属于它，像从属于自己的法一样。”[2] 刑罚的正义，是通过自在的普遍意志和跟它对立的自为地存在的单个意志之间的对立的扬弃而表现出来并反对自身，从而成为自为的和现实的意志。按照黑格尔的观点，“意志一般说来对其行动是有责任的”，“在意志的行动中仅仅以意志在它的目的中所知道的这些假定以及包含在故意中的东西为限，承认是它的行为，而应对这一行为负责。行动只有作为意志的过错才能归责于行为人”。[3]

从上述哲学根据出发，刑事古典学派形成了道义责任的理论。他们认为，人是具有自由意志的主体，凡是达到一定年龄的人，除精神不健全者外，都具有认识人间的是非善恶并按照自己的意志选择和实施行为的自由，同时，在道义上人又具有依天理趋正轨，不侵犯他人利益之义务。一个人，在行为选择

〔1〕〔德〕黑格尔：《法哲学原理》，范扬、张企泰译，商务印书馆1982年版，第102页。

〔2〕〔德〕黑格尔：《法哲学原理》，范扬、张企泰译，商务印书馆1982年版，第103页。

〔3〕〔德〕黑格尔：《法哲学原理》，范扬、张企泰译，商务印书馆1982年版，第118—119页。

的时候，如果认识到或者可能认识到法的道义性而不顾，竟按自己自由意志之决意并努力实施了一定的犯罪行为，造成了危害他人和社会的结果，那么，他就应当在道义上受到谴责。通过法律表达的这种道义谴责，便是刑事责任，或者说，刑事责任的本质是通过刑罚对行为所做的道义非难。正如日本学者小野清一郎所言："所谓道义责任，是指基于'对那种行为人理应知道不该去做而事实上他却做了的违法行为要进行非难'这一点而确定的责任。刑法上的责任，就是基于这种道义非难的责任，因此，可以说它是以道义责任为核心的。"〔1〕

道义责任论，一方面是以启蒙主义的个人主义、平等主义为背景，以"非决定论"为哲学基础，另一方面又包含着自古以来的法律思想中就存在的伦理要求，即把一切人都作为理性的人来把握，任何人都是根据自己的自由意志实施犯罪的，因而在道义上具有归责的理由。正是在这个意义上，这种责任理论被称为道义责任论。〔2〕

道义责任论认为，犯罪是以人的自由意志为基础的，只有在根据这种自由意志而活动并决意实施了犯罪的时候，才能够予以伦理的非难，作为报应的刑罚也才是正当的。刑事责任的实质在于谴责这种有意为恶的意志。因此，道义责任论也被称为意志责任论。而这种为恶的意志在犯罪过程中又是通过故意、过失这类心理状态或心理关系表现出来的，只有认定犯罪行为中存在这种故意或过失，才能够对行为人予以道义上的谴责。因此，道义责任论又是心理责任论。

道义责任论认为，既然人的行为是自由意志支配的结果，

〔1〕〔日〕小野清一郎：《犯罪构成要件理论》，王泰译，中国人民公安大学出版社 1991 年版，第 25 页。

〔2〕 参见〔日〕大谷实：《刑事责任的展望》（责任论的起源），成文堂 1983 年版。

那么，达到一定年龄且有责任能力的人就应当对自己的行为负责。如果在自由意志支配下的行为违反了刑法的规定，造成了危害结果，对之追究刑事责任就是理所当然的。因此，道义责任论十分重视实际发生的犯罪行为，以客观上的犯罪行为为基础来构筑自己的理论体系。美国学者霍姆斯在其《普通法：第二讲》中表达了这种观点。他指出："虽然法律着眼于各种行为的特性，并使用了道德性的语言，但它必然以不依赖于个人的实际意识而以外在的标准为归宿。""法律按照一般人即具有普通智力与通常之慎重的人来考虑什么行为应受谴责。""当法律把实施损害的意图表述为犯罪的一项必要要件时，它所实际要求与能够、应该要求的是，被控某一犯罪的人应该是实施了一个普通人所预见会引起损害的行为。"〔1〕 所以这种责任理论又可被称为行为责任论，或客观主义的责任论。

（二）社会责任论

社会责任论是要求把行为者的反社会性格作为刑事责任的根据，对于具有这种反社会的危险性格的人采取社会防卫措施，并把必须忍受这种措施的地位视为刑事责任的理论。

19 世纪中叶以来，自然科学的发展，特别是达尔文进化论的提出，为实证地研究犯罪问题创造了条件。意大利学者龙勃罗梭（Ccsarc Lombroso，1835—1909）以生物学方法研究犯罪人的生理特征，提出了"生来犯罪人"的命题。他通过实证性研究表明了遗传对犯罪的影响，认为有些人由于先天的遗传，生来就具有犯罪的倾向。这类人实施犯罪行为是不由自主的。菲利（Enrico Ferri，1856—1929）、加鲁法罗（Raffaelle Garofa-

〔1〕 转引自〔美〕H. C. A. 哈特：《惩罚与责任》（中译本），王勇、张志铭、方蕾译，华夏出版社 1989 年版，第 232—233 页。

lo，1852—1934），以及德国的李斯特（Franz V. Lisaf，1851—1919）、比利时的皮林思（Adlolphe Prins，1845—1910）、法国的阙饶（René Garraud，1849—1930）等人又分别运用社会学、统计学的研究，补充了龙勃罗梭学说之不足，从多方面证实人实施犯罪行为，有些是先天的遗传决定的，有些是社会环境造成的，有些是由于在恶劣的社会环境下个人特殊的生活经历造就了倾向犯罪的性格而导致的。这些论断都从不同角度打破了所谓“自由意志的神话”，否定非决定论的责任理论，否认道义谴责的可能性和合理性，要求以决定论为基础，重建刑事责任理论乃至整个刑法理论。于是便出现了社会责任论。

社会责任论的思想基础是实证主义的决定论（因此自命为“实证学派”）。从决定论出发，社会责任论认为“人可以自由选择行为从而犯罪行为应当归责于为恶的意志”不过是法学家们杜撰出来的神话。在现实社会中，人是不自由的，个人的行为是由先于个人而存在的遗传因素、社会因素以及个人生活于其中的社会因素、环境因素所决定的，犯罪不过是素质和环境的产物，犯罪行为在客观上造成的侵害无非是犯罪主体的人身危险性的外部表现。因此，刑事责任的本质不是谴责为恶的意志，而是防卫社会，刑事责任不过是社会为了保全自己而采取的防卫措施。刑事责任存在的合理根据，在于社会为谋自身之安全而享有对具有危险性格的人所实施的危害行为进行防卫的权利。

社会责任论的代表人物菲利指出：“古典派犯罪学和一般公民均认为犯罪含有道德上的罪过，因为犯罪者背弃道德正轨而走上犯罪歧途均为个人自由意志所选择，因此，应该以相应的刑罚对其进行制裁……但是，当用现代实证研究方法武装起来的近代心理学否认了自由意志的存在，并证明人的任何行为均系人格与人所处的环境相互作用的结果时，你还怎么相信自由意志的存在呢?"[1] "自由意志的幻想来自我们的内在意识，它的产生完全是由于我们不认识在做出决定时反映在我们心理上的各种动机以及各种内部和外部的条件。如果有人明白决定某种现象的是某个主要原因，他就会说此现象是不可改变的。如果他不懂得这些，他就认为这是一个偶然事件……用偶然事件的概念来说明物质的性质，显然是不科学的。各种物质现象都是事前存在的决定该现象的原因的必然结果。……人类现象也是如此。"[2] "在任何特定的时候，决定我们意志的都是内部和外部条件的力量。但是，自由意志的观念，无论在哲学上还是在科学方面，都背离了因果关系的规律。"[3] "人类行为，无论是诚实的还是不诚实的，是社会性的还是反社会性的，都是一个人的自然心理机制和生理状况及其周围生活环境相互作用的结果。"[4] "有关犯罪自然起源的一般观察的实际结论如下：每一种犯罪都是行为人的身体状况与社会环境相互作用的结果。"[5] 否定了自由意志的概念，也就同时否定了责任能力的概念。因此，菲利认为："可以将全部罪犯划分为五类：这五类罪犯我早在 1884 年就提出来了，那就是精神病犯、天生犯罪人、惯犯、偶犯和情感犯。……这种分类构成了犯罪社会学的人类学基础，它无疑应当包括精神不健全的罪犯。"[6]

基于这种理论，菲利强调："我们坚持社会责任是唯一适

〔1〕〔意〕菲利：《实证派犯罪学》，郭建安译，中国政法大学出版社 1987 年版，第 9 页。

〔2〕〔意〕菲利：《实证派犯罪学》，郭建安译，中国政法大学出版社 1987 年版，第 16 页。

〔3〕〔意〕菲利：《实证派犯罪学》，郭建安译，中国政法大学出版社 1987 年版，第 18 页。

〔4〕〔意〕菲利：《犯罪社会学》，郭建安译，中国人民公安大学出版社 1990 年版，第 41 页。

〔5〕〔意〕菲利：《实证派犯罪学》，郭建安译，中国政法大学出版社 1987 年版，第 46 页。

〔6〕〔意〕菲利：《实证派犯罪学》，郭建安译，中国政法大学出版社 1987 年版，第 21 页。

用于所有罪犯的责任”[1]；“合法判决的目的不是确定犯人的不可确定的道义责任，也不是将刑法典中的条文非个别化地适用于该犯罪，而是将最适合于犯罪人的法律按照犯罪人所表现出来的或多或少的生理和心理的反社会性加以适用”[2]。并且，司法程序应当“同等地承认应受审判的犯人和审判他的社会的权利和保障”。因此，“就刑法而言，为了社会自卫的利益，有必要反对古典学派过分强调个人主义的做法……恢复一直被许多古典派的夸张说法所打乱的个人和社会权利之间的平衡也是很必要的”。菲利指摘按照古典学派的主张确立的“无罪推定”和“上诉不加刑”原则是“有关保护作恶者的保护性法规”。[3] 并且这种对个人权利的保护是很不完整的，“因为它所主张的保障只考虑罪犯个人，而不涉及也是个人并且更值得同情和保护的犯罪被害者”[4]。与这种认识相适应，菲利主张：“法律的基本原则是根据社会存在的需要做出限制”，“刑罚不应当是对犯罪的报应，而应当是社会用以防卫罪犯威胁的手段这样一种理论的必然结果”。[5] 而“社会对犯罪现象所能采取的最有效、最有力的防卫措施”，“一是改善社会环境，对犯罪进行自然的预防，并以此来代替刑罚；二是永久或

〔1〕〔意〕菲利：《实证派犯罪学》，郭建安译，中国政法大学出版社1987年版，第22页。

〔2〕〔意〕菲利：《犯罪社会学》，郭建安译，中国人民公安大学出版社1990年版，第102页。

〔3〕〔意〕菲利：《犯罪社会学》，郭建安译，中国人民公安大学出版社1990年版，第105页。

〔4〕〔意〕菲利：《犯罪社会学》，郭建安译，中国人民公安大学出版社1990年版，第106页。

〔5〕〔意〕菲利：《犯罪社会学》，郭建安译，中国人民公安大学出版社1990年版，第142页。

临时性地消除罪犯”。[1]

对于社会责任论的主张，我国台湾地区学者韩忠谟先生曾经做过扼要的概括。他写道：社会责任论认为，“社会对任何不法侵害行为，为防卫自身计，咸有加以反击之必要。所谓责任，乃社会各分子对社会所应有之义务，亦即不法侵害者对社会所应处之地位，故不仅通常所谓责任能力人之侵害行为，对社会发生责任问题，即如幼年人心神丧失人所为之侵害行为，对社会亦非无责任。如此以社会责任解释刑事责任，则责任之内容，不以通常刑罚制裁为限，法律对于各种情形之侵害行为者，常分别就其特殊情况，决定其负责之方式”[2]。社会责任论强调刑事责任的作用在防卫社会，注重社会利益，其立论使过去的刑事责任理论为之改观。

社会责任论最初是以行为者责任论出现的，它强调刑事责任的本质存在于行为者势必犯罪的危险性格之中。行为者的这种社会危险性是使其处于应受处罚的法律地位的根据。这种理论甚至认为应当以行为人为中心重建整个刑法理论，所以被称为行为者责任论。

社会责任论的深入发展，从对行为者的社会危险性的一般结论转入对这种危险性的深入分析，出现了性格责任论。

性格责任论认为，犯罪行为者是反复实施对社会有害的犯罪行为的危险性格的保持者，因此，为了一般的社会保全之目的，具有危险性格的行为者必须承受作为社会防卫处分的刑罚。这种见解否定自由意志的存在，否定对在各个行为中表现出来的犯罪人的意志进行责难的可能性，认为犯罪的原因完全

---

〔1〕〔意〕菲利：《犯罪社会学》，郭建安译，中国人民公安大学出版社 1990 年版，第 46 页。

〔2〕 韩忠谟：《刑法原理》，台湾大学法学院 1981 年版，第 174 页。

是犯罪人生来的或后天的、反常的和容易犯罪的危险性格。刑法的任务就在于把这种危险性格的保持者与社会相隔离，同时施行旨在除去这种危险性格的使犯罪人得以改善、更生的处理和待遇。在把性格的危险性作为刑事责任的根据这个意义上，这种观点被称为性格责任论。

（三）折中主义责任论

折中主义责任论是20世纪中叶以来，在扬弃道义责任论和社会责任论的基础上结合这两种理论的合理内核而形成的责任理论。站在道义责任论的立场上，吸收社会责任论中的某些内核来充实发展道义责任论，所形成的是规范责任论；站在社会责任论的立场上，吸收道义责任论中的某些内核来修正完善社会责任论，所形成的是人格责任论。

1. 人格责任论

人格责任论是为了弥补性格责任论的缺陷而在折中道义责任论与社会责任论的某些观点的过程中发展起来的责任理论。它也可以说是新社会防卫论（doctrine moderne de la Défense Sociale）的责任理论。法国学者安赛尔（Marc Ancel）为弥补社会责任论之缺陷，于第二次世界大战之后提出了“人道的社会防卫”的理论（新社会防卫论）。

源自社会责任论的社会防卫论在20世纪30年代被意大利学者菲利普·格拉马提卡（F. Gramatica）推向极端。他在1933年所著的《主观主义的刑法原理》一书中，在1935年为圣·马利诺共和国制定的修改刑法草案中、在1936年为古巴制定社会防卫法草案所提供的意见中，一再主张以“社会防卫法”取代刑法，用“反社会性”的概念取代“责任”的概念，甚至要求取消刑罚、取消法官，以达到使个人重新社会化的目的。

为了与格拉马提卡的社会防卫论相区别，人们把安赛尔提出的“人道的社会防卫”理论称为“新社会防卫论”。安赛尔曾在其所著的《社会防卫思想》一书中指出了新社会防卫论与以实证主义为基础的社会责任论之间的原则区别：“首先，实证主义本质上是决定论者。而社会防卫运动既否认来自龙勃罗梭（‘天生犯罪人’理论）的生物宿命论，也不承认恩里科·菲利的社会因果关系论，并对犯罪预防学的某些信徒或某些心理卫生学专家希望得到公众承认的先天素质论或体质反常的理论表示保留意见”；“其次，与第一点相关，社会防卫运动保留了责任能力的概念，并赋之比在传统制度中更重要的地位。在传统制度中，责任能力最终只是一个推定——或一个预先假定：1810 年刑法典第 64 条规定：除依照法律规定的没有责任能力的人以外，任何人，包括被告人，都首先被认为是具有完全责任能力的。而对社会防卫运动来说，责任能力是指任何人，包括犯罪人，都具有的承担责任的内心情感。这一心理因素是组织者在使罪犯重新回归社会的反犯罪斗争的必要基础”；“第三点不同的是，社会防卫运动不同意可以在未来或潜在的罪犯身上找出犯罪痕迹的观点。……社会防卫运动首先坚决维护罪刑法定原则，反对专断的行政处分，主张只有法官才有权宣布处罚……社会防卫运动这一现代刑事政策运动的产生是以承认人权、人格尊严及其在社会中的有效保护为基础的。……在刑事政策学领域，社会防卫运动重新吸收，或至少可以说社会防卫运动保留了实证主义企图抛弃或否认、或至少是忽视的道德与精神的价值。”[1] 正是在这个基础上，新社会防卫论提

---

〔1〕〔法〕马克·安赛尔：《新刑法理论》，卢建平译，（香港）天地图书有限公司 1990 年版，第 49—51 页。

出了“从天生犯罪人到罪犯人格”的改革，强调“刑事司法机构所面临的是一个活生生的人”，因此，刑事诉讼的每一个阶段都应当重视罪犯人格，对罪犯人格进行科学调查，而“不能再满足于仅仅从犯罪记录档案中了解一些犯罪前科，或满足于仓促收集来的为数可怜的有关犯罪人精神状态的情况”，主张把犯罪人作为法律实体的对象而不是仅仅作为惩罚的客体来对待。[1] 正是在这种思想的影响下，新社会防卫论否定实证主义的决定论观点，而在很大幅度上承认人的意志自由和道义责任，主张在保卫社会的同时也要保障犯罪者的人权。但是新社会防卫论毕竟是从社会防卫论的立场出发的，所以它又认为，犯罪首先是犯罪者的人格的表现，对犯罪行为追究刑事责任，实质上是追究支配犯罪行为之实施的犯罪者的人格的刑事责任。这种主张，有力地促进了在此之前就已出现的人格责任论的发展。

人格责任论最初是在与性格责任论相同的立场上论证刑事责任的根据的。所不同的只是性格责任论笼统地强调具有社会危险性的性格，而人格责任论则更具体地区分这种危险性格中包含的先天的、环境的因素与人为的因素，认为在反社会的危险性格之中，只有那些由于其本人的责任以致在现实上形成的危险性格才是责任非难的对象，而行为者自身所不能控制的部分则不能归责于行为者。所以主张刑事责任的基础首先是作为行为者人格主体性现实化之表现的行为，其次才是各个行为背后的危害人格。

人格责任论发端于第二次世界大战前德国学者梅兹格

〔1〕〔法〕马克·安赛尔：《新刑法理论》，卢建平译，（香港）天地图书有限公司 1990 年版，第 65—70 页。

（Eemune Mezger）的行状责任论和鲍凯尔曼（Paul Bookelmann）的生活决定责任论。第二次世界大战之后，在新社会防卫论的影响下这种理论受到许多学者的支持而发展为在现代德日刑法中居于主导地位的责任理论。

梅兹格曾认为，对于危险的惯犯追究较重的刑事责任，是基于行为责任和行状责任之和。行为责任是对现实的犯罪行为的责难，行状责任则是对危险人格的责难。责任应该是在具有“可能”时始得追究的东西，只有在可以防止危险人格形成而没有防止的情况下，才能够对这种危险人格本身追究责任。如果某个人平素的行为举止恶劣，并由此形成了导致犯罪的危险人格，那他就完全应当克服这种行状以避免形成这种危险人格。行状责任实际上也就是对这种人格形成（so - geworden - sein）追究责任。在这种场合，危险的人格从某种意义上说就是违法的结果，对这种人格追究责任，也就是对引起这种结果的意志或行为即促使危险人格形成的行为追究责任。〔1〕

在日本，行状责任论被安平政吉、团藤重光等人从社会责任论的角度，不破武夫、平野龙一等人从道义责任论的角度，加以发挥，大大促进了人格责任论的发展和传播。

团藤重光认为：“在行为责任的背后，更应认定人格形成之责任。我认为虽应将行为责任作主要的考虑，并将人格形成的责任作次要的考虑，但应将两者作合一的考虑。行为责任是从现实的人格出发，经过潜在的人格，而理解行为之人格态度，并加以责任判断的。这种潜在的人格体系，是其全部生活经历积累的结果。如忽略过去的人格形成过程，则不能了解行为时之人格。为把握行为时之人格态度起见，必然地亦应了解

〔1〕 参见〔日〕平野龙一：《刑法的基础》，东京大学出版社1980年版，第34页。

过去的人格形成。在概念上，行为责任与人格形成责任虽有区别，然而在活生生的现实上，两者可以说是不可分的。我把这种作合一理解之行为责任及人格形成责任，总称为‘人格责任’。”〔1〕

安平政吉强调：“行为者虽具有为适法行为之认识与能力，然竟恣意地为违法行为，法即系对于行为者所表现之反社会的、违法的人格一点，加以非难；在此种非难中所成立之一种无价值感情，即系责任之本质。所谓责任，乃系以有违法行为为契机，在其与行为者之关系上对于惹起此违法行为之主体的人格，加以非难也。责任之成立，首先必须是所谓违法行为之发生，同时，一切的违法行为，因皆系个别的行为，故刑法上之责任，必须系个别的行为责任。其次，为对于行为者加以非难起见，不仅以其曾实行违法且可成为罪之行为一点为已足，更须以该行为之主体，在其人格方面有可予以非难之处为必要。”〔2〕

不破武夫则认为：“第一，刑事责任系以行为人所为之行为，在道义上对于行为者加以非难为其内容者。刑法直接视为评价判断之对象者，系犯罪行为，如非以犯罪行为为直接对象，则无刑法；此乃基于罪刑法定主义之根本要求而来者。……第二，行为者所为之行为，必须与行为者之人格相当。换言之，即行为必须与行为者人格有密切的关系。愈难认定行为者人格与行为之关系，则行为者关于行为之责任，亦愈减少。……第三……为认定有刑事责任起见，必须行为者之人格系在社会上具有完整的人格，始属相当。总之，成为刑法上责任判断之直

〔1〕〔日〕团藤重光：《刑法纲要》（总论），创文社1980年版，第240页。

〔2〕转引自洪福增：《刑事责任之理论》，刑事法杂志社1982年版，第42页。

接对象者，虽系已经实行之各个行为，但此行为必须以具有作为一个完整的社会人之人格为背景，且与其人格之关系上可以认定之行为。”[1]

大塚仁则指出：“站在我们以现实主义、客观主义的见地为前提的立场上，在论及责任的时候，必须重视犯人所进行的个别行为的意义，首先必须把作为行为人人格的表现的个别性行为看成责任的基础。……而且，行为人过去的人格形成，只要不是被行为人的素质和环境所规定的，也应该被作为责任的内容，但是它不决定责任的存否，而是在认为存在责任之后，在进行判断其程度的阶段应当加以考虑的事情。在论及责任存否的阶段，只以行为人的人格为背景，考虑作为主体性现实化了的个别性行为就够了。”人格责任，“严格地说不是决定责任的存否，而是在肯定责任存在之后进而判断其程度的阶段应该考虑的”因素。[2]

2. 规范责任论

规范责任论是为了弥补心理责任论的缺陷在折中道义责任论与社会责任论的基础上发展起来的责任理论。它要求把犯罪作为违反法律规范的行为来看待，并把责任的本质理解为责任可能性中的规范要素，因而主张在故意、过失与责任能力之外把“期待可能性”作为责任的第三要素。

规范责任论发端于在德国1897年劣马脱缰案的争论中形成的期待可能性思想。最初由德国学者梅耶（M. E. Mayer）所提及，由弗兰克（R. V. Frank）创立，后经格尔德斯密特（Goldschmidt）、弗罗丹塔尔（Freudenthal）、休米特（E. schmidt）、

〔1〕 转引自洪福增：《刑事责任之理论》，刑事法杂志社1982年版，第44—45页。

〔2〕〔日〕大塚仁：《刑法要论》（总论），成文堂1987年版，第133、276页。

多拉（Grnf Zu Dohna）等人展开发展而成为现代德日责任理论之通说。

规范责任论最初是从道义责任论出发的。它承认道义责任论以行为为中心、以对行为的心理状态为责难对象的责任理论，但又认为仅仅是行为中包含的心理因素尚不足以保障责任责难的合理性，因为在现实社会生活中存在着由于行为时的伴随情况而使行为不受意志支配的场合，在这种场合下仅仅根据行为人对行为的故意或过失来责难行为人，就是不合理的，因而必须以期待在行为时有遵从法律规范的可能性为制约因素。以后，休米特等人从社会责任论的立场上论述了规范的社会意义，使之适应从社会责任的角度认识刑事责任本质的要求，但又认为以社会防卫代替责任责难的做法存在着刑罚扩大化的倾向，强调只有当具有通常人选择合法行为的可能性的情况下，才能对实施犯罪行为的人所具有的性格之危险性进行规范评价和责任责难。这种理论试图吸收道义责任论和社会责任论的优点，从责任与规范的关系中构筑刑事责任理论体系，因而在20世纪中期以来的刑事责任理论中逐渐占了主流地位。

规范责任论认为，心理责任论所主张的责任，其实体只不过是单纯的心理状态，其中并不包含责难的要素，因而其所主张的责任实属空虚而无内容。而刑法上的责任，必须包含责难的要素。只有在依据刑法规范而应加以责难的心理事实存在时，始能认定其责任。

规范责任论从责任与规范的关系中论证刑事责任的本质及其合理性。德国学者韦尔泽尔（Welzel）在其《目的行为论序说》中写道："所谓责任，乃系关于意思形成之非难可能性。行为者可以依规范而形成行为意思，以代替违法的行为意思，其不此之图而为违法的行为，则可对之加以责任非难。……责任之本质，系非难可能性，且系关于各个的违法行为之非难可能性。”[1] 因此，一定的心理事实，只有从法律规范上可以做出否定的评价，并且不能期待行为者为合法行为时，对之追究刑事责任才是合理的。而违反法律规范亦即对行为及其心理事实的否定性和规范评价乃是刑事责任的本质属性。没有犯罪的故意或过失，当然不发生规范评价的问题，也就无责任可言。具有犯罪的故意或过失，但是在规范评价中缺乏期待合法行为的可能性，亦不发生责任问题。可以说，规范责任论是心理事实与规范评价有机结合并以规范要素为核心的刑事责任理论。

规范责任论与人格责任论，虽然都是折中道义责任论与社会责任论的某些观点而形成的责任理论，但是二者的侧重点是不同的。我国台湾地区学者洪福增先生认为，规范责任论是“自责任的内容以求责任之本质的立场立论”而与心理责任论相对立的理论；人格责任论是“自以何为责任非难之对象的观点立论”而与行为责任论及意思责任论、性格责任论相对立的理论。[2] 不过，我认为，虽然主张规范责任论的学者强调刑事责任的本质是责难可能性、从而自认为是关于刑事责任本质的理论，但是它并没有像道义责任论和社会责任论那样触及刑事责任的本质亦即规范本身存在的根据。它与人格责任论一样，都是从不同角度来论证决定刑事责任存在与否及其程度的要素（责任要素）的理论，只不过规范责任论所注重的是对心理事实的规范评价，而人格责任论所注重的是责任责难的对象罢了。正因为如此，这两种理论可以同时作为刑事责任理论并存于同一个刑法制度之下和同一个刑法理论体系之中。

---

〔1〕 转引自洪福增：《刑事责任之理论》，刑事法杂志社1982年版，第31页。

〔2〕 参见洪福增：《刑事责任之理论》，刑事法杂志社1982年版，第54—56页。

（四）利益责任论

在西方学者建立折中主义责任论的同时，社会主义国家的刑法学者根据马克思关于“犯罪——孤立的个人反对统治关系的斗争”的论断，建立了利益责任论。

利益责任论，一面承认行为责任，强调主客观相统一的刑事责任原则，一面强调刑事责任在本源上产生于犯罪者与统治者之间的利益冲突。犯罪从本质上讲是危害统治阶级利益的行为，对犯罪行为设定和追究刑事责任，取决于由一定的物质生活条件决定的统治阶级的意志；同时犯罪又是具有相对的意志自由的人根据自己的利益、意识自由选择的结果。刑事责任所反映的正是个人的利益与统治阶级的利益之间的冲突。“从根本上说，刑事责任也就是统治阶级通过国家司法机关对基于个人自由意志实施违反统治阶级利益的行为的人所作的一种否定评价。”〔1〕

早在20世纪中叶，苏联刑法学界曾就刑事责任问题展开过激烈的争论。其争论的领域涉及刑事责任的概念、特点、性质、主体、内容、目的、范围、阶段等一系列问题。他们认为，刑事责任，就其性质来说，是苏维埃法律对罪犯规定的国家强制方法之一，是依照法律规范强迫犯罪人就自己的行为向国家承担的义务；就其本质来说，是在罪犯和以具体的国家机关为代表的国家之间所形成的一定社会关系的总和，这些社会关系的形成和发展符合苏维埃国家的利益；就形式来说，刑事责任的实现具有特殊的法定的程序；就其目的来说，刑事责任的设定和追究，一方面是为了保护社会主义社会制度或国家制

〔1〕 高铭暄主编：《刑法学原理》（第一卷），中国人民大学出版社1994年版，第435—436页。

度、社会主义经济制度、社会主义所有制以及苏联公民的人身、政治权利、劳动权利、财产权利和其他权利免受犯罪行为的侵犯，另一方面则是要对被判刑人进行再教育和改造，使他们养成诚实的劳动态度、认真遵守法律和尊重社会主义共同生活准则，防止被判刑人和其他人再犯新的罪行，以及根除犯罪现象。[1]

在中国，20 世纪 80 年代以来，刑事责任问题引起了学者们的广泛兴趣。1979 年底，李光灿、罗平在《吉林大学学报》第五期上发表了《论犯罪和刑事责任》一文。文中指出，犯罪行为应负刑事责任是犯罪的特征之一。1982 年，本人在《法学研究》第二期上发表了《试论过失犯罪负刑事责任的理论根据》一文，试图从过失行为在客观上对社会所造成的严重危害和过失行为人主观上所具有的相对自由的意识两方面论证过失犯罪的刑事责任存在的合理性。1986 年，本人在《法学季刊》第 2 期上发表的《我国社会主义刑事责任理论初探》一文，系统提出了关于社会主义刑事责任理论体系的初步构想。此后，刑法学界连续发表了一系列有关刑事责任的文章，诸如张令杰的《论刑事责任》（载《法学研究》1986 年第 5 期）、张京婴的《也论刑事责任——兼与张令杰同志商榷》（载《法学研究》1987 年第 2 期）、徐斌的《论刑事责任的概念和特征》（载《吉林大学社会科学学报》1987 年第 3 期）、余淦才的《刑事责任理论试析》（载《法学研究》1987 年第 5 期）、高铭暄的《论刑事责任》（载《中国人民大学学报》1988 年第 2 期）等等。迄至 20 世纪 90 年代，刑事责任开始作为独立的一

〔1〕 详见〔苏〕л. B. 巴格里—沙赫马托夫：《刑事责任与刑罚》，韦政强等译，法律出版社 1984 年版，第 19—21 页。

章写进刑法教科书和刑法学专著，并出现了有关刑事责任的专论。

上述关于刑事责任的研究和论述并非都涉及责任观，但是涉及责任观的论述中，几乎都强调了刑事责任的阶级性。例如："刑事责任除了取决于统治阶级的意志之外，也取决于行为人的个人意志。它实际上表现了统治阶级的意志和行为者个人的相对自由意志的冲突，从本质上说，也就是表现了统治阶级的利益和个人的利益的冲突。"〔1〕"维护社会秩序是刑法的一项基本任务，国家规定刑事责任的目的，就在于维护社会秩序的安宁。因此，社会性是刑事责任的本质属性之一。但刑事责任的社会性是具有阶级性的社会性，因为'法律就是取得胜利、掌握政权的阶级的意志的表现'。'法律是统治阶级意志的表现'。国家之所以宣布某种行为是犯罪，并强迫行为人承担刑事责任，以及宣布某种行为不是犯罪而不承担刑事责任，均与统治阶级的利益和需要密切相关。"〔2〕"刑事责任在本质上表现了统治阶级的利益和个人的利益的冲突，由此决定的责任本质实际上是一种'利益责任'，刑事责任的本质存在于统治阶级的意志和个人相对自由意志冲突造成的利益冲突之中，因而刑事责任从根本上说是国家代表统治阶级的意志对违犯统治阶级利益的行为和行为人的否定评价和责难。"〔3〕"按照马克思主义的观点，维护统治阶级利益的需要，是犯罪应负刑事责任的根本原则。……犯罪之所以要负刑事责任，是因为它对统治阶级利益的侵犯。所以，行为人刑事责任的有无和大小，首

〔1〕 高铭暄主编：《刑法学原理》（第一卷），中国人民大学出版社 1994 年版，第 435 页。

〔2〕 何秉松主编：《刑法教科书》，中国法制出版社 1995 年版，第 360 页。

〔3〕 敬大力：《刑事责任一般理论研究——理论的批判和批判的理论》，转引自《全国刑法硕士论文荟萃》（1981—1988 届），中国人民公安大学出版社 1989 年版，第 21 页。

先必然取决于它对统治阶级根本利益的危害及其程度。"[1]

利益责任论将自己的触角伸向刑事责任的本源，科学地说明了刑事责任产生和存在的社会根源；并且运用辩证唯物主义关于存在与意识、自由与必然的基本原理，科学地合理地说明要求个人对自己的危害行为承担刑事责任的根据，从而构成了自己的理论特色。在此基础上，利益责任论广泛吸收现代西方学者关于刑事责任的研究成果，与西方国家公认的刑事责任理论具有许多共同之处。

四、历史的蕴涵

从刑事责任制度的历史发展及其学说的演变过程中，我们可以得到以下启示：

（一）刑法的目的性

刑事责任的背后蕴藏着刑法的目的性。刑事责任不断发展的历史，固然是与人类对犯罪及其原因的认识的不断深化相联系的，但是对犯罪原因的认识为什么会引起刑事责任类型的变革，不能不从刑法的目的性上来说明。

刑法是在犯罪现象对现实社会的生存条件构成严重威胁的时候和地方出现和适用的。它从产生的时候起就具有明确的目的性，那就是通过严厉的制裁来遏制犯罪的发生，或者简称为预防犯罪。刑事责任正是刑法为这种制裁设定的一个理由。因此刑事责任的产生、存在和发展，始终受到刑法目的的制约。这一点在刑事责任变革的过程中表现得最为明显。在古代，人们把犯罪仅仅看成是一种恶害而没有认识到犯罪产生的原因，所以只要哪里有统治者认为是犯罪的损害事实发生，刑法的魔

[1] 向朝阳：《刑事责任基本问题研究》，转引自《全国刑法硕士论文荟萃》（1981—1988 届），中国人民公安大学出版社 1989 年版，第 37 页。

鞭就要打到哪里，以为这样就可消灭犯罪。与这种目的性相适应，刑事责任只能是结果责任。当人们认识到犯罪是在人的心理因素支配下实施的反叛行为时，立法者很快便把刑法制裁的重点转向了导致人们实施犯罪行为的犯罪思想，认为依靠刑法制裁的残酷性在人们心理上产生的畏惧心理就可以遏制犯罪的发生。这正是欧洲中世纪追究思想责任的刑法为何最为残酷的原因。

行为责任时代的到来，固然是在社会历史类型的变革中人类文明发展的必然要求，但是这种要求也是通过刑法的目的性来实现的。因为，一方面，中世纪残酷刑罚的长期适用使它最初在人们心理上产生的恐怖感觉已经麻木，通过残酷的刑罚来追究思想的刑事责任的做法失去了原有的效果；另一方面，由于行为理论的发达使立法者可以通过对不同类型的行为设定刑事责任来详细说明禁止的对象以及违反禁令的后果，使人们在行动时有所遵循而达到预防犯罪之目的。

而当对犯罪人实证性的研究使人们认识到犯罪并不完全是个人的意志自由选择的结果，而是在一定程度上受到遗传、素质和社会环境所决定的，人只能在一定限度内控制和选择犯罪行为时，预防犯罪的目的就使立法者不得不部分地放弃绝对报应的责任原则，在行为责任的基础上适当考虑犯罪人的具体情况和犯罪时的具体环境。

由此可见，刑事责任的设定和追究始终受到刑法本身所固有的预防犯罪的目的的制约和支配。预防犯罪的目的所针对的目标，正是刑事责任责难的对象，是希望通过这种责难改变的社会现实。

（二）认识对手段的制约

刑事责任制度和学说的历史，是随着人类对犯罪认识的深化而不断寻找更有效的制裁手段的过程。

在刑法产生之初，首先进入立法者视野的是结果。人们包括统治者最初看到的是客观上发生的损害事实，意识到这种损害事实对人类社会的共同生活包括对统治者的统治基础的不利影响，因而把刑罚的锋芒指向了实际的损害事实，以实际发生的结果来设定和追究刑事责任。这便是结果责任的时代。随着追究刑事责任的实践活动的频繁，人们逐渐认识到客观上发生的损害结果具有各种不同的情况，其中有些是由人的行为造成的，有些则与人的行为无关；对于与人的行为无关的损害结果设定和追究刑事责任，是毫无意义的。于是设定和追究刑事责任的目标转向了人的行为，只有人的行为在客观上引起了损害结果时，才可以要求人对自己的行为承担刑事责任。这就是行为责任时代的开始。行为责任的确立排除了对动物和无生物追究刑事责任的现象。在追究行为的刑事责任的过程中，人们又认识到人的行为有时是由思想支配的，表现为一种有意识的活动，有时却没有意识或不完全受意识的支配；对于无意识的行为追究刑事责任是不公正的。于是在坚持行为责任的同时排除了意外事件和无意识行为的刑事责任，强调负刑事责任既要有客观上实施的引起或者可能导致损害结果的行为，又要有主观上的故意或者过失。主观上没有故意或过失，即使客观上实施的行为造成了损害事实，也不能追究其刑事责任。

对犯罪行为追究刑事责任，实际上是在追究实施犯罪行为的人的刑事责任。对犯罪行为的重视必然导向对实施该行为的人的重视。随着人文科学的发达，人们通过实证性的研究，逐渐认识到，人所实施的犯罪行为虽然是由个人的意志决定的，但是个人并不是任意地选择犯罪行为，并且选择犯罪行为的意志，也不是随意产生的，而是在一定的自然的、社会的因素作用下产生的，是人的主体性与人所处的社会环境相互作用的结果。因此，对犯罪行为追究刑事责任，应当区分表现人的主体性的因素与不表现人的主体性的因素，只有对表现人的主体性的因素追究刑事责任，才具有合理性。现代刑法中的刑事责任，正是在这种不断扬弃古代刑法中的结果责任和近代刑法中的行为责任的过程中，走向更加成熟、更趋合理的。

这个过程表明，刑事责任是随着人们对犯罪的认识的不断深化而逐步地从犯罪的客观危害向犯罪人的主体性延伸的。人们对犯罪的认识，首先是对犯罪现象的认识，进而是对犯罪原因的认识。只有当人们深入犯罪现象的内部，挖掘出真正的内在本质并发现其产生存在的原因和规律时，才有可能科学地、合理地解决犯罪人的刑事责任问题，才有可能寻找更有助于实现刑法目的的制裁手段。

（三）从本能走向理智

刑事责任的历史反映了人类对犯罪的制裁从本能到理性的进化。

刑法产生之前，一个人对另一个人的侵害，往往是由被侵害的个人或其所属的民族、家族向对方“讨还血债”。这种基于本能的报复受感情的驱使，往往是任性而无节制的，因而常常因为造成新的侵害而引起另一方的报复，形成长时期的甚至几代人之间的拉锯式仇恨和争战。刑法的产生，明确地宣布惩罚加害者的权力只有国家才能享有，从而禁止个人之间的报复行为，虽然在刑法产生之后，私人报复的遗风还长期残存，但在整体上、制度上刑法的运用公共权力制裁犯罪的性质使私人报复得到了有效的遏制。把报复的权力垄断在拥有公共权力的国家手中，并且通过法律的形式限定惩罚的规模、方式和程度，进而制定必要的制裁程序，使报复加害者的活动走上制度化、程式化。这本身就使人类本能的报复行为有了节制，避免了加害者与被害者个人之间、家族之间世代相传的仇恨。因此可以说，刑法的产生本身就是人类从本能的报复走向理智的制裁的标志。

在刑法产生之初，刑事责任的设定和追究，虽然已经走上了理性发展的道路，但是在这种活动中本能的报复观念和传统的复仇方式还左右着惩罚犯罪的活动。同态复仇的做法并没有完全被逐出惩罚的领域，只是由个人及其家族所为的报复变成了国家的惩罚，从而剥夺了受惩罚者本人及其家族再行报复的权利。

而在刑法的进一步发展中，理智的成分不断增多，本能的因素逐渐减少，呈现出明显的理性化过程。其中最显著的标志包括：(1) 禁止同态复仇——消除本能报复的遗风；(2) 废除肉刑——减少惩罚的残酷性；(3) 从结果责任向行为责任过渡；(4) 确立罪刑法定原则；(5) 从惩罚刑向教育刑过渡；(6) 刑罚人道化进程。其中每一个标志都预示着刑法制度的进化，意味着人类在对犯罪设定和追究刑事责任的过程中更加理智地控制人类感情，更加理智地选择实现目的的手段，而不断减少以恶止恶的传统，更多地、更自觉地以善止恶。

这个过程是随着人类对自己的目的和实现目的的手段的认识的不断深化而前进的。人类随着对犯罪现象的认识的不断深入，对同犯罪作斗争的经验的不断积累，创造了更多的选择预防和禁止犯罪的方法的余地；随着对自己设定和追究刑事责任目的意识的不断强化，使设定和追究刑事责任的活动更加自觉地服从于预防目的的要求。而在这个过程中，刑事责任理论乃至整个刑法理论起了重要的作用。可以说，刑法制度从本能到理智的每一次进化，都与人们对犯罪原因的认识之深化有关，都与刑事责任理论的发展有关。使刑事责任的设定和追究亦即使整个刑法制度更趋向于合理化、更有助于预防目的的实现，是刑事责任理论的价值追求，也是人类文明在刑法领域的理性选择。

第三章　刑事责任的概念

按照东方人的思维模式，在对一个论题展开研讨之前，人们通常习惯于首先给出一个定义，以说明所论问题的概念。因为概念本身具有确定前提、界定范围的功能。但是在刑事责任“是什么”的问题上，人们并没有取得共识，以致刑事责任的概念本身也是刑事责任理论所要研究的对象之一，甚至是解决某些争议问题的关键。

一、责任的一般概念

刑事责任的上位概念是责任。只有首先明确了责任的一般概念，才便于划定刑事责任的范围。

关于责任（liability，responsibility，responsabilité，verant - wortlichkeit，verschuldung）的一般含义，哈特教授作了全面的论述。他在《惩罚与责任》中运用明快的笔调把有关“责任”的各种用法分解为四种类别（四个含义）：（1）地位责任，即具有某种地位的人所应履行的职责。哈特认为，只要某人在某一社会组织中具有一种特殊的地位或职位，而为了给他人谋福利或为以某种特殊的方式促成该组织的目标或目的，该地位或职位被赋予某种特殊的职责，那么，我们便可以恰当地说，他有责任履行这些职责，或有责任做为履行这些职责所必需的事情。这些职责便是人的责任。但是，一种地位中被单列为责任的那些职责，只是较为复杂或涉及面较广的那一类职责，它们界定了在较长期限内需要关注的责任的范围。而属于相对简单之暂存的职责，即在某一具体场合实施或不实施某种特定的行为，则不能称之为责任。(2) 原因责任，即对已经发生的某种结果负责。在“应对……负责”的定义上使用的责任，通常是指人的某种行为在单纯的原因意义上应对某种结果负责。[1] (3) 义务责任，又分法律义务责任和道德义务责任。法律义务责任是指当法律规范要求人们作为或不作为时，违背法律的人因其违法行为而应承担受惩罚或赔偿受其损害的人的义务。这种依据法律“被迫付出代价”的义务就是法律责任。法律责任虽然常常与道德谴责相联系，但并不等于道德谴责，因为法律上时常使用的“严格责任”和“替代责任”，都显然独立于道德谴责之外。道德义务责任是指应受道德谴责或在道德上有对损害予以补偿的义务，但是这种义务是以其取决于一定条件为前提的，即这些条件与某人对其自身行为之控制的特点或范围，或者与其行为和有害结果之间的因果联系或其他联系，或者与共同实际引起损害的人的关系有关。法律责任与道德责任之间的突出差异归因于法律规范与原则同道德规范与原则在内容上的差异，而不能归因于“责任”一词在与“道德上”一词而不是与“法律上”一词相联结时，在其含义上出现的任何变化。(4) 能力责任，即能够构成道德义务责任之最重要标

〔1〕 与这种观点相类似，德国、日本和我国台湾地区的某些学者把责任的本质视为归属关系，认为责任应当被理解为一定行为归责于一定的意思的归属关系，即意思与行为的因果关系。从这种理解出发，学者们在犯罪构成中强调“有责性”，把“有责性”即有故意或过失(或期待可能性) 作为犯罪成立的必备要件。这与本章讨论的独立于犯罪要件之外的刑事责任是完全不同的概念。

准，亦即视为法律责任之一般标准的某些正常能力，如理解能力、推理能力和对行为的控制能力。尽管哈特把责任分为四种，但他还是补充道：责任的其他含义都不同角度地源自义务责任这一基本含义。他从词源学的角度认为，“回答”一词的概念可以解释“责任”一词之多种适用法的某种统一特征。“回答”的原意不是回答问题，而是对指控或控告予以答辩或反驳，而这种控告一经确定，便包含着惩罚、谴责或其他不同处理的义务。责任的基本含义正是未能驳倒一项指控的人应对其所为的行为承担受惩罚或谴责的义务，而应承担受惩罚或谴责之义务的人则必须想法反驳一项指控且未能驳倒该指控。〔1〕

哈特对责任含义的上述区分，虽然有助于更清楚地理解“责任”一词在不同场合的用法，但是未必恰当。因为他所谓的“原因责任”和“能力责任”，并不说明责任本身的含义，而是对“应负责任”一词的个别情况或条件的说明。

与哈特的分析相类似，《布莱克维尔政治学百科全书》对责任的含义也作了如下解释：“最常用于道义和法律意义的含义是，人们应当对自己的行为负责。如果一个人本可以采取另外的行动却没有采取，那他就是有责任的，他因此就会受到别人的赞扬或责备，抑或应该受到惩罚（义务责任）。在政治活动和公共管理中，‘责任’最通常、最直接的含义是指与某个特定的职位或机构相连的职责（角色责任）……责任的另一个含义是因果责任，即涉及原因和结果之间的关系，它与义务责任相连并常常与之重迭，但不同一。”〔2〕

〔1〕 参见《惩罚与责任》第九章及其注释。

〔2〕〔英〕戴维·米勒、韦农·波格丹诺编：《布莱克维尔政治学百科全书》，中国问题研究所、南亚发展研究中心、中国农村发展信托投资公司组织翻译，中国政法大学出版社1992年版，第652—653页。

苏联学者认为，责任问题应当从心理方面和道德、法律方面来理解。从心理方面看，“责任乃是一种对自己行为负责、辨认自己的行为、认识自己行为的意义、把它看作是自己的义务的能力”；从道德和法律方面看，“责任乃是对自己行为负责、接受这种或那种影响措施的义务”。就法律责任而言，“责任的性质是由对违法者的影响方法决定的”，责任的内容是由应追究责任的违法行为所涉及社会关系的范围决定的；“责任不仅具有内容，而且具有通过一定程序体现出现的形式”。法律责任的概念可以表述为：“苏维埃社会主义法律中的责任是为了维护社会主义法律秩序，在法律指明并规定某种行为为违法行为的条件下，依据苏维埃社会主义法律规范，法人或自然人应对其违法行为接受相应法律规范影响的义务。”〔1〕

在中国的语言文字中，“责任”一词的基本含义，是指基于一定义务而产生的负担。按照《辞源》的解释，“责任”出自《书·金縢》“若尔三王，是有丕子之责于天，以旦代某之身”；《史记·张耳陈余传》“贯高曰：所以不死一身无馀者，白张王不反也。今王已出，吾责已塞，死不恨矣”。《中文大辞典》解释道：“责：①求也。索取之义本作责。②责备也，诸问也。请罪曰责。③纠正也。《史记·李斯列传》：督责之术者也。《索隐》：察其罪，责之以刑罚也。④犹劝也。责，属望于人曰责，如责难于君，责善于友。⑤责任也；本务也。《书·金縢》是有丕子之责于天。⑥鞭扑也。《新五代史·梁家人传》，数加笞责。在道德上或法律上对于某事分所应为义务，因行为之结果，任人批评或受责罚，是为责任。”这与西方学

〔1〕参见л.В.巴格里—沙赫马托夫：《刑事责任与刑罚》，韦政强等译，法律出版社1984年版，第2—10页。

者所说的“义务责任”是相通的。

我国台湾地区学者通常认为：“责任者，义务人违反其义务（包括行使权利应遵守之义务）时，在法律上应有之负担也。亦即义务人违反其应履行之义务时，应受法律之处罚也。”〔1〕“一般所谓‘责任’，在广义上乃指人之行为作为某种评价之对象时，基于一定的事实之价值，而使为一定的负担之一种概念。例如……在法律的活动方面，发生对于法律所规定之责任（法律责任），如违反法律而为行为时，则应受一定的法律制裁者是。而在法律上泛称之责任，亦有不同的意义，有时系普遍地意味着法律上一般的制裁（客观意义之责任），有时指应负法律责任的地位及责任能力（主观意义之责任），且有时指受法律上拘束（义务）之情形。但一般所谓法律上的意义之‘责任’，大体上系指第二种意义之责任，亦即系指以一定的法律事实为原因，而发生一定的法律效果之情形。”〔2〕也有学者认为，责任有客观意义与主观意义之分：“客观意义之责任，指称法律上之负担，即义务或制裁之意”；“主观意义之责任，指称一定负担法律上之地位”。〔3〕“一般法律上所谓责任，通常含有三种不同之意义。其一，责任用以表示负担，即指因违法行为而发生之法律上负担。……其二，责任用以表示承受一定负担之地位，即指应负刑事责任或民事责任者之法律上地位……其三，责任用以表示承受负担所应具备之要件。”〔4〕

〔1〕李肇伟：《法理学》，中兴大学1979年版，第305页。
〔2〕洪福增：《刑事责任之理论》，刑事法杂志社1982年版，第3页。
〔3〕刘清波编著：《刑法概论》，开明书店1970年版，第64页。
〔4〕蔡墩铭：《刑法基本理论研究》，汉林出版社1980年版，第131页。

关于责任的一般概念，我曾在一篇论文[1]中提出过自己的看法，至今认为当时的看法是正确的。内容如下：

责任是基于一定义务而产生的负担。这种负担可能是肉体上的，也可能是精神上的，还可能是财产上的。为履行一定义务而产生的负担，是积极责任；因没有履行或者违反一定义务而产生的负担是消极责任。积极责任是人们分内应做的事情或者主动承担的负担，因而也被称为"职责""己任"。例如我们通常说，教育子女是父母应尽的责任；保卫祖国是我们的光荣职责；为祖国的社会主义建设贡献力量，是我们青年一代义不容辞的责任；等等。积极责任通常使人产生一种强烈的责任感，通过责任人的内心信念和自觉的活动来实现。消极责任与积极责任恰好相反，是由于负有某种义务的人没有履行自己应该履行的义务或者违反了禁止性的义务，外界强加于他的一种负担，以表示对他的谴责。因而它对于责任人来说，是一种被动的不得不承受的负担，如道德责任、法律责任等。

消极责任实质上是社会强加于个人的一种负担。消极责任设置的目的并不是想通过它来激励人们实施一定的行为，而是以此为借鉴来抑制人们实施一定的行为。因此，不论哪一种消极责任，总是基于人的能动性和社会性而产生的。

人的能动性是指人有意识有目的的活动机能。马克思指出："人类的特性恰恰就是自由的自觉的活动。"所谓自由的自觉的活动，就是有意识有目的的活动。人能够根据自己对客观外界的规律性的认识，自觉地确定目的，并按照自己的目的进行有计划的活动，改造客观世界的自然状态，改变人类的生存

---

〔1〕《社会主义刑事责任理论问题》，收于《中国刑法的运用与完善》一书，法律出版社1989年版。

环境，逐渐摆脱动物自然本能的束缚，逐渐战胜自然力量对人类的威胁，获得生存和发展的手段。这是人的能动性的表现，是人区别于动物的第一个标志。

人的能动性首先表现在劳动中。人的生存本能促使人们进行各种获取食物的活动。在这种活动中，人类不断地提高自己的生存能力，从而使简单的采集逐步变为对自然界的改造，变为有目的的创造性的劳动。在长期的劳动实践中，人类不断地发育着自己的体力和智力，不断地提高着自己同环境斗争的能力，不断地丰富着人类的生活，使自己从自然环境的消极适应者发展为自己生活的积极创造者，发展为世界的主人。

人的能动性不仅表现在劳动中，而且表现在人类生活的其他一切领域。人能够根据自己对周围环境的认识，运用自己的体力或者使用自己在劳动中创造出的各种物品或者借用他人的力量，进行各种各样的有益于人类生存和发展的活动，来丰富人类生活，创造人类历史；但也能运用这些力量毁灭人类创造的物质财富，破坏人类文明的发展，威胁人类的生存。并且，人类越发展，物质生活和精神生活越发达，人的能动性在人类生活中的意义就越大。这种能动性发挥的好坏，对人类生存的影响也就越大。

人不仅具有能动性，而且具有社会性。在人刚刚从动物过渡到人类状态的时候，由于可供人们享用的现成的自然财富不多，由于生产力的水平特别低下，由于人的智力还不够发达，单个人的力量和才能还不足以抵御外来的袭击和恶劣环境的威胁。人们在生产劳动的过程中，不得不结成集团，彼此交往，形成一定的社会。个人的劳动只有作为社会劳动的一部分，个人的活动只有溶化在集体的活动中，才能谋求生存和发展。

在人类社会发展的进程中，人的社会性表现得更为突出，更为重要。因为人生来就是社会的存在物，是社会的一分子，他不仅同现在的其他人发生着多方面的密切的联系，而且同过去的人和未来的人发生着关系。马克思和恩格斯指出："一个人的发展取决于他直接或间接进行交往的其他一切人的发展；彼此发生关系的个人的世世代代是相互联系的，后代的肉体的存在是由他们的前代决定的，后代继承着前代积累起来的生产力和交往形式，这就决定了他们这一代的相互关系……单个人的历史决不能脱离他以前的或同时代的个人的历史，而是由这种历史决定的。"特别是在以社会化大生产为基础、高度组织起来的现代社会里，人和人之间、个人和集体之间、个人和社会之间的不可分割的联系，更是不容置疑的。

马克思在批判费尔巴哈脱离社会历史、脱离人与人之间的关系、脱离实际生活来考察人的错误观点和方法时提出了一个著名论断："人的本质并不是单个人所固有的抽象物。在其现实性上，它是一切社会关系的总和。"所谓社会关系，就是指许多人的合作。这种合作具有非常丰富的内容，有着纷繁复杂的表现形式。它既包括生产关系、交换关系、国家关系、法律关系，也包括爱情关系、家庭关系、师友关系、民族关系等等。而人的社会性正是通过人们之间的这种错综复杂的社会关系表现出来的；人类社会也就是在人们的这种相互关系中进行生产、维持生存而获得发展的。

人的社会性决定了任何个人从获得生命的时候起，就是作为社会的一员而出现的，就必然地同周围的其他人发生着广泛的联系。这种联系是不以任何个人的意志为转移的。不同他人发生任何联系而可以生活在孤独单个状态中的个人是不可思议的，也是根本不存在的。

既然任何个人在自己生命延续的过程中，总是同其他人存在着千丝万缕的联系，而人又具有积极的能动性，所以运用自己的智力和体力，借用自然力量和社会力量，借用人类创造的成果，作用于一定的对象，使之发生某种变化，那么任何个人发挥自己的能动性的行为，就绝不单纯是个人的事情，它必然地要对他人、对社会产生一定的影响：或者创造财富，有益于人类生活，促进人类社会的发展；或者毁灭财富，危及他人，威胁人类的生存条件。

因此，人们之间的社会关系就面临着两种前途：一种是合作和发展，一种是残杀和毁灭。人类的理智促使人们在两种前途的比较中选择第一种前途，摒弃第二种前途。为此，就必须鼓励一切有益于社会的行为，限制各种危害社会的行为，使每个人在发挥自己的能动性时，都对人类共同的生存条件、对社会承担一定的义务，遵守一定的规则。否则，社会就要强迫行为人承受一定的负担以迫使其尊重社会的利益。

正是由于人的能动性和社会性，当人作为一定社会的成员在社会中生活的时候，当人在选择自己行为的时候，不论个人是否意识到，社会生活在客观上都必然要求人承担起不危害社会的义务。这种客观要求在特定社会中通过相对多数的社会成员反映出来，便形成一定的行为规范。把这种行为规范当作自己应尽的义务自觉遵守，便表现为积极责任；通过各种社会制裁手段谴责违反这种行为规范的人，迫使其承担一定的不利后果，便表现为消极责任。立法者通过一定的立法程序把某种行为规范上升为法律规范，并运用法律制裁手段来强迫违反某种法律规范的人承担一定的不利后果，便形成法律责任。

法律责任通过对一定权利的剥夺使违法者感受到违反法律规范给自己带来的不利后果，从而促使其在以后的行为选择中尊重法律的要求。

法律责任是由于违反法律义务而产生的对自己不利的负担。设定法律责任的目的是促使每个人自觉履行自己应当履行的法律义务。因此，责任与义务是两个不同的含义，把责任归结为义务，在理论上是有缺陷的。我国学者周永坤在《法律责任论》一文中指出了法律责任与法律义务的区别：(1) 义务相对的是权利，责任相对的是权力。在权利—义务关系中，权利与义务是相互的；而在权力—责任关系中，责任是权力强加的，是单向的。(2) 义务可因权利人弃权而不必履行，责任的相对人国家有关职能机关却不能弃权，否则即构成失职。(3) 义务之不为，由有权机关认定法律责任甚至导致国家强制，责任之不为则可以直接予以强制。(4) 义务的实现必经义务人或其代理人的行为，而责任之实现有时却不必经责任人的行为，如强制拨款以赔偿损失。[1] 这种区别说明把法律责任归结为义务是不恰当的。

二、刑事责任的定义

刑事责任是法律责任之一种。这是不言而喻的公理。但是如何给刑事责任下定义，不同法系的学者囿于各自的法律传统，采取了不同的做法。

（一）简单定义法

英美法系的学者通常认为，刑事责任就是因触犯刑法而应受刑事处罚的责任。这无异于说，刑事责任就是刑法上的责任，或者，刑事责任就是犯罪的责任。例如《牛津法律大辞典》对刑事责任解释道：刑事责任（Criminal Liability）系指“因触犯刑法而应受刑事处罚或处理的责任。……刑事责任取决于犯人的供认或法院或陪审团认定有罪，即该人的行为属

〔1〕 参见周永坤：《法律责任论》，载《法学研究》1991 年第 3 期。

于明显的犯罪，并且具有一个故意或者过失等构成犯罪的要素。……刑事责任一旦为某人承担，该责任的范围则取决于各种不同的因素。”[1] 由于受普通法法律传统的影响，英美国家的刑法学者们很少讨论刑事责任的概念，很少给刑事责任下定义，而是着眼于构成刑事责任的各个要素。例如，著名的《肯尼刑法原理》用了整整两章的篇幅讨论刑事责任的原则和责任的不同形式，却没有给出刑事责任的定义。《英国刑法导论》[2] 在“刑事责任”一章中讨论的只是刑事责任的构成要件，而没有任何关于刑事责任的定义性说明。《西方社会的法律价值》[3] 在“个人主义与责任”一章中，专门讨论了刑事责任的正当性和合理限制，但却没有对“Criminal Liability”这一标题作任何解释。胡萨克在其《刑法哲学》一书中，详细论述了公认的刑事责任基本原则，探讨了无行为的刑事责任，以及不作为、因果关系与刑事责任的关系，但是同样没有指出什么是刑事责任。这种处理，似乎刑事责任的概念尽在不言之中。然而没有界定的概念是可以做多种理解的。在没有取得共识之前，这种对对象的不予言状的做法必然使刑事责任的讨论陷入难以交锋的状态，以致公说公有理、婆说婆有理。这也难怪当有人提出“取消刑事责任”这一非常令人吃惊的新观念时，哈特教授明智地承认，“它是由‘责任’一词含义的不明确引起的”[4]。

---

〔1〕〔英〕戴维·M. 沃克编：《牛津法律大辞典》，北京社会与科技发展研究所组织翻译，光明日报出版社 1988 年版，第 228 页。

〔2〕参见〔英〕鲁珀特·克罗斯、菲利普·A. 琼斯：《英国刑法导论》（第九版），理查德·卡德修订，张智辉等译，中国人民大学出版社 1991 年版。

〔3〕〔英〕彼得·斯坦、约翰·香德：《西方社会的法律价值》，王献平译，中国人民公安大学出版社 1989 年版。

〔4〕参见 H. C. A. 哈特：《惩罚与责任》，王勇、张志铭、方蕾译，华夏出版社 1989 年版，第 187 页。

（二）二元定义法

大陆法系以及日本、我国台湾地区等的学者通常采取二元定义法，把刑事责任的概念区分为广义、狭义两种。例如我国台湾地区学者洪福增先生认为："刑事责任一词，有广狭二义。广义的刑事责任，系指可使实行行为之行为者立于承受刑罚的地位之情形；而狭义的刑事责任，即指有责的行为而言，亦即系行为之'有责性'（schuld – haftigkeit）。前者所称之刑事责任，仅止于对'行为'本身所加之判断，此仅不过表示可使行为者受刑罚制裁之抽象的可能性而已；而后者所称之刑事责任，则必须就'行为'及'行为'以外之要素（如客观的处罚条件等）与'行为者'加以综合的判断之后，始能作具体的、现实的决定，故此之所谓'责任'一词，必须在已经认定作为全体之刑事责任而决定犯罪之实体时，始能予以使用。……行为者在道义上或社会上可非难之心理状态下，而实行适合于刑法上之犯罪构成要件的违法行为时所应受之道义的或社会的非难，即为'责任'。故此之所谓'责任'，并非指单纯的心理状态，而系意味着其心理状态在道义上或社会上所能加以非难之性质。在此意义上言之，'责任'即系'非难'或'非难可能性'或'呵责性'，且系对于行为者实施行为的'意思'之无价值判断（否定的价值判断）。"[1]

这种见解与日本学者的观点极为相似。《法律学小辞典》中解释道："刑事责任：（1）广义：指必须承受刑罚的法律地位。刑事责任，不是民事责任那种对个人的责任，而是在谈到个人与国家的关系时，对国家的（社会的）责任。（2）狭义：即作为与构成要件、违法性并列的犯罪成立要件的责任。如果

〔1〕 洪福增：《刑事责任之理论》，刑事法杂志社1982年版，第3—4页。

按照社会责任论的观点，刑事责任是指行为者由于其反社会的危险性格而承受作为社会防卫处分的刑罚地位。但是如果按照道义责任论的观点，刑事责任是指对于实施违法行为的行为者的意志形成进行道义的责难之可能性。”[1]

我国台湾地区学者韩忠谟则把刑事责任通说中的两种含义区分为客观意义和主观意义。他指出：“就刑法而言，责任可认为犯罪之客观方面的法律效果，亦得认为犯罪构成之主观的因素，分述如次。一、客观的意义刑法为强行法规，国民有遵守之义务，苟违反此义务，即生刑事责任，负担一定之制裁，故自客观方面言之，责任乃法律上一定负担或效果之意，在刑法即刑罚制裁之义。二、主观的意义刑法上负担制裁者其本身必先具备法定之原因，若就此原因而论，则责任乃负担制裁者本身所处之法律上的地位，详言之，刑事制裁基于犯罪，犯罪之所由起，仅有客观方面之犯罪行为，尚为未足，犹须行为人主观方面具备可以归责之心理状态，有此心理状态与客观之犯罪行为表里相应，然后行为人处于应受制裁之地位，亦即发生刑事责任，因此通说认为刑法上所谓责任，乃指构成犯罪负担刑事制裁之主观的心理状态而言。”[2]

上述三种见解，虽然都以二元定义法把刑事责任区分为广义和狭义，但其理解是有差异的。前两种见解，把广义的刑事责任归结为承受刑罚的法律地位，后一种见解则把广义的刑事责任归结为一定负担（刑罚制裁）；前两种见解把狭义的刑事责任归结为可以非难的性质，后者则把狭义的刑事责任归结为可以归责的心理状态。

---

〔1〕〔日〕藤木英雄等编：《法律学小辞典》，有斐阁 1979 年版，第 554 页。

〔2〕韩忠谟：《刑法原理》，台湾大学法学院 1981 年版，第 173 页。

上述见解在双重意义上使用刑事责任的概念，既将其视为刑法上的责任，又将其视为构成引起这种责任的原因的一个要素，这就很容易引起概念上的混乱。也许是为了避免这种概念上的混乱，林山田先生在其《刑法通论》中把“schuld”一词不译为“责任”，而译为“罪责”，以区别于刑事责任。“罪责乃意思形成之可非难性（Vorwerfbarkeit），或行为之可非难性，系指行为人与其行为之可责的内在关系。”

日本学者大塚仁用明快的语言给刑事责任下了一个一元的定义：“刑法中的责任是就所实施的符合构成要件的违法的行为能够对行为人进行的非难。”〔1〕责任非难〔2〕“是从刑法的立场对犯人所进行的非难”，亦即“根据刑法的规范所进行的非难”。可惜的是，他所理解的责任，只不过是日本学者所说的“有责性”，是上述三种见解中的狭义上的刑事责任。

狭义的刑事责任或称有责性或称罪责，并不是作为法律责任之一种的刑事责任，只是引起刑事责任的法律事实之诸要素中的一个。与其说它是刑事责任的定义，毋宁说它是刑事责任的主观要素的定义。它只说明刑事责任产生的一个方面的原因，无以说明刑事责任本身的含义。把它称为刑事责任实际上是混淆了事物本身与其产生的原因之间的界限，因而应当排除在刑事责任的概念之外。

（三）一元定义法

中国大陆的学者和苏联的学者试图一元地给刑事责任下一个完整的定义。但是这种努力至今尚未取得令人满意的效果，

〔1〕〔日〕大塚仁：《犯罪论的基本问题》，冯军译，中国政法大学1993年版，第169页。

〔2〕“非难，乃责难或谴责之意，亦即所谓‘否定价值判断’。”洪福增：《刑事责任之理论》，刑事法杂志社1982年版，第1页。

没有形成公认的刑事责任的定义，以致形成了多种定义相互对峙的局面。

目前我国大陆学者关于刑事责任的定义的提法，大致上可以概括为以下5种。

1. 法律责任说

即认为刑事责任是犯罪人因犯罪行为而应承担的法律责任。诸如刑事责任是“违反国家刑法的犯罪行为在法律上应负的责任”〔1〕；是“实施刑事法律禁止的行为所必须承担的刑事法律规定的责任”〔2〕；“所谓刑事责任，是指行为人因其犯罪行为所应承受的、代表国家的司法机关根据刑事法律对该行为所作的否定评价和对行为人进行的谴责的责任”〔3〕。

法律责任说明确指出了刑事责任的范围即刑法上的责任，指明了刑事责任产生的原因以及对犯罪行为的依赖关系，这是值得肯定的。但是这种说法把刑事责任归结为责任，虽然并没有错，但却造成了定义的循环，使人们无法理解责任本身是什么。这种定义，只有借助法理学中关于一般法律责任的解释，才能说明刑事责任的概念。

2. 法律评价说（或称否定评价说、责难说、谴责说）

即认为刑事责任是国家根据刑事法律对犯罪人及其犯罪行为所作的否定性评价、责难或谴责。诸如“刑事责任是指犯罪人因实施刑法禁止的行为而应承担的、代表国家的司法机关依照刑事法律对其犯罪行为及其本人的否定性评价和谴责”〔4〕；

〔1〕《辞海》（缩印本），上海辞书出版社1980年版，第182页。

〔2〕《法学词典》，上海辞书出版社1980年版，第243页。

〔3〕张明楷：《刑事责任论》，中国政法大学出版社1992年版，第27页。

〔4〕中国法学会刑法学研究会组织编写：《全国刑法硕士论文荟萃》，中国人民公安大学出版社1989年版，第40页。

刑事责任“是人民法院根据刑事法律对犯罪行为所作的否定评价和对犯罪者所进行的谴责”[1]。“所谓刑事责任，就是指犯罪人因其实施犯罪行为而应承担的国家司法机关依照刑事法律对其犯罪行为及其本人所作的否定性评价和谴责。”[2] 这种说法与苏联一些学者的观点是一致的。例如苏联学者 H. N. 马茨涅夫认为：“刑事责任是以刑事法律为根据的、并在法院的有罪判决中体现以国家名义对实施犯罪的人的斥责（谴责）。这种斥责表现了社会方面对危害社会行为及犯罪的人所给予的否定的、道义的和政治上的评价。”[3] 苏联的刑法教科书中也认为：“刑事责任是指代表国家的权威性法院，根据刑事法律的规定，对具体的犯罪行为所做出的评价和对犯罪人所进行的谴责（判罪）。”

日本学者大谷实也指出，关于刑事责任的概念及其内容，历来存在着基本的对立，便是在现代，“无论采取什么立场，都把责任理解为根据基于可能非难的意志活动而实施的符合构成要件的违法行为，而对行为者进行法律非难的判断”。

法律评价说从法律价值判断的角度指出了刑事责任的实质，为责任的构成要素寻找根据，并且把犯罪行为和犯罪人联系起来考察刑事责任的内涵。这是值得肯定的。但是这种说法把刑事责任归结为一种评价或谴责，并没有准确揭示出刑事责任的法律特征，并且，这种说法把各个具体场合下的评价主体（“司法机关”或“人民法院”）规定在刑事责任的一般概念之中是不恰当、不全面的。因为对犯罪行为作出否定性评价的主

---

〔1〕 何秉松：《建立具有中国特色的犯罪构成理论体系》，载《法学研究》1986 年第 1 期。

〔2〕 何秉松主编：《刑法教科书》，中国法制出版社 1995 年版，第 353 页。

〔3〕 苏联《法学》1980 年第 4 期，转引自《国外法学资料》1981 年第 2 期。

体首先是立法机关，只有在立法上对类型化的犯罪行为作出否定性的评价，并通过刑法规定出它应负的刑事责任，司法机关才会具有对具体的犯罪行为进行否定性评价的法律依据。这也说明，刑事责任不仅仅是对犯罪行为的评价和对犯罪人的谴责，而且是否定性评价所产生的法律效果。

3. 法律后果说

即认为刑事责任是犯罪人因实施犯罪行为而必须承担的法律后果。诸如刑事责任“是犯罪主体实施刑事法律禁止的行为所必须承担的法律后果”[1]；“是依照刑事法律规定，行为人实施刑事法律禁止的行为所必须承担的法律后果”[2]；“是犯罪主体实施刑事法律禁止的行为所应承担的法律后果”[3]；“是自然人实施了触犯刑事法律规范的犯罪行为之后带来的特定的强制性的法律后果”[4]；“是犯罪主体因给社会造成严重危害，而必须承受的由法院依法确定的一种否定性法律后果”[5]。

法律后果说把刑事责任同犯罪联系起来，指明它们之间的因果关系以及与刑事法律的关系，从而部分地揭示了刑事责任的法律特征，但却忽视了刑罚也是犯罪的法律后果这一事实，没有把刑事责任这种法律后果与刑罚这种同样由犯罪所引起的法律后果区别开来。

4. 刑罚处罚（制裁）说

即认为刑事责任是国家对犯罪人的刑罚处罚或制裁。诸如

---

〔1〕《中国大百科全书·法学》，中国大百科出版社1981年版，第668页。

〔2〕《法学词典》（增订版），上海辞书出版社1985年版，第289页；张令杰：《论刑事责任》，载《法学研究》1986年第5期。

〔3〕杨春洗等主编：《刑事法学大辞书》，南京大学出版社1990年版，第574页。

〔4〕王希仁：《刑事责任论》，载《河北法学》1984年第4期。

〔5〕刘德法：《浅论刑事责任的概念》，载《法制日报》1988年6月6日。

刑事责任就是“依照刑法应当受到刑事追究与刑罚处罚”〔1〕；是“行为人对其犯罪行为引起的法律后果的承担，这种承担从国家方面看，表现为主要由国家审判机关依据刑法及其他刑事法律规范对犯罪人及犯罪行为的制裁”〔2〕；“刑事责任，就是触犯刑事法规的人，应当受到公安、司法机关依法追究，承担管制或者拘役、有期徒刑、无期徒刑、死刑或者罚金、剥夺政治权利、没收财产等八种刑罚处罚”〔3〕。

刑罚处罚说把追究刑事责任的活动当成刑事责任本身，并把刑事责任与刑罚等同起来，因而不仅不能揭示刑事责任的内涵，而且容易导致理论上的混乱。

5. 刑事义务说

即认为刑事责任是犯罪人因犯罪行为而必须承担的刑事法律义务。诸如所谓刑事责任，“是指犯罪分子根据法律规定，因其犯罪行为向国家承担实体性刑事义务的总和”〔4〕；“是指犯罪人与国家间因犯罪行为而产生的刑法关系中，犯罪人必须承担的实体性刑事义务的总和”〔5〕；“就是犯罪分子因其犯罪行为而负有的承受国家依法给予的刑事处罚的特殊义务”〔6〕；“就是指犯罪人因实施严重危害社会的犯罪而产生的依法承担刑事法律后果的义务”〔7〕；是指“犯罪人因其犯罪行为根据刑

〔1〕 孙膺杰、周其华：《实用刑法读本》，吉林人民出版社1985年版，第53页。

〔2〕 马克昌等主编：《刑法学全书》，上海科学技术文献出版社1993年版，第47页。

〔3〕 胡石友：《谈谈法律责任》，载《光明日报》1981年1月6日。

〔4〕 赵廷光主编：《中国刑法原理》（总论卷），武汉大学出版社1992年版，第340页。

〔5〕 徐斌：《论刑事责任的概念和特征》，载《吉林大学学报（社会科学版）》1987年第3期。

〔6〕 张京婴：《也论刑事责任》，载《法学研究》1987年第2期。

〔7〕 杨春洗、苗生明：《论刑事责任的概念和根据》，载《中外法学》1991年第1期。

法规定向国家承担的、体现着国家最强烈的否定评价的惩罚义务”[1]。

把刑事责任视为一种法律义务，是从苏联传入我国的一种观点。苏联的一些刑法学者认为“刑事责任是要求犯罪人承担根据法律规定的程序对自己的行为向国家负责的义务”；“是苏联法律对犯罪人规定的一种国家强制方法，是这些人按照规定的诉讼程序对自己的行为向国家负责的义务”[2]。

刑事义务说试图从犯罪人与国家的关系上说明刑事责任的本质，指出犯罪人在犯罪后所应承担的法律义务。但是这种说法把本来是相互对应的权利与义务割裂开来，只讲义务而没有涉及权利，这在法律关系上是不科学的；此外，责任与义务是两个不同的概念，义务是产生责任的前提，责任是违反义务的结果，把刑事责任归结为刑事义务，也是欠妥当的。

（四）刑事责任概念的含义

在关于各种刑事责任定义的评介中，我认为以下几点是应当肯定并且应当包含在定义之中的：

1. 刑事责任与犯罪具有不解之缘

在上述定义中，多数都强调了犯罪（犯罪行为、触犯刑法的行为、刑事法律禁止的行为、违反刑事法律义务的行为——在此应当视为同一概念）与刑事责任之间的不可分割的联系。这种联系包括刑事责任是“犯罪行为在法律上应负的”“实施犯罪行为所必须承担的”“因其犯罪行为负有的”“犯罪所引起的”“针对犯罪行为的”“实施犯罪行为之后带来的”等等。

〔1〕 中国法学会刑法学研究会组织编写：《全国刑法硕士论文荟萃》，中国人民公安大学出版社1989年版，第36—37页。

〔2〕〔苏〕л. B. 巴格里－沙赫马托夫：《刑事责任与刑罚》，韦政强等译，法律出版社1984年版，第13、17—18页。

诸如此类的定义都表示着“犯罪→刑事责任”这样一个公式，但是犯罪与刑事责任究竟是什么样的联系，上述定义没有直接回答，并且对这种联系的表述很不一致。从实践中看，犯了罪就应当负刑事责任，并且只有犯罪的人才负刑事责任，没有犯罪就没有刑事责任。这似乎表明刑事责任是犯罪之因所结之果。但是从实质上看，刑事责任并不是犯罪本身所产生的，而是国家基于一定理由并且按照自己的意志通过刑事法律强加于犯罪人的。刑事责任是基于犯罪而产生的，即起因于犯罪。因为犯罪危害了现实社会存在和发展的基础以致为国家所不容，国家就设定刑事责任以禁止犯罪。因此，犯罪只是刑事责任产生的前提，是引起刑事责任的法定事由，刑事责任则是在法律上为犯罪设定的后果。

2. 刑事责任体现了国家对犯罪的否定性评价

法律评价说把刑事责任归结为否定性评价，显然没有抓住刑事责任的实体，但是不可否认，刑事责任确实体现了国家对犯罪的否定性评价。这种看法，除了为法律评价说所主张之外，也为法律责任说和法律后果说所承认，如法律责任说中有的定义指出“代表国家的司法机关根据刑事法律对该行为所作出的否定评价”，法律后果说中有的定义指出刑事责任是“否定性”法律后果。德国、日本和我国台湾地区的学者所谓的责难、非难、无价值判断等，也都意味着否定性评价。

刑事责任体现了国家对犯罪的否定性评价，这一命题包含着三层含义：

第一，刑事责任反映了国家对犯罪的基本态度。

从国家方面看，只有当国家认为某种行为必须用刑法来禁止时才会把它规定为犯罪并对之设定相应的刑事责任。刑事责任的设定，既表明国家对相应的犯罪行为类型所具有的严重危害国家、社会和人民利益这一性质的确认，也表明国家不惜动用严厉的刑事制裁手段来禁止这种犯罪行为的态度和决心。刑事责任的实际追究，则意味着司法机关根据国家意志对各个具体犯罪行为的无价值判断和谴责，指出这种行为因其对国家、社会和人民利益的危害而为国家所不容。

第二，这种否定性评价是上升为国家意志的法律评价。

刑事责任对犯罪的否定性评价不是单纯的道德评价，而是上升为国家意志的法律评价。这种评价不仅以国家的强制力作保障、经过一定的法律程序作出，而且具有法律拘束力，能够对具体的行为人产生强制性的不利效果。这是任何道德评价所不具有的。

否定性评价的内容不限于道义上的谴责。否定性评价的对象是犯罪。在现代社会中，犯罪既包括违反上升为法律规范的伦理规范的所谓自然犯，也包括违反通过国家强制力贯彻的政治生活规范的所谓政治犯（行政犯），还包括违反法律确认的某些技术规范和中性社会规范的所谓法定犯。刑事责任评价对象的这种多样性决定了它不应当只是单一的道德评价。应当说，刑事责任所体现的否定性评价，对某些犯罪来说是道德评价即道义上的否定，对某些犯罪来说是政治评价即政治上的否定，对另一些犯罪来说可能是社会评价即社会性上的否定。

第三，刑事责任只是体现了国家对犯罪的否定性评价。

在设定和追究刑事责任的时候，必然要涉及对犯罪的否定性评价，并且刑事责任的设定和追究体现了国家对犯罪的否定性评价。但是“体现”并不等于“就是”。刑事责任不仅仅是一种评价，它本身包含着实际内容。把刑事责任归结为否定性评价，实际上就把刑事责任变成了一种非存在的主观意义的东西，从而也就抹杀了刑事责任的客观实在性。

3. 刑事责任最终表现为一种负担

1986年，我曾把刑事责任归结为“刑事上的负担”。之后，梁华仁教授和刘仁文先生在其《刑事责任新探》一文中提出了类似的看法。他们认为：“刑事责任作为一种消极责任，是由于负有某种义务的人没有履行应该履行的义务或违反了禁止性的义务而应当承担的社会强加给他的一种法律负担。”[1]把刑事责任归结为一种负担，与我国台湾地区学者韩忠谟先生对客观意义上的刑事责任的看法是一致的，即“责任乃法律上一定负担或效果之意，在刑法上即刑罚制裁之意”[2]，也与我国台湾地区学者李肇伟、洪福增、刘清波、蔡墩铭等人对责任的前述观念相吻合。

把刑事责任归结为一种负担，或者说把刑事责任的实体看成一种负担，具有以下理由：

第一，从法律规范的用语上看，刑事责任应当理解为一种负担。

《刑法》第14条第2款规定：“故意犯罪，应当负刑事责任。”第15条第2款规定：“过失犯罪，法律有规定的才负刑事责任。”第17条第1款规定：“已满十六岁的人犯罪，应当负刑事责任。”1994年《法国刑法典》在第二编刑事责任中也多次使用了“负刑事责任”“不负刑事责任”“减轻刑事责任”等用语。这里的“负”完全可以理解为“承担（承受）”，“不负”则是“不承担（不承受）”。承担（承受）的客体，概括地讲只能是负担。不负刑事责任，可以说是不承受刑事上的负担；减轻刑事责任，可以说是减轻刑事上的负担，免除刑事责

[1] 杨敦先主编：《刑法运用问题探讨》，法律出版社1992年版，第23页。

[2] 韩忠谟：《刑法原理》，台湾大学法学院1981年版，第173页。

任，也可以说是免除刑事上的负担。但是如果把刑事责任归结为“否定性评价”或者“法律后果”，就会导致上述法律用语在语言逻辑上的荒谬。事实上，在上述定义之中，不少学者都强调刑事责任是“必须承担的”“应当承担的”“应承受的”“必须承受的”“向国家承担的”。承担或承受的内容不论是什么，按照汉语的逻辑和用语习惯，都可以归结为“负担”。

至于法典中使用的“追究刑事责任”“不追究刑事责任”“免予追究刑事责任”等语，其中的“追究”可以理解为“要求承担（承受）”。要求承受刑事上的负担，正是刑事诉讼活动的实际内容。事实上，这类用语正是在刑事诉讼法中出现的用语。

第二，从刑事立法的目的上看，刑事责任应当成为一种负担。

在刑事立法中之所以要给犯罪设定刑事责任，就是为了给想要犯罪的人造成心理上的、肉体上的或者物质上的负担，并且这种负担的分量足以使人因不愿承受而抑制想要犯罪的冲动。刑事责任如果在实质上不是一种负担，它就不可能起到遏制犯罪的作用，就不可能实现预防犯罪的目的。正因为立法者把刑事责任看成是一种强加于犯罪人的负担，所以才需要制定刑事诉讼法并通过司法机关的活动来强迫犯罪人实际承受。如果刑事责任不是一种可以成为客观实在的负担，仅仅是一种主观上的评价，一种非实在的东西，那就不可能予以“追究”，就不可能产生“追究刑事责任”的法律规范和法律机构。

第三，从刑事司法实践中看，刑事责任实际上是一种负担。

在刑事司法实践中，刑事责任的实际追究最终总是表现为犯罪人承受某种非本意的、对自己不利的负担，诸如承受某些权利的剥夺、某些自由的限制、一定数量的财产损失，以及道义上的谴责、人格上的指摘，等等。这种刑事上的负担正是刑事责任实体性存在的明证，是刑事责任的实现。如果刑事责任不具有这种实在性，它就不可能对想要犯罪的人构成抑制犯罪冲动的力量，也就不可能起到预防犯罪的作用。刑事责任的设定和追究也就失去了其存在的理由。

第四，把刑事责任归结为一种负担，与把刑事责任归结为一种“责任”、一种“法律后果”、一种“义务”或者一种“处罚”，并不矛盾。

法律责任本身就是一种负担，一种因为没有履行义务而应当承受的负担。法律后果虽然本身可能包括有利的后果与不利的后果两种，但是作为犯罪所引起的法律后果无疑只能是对具体行为人不利的后果，这种不利后果实际上是一种负担。义务是不得不履行的给付行为、承受行为或者限制行为，这对义务主体来说，无疑是一种负担。处罚，如果作为动词，那就是追究的意思，这显然不是指刑事责任本身；如果是名词，那就意味着处分，承受这种处分，同样是承受强加于它的负担。

但是，把刑事责任归结为一种负担，比把刑事责任归结为一种责任、后果、义务、处罚，似乎更可取。如前所述，把刑事责任归结为责任，不符合下定义的规则，使人无法理解刑事责任究竟是什么；把刑事责任归结为法律后果，或者把刑事责任归结为刑罚处罚，容易混淆刑事责任与刑罚，使人分辨不出二者的区别；把刑事责任归结为义务，容易造成概念上的混乱，因为义务与责任是两个不尽相同的法律概念，义务只有当其作为违反法律规定的义务而被迫承担“付出代价”的义务时才是责任，其他意义上的义务并不是责任。把刑事责任归结为一种负担，就可以避免上述遗憾，同时又指出了刑事责任的实在性。当然这种“负担”需要予以限定。刑事责任作为一种负担，不只是一般意义的负担，而是具有特定内容的负担。这种负担的具体内容是由刑事法律加以规定的。所以我将其称为刑事上的负担。

刑事责任作为一种负担，是由刑事法律预先设定的。在犯罪未发生乃至未被司法机关认定之前，刑事责任这种负担当然只是一种设定而不具有现实性，但是正因为它是一种预先设定的负担，所以具有成为现实的可能性，能够通过司法机关的追究活动变为现实。而在实际追究刑事责任的各个场合，刑事责任本身就是现实存在的东西。如果否定刑事责任的这种客观实在性，仅仅将其视为一种非现实的或然性，那就不仅否定了刑事责任本身存在的必要性，而且否定了追究刑事责任的整个司法活动。

4. 刑事责任必须由犯罪人来承担

刑事责任作为一种负担，必然要由一定的人来承受。刑事责任是为犯罪设定的，所以只能由犯了罪的人来承担。犯罪人承担刑事责任，意味着刑事责任的专属性，也表明犯罪人、犯罪与刑事责任之间的联系。

综上所述，刑事责任的定义应当表述为：体现国家对犯罪的否定性评价并由犯罪人来承受的刑事上的负担。

三、刑事责任的特征

西方学者很少争论刑事责任的定义，因而也很少论述刑事责任的特征。但是在中国，对刑事责任定义的深入讨论，势必涉及刑事责任的特征。

刑事责任的特征是指刑事责任区别于其他法律责任的特点。我国学者先后提出的刑事责任特征，概括起来有以下几个：

（一）强制性

“刑事责任是一种由犯罪行为所引起的法律效应，是一种强制犯罪人向国家承担的法律责任。”[1]“刑事责任是一种强制犯罪人向国家所负的法律责任，即犯罪人向国家所负的责任，反映着国家权力和强制地位与犯罪人的服从和负担地位，这种主体之间的不平等性与义务的强制性，是刑事责任与民事责任的重要区别之一。”[2]

（二）严厉性

“刑事责任是一种严厉的法律责任。其严厉性主要体现在它的实现形式上。……刑事责任之所以是一种最为严厉的法律责任，原因就在于犯罪是一种最为严重的危害社会的违法行为。”[3]“刑事责任是最为严厉的一种法律责任，表现为它引导对犯罪的刑事制裁——刑罚。”[4]“刑事责任是严厉程度最强烈的一种法律责任，表现为刑事责任总是与刑罚联系在一起，并通过施用刑罚而达于实现。……刑事责任之所以是最严厉的一种法律责任，其原因在于犯罪是社会危害性最大的一种违法行为。”[5]“刑事责任是一种性质最为严重、否定评价最为强烈、制裁后果最为严厉的法律责任。”[6]“在所有法律责任中，刑事责任是最严厉的法律责任，这种严厉性主要体现在刑事责任的表现形式上。……之所以如此，是因为作为刑事责任前提的犯罪行为，是所有违法行为中危害最大的违法行为，立法者根据法律责任与违法行为的危害性相适应的原则，将刑事责任确定为最严厉的法律责任。即使在追究刑事责任但不能

---

〔1〕高铭暄主编：《刑法学原理》（第一卷），中国人民大学出版社 1994 年版，第 418 页。

〔2〕赵廷光主编：《中国刑法原理》（总论卷），武汉大学出版社 1992 年版，第 340—341 页。

〔3〕何秉松主编：《刑法教科书》，中国法制出版社 1995 年版，第 353—354 页。

〔4〕赵廷光主编：《中国刑法原理》，武汉大学出版社 1992 年版，第 340—341 页。

〔5〕张京婴：《也论刑事责任》，载《法学研究》1987 年第 2 期。

〔6〕高铭暄主编：《刑法学原理》（第一卷），中国人民大学出版社 1994 年版，第 418 页。

给予刑罚处罚时，刑事责任也是严厉的。因为在这种情况下，刑事责任给行为人所带来的不利影响或后果，远比其他法律责任严重。”〔1〕

（三）专属性

“刑事责任是一种严格的个人责任，只能由犯罪分子负担，具有人身专属性，不可移转，不能替代。”〔2〕“刑事责任的人身专属性是指，只有实施了犯罪行为的本人才能承担刑事责任，不允许有牵连责任和替代责任。”〔3〕“刑事责任是一种严格的个人责任。……刑事责任只能由犯罪人本人承担，在任何情况下，均不得由他人代为承担。”〔4〕“刑事责任必须也只能由犯罪行为人承担。一般说来，刑事责任的承担不以行为人或其受害人的意志为转移，行为人一旦实施了犯罪行为，就应该追究其刑事责任。……除刑法规定告诉才处理的……外，其余所有犯罪行为，一旦实施，其行为就必须承担刑事责任。”〔5〕

（四）与犯罪的联系性

“刑事责任总是与犯罪联系在一起，无犯罪则无刑事责任，有犯罪则必然产生刑事责任。犯罪行为的发生，是引起刑事责任的法律事实，也是使刑事责任区别于其他种类的法律责任的一个内在根据。”〔6〕“犯罪行为是产生刑事责任的根据，刑事责任是犯罪行为必然产生的法律后果，无犯罪行为即无刑事责任。”〔7〕

〔1〕张明楷：《刑事责任论》，中国政法大学出版社 1992 年版，第 27—32 页。

〔2〕高铭暄主编：《刑法学原理》（第一卷），中国人民大学出版社 1994 年版，第 418 页。

〔3〕张明楷：《刑事责任论》，中国政法大学出版社 1992 年版，第 27—32 页。

〔4〕何秉松主编：《刑法教科书》，中国法制出版社 1995 年版，第 353—354 页。

〔5〕张令杰：《论刑事责任》，载《法学研究》1986 年第 5 期。

〔6〕张京婴：《也论刑事责任》，载《法学研究》1987 年第 2 期。

〔7〕张令杰：《论刑事责任》，载《法学研究》1986 年第 5 期。

（五）程序专门性

“刑事责任只能由人民法院、人民检察院和公安机关按刑事诉讼法规定的程序，根据刑事法律予以追究，应该适用刑罚方法实现的，必须由人民法院依法判处。……刑事责任的追究，根据刑事诉讼法规定，只能由人民法院、人民检察院和公安机关行使。”〔1〕“对刑事责任必须按照刑事诉讼的程序予以追究。”〔2〕

（六）非难性与谴责性

“刑事责任包含对犯罪行为的非难性和对犯罪人的谴责性。……追究刑事责任既包括对犯罪行为的否定评价，也包括对犯罪人的谴责，这是由犯罪行为与犯罪人（犯罪主体）的关系所决定的。”〔3〕

（七）法律性与社会性

“刑事责任具有法律性与社会性。……刑事责任的法律性是指，刑事责任的法律根据必须是刑事法律，在刑法意义上，对犯罪行为进行刑法上的否定评价和对犯罪人进行谴责。法律性表明，对刑事责任的追究实际上是刑事法律内容的实现，进一步说是立法者意志的实现……刑事责任的社会性是指，刑事责任不只是一种法律形式，而且是体现了国家、社会在伦理上、政治上对犯罪行为的否定评价和对犯罪人的谴责。”〔4〕

（八）必然性与平等性

“刑事责任具有必然性和平等性。刑事责任的必然性的基

〔1〕张令杰：《论刑事责任》，载《法学研究》1986年第5期。

〔2〕赵廷光主编：《中国刑法原理》（总论卷），武汉大学出版社1992年版，第340—341页。

〔3〕张明楷：《刑事责任论》，中国政法大学出版社1992年版，第27—32页。

〔4〕赵廷光主编：《中国刑法原理》（总论卷），武汉大学出版社1992年版，第340—341页。

本含义是指，行为人实施了犯罪行为，就必然要承担刑事责任，或者说，行为人实施了犯罪行为就必然追究其刑事责任。……刑事责任的平等性是指，任何人犯了罪都应根据刑事法律的规定承担刑事责任。这里包含两层意思：一是在是否承担刑事责任的问题上是平等的，犯了罪就承担刑事责任，没有犯罪就不承担刑事责任；二是在承担多大的刑事责任问题上也是平等的，犯重罪的就承担重刑事责任，犯轻罪的就承担轻刑事责任。”[1]

（九）准据性

“刑事责任是犯罪事实的综合反映，也是刑法规范的现实化，因而，刑事责任为研究刑罚提供根据。刑事责任一经确定，犯罪人和被害人均不能自行变更，也不允许‘私了’。”[2]

（十）现实可能性

“刑事责任是一种客观存在的现实可能性，是犯罪与刑罚之间的中介。刑事责任是由犯罪行为所引起的，它意味着强制、制裁和惩罚，但绝不是强制、制裁和惩罚本身，而是先于并作为它们根据的客观存在。刑事责任的一个重要意义就在于表明犯罪行为已经发生，刑法禁止性规范遭到破坏，刑法制裁性规范应当适用于具体的犯罪人，因此，刑事责任是一种具有客观的根据和条件而应当转化为现实的可能性。”[3]

（十一）回顾性与展望性

“刑事责任是回顾责任与展望责任的有机统一。回顾责任，或称过去责任，是指犯罪人应当对已经发生的犯罪行为负责；展望责任，或称将来责任，是指犯罪人应当对社会未来的安全

〔1〕张明楷：《刑事责任论》，中国政法大学出版社1992年版，第27—32页。

〔2〕高铭暄主编：《刑法学原理》（第一卷），中国人民大学出版社1994年版，第418页。

〔3〕何秉松主编：《刑法教科书》，中国法制出版社1995年版，第353—354页。

负责，即不得再次实施犯罪行为而危害社会。在我国，刑事责任应当是回顾责任与展望责任的有机统一，它不仅要对已发生之犯罪行为做出否定性评价和谴责，而且要对犯罪人做出否定性评价和谴责。这是刑事责任概念的两个基本内容，这两个方面相互区别，相互联系，对立统一于刑事责任之中。”[1]

刑事责任的特征是从其与其他法律责任的区别中认识的，因而是理解刑事责任概念的一个方面、一种方法。应当能够借刑事责任的特征以界定刑事责任，让人们通过认识刑事责任的特征而把刑事责任与其他法律责任区别开来。不具有界定功能的东西，很难说它是特征。而我国刑法学界目前关于刑事责任特征的论述中，尚未有一个特征体系能够胜此重任，也就是说，按照学者们自己指出的若干特征之和，无法把刑事责任与其他法律责任区别开来。从上述概括的11种特征看，真正能够称之为刑事责任所独有从而区别于其他法律责任的，恐怕只有“与犯罪的联系性”一点。不过，关于刑事责任特征的上述论述，还是有助于理解刑事责任概念的。

四、刑事责任的本质

为了深刻理解刑事责任的概念，人们试图揭示刑事责任的本质，通过对刑事责任本质的阐述和展开，建立自己的刑事责任理论。

（一）德日学者关于刑事责任本质的认识

在德国、日本，由于把如何理解刑事责任的本质视为刑法学上最根本的问题之一，所以刑事责任的本质一直是刑事责任理论中争论的焦点，并由此形成了不同的学派。

日本学者福田平、大塚仁在其合编的《日本刑法总论讲

〔1〕 何秉松主编：《刑法教科书》，中国法制出版社1995年版，第353—354页。

义》一书中指出："关于如何理解责任的本质问题，从来就有三方面对立的见解：（甲）道义责任论与社会责任论；（乙）行为责任论、性格责任论与人格责任论；（丙）心理责任论与规范责任论。"〔1〕对这种看法，我国台湾地区学者洪福增作了进一步的说明："如自在何处求责任之基础或根据的立场立论者，有道义的责任论与社会的责任论之对立。如自责任的内容以求责任之本质者，即有心理的责任论与规范的责任论之对立。如自以何为责任非难之对象的观点立论者，即有行为责任论、意思责任论、性格责任论以及人格责任论、行状责任论暨生活决定责任论之对立。"〔2〕但是林山田先生在其所著《刑法通论》中却认为关于"罪责之本质"的学说，最早的是"心理罪责论"，现在的通说是"规范罪责论"。

关于上述责任论，已在本书第二章中扼要述及。在此只想指出它们关于刑事责任本质的结论。根据洪福增先生的研究，道义责任论"认责任之本质，在于行为者虽曾认识其行为之反道义性，但仍敢然为其行为（故意之情形）；或行为者虽可能认识其行为之反道义性，但竟未予认识而为其行为（过失之情形）一点"。按草野豹一郎在其《刑法讲义总论》（修订版）中的话来说："道义的责任之本质，乃系自道义的立场而为之非难。此系'行为者在主观上虽可依道义的规范之意识而行动或应行动，然竟为违反其义务之行为所加之非难'的意义上消极的价值判断。""伦理的非难，实为道义的责任之本质。"社会责任论"认责任之根据，在于行为者之'反社会性'及'危险性'，并非在于行为人之'自由意志'"。如牧野英一所

〔1〕〔日〕福田平、大塚仁编：《日本刑法总论讲义》，李乔、文石、周世铮译，辽宁人民出版社 1986 年版，第 111 页。

〔2〕洪福增：《刑事责任之理论》，刑事法杂志社 1982 年版，第 7 页。

说：“刑事责任之基本，不在于犯人之行为，而在于犯人之性格。”又如木村龟二所说：“盖人就自己之行为负担责任，乃系由于彼营社会生活，本应依从社会生活规范之要求（即法规范之要求）而为意思决定，然竟未依从此要求而为意思决定之故。若认为在此有社会的非难之责任时，则刑事责任之本质，即应解为系如此的意义之社会的责任。”心理责任论“将故意、过失，解为‘认识’与‘认识可能性’之心理事实，并将此对于意思与结果之心理关系的心理事实，解为责任之本质。亦即系将责任之内容，认为系行为者对于行为之心理的关系，其中并不包含‘非难’的要素”。规范责任论认为：“刑法上之责任，实质上必须包含非难之要素，仅在有依据刑法规范而应加以非难’之心理事实存在时，始能予以认定，而此非难之要素，即系期待可能性。”如韦尔泽尔（Welzel）在其《目的行为论序说》中所言：“责任之本质，系非难可能性，且系关于各个的违法行为之非难可能性。”[1] 规范责任论的创始人弗兰克（R. Frank）则认为，责任之本质乃在于意思形成与意思活动之可责性或可非难性。[2]

在我们看来，关于刑事责任本质的上述四种见解都没有真正抓住刑事责任的本质，因为它们立论的基础是把刑事责任限定在责难的主观要素方面，而忽视了刑事责任首先是对行为的责难，是因为危害社会的行为所引起的法律责任。离开了引起责任的行为的社会意义，就不可能正确说明责任的本质。同时，上述观点在认识论上是片面的。因为在法律上责任的要素绝不仅仅是或者最主要的不在于行为人的主观方面，而是同

〔1〕 以上均参见洪福增：《刑事责任之理论》，刑事法杂志社1982年版，第7—33页。

〔2〕 参见林山田：《刑法通论》，三民书局1986年版，第170页。

时包含着主观方面的要素与客观方面的要素。只有通过对这两个方面的要素的分析才能认识刑事责任的本质。而上述四种见解都是从主观上的可责性或责难可能性的角度认识刑事责任本质的。这与把刑事责任理解为犯罪成立要素之一的观点有关。

（二）我国学者关于刑事责任本质的论述

在我国，关于刑事责任本质的见解，主要有以下几种：

1. 刑事责任的本质是刑事法律关系

有的学者认为，刑事责任的本质是刑事法律关系，即刑法关系、刑事诉讼法律关系和劳动改造法律关系的总和。刑事法律关系的主体有两方：一方是以司法机关为代表的国家，另一方是从犯罪时刻起到刑罚执行完毕为止的一切罪犯。刑事法律关系的内容是刑事法律关系主体双方的权利和义务，作为刑事法律关系主体一方的司法机关，其权利是依法对犯罪人进行刑事追究，给犯罪人以否定评价或谴责；其义务是所有刑事追究活动都必须严格依法进行，不得对犯罪人进行法外制裁。作为刑事法律关系主体另一方的犯罪人，其有权拒绝司法机关的法外制裁，有权保护正当权益不受非法侵犯；其义务是必须接受司法机关依法进行的刑事追究，承受依法给予的否定评价和谴责。刑事法律关系的客体是刑事法律关系主体双方的权利义务共同指向的对象，即主体双方依据各自权利义务进行的活动及其目标。它具体包括三个方面：（1）行为，即司法机关依法进行追究刑事责任的活动和犯罪人接受刑事追究、执行刑事判决的行为；（2）物，即司法机关依法没收、剥夺的犯罪人持有或所有的物品；（3）与犯罪人人身相联系的精神内容，即司法机关对犯罪人的政治权利的剥夺和在法律上、道义上进行的否定评价或谴责等。[1]

有的学者认为："刑事责任的本质是刑事法律关系。就是说，一个人犯了罪，从犯罪的时候开始，就与国家发生刑事法律关系：犯罪人有义务向国家交代自己的罪行，并接受国家司法机关对他依法进行的侦查、起诉、审判和制裁；他也有权要求司法机关必须按法律规定来调查、确定和实现他应负的刑事责任，并保护自己合法权益不受非法侵犯。与此相对应，国家司法机关则有权对犯罪人进行侦查、起诉、审判和制裁，但也负有义务使这种刑事追究活动严格依法进行，并保护犯罪人的一切合法权益。所以，刑事责任实质上也就是犯罪人与国家及其司法机关之间的权利义务关系。而刑罚则是这种权利义务关系的客体：国家司法机关有权对犯罪人适用刑罚，而犯罪人则有义务承受刑罚。"[2]

把刑事责任的本质视为刑事法律关系的观点来自苏联刑法理论。苏联学者巴格里—沙赫马托夫在其《刑事责任与刑罚》一书中写道："就其本质来说，刑事责任是在罪犯和以具体的国家机关（或国家授权的社会机构）为代表的国家之间所形成的一定的社会关系的总和。""刑事责任的实质是刑法关系，是在以有关机关为代表的国家和实施犯罪行为的公民之间由于这些犯罪行为和对犯罪人实施惩罚和教育影响而根据刑法规范并由此形成的一种具有护法性质的关系，这种关系是正在建设共产主义的社会所不希望出现的……刑法关系的客体是这种关系

〔1〕 参见吴宗宪：《刑事责任基本问题研究》，摘要载于中国法学会刑法研究会组织编写：《全国刑法硕士论文荟萃》（1981—1988 届），中国人民公安大学出版社 1989 年版，第 23—24 页。

〔2〕 高铭暄主编：《刑法学原理》（第一卷），中国人民大学出版社 1994 年版，第 417—420 页。

参加者的实际行为，即他们的可能行为所要达到的目的——主体的相互权利和义务。……这些相互权利和义务构成刑法关系的内容。从有关机关为代表的国家方面来看，这些权利和义务是：根据犯罪行为和犯罪人危害社会的程度对罪犯进行惩处，适用和执行刑罚，进行改造和再教育，以及保障判刑和服刑的法律措施。从犯罪人方面来看，他们的权利和义务则是对所实施的行为及由此产生的一切后果接受和承担刑罚或其他影响方法，同时有权要求严格按照刑法、刑事诉讼法和劳动改造法规范的规定适用、确定和执行刑法影响方法。”

把刑事责任的本质看成刑事法律关系的观点，是从刑事责任的实现过程中认识刑事责任本质的。的确，在刑事责任的实现过程中，追究刑事责任的一方与承担刑事责任的一方必然形成一定的法律关系。正确理解和把握这种刑事法律关系对于刑事责任的实现和刑事责任的目的的追求是十分重要的。并且，这种观点强调刑事责任实现过程中追究和被追究双方的权利和义务特别是犯罪人的权利，比起法律义务说把刑事责任看成单方面的义务的观点，更具积极意义。但是，刑事责任并不能归结为刑事法律关系，刑事法律关系也不能反映刑事责任的根本属性。正如有的学者在否定这种观点时所说的：刑事法律关系是实现刑事责任过程中出现的基本范畴。刑事法律关系是在行为人应当负刑事责任的前提下，实际开始进行追究刑事责任的活动时才产生的。而刑事责任则是一个可以在刑事法律关系产生之前就独立存在的基本概念，是刑事法律关系产生和发展的前提和根据。我们可以说，因为有了犯罪，才产生刑事责任；因为有了刑事责任，才产生刑事法律关系。因此，刑事责任与刑事法律关系只能是两个既相互联系又相互区别的概念，不能将刑事责任等同于或者将其本质归结于刑事法律关系。此外，刑事责任本身不能包含权利内容，而刑事法律关系则包含了权利与义务两方面的内容，刑事责任只是刑事法律关系的一个要素，刑事法律关系的外延比刑事责任要广。这也决定了刑事责任的实质不可能是刑事法律关系。[1]

2. 刑事责任的本质是伦理性与社会性的辩证统一

有的学者认为："刑事责任的本质是伦理性与社会性的辩证统一。""刑事责任的伦理性，是指从犯罪人何故就自己的行为负责的角度出发，把犯罪行为看成是犯罪人自由意志选择的结果，从而从伦理道德的角度回答国家和法律何故要让犯罪者承担刑事责任。""在自由意志的前提下，一个人是否犯罪，完全取决于其有意志和有意识的选择，他完全可以选择实施合法行为，但他竟不这样做，而选择实施犯罪行为，以致危害社会，因此他就应当对此犯罪行为负责，承担国家的否定性评价和谴责。这是犯罪者对他所选择的被认为是反社会和对该社会有害的那种行为负刑事责任的伦理基础。""刑事责任的社会性，是指从目的论的观点出发，把刑事责任看成是防卫社会所必需，从而从社会的角度回答行为人何故就自己的犯罪行为负责。……社会性是刑事责任的本质属性之一。但是应当指出，刑事责任的社会性是具有阶级性的社会性……国家之所以宣布某种行为是犯罪，并强迫行为人承担刑事责任，以及宣布某种行为不是犯罪而不承担刑事责任，均与统治阶级的利益和需要密切相关。""人具有相对自由意志，因而他能够而且应该对自己意识和意志支配下的犯罪行为承担刑事责任，这是刑事责任的伦理性根据之所在。刑法规定和追究刑事责任的目的，在

---

〔1〕 参见何秉松主编：《刑法教科书》，中国法制出版社 1995 年版，第 362—363 页；张明楷：《刑事责任论》，中国政法大学出版社 1992 年版，第 25—26 页。

于保护统治阶级的利益，维护有利于统治的社会秩序，这正是刑事责任社会性的根据之所在。人具有社会性和社会具有人性，决定了刑事责任的伦理性和社会性统一为刑事责任的本质。”[1]

把刑事责任的本质看成伦理性与社会性的统一的观点，与现代德日刑法学者所主张的新社会防卫论或称综合主义或称折中主义的刑事责任论十分接近。新社会防卫论一面采用道义责任论之相对的自由意志思想，积极地将责任的道义意义注入社会责任论之中，用道德价值、道义义务说明责任的本质；一面承认责任之社会性，强调责任的正义在于社会作用，责任的目的在于使犯罪人能再适应社会。因而新社会防卫论一面承认责任的社会性，一面承认责任的伦理性，试图消除古典学派与实证学派的对立。

伦理性本身并不是刑事责任的本质属性之一，特别是在现代，有关违反技术规范和社会规范而产生的刑事责任，与道德上的善恶并无直接联系。伦理性与社会性只能说是认识刑事责任的两个视角，这二者的统一，并不反映也不足以说明刑事责任的认识论本质。

3. 刑事责任的本质是国家与个人之间的利益冲突

我曾认为：“刑事责任实质上是统治阶级在处理个人与国家的冲突关系时运用国家暴力维护其生存条件的表现。它标志着个人在与国家的冲突关系中所处的应受刑事制裁的法律地位。”这种表述，或许不够准确。但是从个人与国家的冲突关系中认识刑事责任的本质，在认识论上应当说是抓住了问题的实质。个人与国家的冲突，应当从三个方面来理解。其一，个

〔1〕何秉松主编：《刑法教科书》，中国法制出版社1995年版，第356—361页。

人和国家的冲突，首先表现为意志冲突，即在相对自由的意志的支配下，实施犯罪行为的个人违背了上升为刑事法律规范的国家意志的要求。其二，这种意志冲突反映了个人与国家之间的利益冲突。上升为法律的国家意志是国家和社会整体利益的集中表现，犯罪的个人意志包括犯罪意志和犯罪意识则是对法律所体现的利益的藐视。其三，个人与国家的冲突最终表现为利益冲突。犯罪人所实施的犯罪行为不论以什么形态出现，都是对国家和社会利益的危害。而这为国家意志所不容。于是才有了刑事责任。因此，刑事责任的本质，应当说是通过对犯罪行为的否定评价所表现的个人意志与国家意志的冲突中蕴藏的个人利益与国家利益的冲突。敬大力先生表达了与此类似的观点。“马克思主义责任观认为，刑事责任在本质上表现了统治阶级的利益和个人利益的冲突，由此决定的责任本质实际上是一种‘利益责任’，刑事责任的本质存在于统治阶级的意志和个人相对自由意志冲突造成的利益冲突之中。”〔1〕对此，高铭暄教授予以肯定。他认为，与道义责任论、社会责任论、人格责任论、规范责任论等相比，“利益责任论”反映了马克思主义的观点，接触到了问题的实质。〔2〕梁华仁教授和刘仁文先生在其《刑事责任新探》一文中也提出了类似的观点：“刑事责任的本质体现了统治阶级与孤立的犯罪者个人之间的利益冲突。”〔3〕

五、刑事责任的要素

刑事责任的要素是指决定刑事责任存在的构成因素，或称

〔1〕敬大力：《刑事责任一般理论研究——理论的批判和批判的理论》，转引自《全国刑法硕士论文荟萃》（1981—1988 届），中国人民公安大学出版社 1989 年版，第 21 页。

〔2〕参见高铭暄主编：《刑法学原理》（第一卷），中国人民大学出版社 1994 年版，第 436 页。

〔3〕杨敦先主编：《刑法运用问题探讨》，法律出版社 1992 年版，第 24—25 页。

必要条件。具备刑事责任的各个要素，刑事责任就存在；不完全具备刑事责任的要素，就不存在刑事责任。因此，正确理解刑事责任的要素，不论是对深刻理解刑事责任的概念、科学地建立刑事责任理论体系，还是对于实际认定刑事责任，都具有重要的意义。

在德国、日本，有的学者站在规范责任论的立场上，把刑事责任的要素归结为三个。例如，日本学者大塚仁认为："责任的要素是为了对行为人进行责任非难所必须考虑的要素，我认为有'责任能力'、'责任故意或责任过失'、'合法行为的期待可能性'三要素。""第一的'责任能力'是追究行为人责任的前提。""第二的'责任故意或责任过失'是对行为人进行责任非难的不同形态，'责任故意'以行为人违反刑法规范的积极的人格态度为内容，'责任过失'则以行为人的违反刑法规范的消极的人格态度为内容。""第三的'合法行为的期待可能性'……是与以行为人的内心态度为基础的故意、过失不同的责任要素。"[1] 期待可能性是规范责任论的创始人弗兰克及其后继者格尔德施密特（Janrds Goldschmidt，1874—1940）等人提出的与责任能力、故意过失并列的第三责任要素。但是这种主张受到弗洛登塔尔和 E. 休米特等人的反对。他们认为，期待可能性应当包含在故意、过失之中。这种主张受到德国、日本多数学者的赞同以致成为通说。

我国台湾地区学者韩忠谟也承认以前关于责任之构成因素有三个，即："（一）行为人有通常人所具之成熟健全之精神状态，足以了解社会规范之价值，并有依其了解，而为社会行为

〔1〕〔日〕大塚仁：《犯罪论的基本问题》，冯军译，中国政法大学出版社 1993 年版，第 183—185 页。

之能力，即责任能力 Zurechnungsfahigkeit。（二）行为人认识其行为之违法性而敢于为其行为（故意），或有认识之可能而怠于认识，致有违法之行为（过失），是为责任条件 Zurechenbarkeit。（三）行为人具备上列能力及心理背景，并无特殊情事足以直接阻碍其抉择动机（期待可能性），亦即其意思决定本有相对的自由，而行为人竟反于一般预期，趋于反社会行为之一途，有其可责性。”但是他认为：“期待可能性之观念，本为责任之一般理论根据，而意思决定之相对的自由，亦已蕴含于责任能力及故意过失之概念中，故现行刑法不复以之列为独立之犯罪成立要件。”〔1〕

把责任要素看成责任能力、故意过失两要素的观点与把责任要素看成责任能力、故意过失、期待可能性三要素的观点一样，都是以犯罪的成立必须具备构成要件符合性、违法性和有责性的犯罪论体系为基础的。在这种犯罪论体系中，责任被视为与行为符合犯罪构成、具有违法性相并列的第三要件，因而其构成要素中不包含行为本身。这种见解在理论上是有缺陷的。因为，第一，既然认为“刑法中的责任是对所实施的符合构成要件的违法的行为能够对行为人进行的非难”“责任第一位的是行为责任”“在责任判断时，首先当然要注重个别的行为”“责任的要素是在论及责任的存否上必须积极研究的东西”〔2〕，那么把行为这个决定刑事责任存在与否的根本性因素排除在责任要素之外，仅以责任能力、故意过失、期待可能性来决定责任的存否，显然是弃本求末。因为，在现代刑法中离开了犯罪行为，就无任何刑事责任可言，决定刑事责任存否的

〔1〕韩忠谟：《刑法原理》，台湾大学法学院 1981 年版，第 179 页。

〔2〕〔日〕大塚仁：《犯罪论的基本问题》，冯军译，中国政法大学出版社 1993 年版，第 169、170、172、184 页。

首先是行为，其次才是行为人的责任能力和心理因素。第二，上述观点虽然把犯罪行为排除在责任要素之外，但又承认："构成要件是有责的类型、符合构成要件时就可以相应推定责任的存在。"[1] 这又意味着，行为符合构成要件本身就可以决定责任的存在（至少在一般情况下），而在决定存在责任要素中又不包括行为符合构成要件这个因素，显然是自相矛盾的。第三，在上述犯罪论体系中，"故意、过失既是主观性违法要素，也是责任的要素，被类型化后也是构成要件的主观要素。即，在论述构成要件符合性时，首先要考虑构成要件性故意、构成要件性过失。在此只是从是否符合刑法规定的构成要件这种类型的角度来考虑故意、过失。在违法性论的阶段，要对故意、过失在何种程度上违反刑法规范作出评价。在责任论的阶段，是把它们作为导出行为的内心态度的核心、从对行为人进行非难的角度来考虑的。这样，贯穿犯罪成立的各要件，我认为故意、过失有必要作为各个阶段的要素来对待，它们在各个阶段具有不同的意义"[2]。在这种犯罪论体系中，故意过失这种主观心理状态，既被认为是构成要件要素，又被认为是违法性要素和责任要素。这种把本应统一把握的同一因素分别在三个阶段反复讨论的做法，在理论上不免有累赘之嫌。尽管主张这种观点的学者认为故意过失在不同的阶段讨论时，其角度和意义不同，因而有重新认识的必要，但是这种必要是以对同一因素的人为的割裂为前提的，是对本来同一的、应该统一认识和把握的事物不去统一认识所造成的。从理论体系应当明晰、

〔1〕〔日〕大塚仁:《犯罪论的基本问题》，冯军译，中国政法大学出版社 1993 年版，第 184 页。

〔2〕〔日〕大塚仁:《犯罪论的基本问题》，冯军译，中国政法大学出版社 1993 年版，第 131 页。

精练的要求上看，对责任要素的上述主张所依据的犯罪论体系的合理性、科学性是值得怀疑的。

刑事责任永远是犯罪的责任。有犯罪，就有刑事责任；没有犯罪，就不存在刑事责任。因此，犯罪成立的所有要素，都应当成为决定“刑事责任存在”的要素。这个观点，可以说是英美学者与我国学者共同认可的。

在英美刑法中，刑事责任的要素就是犯罪成立的要素。确认犯罪成立必须证明的要件包括两个方面：一是外部行为即犯罪行为；二是行为人的心理状态即犯意。这两个方面的要件也就是决定刑事责任存在的两个要素。正如《英国刑法导论》中所讲的：“没有犯意的行为不能构成犯罪”或者“无犯意即无犯罪”的格言（即犯罪必须有行为、行为必须有犯意），“对于强调刑事责任的两个基本要件具有重要的意义”，也“为分析具体犯罪的定义提供了有用的模式”。

在我国刑法学界，尚未就刑事责任的要素提出讨论，即使在有关刑事责任的专著中也没有提到刑事责任要素的概念。但是我国刑法学界关于刑事责任的“基础”或“根据”或称“法律事实根据”的讨论，大多数实际上正是关于决定刑事责任存否的刑事责任要素的讨论。例如，“犯罪构成是刑事责任的基础”〔1〕；“犯罪构成是划分罪与非罪的唯一根据，这是刑事责任的唯一基础”〔2〕；“行为符合犯罪构成是定罪的依据，是行为人担负刑事责任的基础”〔3〕；“犯罪行为是刑事责任的

〔1〕 高铭暄主编：《刑法学原理》（第一卷），中国人民大学出版社1994年版，第427页。

〔2〕 朱华荣、苏惠渔：《略论我国刑法中的犯罪构成》，载《求是学刊》1980年第3期。

〔3〕 曾榕：《定罪的依据是什么》，载《法学研究》1986年第3期。

唯一基础”[1]；“现实的犯罪构成即犯罪构成事实是刑事责任的根据”[2]；等等。这些观点都是从决定刑事责任存在的因素这个角度展开争论的。所不同的只是从法律规定的刑事责任还是具体行为人应负的刑事责任、法律规定的犯罪构成还是事实上的犯罪构成的角度出发来说明。正如高铭暄教授指出的：“说犯罪构成或犯罪行为是刑事责任的基础（根据），是指只有犯罪构成或实施犯罪行为才为一个人承担刑事责任提供基础（根据），也即起决定的作用，别的什么都不能起这个决定作用。这是关系到刑事责任存在或不存在，有或没有的问题。”[3] 决定刑事责任存在或不存在、有或没有的东西，不应当称为刑事责任的基础或根据，而应当称为刑事责任的构成要素或条件的总和。

犯罪成立的各个要件，对于决定刑事责任的存在具有不同的意义，笼统地把它们视为刑事责任的根据或基础，不便于说明它们各自在决定刑事责任存在方面的功能。因此，我想就刑事责任的要素分别加以论述，在刑事责任的基础、刑事责任的根据、刑事责任的主体的标题下分别讨论决定刑事责任存在的基础性条件、合理性条件和主体性条件。这种安排的逻辑基础是，刑事责任的产生首先必须有应当对其作出否定性评价的对象——危害行为，没有评价的对象，就没有进行评价的必要。在评价对象出现的前提下，应当进一步考虑对其进行否定性评价的合理性，即作为评价对象的危害行为是否包含着在刑事法律上应受谴责的因素，有了评价的对象并且对象中包含着应受

〔1〕何秉松：《建立具有中国特色的犯罪构成理论新体系》，载《法学研究》1986年第1期。

〔2〕何秉松主编：《刑法教科书》，中国政法大学出版社1994年版，第373页。

〔3〕高铭暄主编：《刑法学原理》（第一卷），中国人民大学出版社1994年版，第425页。

谴责的因素，就必然存在一个由谁来承担这种否定性评价所带来的后果的问题。对危害行为的否定性评价之后果由谁来承担，虽然也涉及刑事责任的合理性问题，但是更重要的是涉及刑事责任的目的性问题，所以应将其作为一个独立的要素（主体性条件）来考虑。

第四章　刑事责任的基础

“基础”一词，在汉语中是指事物的开端和主干，而不是事物的全部。《汉语大词典》中解释道：“基础指建筑物之根脚，如墙下之夯土，柱下之石。北魏郦道元《水经注·渠》：今碑之左右，遗墉尚存，基础犹在。”〔1〕《中文大辞典》中解释道：“奠土为基，主柱用础，此是建筑工程第一步，引申为事物肇端或本原之称。”〔2〕

刑事责任的基础，亦即决定刑事责任存在的肇端和主干，是刑事责任存在的第一位的和最基本的条件，但不是决定刑事责任存在的全部条件。把刑事责任的基础视为决定刑事责任存在的全部条件，在用语上，如同把奠土立柱视为整个建筑，是不恰当的；在实践中，容易混淆不同的责任要素在决定刑事责任存在与否中的作用，忽视基础性要素在决定刑事责任存在中的地位。因此，本书把刑事责任的基础作为决定刑事责任存在的第一要素加以考察。

---

〔1〕《汉语大词典》(第三卷)，汉语大词典出版社 1989 年版，第 1113 页。

〔2〕《中文大辞典》(第七卷)，中国台湾地区中国文学院和中国文化研究所 1968 年版，第 3042 页。

一、刑事责任的基础是危害行为

日本学者大塚仁在其《犯罪论的基本问题》一书中写道："责任的基础是什么呢？换言之，应该被作为责任非难对象的是什么呢？……责任非难基本上应该以行为人所进行的符合构成要件的违法的个别行为为对象。……在责任判断时，首先当然要注重个别的行为。"团藤重光也认为："责任第一次应该是行为责任，必须以作为行为人人格的主体性现实化的行为为基础来论说。"小野清一郎亦认为："刑法中的责任从根本上讲是道义责任，因而也可以理解为行为责任。"〔1〕

我国台湾地区学者林山田在其《刑法通论》一书中写道："犯罪乃具刑事不法本质之人类行为，必须先有行为之存在，而后经过刑法之评价，始有可能成立犯罪，如无行为即无从为刑法之评价，故无行为，即无犯罪。因此，行为可谓犯罪判断与刑法评价之基础。"〔2〕

英国学者鲁珀特·克罗斯、菲利普·A. 琼斯和理查德·卡德在谈到刑事责任时也强调犯罪行为比犯罪意图更为重要。他们指出："……这种观点至少有这样的好处，即它强调证实犯罪行为比证实犯罪意图更加重要。……只有当行为人为实施邪恶的意图做了很大的努力时，这种意图才足以造成社会危险、应当受到制裁。甚至最顽固地相信刑罚的人也承认：把愿望与行为同等看待的法律制度比仅仅惩罚行为而不考虑行为人的心理状态的法律制度更难于令人满意。"〔3〕 J. W. 塞西尔·

〔1〕〔日〕小野清一郎：《犯罪构成要件理论》，中国人民公安大学出版社 1991 年版，第 41 页。

〔2〕 林山田：《刑法通论》，三民书局 1986 年版，第 73 页。

〔3〕〔英〕鲁珀特·克罗斯、菲利普·A. 琼斯：《英国刑法导论》（第九版），理查德·卡德修订，张智辉等译，中国人民大学出版社 1991 年版，第 25 页。

特纳也认为："'犯罪行为' 只是法律已经选定为禁止出现的事件，它是刑事责任的基础。"〔1〕

我国还有学者认为："犯罪是依照刑法应受到刑罚处罚的危害社会的行为。……没有行为就没有犯罪构成，自然也无刑事责任可言。"〔2〕

危害行为之所以是刑事责任的基础，是因为它符合刑事责任产生的逻辑。在刑事法律中设定刑事责任，首先是因为立法者认为现实社会中存在着或者可能出现某种危害社会的行为，需要用刑法规范来否定和禁止。在实践中，司法机关追究被告人的刑事责任，首先也是因为被告人客观上已经实施了危害行为。没有这种危害行为的实际发生，就不能引起追究刑事责任的司法活动。一个人实际承担刑事责任，在现代各国，最主要的，也首先是因为他实施了刑法所禁止的危害行为。因此，危害行为是刑事责任产生的第一要素，是决定刑事责任存在的根本原因，也是刑事责任所要评价的基本对象。

从认识论的角度看，人们首先看到的，总是在客观上存在的行为以及这种行为所造成的危害。没有这种客观存在的危害，就无从谈起人的刑事责任问题。只有在客观上存在着危害社会的行为并且这种行为为人们所认识的前提下，人们才会进一步提出这种行为能不能归责于行为人、行为人应当不应当对这种行为承担刑事责任的问题，从而进一步探究支配这种行为的心理状态及其主体性。

在此，我使用"危害行为"一词，而没有使用"犯罪行为"一词，是因为在我们的语言习惯中，"犯罪行为"一词具

---

〔1〕〔英〕J. W. 塞西尔·特纳：《肯尼刑法原理》，王国庆、李启家等译，华夏出版社1989年版，第19页。

〔2〕 高铭暄主编：《刑法学原理》（第一卷），中国人民大学出版社1994年版，第523页。

有双层含义。有时人们把它作为犯罪构成客观要件中的行为概念，有时又把它作为符合犯罪构成全部要件的行为概念。在前一种场合下，“犯罪行为”仅仅是指与行为人的心理状态相对应的客观的外在的举动，并且不包含行为的结果；而在后一种场合下，“犯罪行为”是指主客观相结合的、危害社会的、依照刑事法律应受惩罚的行为即犯罪本身。为了避免理解上的混乱，我采用“危害行为”一语以区别于上述两种意义上的行为概念。“危害行为”是指人类行为中具有危害性的那一部分行为。行为的这种危害性是立法者通过刑法加以确认的，因而危害行为也就是“刑法上的行为”。如果从用词的准确性上看，英美刑法中的 actus reus 一词是最为恰当的。我们通常将 actus reus 译为“犯罪行为”，而它实际包含的内容却相应于我国刑法中犯罪构成的全部客观方面的要件。

二、行为的概念

（一）一般行为的概念

作为刑事责任基础的亦即作为刑法上的行为，是以普通意义上的行为概念为基础的。

“行为”一词，在汉语中，是指人的举止行动，确切地说，是指人以自己身体的动静作用于客观外界的事物从而引起一定变化的现象。行为被认为是人类独具的特征，因而常常被视为在一定思想支配下的活动。但是如果在行为的定义中加入主观的因素以作为人区别于动物的标志之一，那也就否定了本属于人类行为之一部分的、心神丧失者的举动的行为性，同时也把不受意志支配的人体运动排除在人类行为之外，这显然是违反常识的。因此，我认为，只要是在现实中引起客观外界发生一定变化的人体动静，都是人的行为，或者说都是普通意义上的行为。至于刑法上的行为，那只是人类行为的一部分，是根据一定目的特别限定的那一部分人类行为。

从最一般的意义上讲，行为只有一个特征即客观性。在现实生活中，人的行为可能是人有意识的行为甚至是在极为明确的目的支配下的预谋性活动，可能是在潜意识的支配下不知不觉的身体动作，也可能是完全无意识的举动；可能是纯粹的条件反射，可能是在各种外力作用下迫不得已而为之，也可能是自觉地选择；可能是精神正常的人参与社会生活的活动，也可能是精神病患者的自己不能辨认和控制的举止；可能是对人类社会生活有益的行为，也可能是对人类社会无益的甚至有害的行为。然而在这一切行为中，都必然包含着一个最具共性的特征，那就是它的客观性：任何一种行为都能够在现实社会中留下自己的足迹，都能够定型化，从而为人们所认识。不具有客观性，因而也不能被定型的东西，就不能称其为行为。

行为的客观性既表现在实存的行为中，也表现在观念的行为中。观念中的行为虽然还不是现实存在的东西，但是它本身具有能够客观化的品格，它一旦由观念变为实存，就能够被定型。虽然是实际存在的东西，但不能被定型，就不能称为行为。有人把行为的客观性称为有形性，是有一定道理的。

行为的客观性，是对行为进行刑法判断的基础。行为的客观性为人们确定行为的存否、认识行为的性质、区分行为的种类、评价行为的意义提供了可资依托的实体。正是在这个前提下，人们才能够根据刑法的目的对现实社会中曾经出现、正在出现或者可能出现的各式各样行为进行选择判断，进而划定应当给予否定性评价和制裁的禁止性行为的范围，才能够根据刑法的规定确认刑法所禁止的行为是否已经发生以及这种行为对社会的危害程度，从而进行刑事追究。

（二）刑法典中的行为概念

在刑法典中，“行为”一词通常也是在一般意义上使用的。只有对“行为”增加了限定词即对行为进行判断选择之后，行为才被用来特指某种类型的行为从而成为刑法意义上的行为。例如，《刑法》第18条规定：“精神病人在不能辨认或者不能控制自己行为的时候造成危害结果，经法定程序鉴定确认的，不负刑事责任。”这里的“行为”一词，显然是一般意义上的行为而不是在刑法上作为否定评价对象的行为。但是在《刑法》第14条“明知自己的行为会发生危害社会的结果”和第15条“应当预见自己的行为可能发生危害社会的结果”用语中，由于在一般意义的行为概念中增加了“明知”“应当预见”“危害社会的结果”等限定语，从而赋予其刑法意义，使之成为刑法评价的对象。这类行为，既是一般意义上的行为，也是刑法意义上的行为。与之相类似，我国台湾地区所谓“刑法”中诸如“行为非出于故意或过失者，不罚”（12条）、“未满十四岁人之行为，不罚”（18条）、“心神丧失人之行为，不罚”（19条）、“业务上之正当行为，不罚”（22条）等用语中的行为，也是一般意义上的行为，这类行为被明确排除在刑法评价的对象之外。而“已着手于犯罪行为之实行”（26、27条）、“犯罪之行为或结果”（4条）等用语中，其行为，则由于被“犯罪”一词所限定而具有刑法意义。不仅在中国，日本刑法中“依照法令或正当业务上的行为”（35条）、“没有犯罪的故意的行为”（38条）、“出于不得已的行为”（36、37条）、“心神丧失人的行为”（39条）、“不满十四岁的人的行为”（41条）等用语中使用的“行为”也是一般意义上的行为。法国1994年刑法典中“在行为发生之时患精神错乱或者神经精神错乱”（122-1条）、“行为系因其不可抗拒之力量或者不可抗拒之强制力而发生”（122－2条）、“能证明自己系由于不可避免地错误搞错法律，误认为可以合法完成其行为”（122－3条）、“完成法律或者条例规定或授权之行为”或者“完成合法当局指挥之行为”（122－4条）等用语中，其“行为”一词也是一般意义上的行为，而非特指构成犯罪的行为。但在“其发生之日构成犯罪的行为”（112－1条）、“执行议定计划，旨在全部或者部分毁灭一民族、一人种、一种族、一宗教群体或依任何其他任意标准划分之群体，对其成员实行或指使他人实行下列之一行为”（211－1条）、“故意致他人死亡之行为”（221－1条）、对人施以酷刑或野蛮暴行之行为”（222－1条）、“以暴力、强制、威胁或趁人无备，对他人施以任何性进入行为”（222－23条）等用语中，其“行为”都由所加之限定语而从一般行为中分离出来，成为刑法意义上的行为。

从以上引证的刑法典用语中至少可以悟出如下三点：

第一，刑法上的行为首先是一般意义上的行为，具有“行为”的一般含义即所有行为的共性，应当将其作为客观实在的东西来把握。

第二，刑法上的行为是在一般行为中经过选择判断而特别限定的行为，除了具有一般行为的共同特征之外，还具有自己特殊的含义，而这种特殊的含义包含两个方面：一是行为对社会的危害性，二是行为人在行为选择中的主体性。刑法上的行为所具有的这种特殊含义，是由刑事法律专门规定的，并且应当通过刑事法律在各个场合中的具体规定来把握。

第三，判断刑法上的行为，首先面临的是一般意义上的行为，只有首先认识一般意义上的行为，了解其具体内容，才有可能进而对其进行刑法判断，确定其是不是能够成为刑事责任基础的那种行为。这是各国刑法共同的基础，也是根据任何一个国家的刑法对行为进行评价时必然遇到的问题。

（三）刑法理论中的行为概念

在大陆法系的刑法学者中间，关于刑法上的行为概念，有两种对立的见解，即因果行为论与目的行为论的对立、客观行为论（存在论的行为论）与评价行为论的对立。

1. 因果行为论

因果行为论（Kausal Handlungs Lehre）是19世纪以来在自然科学的影响下形成的行为理论。它把自然界的因果法则引入行为学说，认为行为是自然因果过程的结局，亦即人任意发动自然力而引起结果之实现者即为行为。

因果行为论分自然行为论与社会行为论两种。[1]

自然行为论把刑法上的行为看成是从自然科学特别是物理学角度所认识的行为，以实际上发动于外界的身体活动以及随之而引起的外界变化为中心来论及行为。自然行为论虽然承认刑法上的行为具有有意性和有形性两个特征，但是只把有形性作为核心来把握，而将有意性放在责任论中去把握，从而排除在行为概念之外。大塚仁认为，李斯特所说的行为是“由有意的举动引起的外界变更”，就是自然行为论的代表。[2]

自然行为论把行为看成是神经心理刺激所引起的身体活动与心理物理的活动过程，因而不得不承认缺乏物理性的身体活动的不作为不具有行为性。这与刑法上追究不作为的刑事责任的现实是矛盾的。于是又出现了社会行为论。

社会行为论为了纠正自然行为论的纯属自然科学的想法，

---

〔1〕 这是日本学者大塚仁、福田平的看法，见《日本刑法总论讲义》。我国台湾地区学者林山田则认为，社会行为论是独立于因果行为论的行为理论。

〔2〕 参见〔日〕大塚仁：《犯罪论的基本问题》，冯军译，中国政法大学出版社1993年版，第27页。

着眼于行为的社会意义，认为刑法是一种社会规范，刑法上的行为是指具有社会意义的有意识的身体动静和在现实社会中的因果现象。人类的行为，不论是出于故意还是出于过失、不论是作为还是不作为，只要是以引起有害于社会的结果而具有社会重要性（Soziale Relevanz）就应当属于刑法上的行为。例如其代表人物休米特（Eberhard Schmidt，1891—1977）所说，行为是“表现于社会性外界的有意的态度”。[1] 这种观点从对社会有意义的角度认识因果过程，把作为和不作为都纳入行为概念之中，从而弥补了自然行为论的缺陷。

因果行为论是19世纪以来在德日刑法中占据主流地位的行为理论。直到20世纪中叶，这种行为理论由于受到目的行为论的冲击而退居其次。

2. 目的行为论

目的行为论（Finale Handlungs Lehre）是德国学者冯·维巴（Hellmuth V. Weber，1893—1970）在第二次世界大战前创立的理论，这一理论在第二次世界大战后经过韦尔泽尔（Hans Welzel，1904—1977）的有力展开，而为德日刑法学界普遍接受。

目的行为论认为，人类的意思不仅是产生行为（结果）的原因，而且是操纵因果过程的动力，因果行为论只注意到人类行为的因果性而忽视了人类行为能基于意思之动力而表现其操纵因果过程的目的作用，以致把人类行为等同于一般的自然现象，表明其并非了解人类行为之实质。目的行为论把目的性作为行为的本质，认为人类一切行为莫不具有其目的性。所谓“目的性”（Finalitat），是指人于行为之际，一方面了解事物之

〔1〕 参见〔日〕大塚仁：《犯罪论的基本问题》，冯军译，中国政法大学出版社1993年版，第27页。

因果关系，并对因果形成之实质条件作确切选择，另一方面有意地支配这个因果过程，以趋向于预先设定的目的。即使在犯罪的时候，也是在想犯罪的目的之下，选择自己的行为并加以控制以指向犯罪的实现。因此，按照韦尔泽尔的说法，刑法上的行为应当是“由目的所确定的意思支配的具有实在意义的统一体”。[1]

目的行为论把人的行为看成是有目的的活动，这对于故意犯罪来说是很好解释的，但是对于过失犯罪来说，却难以自圆其说。韦尔泽尔曾经认为，故意行为是被现实的目的性（aktuelle Finalitat）所支配的，过失行为是被潜在的目的性（potentielle Finalitat）所支配的，所以过失行为仍然是有目的的行为。但是潜在的目的从存在论的角度看是不存在的，而目的行为论又是以存在论为基础的，所以韦尔泽尔最后不得不放弃自己的观点，把故意的行为说成是指向构成要件性结果的目的性行为，而把过失行为说成是指向构成要件性结果以外的结果的目的性行为。然而，与构成要件性结果无关的目的性行为很难说是刑法上的行为。

目的行为论为了说明不作为犯罪的概念，试图用“人的行态”（menschliches Verhalten）的概念来代替刑法上的行为概念。韦尔泽尔认为，人的行态是指在有能力依据目的支配意思的范围内所表现出来的人的身体的积极态度或消极态度。这种积极态度就是作为，而这种消极态度就是不作为。因此，在“目的的行为力即可以根据目的支配思想的能力”这一点上，可以把作为与不作为统一起来。

---

〔1〕参见〔日〕大塚仁：《犯罪论的基本问题》，冯军译，中国政法大学出版社1993年版，第28页。

3. 客观行为论（存在论的行为论）与评价行为论

大塚仁把因果行为论中的自然行为论和目的行为论归类为存在论的行为观念，而把因果行为论中的社会行为论以及日本学者所称的人格行为论归类为评价的行为观念。

存在论的行为观念是仅以客观上存在的外部表现作为刑法上的行为，所以，可以说是客观行为论。我国台湾地区学者韩忠谟所主张的就是这种客观行为论。他认为："刑法学上所谓行为，惟就其通俗之行为，作为根据，以观察行为与评价规范之关系，并不自行划定行为之概念，亦即并不强谓必须系某种概念之行为，方合于刑法上行为之概念，因其纯系客观的、实在的概念故也。"〔1〕

存在论的行为论，把行为作为先于构成要件的独立问题来考虑，所以日本学者小野清一郎把这种行为论称为"纯粹行为论"而加以否定。他指出，历来的行为论的通病，都在于把行为当成法律的构成要件的评价之前的东西来考虑，这样一来，所谓的不作为是否能认为是行为的一种，就成了问题，不仅如此，在过失犯那里是否果真有行为，也成了问题。他认为，刑法上的行为，归根结底是合乎构成要件的行为，所以也不能不是违法并且有道义责任的行为。〔2〕

评价的行为论认为，刑法上的行为，不应当把人的行为仅仅作为事实的存在来把握，而应当把人的行为看成是从社会的角度进行一定评价的事实存在。正如小野清一郎指出的："刑法中的行为，总是给以构成要件的评价的行为……与构成要件

〔1〕 韩忠谟：《刑法原理》，台湾大学法学院1981年版，第99页。

〔2〕 参见〔日〕小野清一郎：《犯罪构成要件理论》，王泰译，中国人民公安大学出版社1991年版，第43—46页。

的评价无关的行为，在刑法中是完全没有意义的。"[1]

4. 人格行为论

迈霍弗尔（Werner Mainhofer）曾经指出，刑法上的行为概念应当具有作为基本要素的机能（在进行刑法性判断时所有的犯罪要素最终都要归结到行为观念上这种具有逻辑意义的机能）、作为结合要素的机能（即能够把符合构成要件、违法和有责联系在一起进行无价值判断的机能）、作为界限要素的机能（即能够把在刑法上不具有重要性的举动不当作是行为从而将其置于刑法考虑的范围之外这种实用意义的机能）。但是因果行为论和目的行为论都没有使行为概念发挥其界限性机能，因而不能完全起到结合要素和基本要素的作用。

为了克服因果行为论和目的行为论之不足，日本学者团藤重光和德国学者阿尔特尔·考夫曼（Arthur Kaufmann）提出了人格行为论。团藤重光认为，行为是行为人人格的主体性现实化的身体的动静，是在人格和环境的相互作用中基于行为人的主体性态度所实施的。考夫曼则认为，人的行为是能够由意思支配的（因此能够归责于行为人），伴有（广义的）因果性结果的有责的、有意义的现实性的形成。因此应当从"存在论的"和"人的"观点来论及行为，把行为理解为"作为人的东西的客观化"，这样就可以使刑法上的行为概念起到作为基本要素、结合要素和界限要素的作用，从而为人的责任论奠定基础。

但是，大塚仁认为，根据"行为人人格的主体性现实化"这个标准，可能把没有成为犯罪余地的、纯个人的身体活动等

[1] 参见〔日〕小野清一郎：《犯罪构成要件理论》，王泰译，中国人民公安大学出版社 1991 年版，第 43—46 页。

也包括在行为之中，因而不能充分发挥界限性机能。于是他提出了社会的人格行为论。

5. 社会的人格行为论

大塚仁认为，刑法上的行为，应当理解为表现行为人人格的身体的动静且具有社会的存在性的东西。他指出："行为观念的界限性机能具有积极的一面和消极的一面。刑法中的行为观念本来应该把能够成为犯罪的即具有能够使行为人负担刑事责任可能性的东西都包摄进去，不管是作为还是不作为，是故意的还是过失的。在其反面，又应当将刑法上明确规定为不可罚的意思无能力者的身体活动、虽然是意思能力者却与其意思无关的纯粹的肉体的反射运动、无意识状态中所进行的身体活动、纯强制状态下的身体的动静等从行为的范围内除外。"〔1〕因此，在人格行为论中，用具有社会性意义的存在这种标准对"行为人人格的主体性现实化"的标准加以限制，就能够使人格论的行为概念起到界限性机能的作用。

与大陆法系对行为概念的不断争论和深入研究相比，英美国家的学者很少深入研究行为理论，只是指出刑法上的行为是法律所禁止的人类行为，它具体包含在各个不同的犯罪定义中。J. W. 塞西尔·特纳指出："actus reus 用以定义为'法律力求防止的、本身包含着危害结果的人类行为'。"〔2〕他认为，法律规定的行为，可以是由一个简单的事实构成的，也可以是由几个情形的事实构成的。鲁珀特·克罗斯和菲利普·A. 琼斯等人认为："对犯罪行为这个措词，应理解为受到指控的犯

〔1〕〔日〕大塚仁：《犯罪论的基本问题》，冯军译，中国政法大学出版社1993年版，第32页。

〔2〕〔英〕J. W. 塞西尔·特纳：《肯尼刑法原理》，王国庆、李启家等译，华夏出版社1989年版，第18页。

罪定义中所指的行为（有时是不作为或其他事件）与有关情况的结合，以及由该犯罪定义所表示的行为结果。"〔1〕

在我国刑法理论中，行为通常被作为犯罪构成客观方面的基本要件来把握。〔2〕因而认为它是由人的心理态度所支配的身体的动静并且这种身体的动静对于社会具有危害性。刑法上的行为具有三个特征，即客观性、危害性和违法性。例如，《刑法学》中写道："我国刑法所指的行为是表现人的意识和意志，在客观上危害社会并为刑法所禁止的行为"，"只有某个人故意或过失地实施了刑法所规定的危害社会的行为，才能负刑事责任"。〔3〕

《刑法学原理》中写道："刑法上的行为"，"具有一般行为的共同属性"，即"行为是行为人的某种思想表现为身体的动静"，这种行为"是由一系列人体动作所组成的，或者说是多种动作的组合"；"刑法上的行为，都是具有社会危害性的行为，即已经或者可能给社会造成危害后果的行为"；"刑法上的行为，是按照刑法规定应受刑罚惩罚的行为"。〔4〕

《刑法教科书》中写道："犯罪构成客观方面要素的行为，具有以下几个特征：第一，它是主体有意识有意志的行动与静止，是主体主观意识和意志的客观的、外部的表现。……第二，它是一种侵害行为即侵害客体的行为。……第三，犯罪客

〔1〕〔英〕鲁珀特·克罗斯、菲利普·A. 琼斯：《英国刑法导论》（第九版），理查德·卡德修订，张智辉等译，中国人民大学出版社 1991 年版，第 27 页。

〔2〕作为犯罪构成客观方面的基本要件的行为，在我国刑法理论中，有的学者将其称为"犯罪行为"，有的学者将其称为"刑法上的行为"，有的学者将其称为"危害行为"或"刑法上的危害行为"。

〔3〕高铭暄主编：《刑法学》，法律出版社 1982 年版，第 118—119 页。

〔4〕高铭暄主编：《刑法学原理》（第一卷），中国人民大学出版社 1994 年版，第 526—529 页。

观方面的行为，是具有社会政治意义并受到犯罪的评价的行为，而不是单纯的生理的和物理的行为。”[1]

刑法理论上的行为概念，对深刻认识刑法典中所禁止的行为的社会意义，说明刑法上的行为是刑事责任的基础这个命题具有重要的理论价值。因为在刑法理论中，行为通常都被作为具有社会意义的、人的主体性之表现的客观存在来把握，这种理解可以使人们了解为什么刑事法律要禁止这种行为以及这种行为为什么会成为决定刑事责任存在与否的第一要素。

从以上分析中可以看出，作为刑事责任基础的危害行为，具有四层含义：第一，它是现实社会中具有客观实在性的人类行为；第二，这种行为对于社会具有危害性；第三，这种行为是刑法所禁止的；第四，这种行为最终被证明是人的主体性之表现。危害行为的第四层含义是最终成为刑事责任之基础的危害行为必须包含的内容，但它是需要经过进一步的研究最终证明的因素，而不是在认识刑事责任的基础时就能确认的。因此，讨论刑事责任的基础，主要是从客观方面即从前三层含义上来把握危害行为，而将危害行为的主体性问题放在刑事责任第二、三要素中讨论。从这个角度上讲，刑事责任的基础也可以称为刑事责任的“客观基础”。

我的这种看法，与台湾地区学者韩忠谟先生的看法是一致的。他认为：“行为在刑法思想之体系中，一面与客观上法益侵害之结果及社会规范之评价相结合，一面又与主观上之反社会的意识及可责性相关联。本为浑然一体之观念，吾人了解此整体的行为观念，亦不难了解犯罪观念。唯如由刑法学之观点，从事分析研究，仍不得不将此一整体观念（即犯罪），游

〔1〕何秉松主编：《刑法教科书》，中国法制出版社1995年版，第137—139页。

离分解，只注重其客观的、物理的、及社会规范之评价的一面，俾可阐发一显豁的行为概念，表明其在整个犯罪成立要件中所处之一因子的地位。”〔1〕

三、危害行为的类型

世界各国刑法中对行为的规定，通常可以分为作为和不作为两个基本类型（形态、形式）。但是，不论是刑法典中对作为与不作为的规定，还是刑法理论上对作为与不作为的理解，都是不尽相同的，特别是对不作为的行为类型，理论上的争论更多。

（一）作为

作为是行为最基本的类型，刑法上规定的犯罪行为绝大多数都是以作为的形态表现出来的。这可以说是世界各国刑法中最具共同性的一点，也是各国刑法学者们所公认的。例如，“刑法上的大多数犯罪都是只能或者可以由作为的形式实施的”〔2〕；“实行行为的基本形态，是行为人自身故意地用积极动作直接实现犯罪的情形”〔3〕；“作为是犯罪行为的最通常的基础”〔4〕；等等，都表达了基本相同的看法。

1. 作为的含义

作为是相对于不作为而言的。如何理解作为的含义，往往与如何界定不作为相联系。

在刑法理论上，学者们通常以身体的动与静来区分作为与不作为。例如，日本学者认为，实行行为是人符合构成要件的

〔1〕韩忠谟：《刑法原理》，台湾大学法学院1981年版，第98—99页。

〔2〕高铭暄主编：《刑法学原理》（第一卷），中国人民大学出版社1994年版，第530页。

〔3〕〔日〕大塚仁：《犯罪论的基本问题》，冯军译，中国政法大学出版社1993年版，第80页。

〔4〕〔英〕鲁珀特·克罗斯、菲利普·A. 琼斯：《英国刑法导论》（第九版），理查德·卡德修订，张智辉等译，中国人民大学出版社1991年版，第27页。

一定的身体的动静，表现为积极动作的作为和消极动作的不作为[1]；作为，即积极动作的行为，“不作为即不做出积极的动作”[2]。我国台湾地区学者认为，“所谓作为与不作为系相对而非绝对，盖一定之行为自积极方面言之，可认为作为，而自消极方面言之，则又为不作为”[3]；“依通说之见解，行为乃基于意思决定而为之身体动静。出于身体之运动者为作为，由于身体之静止者为不作为”[4]。

但是也有人认为，仅以身体的动与静来区分刑法上的作为与不作为是不够的，作为与不作为的概念应当结合法律的规定来界定。例如，林山田、布莱克（Bleck）、杰赛克（Jescheck）等人认为，“作为乃指具有身体运动外形之积极行为形态。不作为则指身体静止，而不具运动外形之消极行为形态。唯就刑法之行为概念而论，作为乃指在意思主宰支配下，针对特定动作，运用体力，而形成之身体移动，致破坏法益。不作为则指在意思支配下，针对特定动作，不运用体力，而不使身体移动，致破坏法益”；“作为并非单纯地‘为’，而是唯有为法律禁止不得为之行为，始属作为。相对地，不作为亦非单纯地完全不为、无为或消极地无所为，而是唯有‘不为’法律诫命应为之行为，亦即对特定作为之不为，始有不作为可言”。[5]

我国学者通常认为，仅仅从外表上区分作为与不作为是不恰当的。因为刑法上的行为概念是指违反刑法规范应受惩罚的

〔1〕〔日〕大塚仁：《犯罪论的基本问题》，冯军译，中国政法大学出版社 1993 年版，第 79 页。

〔2〕〔日〕福田平、大塚仁编：《日本刑法总论讲义》，李乔、文石、周世铮译，辽宁人民出版社 1986 年版，第 55 页。

〔3〕韩忠谟：《刑法原理》，台湾大学法学院 1981 年版，第 99—100 页。

〔4〕洪福增：《刑法理论之基础》，刑事法杂志社 1977 年版，第 56 页。

〔5〕林山田：《刑法通论》，三民书局 1986 年版，第 76 页。

行为，刑法上的不作为也并不完全是没有任何动作，只是没有实施法律要求做的动作。如果脱离法律规范的内容单纯从形式上的动与静来区分作为与不作为，不仅没有实际意义，而且往往很难自圆其说。所以我国刑法界中普遍认为，作为是“违反禁止性规范，积极实施不应实施的侵害行为”；不作为是“违反命令性规范，有义务实施某种积极行为而不实行”。〔1〕作为是“指实施刑法禁止实施的积极行为”；不作为是“指行为人负有刑法要求必须履行的某种特定义务，能够履行而没有履行的行为”。〔2〕“刑法上的作为，是指不当而为，即行为人在意志支配下，违反禁止规范积极地实行法律禁止不得为的行为。……刑法上的不作为，是指当为而不为，即行为人在意志支配下，违反命令规范，消极地不为法律所要求或期待的行为。”〔3〕

确切地说，刑法上的作为是指以刑法所禁止的活动方式侵犯刑法保护利益的人体动作。作为的突出特点：

（1）攻击性。作为是行为人主动采取的危害行为，作为通常是在一定意图支配下主动地攻击刑法保护的客体，直接侵犯刑法保护的利益，以致表现出明显的进攻性和主动性。

（2）原因性。从对刑法保护的利益所造成的危害的角度看，作为通常表现为危害结果的直接原因，具有发动危害结果与其产生原因之间的因果运动的原因力的作用。这种发动因果运动的作用是绝大多数不作为所不具有的。

（3）阶段性。多数作为行为在实施过程中表现出一系列的

〔1〕 高铭暄主编：《刑法学原理》（第一卷），中国人民大学出版社 1994 年版，第 534—535 页。

〔2〕 赵廷光主编：《中国刑法原理》（总论卷），武汉大学出版社 1992 年版，第 200—203 页。

〔3〕 何秉松主编：《刑法教科书》，中国法制出版社 1995 年版，第 40 页。

人体动作，可以从外部形态上明显地划分出若干不同的阶段。而不作为却很难截然分出行为的阶段性。

作为，由于其积极的外在表现而容易为人们所认识，但也因此而容易为刑法学家们所忽视。其实，作为既然是犯罪行为最基本的表现形态，那么正确理解作为的含义，深入研究作为的形态，对于正确理解和运用刑法上的行为概念，正确确定刑事责任的基础，就具有十分重要的意义。

2. 作为的表现方式

从实践中看，作为通常表现为以下几种情况：

（1）纯粹的身体动作。即完全利用自身的举动侵犯刑法保护的利益。例如，拳击、脚踢、指掐他人致其受伤或死亡的行为；强奸行为；扒窃行为；诽谤行为；等等。这类行为都是直接利用行为人自身的力量通过独立的举动攻击刑法保护的客体，从而对刑法保护的利益造成危害的。

（2）借助工具的作为。即利用自身的举动操纵一定的工具侵犯刑法保护的利益。例如，伪造货币、有价证券、公文印章的行为；持凶器杀人、伤害、抢劫的行为；计算机犯罪、信用卡诈骗等行为。在这类行为中行为人既依靠自身的力量，又借助工具的作用，实现自己的意图。工具增加了人的行为力度、能量和作用范围，以致侵害到刑法保护的利益或者加重了这种侵害的程度。

（3）利用外力的作为。即利用自身的举动发动自身以外的力量作用于一定的客体，造成对刑法保护利益的侵害。例如，强迫、引诱、教唆他人实施危害行为；点燃火种、引爆炸药、接通电源等行为。

（4）在特定条件下的作为。即在特定条件存在或出现的情况下实施一定的举动，使自身举动与这种条件相结合，出现行为人希望的结果或者发生行为人预想的效果。例如，利用被害人的行为或错误进行诈骗、敲诈勒索等犯罪；利用夜幕实施某些犯罪；利用人多拥挤的环境在公共场所扒窃；利用各种偶然出现的机会实施杀人、强奸、贪污、盗窃等行为；在本人已经结婚的情况下又与他人结婚的行为等。

（5）利用职务（业务）的作为。即利用自己担任某种职务或从事某项业务的便利条件，实施相应的举动，以致危害刑法保护的利益。

3. 故意犯罪未完成形态下的作为

刑法上的作为是表现为刑法所禁止的活动方式的人体举动，因而是以刑法规定的犯罪构成要件之一出现的。人体的举动如果不是构成犯罪所要求的，就不能视为刑法上的作为。但是在故意犯罪的场合，许多国家的刑法都承认尚未完全具备刑法分则中规定的具体犯罪的构成要件的未遂行为、中止行为甚至预备行为，也应当承担刑事责任。而在这种未完成形态下，有的是已经实施了具体犯罪构成所要求的作为行为，只是没有出现犯罪结果或者防止了犯罪结果；有的则是尚未实施或者没有完成具体犯罪构成所要求的作为行为。在后一种情况下，特别是在预备的情况下，行为人的身体举动能否认为是刑法上的作为，在理论上是有争论的。

在我国，由于刑法总则给出了犯罪的一般定义并概括地规定了犯罪的预备、未遂和中止，所以一般认为这种行为虽然不完全符合刑法分则规定的具体犯罪构成，但是符合刑法总则规定的修正的犯罪构成，所以这种行为仍然是刑法上的作为。

4. 间接正犯的作为

间接正犯是利用他人的行为实现犯罪意图的情形。在这种情形下，间接正犯人并没有亲自实行直接造成对刑法保护利益之侵犯的行为，危害结果的出现通常是由于另一人的作为。例如，利用无责任能力人的行为、利用他人不知情的行为、利用他人的合法行为、强迫他人实施的行为等来达到犯罪目的的情况。在这种情形下，直接造成危害结果的行为人由于一定原因而被排除在犯罪人之外，而由间接正犯人承担刑事责任。

对于这种情况，刑法理论上通常把被利用者当工具性的存在看待，从而把由此引起的刑事责任归于利用他人的人。但是如何理解这种情况下间接正犯人的行为是一个难以回答的问题。在日本，对这种情况下的实行行为，有三种代表性的观点：第一种观点认为，利用者把被利用者朝着犯罪实现的方向加以利用的行为或者说将其作为工具来利用以实现犯罪的行为本身就是实行行为；第二种观点认为，被利用者现实地进行相当于犯罪的身体活动是利用者的实行行为；第三种观点认为，利用者的诱致行为和被利用者的身体的动静相结合形成的整体是实行行为。大塚仁认为，把被利用者的行为说成是独立的或结合的实行行为是讲不通的，因为在这种情况下他们是被作为工具利用的，只有把利用者将他人行为作为工具来利用以实现犯罪的诱致行为作为实行行为才是恰当的，因为这种诱致行为本身包含着实现犯罪的现实危险性。[1]

我认为，在间接正犯的场合，行为人（利用者）的行为是一种积极作为的行为。这种作为行为表现在他以自己身体的动举所进行的诱导活动或者前置活动在危害结果及其直接原因（被利用者的行为）的因果联系中起了原因力的作用。正是利用者的行为发动了这种因果运动，导致了危害结果的发生。在

〔1〕 参见〔日〕大塚仁：《犯罪论的基本问题》，冯军译，中国政法大学出版社 1993 年版，第 87—88 页。

这一点上，它表现为刑法所禁止的作为。如果利用者的行为不具有原因力的作用，就不能成为间接正犯的实行行为。

（二）不作为

刑法上的不作为是指在应为刑法要求的作为时不做出这种动作以致侵害了刑法保护利益的行为。与作为相比，不作为更多地受到了刑法学家们的重视，但是争论亦多。

1. 关于不作为的行为性

在刑法典中，由不作为构成的犯罪，与由作为方式构成的犯罪是同样处罚的。有时法律条文明确规定某种犯罪是以不作为的方式构成的；有时法律并未规定某种犯罪应以何种方式构成，只规定造成某种危害结果时如何处罚，而在实践中以不作为方式造成这种危害结果的与以作为方式造成同样危害结果的同等对待。

在刑法理论中，作为与不作为通常被认为是犯罪行为的两种基本类型，不作为也是刑法上的行为。但是按照福田平、大塚仁在其合编的《日本刑法总论讲义》中的说法，很早就有人认为不作为本身不属于行为。他们也认为："作为是做出了一定的行为，从而它属于行为，但不作为是没有做出一定的行为，所以它本身不属于行为。然而，不作为虽不做出一定的行为，却有做出该行为的可能，因此，不作为概念的内容包括缺乏行为和缺乏行为能力这两种要素。"并且，"是把作为与不作为包括在上位概念的行为之中呢？还是使行为与不作为对立起来而由所谓形态这种上位概念进行统一呢？这种对立并不仅仅属于用词上的问题"，而且包含着作为和不作为在存在论的结构上是否不同，以及是否把这种不同原封不动地反映到犯罪论上的问题。

美国学者 N. 胡萨克也认为，不作为的刑事责任是"无行为的刑事责任”。刑法学家们对追究不作为刑事责任的三种解释都是难以自圆其说的。这三种解释是，第一，认为“惩罚不作为是把刑事责任扩张到了超越出法理的范围”；第二，在因不作为而承担刑事责任的场合，“惩罚针对的是作为而不是不作为”，因为不作为“总是在做或发生其他事情时必须做什么”；第三，不作为是“消极作为”，作为与不作为之间不能作有意义的区别。[1]“把一种行为归类于积极的作为而不是不作为的趋向，不是基于客观的、科学的和以经验为基础的事实，而是受着关于行为的应受惩罚性判断的强大影响。”[2]

不承认不作为的行为性，是把行为简单地理解为“身体运动”所导致的理论上的缺陷。从本质上看，作为刑法评价对象的行为，最根本的特点是它既反映人的主体性又能在客观上造成危害社会的结果，而不在于它以什么样的方式即以运动的方式还是静止的方式表现出来。不作为之所以也是一种刑法上的行为，就在于它能够在客观上导致危害社会的结果发生，并且在运动还是静止的选择中表现了人的主体性，或者说，不作为与作为一样也是行为人自我选择的危害行为。日本学者小野清一郎也指出，刑法上的行为“并不是一种单纯的心理、物理过程，而是人伦、伦理关系中人格主体的行动过程。即使在心理上物理上是个‘无’，而在伦理上、法律上，却可以是个‘有’。就是说，伦理上、法律上所要求的‘无行为’，是一种‘行为观念’。……在伦理的立场上，不作为也可以是反道义

〔1〕 参见〔美〕道格拉斯·N. 胡萨克：《刑法哲学》，谢望原译，中国人民公安大学出版社 1994 年版，第 85—87 页。

〔2〕 参见〔美〕道格拉斯·N. 胡萨克：《刑法哲学》，谢望原译，中国人民公安大学出版社 1994 年版，第 173—174 页。

的、不法的、合乎构成要件的行为。”[1]

2. 不作为的义务根据

不作为是在应为刑法要求的作为时不做出这种作为，因此在不作为的场合，行为人必须负有作为的义务，否则就不存在作为与不作为的问题。那么这种作为的义务是根据什么产生的呢？

在英美刑法中，“不作为也是刑事责任的基础”。[2] 有的学者认为：“至少在四种情况下不作为可以构成违反法定义务从而使人可能被认为负有刑事责任：第一，当成文法规定了他照顾另一个人的义务时；第二，当他处于与另一个人之间的某种身份关系之中时；第三，当他已经承担了照顾另一个人的合同义务时；第四，当他已经自愿照顾另一个人并因此把被帮助的人与其他人隔离开来使他人无法进行帮助时。”有的学者认为，追究不作为的刑事责任有三种情况：一是法令明确禁止的不作为；二是没有遵循谨慎规则的行为犯了有罪的疏忽大意、漫不经心；三是以不作为的方式导致了与作为犯罪相同的结果。[3] 有的学者认为，能够引起刑事责任的不作为犯罪可以划分为两类：一类是其定义要求有特定的不作为的犯罪；另一类是按照法院的解释，既可以由作为构成也可以由不作为构成的犯罪。[4] 在前一类情况下，定义所要求的不作为本身就暗含着

〔1〕〔日〕小野清一郎：《犯罪构成要件理论》，中国人民公安大学出版社 1991 年版，第 52 页。

〔2〕〔英〕鲁珀特·克罗斯、菲利普·A. 琼斯：《英国刑法导论》（第九版），理查德·卡德修订，张智辉等译，中国人民大学出版社 1991 年版，第 27 页。

〔3〕参见〔美〕道格拉斯·N. 胡萨克：《刑法哲学》，谢望原译，中国人民公安大学出版社 1994 年版，第 85 页。

〔4〕参见〔英〕鲁珀特·克罗斯、菲利普·A. 琼斯：《英国刑法导论》（第九版），理查德·卡德修订，张智辉等译，中国人民大学出版社 1991 年版，第 27 页。

命令积极作为的义务。在后一类犯罪中，行为人必须负有实施某种作为的法定职责。“这种职责可能由以下三种主要方式引起：（1）基于合同。（2）基于特定关系。例如父母和子女、医生和病人。……（3）基于个人已经自愿承担了照顾生活不能自理的人这种事实。”[1] 基于合同的例子最典型的是，公路和铁路交叉道口的看守人违反雇佣合同，在火车通过交叉道口时没有关闭栅栏，造成了他人丧生的结果。基于特定关系的典型例子是，父母没有抚养自己的幼子致使该孩子死亡。基于个人已经自愿承担了照顾生活不能自理的人这种事实的典型例子是，一个人已经无偿地承担起照顾某个孤独、体弱或闲居家中的人的责任，却不充分履行这种职责，导致该受照顾者死亡的结果。

日本学者认为，不作为的作为义务不是单纯的道德义务，而是属于防止产生构成要件性结果的法定义务。这种法定的作为义务通常产生于以下 4 种场合：（1）在法令上直接规定的作为义务，如夫妇间的扶助义务、亲权者的监护义务等。（2）依据法律行为产生的义务，如保姆根据雇佣合同而承担的保护义务。（3）以公共秩序和善良风俗作为根据的作为义务。其中包括：①依据习惯或情理产生的作为义务。这是根据信义诚实以及公德良俗的观念被承认的作为义务，如雇主照顾患病受雇者的义务；对于买卖的目的物质量，买主发生误解时，卖主有告知事实真相的义务，如他不告知就可能构成欺骗罪。②管理者的防止义务。如有自己监护下的精神病人或者饲养的动物将要发生侵害的危险时，监护者和饲养者就产生了防止结果发生的

〔1〕 参见〔英〕鲁珀特·克罗斯、菲利普·A. 琼斯：《英国刑法导论》（第九版），理查德·卡德修订，张智辉等译，中国人民大学出版社 1991 年版，第 28 页。

义务；房屋的管理者在房屋起火时，房屋占用者或所有者有灭火的义务，如果故意怠慢则构成放火罪。③紧急救助义务，或称事前行为的义务，即因自己的行为引起产生后果的危险者有防止其发生的义务。如不知室内有人而锁门者有开门的义务；开汽车撞人者有救护的义务。[1] 但是上述第三种义务很难说是法定义务。

我国台湾地区学者也把不作为分为纯正不作为与不纯正不作为，并认为，纯正不作为犯是法律规定一定之作为义务，单纯违反此义务所构成的犯罪。在这种场合，作为义务是由法律加以规定的。而不纯正不作为犯是以不作为的方式构成通常由作为犯所能构成的犯罪。在不纯正不作为犯的场合，行为人必须有防止结果发生的义务。这种义务来自：（1）法令之直接规定，如民法规定的父母养育未成年子女之义务；（2）自愿为义务之负担，即个人基于自由意志而缔结契约或为其他法律行为所产生之作为义务，如受雇为乳母的契约所生之哺育幼儿之义务；（3）一定情况下之前行为，即由于个人原有行为在前，引起损害法益之危险所应负防止危险发生之法律义务，如因自己之行为发生伤人之结果者有为之救护的义务。[2]

我国大陆学者亦认为，违反特定的作为义务是构成不作为犯的基本条件，这种特定义务的具体根据（来源）主要包括：（1）法律上明文规定的特定义务，如税法规定的纳税义务，婚姻法规定的父母子女之间互相扶养的义务。（2）由行为人的职务或业务而产生的实施其职务或业务上规定的活动的义务，如仓库保管员有采取必要措施保管好库内物资不受损失的义务

---

〔1〕 参见〔日〕福田平、大塚仁编：《日本刑法总论讲义》，李乔、文石、周世铮译，辽宁人民出版社1986年版，第62页。

〔2〕 参见韩忠谟：《刑法原理》，台湾大学法学院1981年版，第102页。

等。(3) 由行为人实施的法律行为而引起的义务，如签订合同、过继子嗣等法律行为所生之义务。(4) 由于行为人先前实施的行为使某种合法权益处在遭受严重损害的危险状态，该行为人所产生的采取积极行动阻止损害结果发生的义务。[1] 也有人认为，除了上述四种之外，“在特殊情况下，公共秩序和社会公德要求履行的特定义务”也可以成为不作为的义务根据。[2]

从以上介绍可以看出，各国和地区刑法理论在不作为的作为义务产生的根据问题上出现了罕见的一致（除日本学者认为的习惯和情理所生之义务外），都认为不作为的作为义务应当限定在法律认可的义务的范围之内。这大致是罪刑法定原则对不作为这种特殊的行为方式的必然要求。

（三）持有犯罪的行为依据

美国学者 N. 胡萨克指出：“‘持有’这个词在其普通意义上构成了一种行为。如果‘行为’被界定为身体运动，那么持有并不在专门的法律意义上构成一种行为。然而，大多数美国权威学者设法以行为要求来调和持有犯罪。英国法院对此种调和却并不信任。例如，他们的判例认为，指控持有淫秽资料不能成立犯罪，因为没有行为可被证明。”[3] 但是事实上，英国《1968 年盗窃罪法》规定，一个人如果在其居住场所之外，随身携带了任何用于非法侵入、盗窃或诈骗的物品或与之有关的物品，他就构成了一种可处 3 年以下监禁的犯罪。《1971 年滥

〔1〕 参见高铭暄主编：《刑法学原理》（第一卷），中国人民大学出版社 1994 年版，第 543—545 页。

〔2〕 参见赵廷光主编：《中国刑法原理》（总论卷），武汉大学出版社 1992 年版，第 207 页。

〔3〕〔美〕道格拉斯·N. 胡萨克：《刑法哲学》，谢望原译，中国人民公安大学出版社 1994 年版，第 11 页。

用毒品罪法》中明确规定，未经允许占有甲级受控毒品的，处7年以下监禁；占有乙级受控毒品的，处5年以下监禁；占有丙级受控毒品的，处2年以下监禁，并处罚金。这种规定意味着英国法同样承认由占有构成的犯罪。

1994年《法国刑法典》也规定，非法“持有”毒品，处10年监禁，并科500万法郎罚金（222-37条）。

我国1990年《关于禁毒的决定》中也规定，“非法持有鸦片一千克以上、海洛因五十克以上或者其他毒品数量大的，处七年以上有期徒刑或者无期徒刑，并处罚金；非法持有鸦片二百克以上不满一千克、海洛因十克以上不满五十克或者其他毒品数量较大的，处七年以下有期徒刑、拘役或者管制”（第3条）。

这类规定中的“持有”（执有、占有、存有或藏有）本身以及1988年《关于惩治贪污罪贿赂罪的补充规定》第11条所规定的巨额财产来源不明罪中的不能说明巨额财产的合法来源，是不是行为，以及是一种什么样的行为，是需要研究的课题。

确切地说，持有是一种状态，是人与特定物品之间的一种存在关系持续的状态。这种状态的出现，既可能是由持有人先前的作为行为造成的，如购买毒品，也可能是由他人先前的行为造成的，如他人将毒品存放在持有人处。但是在持有犯罪中，法律所追究的不是导致持有状态出现的先前行为的刑事责任，而是追究持有本身的刑事责任。

那么，持有本身是不是一种行为呢？我认为应当是。持有状态的存在，反映了人对物的控制，这种控制本身就是人的主体性的表现；由于被持有的物品本身的特殊性，这种持有状态本身对社会构成了某种现实的威胁（如非法持有毒品可能导致毒品的滥用而危害人体健康），因而具有社会危害性；这种持有状态是一种客观存在的事实，具有客观性；这种持有状态是法律明文禁止的。所以，这种特定的持有本身完全具备刑法上的行为的属性，应当把它视为刑法上的行为。

那么，这种持有是作为还是不作为？我认为应当将其视为一种不作为。就导致持有状态存在的原因看，可能是由作为行为造成的，也可能是由不作为行为造成的；可能是由持有者本身的行为造成的，也可能是由他人的行为造成的，甚至可能由多种因素互相结合而造成；持有人对这种原因可能负有责任，也可能没有责任。但是从持有本身看，既然法律将其规定为犯罪，那就意味着法律禁止这种状态的存在，而这种禁止暗含着当这种状态出现的时候法律命令持有人将特定物品上缴给有权管理的部门以消灭这种持有状态。因此，在法律禁止持有某种物品的情况下，持有该物品的人就负有将该物品上缴有权管理该物品的部门的义务。如果持有人违反这种义务，不主动上缴该物品，而是继续维持持有状态的存在，那就是一种刑法所禁止的不作为。当然，这种形式的不作为，由于所持物品本身的特殊性，而与一般意义上的不作为在存在结构上并不完全相同，所以可否将其作为行为的第三种类型，值得研究。

此外，对于我国刑法中规定的巨额财产来源不明罪，我认为它不同于持有犯罪，一个人拥有巨额财产本身并不对社会构成任何威胁，不具有社会危害性。只是，法律要求拥有大大超过本人正当收入的巨额财产的人有向有关机关说明财产来源的义务，而拥有人不予说明，从而以其不作为的行为构成对法律的违反。我以为，我国刑法把这种行为规定为犯罪，只是在目前我国金融监督机制不够健全和行政管理职能弱化的情况下惩治贪污贿赂犯罪的一种权宜措施。把这种行为规定为犯罪所暗含的逻辑前提是，怀疑拥有人所拥有的大大超过其正当来源的巨额财产是通过贪污、贿赂等非法手段取得的，但是又找不到证明其来源非法的证据。如果拥有人不能说明其来源的合法性，那就推定其来源非法。因此，把这种持有规定为犯罪，并不是因为这种持有本身具有社会危害性，也不是在追究这种持有本身的刑事责任，而是因为造成这种持有状态的原因可能是非法的，是追究推定为犯罪的、造成这种持有的原因的刑事责任。从责任的正当性上看，这种规定把可能当作实存，具有扩大刑事责任范围之嫌。在条件成熟的时候，应当取消这种犯罪。

（四）关于事件

在英美刑法中，“事件”是与作为、不作为并列的一种 actus reus（犯罪行为）。《英国刑法导论》的第一句话就是：“犯罪是一种非法的作为、不作为或者事件。”“有时，犯罪的定义与其说是涉及一个作为或不作为，还不如说是仅仅涉及一个外部事件。只要有事件就可以构成的所有犯罪，都是由制定法明文规定的。”但是在《肯尼刑法原理》中，“事件”被混同于行为的结果，例如说“‘犯罪行为’是行为的结果，因而是一个事件”，“‘犯罪行为’是由事件构成的，而不是由引起该事件的作为（或者在某些案件中，正像我们将要看到的，是由不作为行为）构成的”，“同时，‘犯罪行为’只是法律已经选定为禁止出现的事件，它是刑事责任的基础”。可见，英美刑法学者对“事件”本身的理解是不完全相同的。

从英美学者关于事件的具体论述中可以看出，作为犯罪行为的第三种类型的事件，主要包括三种情形：第一种是可以归为“持有”的犯罪，例如《英国刑法导论》中认为，《1968 年盗窃罪法》第 25 条为事件提供了一个例证。“按照该条规定，如果一个人在其住所之外携带有用于夜盗、盗窃或欺诈或与此有关的任何物品，此人就构成了犯罪。”第二种情形是行为人的行为与其他因素相结合而构成一种犯罪，例如，由于某种偶然因素或者第三者的介入、由于受害者自卫行为的影响、由于受害者的错误等因素的出现使行为与某种危害结果联系起来从而构成犯罪。在这种情形下作为刑事责任基础的实际上仍然是行为人的作为或不作为。第三种情形是所谓替代责任的场合。在这种场合下，一个人虽然可能既无行为，也无故意或过失，但却要因为与其有关的他人的行为负刑事责任。在这种情形下，因他人（一般是其雇员）行为而承担刑事责任的人，通常被认为是有义务防止特定犯罪行为而没有防止，因而具有法律上规定的不作为行为（这种情况通常被学术界认为是严格责任，即不要求证明行为人主观上有无故意或过失）。由此可见，英美学者所称的“事件”，仍然是以行为为内容，是包括着特定行为的事实状态。

四、行为的危害性

（一）危害性是刑法上的行为之基本特征

行为的危害性，是行为之所以成为刑事责任之基础的原因所在，也是刑事立法把这种行为规定为犯罪而不把那种行为规定为犯罪的基本依据，从而也是刑法上的行为概念的基本特征。

西方国家的刑法典，通常只规定犯罪的形式定义，而不指出犯罪的实质。社会主义国家的刑法典往往明确指出犯罪是一种“危害社会”的行为。但是在刑法理论上，各国学者都承认犯罪的本质是其对社会的危害性。

英美学者认为：“危害性之要求包括在刑事责任基本原则

之中”，“刑事责任以具有危害性为先决条件”。〔1〕“任何行为，只要任何特定社会的某一具有足够权力的部门感到它有害于其自身的利益，如危及其安全、稳定或秩序，该部门便通常将其视为特别邪恶，并力图以相应严厉的措施加以镇压。而且，只要可能，它便确保将国家主权所能支配的强制力用于防止危害或惩罚造成危害的任何人。这种危害行为便被称为犯罪，法院所采取的与之有关的程序便是‘刑事诉讼’。”〔2〕

日本学者认为：“今日的通说认为犯罪的本质是法益的侵害。”〔3〕“法益观念，从解释论的观点来看，是刑罚法规在定立犯罪时所期望达到的目的；从实质的观点来看，是应该由刑罚法规所保护的，即值得保护的社会生活上的利益，这种广义的法益是刑事立法上的指导形象。”〔4〕

我国学者认为，社会危害性是犯罪最本质的特征。“行为对于社会的危害性，是犯罪的最本质的、具有决定意义的特征。某种行为之所以被认定为犯罪，从本质上说就是因为它具有社会危害性。不具有社会危害性的行为就不是犯罪行为。行为的情节显著轻微危害不大的，也不认为是犯罪”〔5〕；“社会危害性既是宣布行为是犯罪的根据，又是揭示犯罪内容的最重要的特征”〔6〕；“犯罪的社会危害性是犯罪的最基本特征”，犯

〔1〕〔美〕道格拉斯·N. 胡萨克：《刑法哲学》，谢望原译，中国人民公安大学出版社1994年版，第16—17页。

〔2〕〔英〕J. W. 塞西尔·特纳：《肯尼刑法原理》，王国庆、李启家等译，华夏出版社1989年版，第2页。

〔3〕〔日〕大塚仁：《犯罪论的基本问题》，冯军译，中国政法大学出版社1993年版，第4页。

〔4〕〔日〕大塚仁：《犯罪论的基本问题》，冯军译，中国政法大学出版社1993年版，第11页。

〔5〕高铭暄主编：《刑法学》，法律出版社1982年版，第67页。

〔6〕何秉松主编：《刑法教科书》，中国法制出版社1995年版，第67页。

罪的社会危害性是“犯罪行为的第一位的特征，刑事违法性则是犯罪的社会危害性的法律表现，应受刑罚惩罚性则是犯罪的社会危害性和刑事违法性的法律后果。犯罪行为的社会危害性对刑事违法性与应受刑罚惩罚性具有前置意义”[1]。

（二）危害性的含义

为了理解行为的危害性，德国、日本的学者提出了“法益侵害说”。他们认为，“刑法是对社会生活上被认可的各种利益进行保护的，这种利益称为法益或保护法益，只有对法益的攻击行为，即侵害法益或者使法益蒙受危险的行为才是犯罪”[2]。法律所保护的利益即“法益”，“是指一个主体具有与之有关系的一种对象或者状态的价值”。“从由于其关系被作为有价值的对象或者状态方面看，所谓利益归根到底是指被作为有价值的对象（即‘财’）或者状态本身。”[3] 法益是“在制定、维持刑法的国家和社会中，根据各种文化传统和现实的必要性，需要由实定刑法来加以保护的生活利益。它依存于人类长期育成的文化，即以其中包摄着道德、宗教、政治、经济、艺术等所有东西的文化为基础”。并且这种文化受到来自民族传统和现实国家的制约。即使在同一国家内，由于时代的变迁，对法益的认识往往也会有很大的变化。[4]

法益侵害说是19世纪初德国学者贝恩鲍姆（Birnballm，1792—1872）针对费尔巴哈的“权利侵害说“提出的观点。他

〔1〕 高铭暄主编：《刑法学原理》（第一卷），中国人民大学出版社1994年版，第394页。

〔2〕〔日〕大塚仁：《犯罪论的基本问题》，冯军译，中国政法大学出版社1993年版，第4页。

〔3〕〔日〕木村龟二主编：《刑法学词典》，顾肖荣译，上海翻译出版公司1991年版，第100页。

〔4〕 参见〔日〕大塚仁：《犯罪论的基本问题》，冯军译，中国政法大学出版社1993年版，第11—18页。

认为，费尔巴哈把犯罪说成是对权利的侵害，虽然把握了犯罪的一个方面，但是在犯罪概念中包含着很多难以明确说是权利侵害的部分。他提出，侵害社会所保障的财（Gat）或者使其蒙受危险者是犯罪，以代替权利侵害说。其后，法益侵害说受到宾丁（Binding，1841—1920）和李斯特（Liszt，1851—1919）等著名学者的支持而成为德国刑法学中的通说。宾丁指出，法益本身没有权利，而且有保护利益的目的，防止对其造成侵害正是立法者根据规范应给予确保的。李斯特则认为，全部的法益是生活利益即是个人或者共同体的利益，而法律的保护将这种生活利益上升为法益。这种被理解为法律保护客体和犯罪之基础的法益概念，被称为实体性法益概念或范畴性法益概念。这种实体性法益侵害说引起了实质的违法性说的发展。

日本学者认为，对法益侵害的认识，不仅要考虑被侵害的结果，而且要考虑被侵害的样态。在很多情况下，只考虑结果，尚不能明确行为的性质，而对法益侵害的样态加以考虑就可以理解大部分犯罪的性质。例如，对财产的侵犯，仅仅从结果上很难区分不同的犯罪行为，但是从侵害法益的方式上就可以更清楚地认识其不同行为的不同危害性。

另外，对于遗弃等犯罪来说，从法益侵害说的角度很难理解，因为在这类犯罪中，“遗弃”行为所侵害的法益是不因被遗弃的对象而改变的，不论被遗弃的是谁家的孩子，其对被遗弃者的生命、健康的威胁以及对社会善良风俗的伤害都是一样的，并且这些利益都是法律所保护的。但是在刑法中只有遗弃与自己有特定关系的孩子才构成犯罪，而遗弃与自己无关的孩子不认为是刑法上的遗弃行为。所以有必要以“义务违反说”作为法益侵害说的补充，即以行为主体违反一定义务为中心的某些犯罪的本质不是对法益的侵害，而是对法定义务的违反。

显然，这种法益侵害说对理解犯罪行为的本质是有局限性的。特别是自20世纪以来，在新康德学派的价值关系方法论的影响下，法益概念成了单个刑罚法规中由立法者给予确认的、以最简单形式为要领的目的，或者说是打算通过法规表现出来的一切意思和目的。这种法益概念，被称为方法论的法益概念或者目的论的法益概念。这种法益概念不过是立法目的的同义语而已。

我国学者对行为的危害性持有着不同的认识和不同的表达方式。

多数学者侧重于其危害社会的事实。例如，认为社会危害性，“是指对我国刑法所保护的利益的危害”〔1〕；“是指行为对我国的社会主义社会关系实际造成的损害或者可能造成的损害”〔2〕；“就是对国家和人民造成或可能造成一定的危害”〔3〕；“从本质上看，一种行为能够对社会造成这样或者那样的损害，对社会秩序起着破坏作用”〔4〕。“在我国，犯罪的社会危害性表现为对社会主义国家和广大人民利益的侵犯和危害。”〔5〕“在我国，犯罪的社会危害性是指犯罪行为侵犯了社会主义社会关系，侵犯了社会主义社会的生存条件。”〔6〕

有些学者侧重于行为本身的属性，认为社会危害性是指因行为人侵犯刑事法律规范而给法律所保护的社会关系带来危害的行为属性。例如，“行为的社会危害性，指行为对我国社会

〔1〕何秉松主编：《刑法教科书》，中国法制出版社1995年版，第67页。
〔2〕马克昌主编：《犯罪通论》，武汉大学出版社1991年版，第18页。
〔3〕高铭暄主编：《中国刑法学》，中国人民大学出版社1989年版，第67页。
〔4〕王作富：《中国刑法研究》，中国人民大学出版社1989年版，第56页。
〔5〕邓又天主编：《中国刑法总论》，四川人民出版社1990年版，第57页。
〔6〕张明楷：《犯罪论原理》，武汉大学出版社1991年版，第68页。

主义社会关系和社会秩序具有威胁和损害的性质”[1]。不过，危害社会的事实正是危害行为本身的客观属性，这两种表述之间并无矛盾。

值得注意的是，有些学者认为社会危害性就是危害社会的特性。社会危害性，“是指行为对于某一社会形态中各种利益以及整体利益的危害的特征”[2]；是指“行为对社会秩序和社会关系造成这样或那样损害的事实特征。‘危害社会’是一种事实，‘特性’指社会对这种事实的特殊属性的概括和评价”[3]。持这种观点的学者认为，社会危害性是以行为为存在前提的，是对社会具有危害作用的行为所具有的特性；行为的客观存在性决定了行为的社会危害性是一种事实存在，具有事实性，这种事实性包含了破坏社会秩序和社会关系，对社会造成这样或那样损害的特定性质这种实际内容；对社会的危害是行为的一种后果形态，社会危害性正是通过行为的这种后果形态表现出来的客观存在的事实特性，因为对社会的危害，包含了“对社会进行危害”的行为过程，行为过程的结局是以危害社会这种定型事实而存在的；社会危害性是行为属性与行为事实的统一，行为事实是从行为的起始到结束的全部危害社会的客观情况，行为属性是在这种客观事实情况上的抽象；社会危害性是现实的行为与对之评价的统一，危害社会的行为是客观存在的现实行为，其中包含的社会属性即社会危害性也是现实的、客观的，但是只有社会根据其自身的利益与需要以及社会规律对之进行评价之后才可以说这种行为是对社会的危害。社会评价

〔1〕赵廷光主编：《中国刑法原理》（总论卷），武汉大学出版社1992年版，第113页。

〔2〕赵秉志、吴振兴主编：《刑法学通论》，高等教育出版社1993年版，第64页；杨春洗、杨敦先主编：《中国刑法论》，北京大学出版社1994年版，第35页。

〔3〕高铭暄主编：《刑法学原理》（第一卷），中国人民大学出版社1994年版，第383页。

本身虽然是一种社会意识活动，因而其形式必然是一种主观的意志评判形式，但是评价对象的客观性和根据社会的客观存在的利益、需要，以及社会规律所确定的客观评价标准决定了行为是否具有社会危害性的结论的客观性。持这种观点的学者还认为，行为的社会危害性不是固定不变的，而是随着社会条件的变化而变化的。[1]

我认为，社会危害性只能是行为本身所包含的、在行为过程中表现出来的客观事实。一种行为有没有社会危害性，取决于行为本身在与特定的客观因素的联系中对社会生活所产生的实际效果或者可能产生某种社会效果的趋势，而不取决于任何社会主体如何评价它。如果把社会危害性视为对客观事实进行主观评价的结果，那么，一定的行为有没有社会危害性，就不完全取决于行为本身的客观事实，而是在一定程度上取决于对它进行评价的过程的科学性和评价主体的主观因素。

当然，判断某种行为有没有社会危害性，是对行为本身客观存在的事实进行认识的过程，是以一定的社会标准对行为的社会效果所作的评价。但是这种评价的结论必然受到评价主体对评价对象的认识程度、对评价标准的掌握程度和其他主观因素的影响。对同一行为有没有危害性这一命题，不同的评价主体可能得出不尽相同甚至截然相反的结论。因此，对于刑法上的行为的危害性，任何国家都强调必须以法律上的评价为依据。而不能以其他任何主体的评价为依据，这正是行为的违法性所要解决的问题，而不是行为的危害性本身的问题。

在我国刑法理论中，有一种占据主导地位的观点，即认为

〔1〕 高铭暄主编：《刑法学原理》（第一卷），中国人民大学出版社 1994 年版，第 384—389 页。

社会危害性“体现着、也必须体现着主、客观一致的原则”，是对行为性质的综合评价。这种观点之所以会得到许多学者的赞同，就是因为人们把行为的社会危害性看成是人们主观评价的结果，似乎它的存在与否、危害程度大小，可以依人们的评价而改变。例如，不承认精神病人的杀人行为是危害社会的行为，否认这种行为对社会的危害性。

这种观点实际上混淆了行为本身的属性与人们对这种属性的评价之间的差别，把对象的存在本身与对对象的认识混为一谈。当然，危害社会的行为在许多情况下都是在行为人的主观意志支配下实施的，是主观与客观相统一的结果，深入认识危害性产生的原因必然要触及行为人的主观意志。但是不可否认的事实是，对社会有危害的行为并非全部是也并非一定是行为人主观意志支配的结果，人类的行为并非在任何情况下都是主观与客观相统一的。也正因为如此，才产生了在各种危害行为中辨别和认定主客观相统一的行为的必要。如果所有危害行为都是主客观相统一的表现，那么只要是危害行为就构成了犯罪、就应当追究刑事责任，无须再具体认识行为中包含的主观因素，也无须强调所谓的主客观相统一了。

此外，关于刑法上的行为的危害性，我国刑法学界在表述上亦有不同看法。有的认为，社会危害性就是犯罪行为的本质特征，就是犯罪概念所包含的内容。有的认为，社会危害性是一切违法行为甚至不道德行为共同具有的属性，不是犯罪所特有的，所以作为犯罪的本质特征，应当表述为“极端的社会危害性”“相当程度的社会危害性”“深度的社会危害性”“严重的社会危害性”“犯罪的社会危害性”等。有的学者还认为，犯罪的社会危害性与一般违法行为的社会危害不仅具有量上的即程度的区别，而且具有质的区别。他们把犯罪的社会危害性定义为“行为对刑法所保护的社会关系造成这样或那样损害的特性”。

至于社会危害性的内容，即行为所危害的、刑法所保护的客体，上述引文中有的表述为“利益”“社会利益”；有的表述为“社会主义社会关系”；有的表述为“社会关系和社会秩序”。这种理解，都从一定的角度反映了行为所危害的客体。

行为的危害性，从根本上看，可以说是行为对一定社会的整体利益的损害，它实际表现为对有利于社会生活的一定状态的破坏或者制造了不利于社会生活的一定状态。这种有利于社会生活的状态，可以是人对物的占有状态；可以是作为社会生活主体的人与人之间、国家与国家之间、社会团体与社会团体之间，以及它们相互之间的存在关系、合作关系、协调关系；可以是制约社会主体从事社会活动的其他各种外部条件。一种行为只要是对社会生活产生了不利的作用，都可以说它是危害社会的行为。仅仅把这种危害视为对某种社会关系的侵犯或者对某种社会秩序的破坏，是不全面的。把这种危害说成是对社会利益的侵害并把这种社会利益看成是满足人们生存和发展的需要，也是不全面的，甚至还可能导致理论上的矛盾。因为利益不仅仅是全社会的整体利益，按照持这种观点的学者的主张，“最常见的是按照利益主体把利益划分为社会利益（国家和人民利益）、集体利益和个人利益”[1]，而凡是满足个人生存和发展的需要的个人利益与凡是满足社会生存和发展的需要的社会利益，永远也不可能是完全一致的。在不一致的时候，一种行为，就很可能既有危害性又无危害性。从个人利益的角度看，并没有危害性，从社会利益的角度看，就可能具有危害

〔1〕 何秉松主编：《刑法教科书》，中国法制出版社1995年版，第120—121页。

性，反之亦然。这样一来，危害性就很难再说是行为本身的客观属性了。

（三）危害性的表现形式

行为的危害性是通过行为在与其联系的因素中表现出来的。这种表现的形式主要有以下几种：

1. 对对象的损害

当行为作用于某种有形的对象时，作为行为的结局或者行为与其他因素相互作用的结果，造成或者引起了该对象的灭失或损害，从而使之失去了原有的社会价值。例如，一把火使巨额财物化为灰烬，对人体的伤害和生命的丧失，对机器的破坏等。有时这种损害在行为过程中表现为一种造成损害的现实可能性。

2. 对状态的改变

当行为作用于某种对象时，虽然对象本身并没有因为行为的作用而损坏，但是对象原有的有利于社会生活的存在状态却被改变了，从而表现出对社会的危害。这种状态的改变包括四种情况：

（1）控制状态的改变。例如，人对物的控制包括合法取得的对物的所有权、占有权、使用权；人对技术成果的控制；国家、企业对自己所掌握的某种秘密的控制；国家对过往国边境的人员、物品的控制，对监管场所的控制；等等。

（2）工作状态的改变。例如，国家机关、企业、事业单位的正常工作状态、交通运输的运营状态、大型集体活动的秩序等。

（3）社会生活状态的改变。例如，公共场所有条不紊的状态等。

（4）心理状态的改变。例如，行为在社会心理上产生的反感情绪改变了正常的社会心理状态；行为作用于具体人对在个人心理上引起的激愤、恐惧、绝望、羞辱等情绪体验改变了其原有的有利于社会生活的心理状态。

3. 对权利的侵犯

有时，行为的过程本身表现为对法律认可的某项权利的侵犯。当然，对对象的损害和对状态的改变也可能意味着对其中包含或体现的权利的侵犯。但是这种侵犯可以通过有形的对象性的客体表现出来，可以体现在具体的状态之中。除此之外，对某些权利的侵犯却难以用外在的东西来检测，并且这种侵犯不是表现在行为的结局，而是表现在行为的过程之中。例如，对名誉权利的侵犯，有时并不表现为对有关主体心理状态的改变；遗弃行为并没有改变父母与子女之间的身份关系的存在状态，但却侵犯了未成年子女受父母抚养的权利。

4. 对活动的妨害

有时，行为本身或者行为与行为时的某些外在因素相结合，构成对有利于社会生活的某些活动的妨害，特别是对国家管理活动的妨害。例如，收受贿赂的行为与国家工作人员的身份相结合，就妨害了或者可能妨害到国家行使管理职能的正常活动；伪造货币罪与货币的使用价值相结合，就妨害到国家的金融管理活动；等等。

五、行为的违法性

行为的危害性是行为本身所包含的并在行为过程中表现出来的客观事实。某种行为有没有危害性，是客观存在的、不依任何人的意志为转移的。但是作为刑事责任的基础，就必须对行为的社会效果进行价值判断，以认定某种行为是否存在着危害社会的事实，是否应当作为产生刑事责任的基础。而这种价值判断是建立在一定的认识之上的，人们在认识的过程中可能因为主体的认识能力、认识方法和认识角度（立场）的不同而得出不同的结论；在判断的过程中也可能因为对评价的标准以及对这种标准的理解程度和运用水平的不同，而得出不同的结论。于是就产生了确定刑事责任的基础，以谁的评价为依据的问题。

毫无疑问，为了确定刑事责任的基础，认定某种行为有无危害性，只能以设定刑事责任的主体即立法机关对行为的评价为依据。立法机关对行为的危害性的认定，赋予了作为刑事责任基础的行为以违法性的特征。如果说行为的危害性是行为本身包含的客观事实，那么行为的违法性就是立法机关对这种事实的认定，是以主观形式反映的行为属性。

（一）违法性的含义

违法性就是违反法律规范的属性。某种行为具有违法性，意味着该行为是法律禁止实施的或者是在法律禁止的条件下实施的行为，或者是在法律命令作出某种作为的时候以不作为的方式实施的。“所谓违法性，意味着行为违反法律，即为法律所不允许。”〔1〕

关于违法性的含义，有两个问题值得讨论：

1. 违法性的范围

我国大陆学者通常认为，刑法上的行为即犯罪行为的违法性，只是指刑事违法性。具有刑事违法性，“是犯罪与一般违法行为相区别的重要特征之一”。〔2〕并认为，“刑事违法性是指行为人不遵守刑法规范的要求，实施刑法禁止实施的行为，

〔1〕〔日〕福田平、大塚仁编：《日本刑法总论讲义》，李乔、文石、周世铮译，辽宁人民出版社1986年版，第77页。

〔2〕高铭暄主编：《刑法学原理》（第一卷），中国人民大学出版社1994年版，第382页。

或者拒不实施刑法命令实施的行为，严重地违反刑事法律义务"〔1〕。"所谓刑事违法性，是指违反刑法规范的要求。"用空白罪状描述的犯罪行为，虽然"单从违反行政法规、经济法规这一点看，行为本身不具有刑事违法性"，但由于立法者用"情节严重""发生重大伤亡事故，造成严重后果"和其他条件来"强调行为的社会危害程度，进而指出它触犯了刑律"。"依照类推定罪的行为在适用类推前，不违反刑法分则规范的要求，在适用类推时我们以特殊的法定方式和程序使它符合了刑法分则最相类似条文的规定，从而具有了刑事违法性。"〔2〕

我国台湾地区学者认为："所谓违法性，乃指对于法规范之对立否定。申言之，即就整体法规范之价值观，评价构成要件该当行为，经此价值判断而可认定该行为显与整体法规范相对立冲突者，则该行为即具违法性，而有构成犯罪之可能。"〔3〕"夫违法云者，若单从形式上观察之，不外为实定性之违反，所涉范围甚广，刑法固不待论，即其他公法及私法，亦不论其为成文法、不成文法，无不与违法之认定有关，故违法与否，必贯通国法之全部体系而后可得言之，刑法与其他实定法恒维持相同观念，未有刑法之所认为违法，而他法以为不然者。"〔4〕

我认为，把犯罪行为的违法性仅仅视为违反刑法法规，虽然有助于说明犯罪行为区别于其他违法行为的法律特征，但是有没有这个特征对于区别犯罪行为与其他违法行为来说并不重要，因为犯罪构成本身担当了这种区别的标准。而且，在任何

〔1〕 赵廷光主编：《中国刑法原理》（总论卷），武汉大学出版社1992年版，第118页。
〔2〕 参见何秉松主编：《刑法教科书》，中国法制出版社1995年版，第71—73页。
〔3〕 林山田：《刑法通论》，三民书局1986年版，第134页。
〔4〕 韩忠谟：《刑法原理》，台湾大学法学院1981年版，第138页。

一个法律体系中，立法者所坚持的法律价值观都是统一的，对行为是否应当为法律所禁止的评价在同一法律体系中，不论具体的法律部门如何都应当是相同的，不可能在刑法中认为应当禁止的行为，在民法或行政法中认为不应当禁止，反之亦然。所不同的，只是法律评价的范围和禁止的方式不同。把刑法上的行为的违法性仅仅限定在刑法规范的范围之内，并且将其作为犯罪行为区别于其他违法行为的特征，就在无意之中割裂了法律评价的整体性。这样做，对于认定刑法上的行为本身的违法性也是不利的。因为刑法上的行为是否具有违法性，有时难免要借助于其他法律来认定，仅仅强调违反刑法规范对于认定刑法上的行为是远远不够的。例如，在职务犯罪的场合，在过失犯罪的场合，在经济犯罪的场合，行为是否具有违法性，往往就离不开其他法律上的评价。

当然，刑法上的违法性评价，最终要归结到刑事法律上来，但这是以整体的法的精神和规范体系为基础的，不是仅仅以刑法规范为依据的。

2. 违法性的本质

德日刑法理论上关于违法性的本质有侵害法益说与违反规范说之争、行为无价值论与结果无价值论之争。侵害法益说认为，违法的实质无非是侵害法益或使法益遭受危险。违反规范说认为，违法的实质是违反国家所承认的文化规范（社会伦理规范）。其实，这种争论是由于对“本质”的不同理解造成的，并不是关于违法性本质的不同观点的对立。从违法性的逻辑本质来说，违法最终可以归结为违反规范（属），是违反“国家所承认的”（种差）文化规范或社会伦理规范。从违法性的认识论本质来说，违法是由行为本身所具有的“侵害法益”亦即我们所说的“危害社会”的本性决定的。

结果无价值论把行为对法益的侵害结果视为违法性的本质。行为无价值论认为，引起侵害法益之结果的行为只有在作为一定人的所为时才是违法的。“行为人在其目的活动的客观行为中进行了怎样的目的设定、行为人是以何种心情进行行为的、这种场合行为人存在怎样的义务，所有这些与可能产生的法益侵害一起决定着行为的不法。”〔1〕这种争论实际上是对如何判断违法性的争论，并不是关于违法性本质的争论。

违法性的本质，应当说是行为的危害性在法律规范上的反映。违法性是立法者认识到行为的危害性并通过法律确认其危害社会的本质从而予以禁止的结果。一种行为具有违法性，即意味着这种行为具有危害社会的特征，并且这一特征为法律所确认。

（二）违法性的判断

1. 违法性判断的标准

关于违法性判断的标准，在德日刑法中有主观违法性论与客观违法性论之争。主观违法性论认为，法的规范在本质上是对人的意思的命令或禁止，违法就是违反这种禁令。所以违法只能适合于能够理解法律规范的意义并能够遵从这种禁令决定自己意志和行为的人。成为违法性判断对象的，只能是有责任能力的人的行为。客观违法性论认为，法的规范是客观的评价规范，违反这种客观的评价规范就是违法。法律规范的首要作用就是对什么行为可以实施、什么行为不可以实施提供评价的标准以禁止与法律秩序相矛盾的事实。因此，凡是与人类共同生活有关的事实，都可以成为违法性评价的对象，有无责任能

〔1〕〔日〕大塚仁：《犯罪论的基本问题》，冯军译，中国政法大学出版社1993年版，第132页。

力并不影响评价违法与否。

我认为，在刑法上判断行为是否违法的目的在于认定该行为能不能成为刑事责任的基础，以决定要不要对其进行追诉活动，而不是最终决定一个人对自己的行为是否承担刑事责任，所以违法性判断的对象必然是人的行为，而不应当包括所谓“两兽相斗”。并且，作为判断对象的人的行为应当包括一切人的行为，而不应当在判断之前就把某些人的行为排除在外。认定行为违法只是意味着该行为违反了法律规范，并不意味着实施该行为的人一定要承担刑事责任，否则责任判断就将成为多余。同时，按照主观违法性论的观点，必然否定未成年人实施的违反法律规范的行为具有违法性，这显然是违反常识的。对此，我国台湾地区学者韩忠谟先生的观点是有说服力的。他认为，“不法行为一经确立，纵或行为人之动机出于善意甚或合于道义要求，但其行为既系法律规范所不许者，即不免于违法之评价”，“反之，行为在客观上完全符合于法律规范者，纵或动机不正，亦不得仅以此为理由遂谓为有违法性”，“不法行为纵非出于故意或过失，或仅系无责任能力人之所为，在客观上亦不免于违法之评价”。[1]

2. 违法性要素与排除违法性要素

违法性要素是指判断行为是否违法的必要因素。违法性要素主要是行为包含的客观性要素，这是刑法理论上的通说。但是20世纪以来，德国学者提出了主观性违法要素（Subjektive Unrechtselemente）的概念以作为客观性违法要素之补充。按照梅兹格的说法，主观性违法性要素是指行为人在实施行为时所具有的、能够决定违法性存否的心理状态。这种主观性违法要

〔1〕 韩忠谟：《刑法原理》，台湾大学法学院1981年版，第139页。

素主要包括目的犯的目的、倾向犯中的内心倾向、表现犯中的内心状态。这些主观性因素由于刑法的专门规定而成为决定违法性存否的必要因素。

排除违法性的要素（德日学者称为违法阻却事由）是指能够使符合构成要件的行为合法化从而不具有违法性的因素。这是在法律规范的一般性禁止中作为例外而特许的并被作为排除刑法之禁止的情况。所以有的学者将其称为使违法行为合法化的要素（Rechtfertigungselemente）。这类因素，一般包括正当防卫、紧急避险、依法令之行为、业务上和职务上的正当行为等。

在英美刑法中，排除违法性的要素被称为“辩护理由”。这种辩护理由包括两个方面：一个称为“证明适当”，即说明行为从法律的角度看是适当的从而不符合特定犯罪规定的禁止条件，这实际上也就是排除行为违法性的因素；另一个是“辩解”，即在不能说明行为是适当的情况下表明行为人不应对被认为违法的行为负刑事责任，这通常属于责任要素。

3. 违法性判断的方法

在刑法上，对行为是否具有违法性进行判断，首先应当就行为的表现形式包括行为的方式、手段、过程、对象、时间、地点和行为的结果、后果，与刑法规定的禁止规范相对照，以决定其是否具有违法性及违法的具体内容。在刑法中没有明确规定的情况下，应当就行为的客观方面与其他有关的法律规范相对照，以认定在其他法律中是否违法。如果不论是在刑法中还是在其他法律中都不存在违反法律规范的情况，那就不能认为行为违法，从而也就排除了行为的刑事责任。

一种行为如果为法律所允许（不论是刑法还是其他法律），那么，即使它的某些方面符合刑法所禁止的行为特征，也应当认为不违法。因为这种允许往往是立法者从国家利益的角度在权衡行为对社会的不利作用与有利作用之后确认其应当肯定的结果，因而应当比一般性的禁止规范具有更高的法律效力。不仅如此，当一个人完全遵从法律的规范而行动时，在任何情况下都应当排除其在法律上的可罚性，否则人们就会怀疑法律规范的效力，就会导致人们在要不要守法上的两难境地，这是与法的基本精神相违背的。

在这方面，刑法理论上习惯于用“形式的违法性”与“实质的违法性”的概念来说明，认为这种行为是在形式上具有违法性而在实质上不具有违法性。我认为，这种说法是不妥的。因为这类行为既然为法律所允许，那就不能认为它在形式上是违法的。例如，刑法典中明确规定正当防卫不负刑事责任，并且从法律的角度看，这种行为是应当肯定和鼓励的，那么这种行为在形式上就是合法行为。如果防卫行为在形式上不符合法律规定的正当防卫条件，那才是形式上违法的行为。而形式上合法就意味着该行为具有合法性，形式上违法，在实质上也就具有违法性。仅仅从正当防卫的某一点上认定它符合刑法中规定的杀人罪或伤害罪的构成要件，而不是全面把握这种行为与法律规范之间的关系，就认为它在形式上违法，这种看法不仅是片面的，而且是有害的。因为把违法分为形式违法和实质违法，在认定形式违法之后还要进行实质违法的判断，容易给人造成一种错觉，以为违法本身还有违法与不违法之分。其实这不过是正确判断违法与非正确判断违法之别。

另外，在认定行为具有违法性之后，或者说在判断行为是否具有违法性的过程中，应当就违法的内容作出判断，即行为在哪个方面违反了哪个法律哪条哪款的规定。对违法内容的判断既是违法性判断的一个方面，也是违法性判断的目的所要求的。

所以，判断和认定行为是否违法，首先应当全面了解法律规范体系，深刻理解法的精神，正确把握法律评价的标准；其次应当全面认识行为的基本事实特征，了解行为本身的各种规定性；然后才能进行违法性的判断，才能确认某个具体行为是否违反刑事法律规范及违法的程度。只知其一，不知其二，就行为中的某一点来对应法律中的某一点，难免导致判断上的错误，甚至得出“既合法又违法”这种荒谬的结论。

（三）违法性判断的意义

行为的违法性是立法者站在国家的立场上对行为具有危害性的确认。行为具有违法性，即意味着该行为在事实上是危害社会的，在法律上是被禁止的。这种危害社会从而被法律所禁止的行为，正是决定刑事责任有无的基础。因此，在刑法上判断行为是否具有违法性，实际上是为了解决刑事责任的基础问题，是在考虑对某种行为要不要追究刑事责任时所要解决的问题。

在刑法理论上，由于对犯罪论体系的不同建构，而对违法性判断的意义具有不同的认识。

在德日刑法理论中，构成要件（Tatbestand）被认为是法律规定的犯罪类型，即具有划分类型作用的一般性、抽象性要素；而把违法性视为“与构成要件异质”的、作为社会一般人的行为所进行的价值判断；有责性则是根据“行为人自身的特殊事情决定能否对行为人进行非难”的判断。犯罪的成立以行为符合构成要件、违法、有责三大要件的齐备为条件。以此建构的犯罪论体系，由于把构成要件与违法相分离，所以违法性的判断只是判断犯罪成立与否的一个环节，并且是一个与构成要件符合性、有责性判断不同的独立环节。但是构成要件本身是法律规定的犯罪类型，“违法性的判断与构成要件符合性的判断具有共通性。在肯定存在构成要件符合性时，原则上也能肯定违法性的存在”[1]。所以，违法性判断的意义，仅仅在于行为符合构成要件时是否存在违法性阻却事由。违法性判断“通常只考虑违法性阻却事由是否存在的问题，在不存在时，就认为具备违法性”[2]。

在我国刑法理论中，刑事违法性被认为是犯罪概念所包含的本质特征之一，而犯罪构成是犯罪概念的具体化亦即意味着是“刑事违法性”的具体化；行为符合犯罪构成，即符合犯罪成立的全部条件。因此在行为符合犯罪构成之后，就不存在对行为再进行违法性判断的问题。至于德日刑法中所讲的违法阻却事由，在我国刑法中则被称为排除社会危害性的行为。违法性只是作为抽象的概念（犯罪本质特征之一）来把握，而在实际上被“行为符合犯罪构成”的判断所代替。这样一来，就没有违法性判断独立存在的意义了。

但是我认为，在我国现有的犯罪论体系中，违法性的判断应该具有重要的意义。在认定犯罪构成的客观方面时，应该把行为是否具有违法性作为核心问题来看待，应当坚持行为不具有违法性就不构成犯罪、就不存在刑事责任问题的原则，而不应用危害性的判断来代替违法性的判断。在诸如“科技人员业余兼职收取报酬”“回扣”“买空卖空”“经纪人”等等问题上，判断罪与非罪的依据首先应当是其是否违法，而不应当是其是否具有危害性。用危害性判断代替违法性判断，在实践中导致了同一行为由于判断主体的不同而产生不同法律效果的结果，违反了刑法公正的原则。这是应当吸取的教训。

---

〔1〕〔日〕大塚仁：《犯罪论的基本问题》，冯军译，中国政法大学出版社 1993 年版，第 41 页。

〔2〕〔日〕大塚仁：《犯罪论的基本问题》，冯军译，中国政法大学出版社 1993 年版，第 48 页。

第五章　刑事责任的根据

“根据”一词，在汉语中有两种解释：一是指盘据地位，如树木之根深蒂固；二是指持论者的主要理由。在阐述某种理论观点或主张时，“根据”常常是在后一种意义上使用的。

刑事责任的根据是指，法律上对危害社会的违法行为规定刑事责任，以及具体的行为人据以对自己的行为承担刑事责任的理由。如前所述，行为具有社会危害性并被刑法规定为违法，是刑事责任产生和存在的基本前提，是决定一个人对自己的行为承担刑事责任的第一要素。在这个前提存在的情况下，为什么能够要求人们对自己的危害行为承担刑事责任，这就是刑事责任根据所要回答的问题。也就是说，刑事责任的根据所要解决的是刑事责任的合理性问题，而不是解决刑事责任的所有依据（全部条件）的问题。刑事责任的根据只是决定刑事责任存在的要素之一，并且这个要素是以刑事责任的基础为前提的，因而只能是第二位的要素。离开了作为基础的第一位的要素，刑事责任的根据就无从谈起。如果说，刑事责任的基础所要回答的问题是为什么要追究一个人的刑事责任（因为他实施了危害社会的行为），那么，刑事责任的根据则是要回答为什么能够要求一个人对这种行为承担刑事责任（因为这种行为是他自由选择的结果）。前者是归责的基础，后者是归责的理由。

我国刑法学界关于刑事责任根据是什么的争论以及把刑事责任根据区分为事实根据、法律根据、事实法律根据、哲学理论根据的混乱状态，在很大程度上是由对“根据”一词的不同理解造成的。其中有的学者把刑事责任的根据理解为承担刑事责任或者决定刑事责任存在的全部条件，有的学者则把刑事责任的根据视为与“条件”即犯罪行为相对应的因素。对“刑事责任根据”的多元性划分，其本身也表明学者们所谓的“根据”是多层次、多侧面的，这种分类本身即是对把刑事责任的根据理解为决定刑事责任的全部要素的观点的否定。与这种争论的前提概念上的混乱相比，西方学者关于刑事责任根据的争论似乎前提更趋一致。不论是道义责任论还是社会责任论，他们所谓的刑事责任的根据几乎都是指一个人犯了罪，为什么要他负刑事责任，亦即刑事责任存在的正当理由（合理性）。所不同的是对这种理由的不同认识。

一、刑事责任的根据是罪过

如果不把刑事责任的根据理解为决定刑事责任存在与否的全部条件，那么，对于“刑事责任的根据是罪过”这一命题就不至于感到惊诧。如果把在刑法上具有违法性的危害行为视为刑事责任的基础，那么在这个基础上把人为什么要对自己的危害行为承担刑事责任，以及要求人对自己的危害行为承担刑事责任的正当化理由亦即刑事责任的根据说成是罪过，就有充分的理由。

（一）罪过的含义

“罪过”一词，在我国古代常指罪行与过失。如《周孔·秋官大司冠》中载：“凡万民之有罪过，而未丽于法，而害于乡里者，桎梏而坐诸嘉石，役诸司空。”“罪过”一词也常被用来谦称自己做事失当，重者为罪，轻者为过。如《史记·魏公子列传》中载："公子侧行辞让，从东阶上，自言罪过，以负于魏，无功于赵。"

"罪过"一词，作为现代我国刑法上表示犯罪主观方面的一个专门术语，来自苏联刑法中的ВиНа。彭仲文先生在其翻译的《苏联刑法总论》一书中将ВиНа一词译为"罪过"。按照该书的解释，"罪过乃是刑事责任的条件"，"亦即该有责任能力者对其所为之犯罪行为在故意或过失形式上之心理的关系"。〔1〕"罪过是指主体对他所实施的行为和行为后果表现为故意或过失形式的心理态度。"〔2〕按照苏联学者的看法，"罪过概念从它出现以来就一方面与意志自由的思想，另一方面与正义报复的思想过分紧密地结合在一起了"〔3〕。

德文中的Schuld一词，有的学者将其译为"责任"，有的学者将其译为"罪责"，亦有学者认为它就是苏联刑法中的"罪过"。其实，该词本身所指责任是就主观上的可责性而言的。因而它实际上正是我国刑法中所称的"罪过"之意。

有人把英文中的fault一词译为"罪过"。但是我认为，把英美法中的mens rea一词译为"罪过"，似乎比把fault一词译为"罪过"，更接近于我国刑法理论界赋予"罪过"一词的含义。

在我国刑法学界，"罪过"通常都是作为犯罪构成的主观方面的要件看待的，是"犯罪主观方面"的同位语，是"犯罪

〔1〕《苏联刑法总论》（下册），彭仲文译，大东书局1950年版，第316页。

〔2〕〔苏〕H. A. 别利亚耶夫、M. и. 科瓦廖夫主编：《苏维埃刑法总论》，马改秀、张广贤译，群众出版社1987年版，第145页。

〔3〕〔苏〕A. A. 皮特昂科夫斯基等编：《苏联刑法科学史》，曹子丹等译，法律出版社1984年版，第66页。

故意”和“犯罪过失”的上位概念。关于“罪过”的定义，主要有4种不同的表述：

(1)“犯罪的主观要件也称主观上的罪过，就是指犯罪主体对他所实施的犯罪行为及其危害后果所持的故意或过失的心理状态。”[1]

(2)罪过是“指行为人实施刑法禁止的行为时，对其行为或行为结果所抱有的而为成立犯罪必须具备的表现为故意或过失的危害社会的心理态度”[2]。

(3)罪过“就是人对自己所实施的行为的危害社会结果的一种故意或过失形式的心理态度”[3]。

(4)“所谓罪过，是刑法所否定的行为人实施行为时对将造成的危害结果的心理态度。”[4]

从上述表述中可以看出，罪过是行为人的一种心理状态或心理态度；这种心理状态存在于行为人实施危害行为的过程中。这几乎是学者们共同的看法。所不同的主要是：

第一，这种心理状态是针对什么而言的。是就行为、结果、行为和结果、行为或结果而言，说法不一。这些不同的提法，涉及鉴别罪过心理的不同标准，即单一标准（包括行为标准、结果标准）、双重标准和选择标准。在我国刑法学界，结果标准说占有主导地位。持这种观点的学者认为，以危害结果为鉴别罪过的标准具有法律依据。因为我国刑法关于犯罪故意和犯罪过失的规定中明确指出了行为人对其行为的危害结果的心理态度是罪过的内容，并且，罪过的核心是危害社会的结

〔1〕杨春洗等：《刑法总论》，北京大学出版社1981年版，第148页。

〔2〕赵廷光主编：《中国刑法原理》（总论卷），武汉大学出版社1992年版，第248页。

〔3〕林准主编：《中国刑法讲义》（上册），人民法院出版社1989年版，第76页。

〔4〕姜伟：《犯罪故意与犯罪过失》，群众出版社1992年版，第10页。

果，并不是危害社会的行为，尽管危害社会的结果是由危害社会的行为造成的，但唯有危害社会的结果才能最终决定行为的危害社会的性质。结果标准说符合我国刑法的立法精神，揭示了罪过的核心所在，是我们应予坚持的鉴别罪过的可行标准。持这种观点的学者指责双重标准说是一种似是而非的观点，没有法律依据，在特殊情况下，当行为人对危害行为的态度与对危害结果的态度发生矛盾时，便会令司法人员无所适从。[1] 但是也有学者认为，把犯罪主观方面只归结为犯罪人实施犯罪行为时对其行为引起的危害结果所持的心理态度，在故意犯罪中完全不提着手实施犯罪以前主体的心理态度，这是不全面的；过失犯罪的主观方面，也不能仅仅归结为主体实施过失犯罪行为时对危害结果的过失心理态度。[2]

第二，罪过中是否包含评价因素。前三种说法都没有包含（至少没有在定义中反映出）评价因素，但是第四种说法包含了“刑法所否定的”这一评价因素。持后一种观点的学者认为：“罪过是一个法律概念，并不表示一般的心理态度，而是由刑法规定的法律否定的心理态度。罪过固然反映在危害社会的结果上，但是，行为人对危害结果的心理态度未必就是罪过。意外事件或不可抗力事件的行为人对危害结果的发生也有其独特的心理态度，但不属于罪过。”[3]

第三，罪过的内容只有故意、过失，还是也包括其他主观因素。上述定义中都认为罪过是表现为故意或过失的心理态度，但是有的学者认为它除了故意、过失之外还应当包括故意

---

〔1〕 参见姜伟：《犯罪故意与犯罪过失》，群众出版社 1992 年版，第 7—8 页；高铭暄主编：《刑法学原理》（第二卷），中国人民大学出版社 1994 年版，第 4—5 页。

〔2〕 参见何秉松主编：《刑法教科书》，中国法制出版社 1995 年版，第 206—207 页。

〔3〕 姜伟：《犯罪故意与犯罪过失》，群众出版社 1992 年版，第 9—10 页。

犯罪在预谋和准备行为中的思想意识活动、过失犯罪中对行为的故意态度、犯罪的目的与动机等内容。[1]

根据学者们的上述争论，我想把罪过的定义表述为“行为人在实施刑法所禁止的危害行为过程中所具备的、表现人的主体性并且应受谴责的心理因素”。罪过的概念应当包括以下四层含义：

1. 罪过是一种主观要素

与危害行为作为在客观现实中的外在表现相比，罪过是深藏于人的思维活动中的主观心理因素，它不能直接为人们所感知，而只能通过表现于外的行为及认识者的判断来确定。当然，这种主观要素相对于认识和判断它是否存在及其具体内容的人来说，它是一种独立于认识主体之外并存在于认识对象的活动中的客观事实，只不过这种客观事实不是以有形的形象表现出来的。认定它的存在需要经过思维判断而不能直接感知。

2. 罪过是与危害行为同时存在的

罪过是在行为人实施刑法所禁止的危害行为的过程中存在的主观要素，虽然它必然与发动危害行为之前的思维活动，以及行为发生之后对行为及其结果的认识和态度相联系，但是在刑法中有重要意义从而成为罪过鉴别标准的，应当以行为过程中存在的主观要素为基础。在英美刑法中，这个要求被称为刑事责任的“同时性原则”，即“刑事责任要求单个犯罪的犯罪行为和犯罪意图同时具备或同时发生”[2]。我国刑法学者也都坚持罪过必须是在危害行为的实施过程中存在的心理状态这一观点。

---

〔1〕 参见何秉松主编：《刑法教科书》，中国法制出版社1995年版，第207—208页。

〔2〕〔美〕道格拉斯·N. 胡萨克：《刑法哲学》，谢望原译，中国人民公安大学出版社1994年版，第15页。

3. 罪过是人的主体性的表现，而这种主体性包含着违反法律规范的内容

罪过是在行为过程中对于危害行为的选择、实施，以及行为过程中各种情况的处置具有支配作用的心理因素，并且这种支配作用是行为人自我控制的结果。不表现人的主体性的心理因素，以及虽然表现人的主体性但对危害行为的实施过程和对危害结果的发生不具有支配作用的心理因素，不是罪过的内容。正是在这一点上，罪过为刑事责任提供了根据。它表明危害行为是行为人罪过心理支配的结果，行为人的罪过心理是导致危害行为发生的直接原因，因而危害行为所引起的责任应当归责于行为人。

在危害行为的实施过程中不表现人的主体性的心理因素不能成为罪过的内容。例如，在外力强制下或者在不可抗力作用下实施的危害行为中所包含的心理因素，尽管可以表现为对行为的性质及其危害结果的明知，但是这种明知对实施不实施危害行为不具有支配作用，因而不能反映人的主体性，所以不能成为罪过的内容。此外，在危害行为的实施过程中对某些与危害行为的过程和危害结果不具有直接关联性的因素的认识和态度，由于它不是表现在危害行为上的心理因素，不对危害行为产生影响，因而也不能成为罪过的内容。

不仅如此，在罪过中表现出的主体性包含着行为人认识到或者有可能认识到自己所选择的行为是法律所禁止的，而行为人竟然有意地或者放任对法律秩序的破坏，坚持贯彻违法的意志选择。

4. 罪过是一种应受谴责的心理状态

罪过作为人的主体性的表现，意味着行为人在能够不实施危害社会的行为时通过自己的主观能动性选择了危害社会的违法行为，这种主体性选择的心理因素是与法律对人的要求相背

离的，是对社会有害的，因而在法律上就是应受责难的。在危害行为中表现出来的心理状态或某些心理因素，如果在法律上不应当受到谴责，那就不能称之为罪过。

“罪过是应受谴责的心理状态”是就其总体而言的。在每一个具体的危害行为中表现出来的罪过从其整体上看，是法律所否定的。这并不意味着构成罪过的每一个心理因素都具有可责性。例如，对各种客观事实包括对行为可能发生的危害结果的明知，其本身并无好坏之分，因而也不存在应不应当受谴责的问题。但是这种认识一旦与希望、放任等心理态度相结合，就表现出对社会的敌视和对法律的蔑视或者对社会利益的轻视，就构成应当谴责的对象。又如对危害行为的实施过程中出现的某些客观因素的认识，如果与积极地加以利用以保障危害行为的实施和危害结果的出现这样的心理态度相结合，就是应受谴责的，就构成了罪过的内容；但是如果行为人认识到这些因素之后，并没有利用它来实现危害结果的意图，或者因为认识到这些因素之后而取消了或者中断了继续实施危害行为的打算，那就不能视为罪过的内容，因为它不是应受谴责的。

（二）罪过的形式与内容

在我国刑法理论中，罪过的内容通常被分为两个基本类型，即犯罪的故意和犯罪的过失。犯罪的故意是对危害行为可能产生的危害结果抱有追求或放任的态度时所具有的心理状态；犯罪的过失是对危害行为可能产生的危害结果抱有否定态度时所具有的心理状态。这两种基本类型或称基本形式的划分，有助于对罪过的内容进行归类，更有助于认识犯罪的不同形态，因而对于定罪具有重要的意义。

我国刑法理论上对罪过形式的这种划分，是以刑法典中的规定为依据的。在我国刑法中，犯罪被分为故意犯罪与过失犯罪两大基本类型，并对之规定了不同的刑事责任原则，即“故意犯罪，应当负刑事责任”；“过失犯罪，在法律有规定的时候负刑事责任”。在这两类不同的犯罪中，其心理状态在类型性上当然是有显著区别的。

我国刑法中对罪过形式的这种划分，与大陆法系国家的刑法典和刑法理论中对犯罪成立的心理要素的认识是相同的。他们通常也都认为犯罪心理分为故意与过失两种形式，并否认第三种形式（诸如“法律过失”）的存在。

在英美刑法中，犯意（又译“犯罪意图”，mens rea）通常被分为故意、放任和过失。但在《美国模范刑法典》中，对犯意（mens rea）使用了四个不同的词语：“故意地”（又译“目的”）、“明知地”“轻率”（又译疏忽地）、“过失地（又译“疏忽”）。有些学者据此将犯意分为故意、明知、轻率、疏忽四种基本形式。这种“犯意”，不论在内容上还是功能上，都相当于我国刑法理论中所谓的“罪过”或称“犯罪的主观方面”。

罪过的基本形式反映了对于构成犯罪具有重要意义的心理因素。但是除了作为基本形式的心理因素（态度）之外，罪过还包含着更为丰富的内容。例如，与对危害结果的态度不同的对于行为本身的态度、做出行为选择的动机、对行为过程中可能影响到行为的危害结果的各种客观因素的认识和态度、对实施危害行为的意志程度等心理因素，都可能成为罪过的内容。这些心理因素虽然不像故意、过失那样能够决定罪过的基本形式从而决定犯罪的类型，但是却能够反映行为人的主观恶性（人身危险性），能够决定或影响罪过的程度，所以是罪过内容的组成部分。

（三）罪过在刑法中的意义

关于罪过在刑法中的意义，有的学者指出了以下三点并将其归结为“罪过是犯罪人承担刑事责任的根据”：（1）以立法上看，我国刑法许多规定的基本精神表明刑事责任取决于罪过。例如，故意犯罪应当负刑事责任；过失犯罪，法律有规定的才负刑事责任；不是出于故意或过失，即使行为在客观上造成了损害结果，也不认为是犯罪。这类规定充分说明罪过对刑事责任的决定意义。刑法中关于刑事责任年龄和刑事责任能力的规定，实际上是把刑事责任与罪过的有无和大小相联系而作出的。（2）从司法上看，罪过是分析、判断和认定行为人应否对其行为负责和在多大程度上负责的唯一基础。在刑法中，只有那些有认识、有意志或有过失的行为即在罪过支配下的行为，才是定罪的基础，没有罪过，就不能构成犯罪。特别是排除社会危害性的行为中决定有无社会危害性的实质的无疑是有无罪过的问题。（3）从处刑上看，与犯罪人主观恶性作斗争，是追究该人刑事责任的核心内容。同犯罪作斗争，实际上是同犯罪人的主观恶性作斗争。追究刑事责任的目的，在于改造犯罪人，改变犯罪人业已形成的主观恶性。因此，罪过是把行为和行为人融为一体并贯串于犯罪和刑罚始终的核心，是行为人承担刑事责任的根据。[1] 有的学者指出，罪过是犯罪构成的核心要件，是刑事责任的主观根据。从罪过与主体的关系上看，罪过心理制约着犯罪主体要件，凡是不可能产生罪过心理的人或物都不能成为犯罪主体，行为主体只有通过罪过心理与其行为的危害结果相联系，才能成为犯罪主体。罪过心理以犯罪主体为载体，犯罪主体以罪过心理为内容。从罪过与犯罪客体的关系上看，罪过心理制约着犯罪客体的存在，决定着犯罪客体的性质。某种社会关系只有被罪过心理支配的行为侵害时才能

〔1〕 参见金澄才：《刑事责任理论试析》，载《法学研究》1987年第2期。

成为犯罪客体；在具体的犯罪中，只有犯罪人的罪过心理所指向的那种社会关系才是犯罪客体。犯罪客体的属性、对象、性质是罪过心理的必备内容。从罪过与犯罪客观方面的关系上看，主观罪过心理支配着客观行为，决定着客观方面的性质。任何犯罪的客观行为都反映着罪过心理的要求，没有罪过心理就没有犯罪的客观方面，并且行为人采取何种行为方式，追求何种行为结果，是由罪过心理决定的，不同犯罪方式的差别实际上是行为人罪过内容的差别。犯罪的客观方面是罪过心理的主要内容，直接反映着罪过心理的性质。因此，如果把犯罪构成的主、客观要件看成一对矛盾，那么，罪过心理就是矛盾的主要方面，是犯罪构成的核心，决定着犯罪的本质。因为第一，其他构成要件从属于罪过心理，并以罪过心理作为存在的根据。犯罪主体要件反映出罪过心理的必然要求，因而责任能力成为主体的中心要件；罪过指向的社会关系是犯罪客体的本质特征；犯罪客观方面的要件表示着罪过心理的控制对象，受主观心理支配的行为、结果及二者的因果关系等成为客观方面要件的具体因素。第二，具体犯罪的构成要件的差别集中反映在罪过心理的不同上。两个具体犯罪之间某些构成要件上的相同是完全可能的，但却不能找出两罪之间完全相同的罪过心理。在实质意义上，罪过心理是各种不同的犯罪构成的根本标志。第三，罪过心理全面反映了犯罪的基本特征。罪过心理在构成要件中的核心地位也表现在它在定罪过程中的主导作用上。例如，当主、客观要件矛盾时要依罪过心理认定犯罪；在犯罪构成中，罪过心理决定着行为的危害程度，制约着客观方面的要件；在犯罪未完成状态中，罪过心理是构成非既遂犯罪的根据。持这种观点的学者认为，罪过心理是刑事责任必不可少的条件，是主观依据。罪过心理本身无法穷尽刑事责任的全部根据。罪过心理只有表现在危害社会行为及危害社会结果上时，才具有刑法意义。[1]

上述观点从不同的角度论证了罪过在刑法上的意义。虽然其论据未必完全正确，并且有夸大罪过的刑法意义之嫌，但是其基本结论是相同的、有价值的，即罪过是刑事责任的根据，是决定刑事责任有无的要素（条件）之一。

罪过在刑法上的意义，我认为至少可以从以下几个方面来认识：

1. 罪过是刑法上的行为的一个原因性要素

刑法上的行为是表现人的主体性的危害社会的行为。这种行为，从存在论的角度看，通常是由三个要素构成的，即心理要素、行动要素和结果要素。心理要素是引起身体的外部行动的意识活动，行动要素是表现意识要求的外部动静，结果要素是这种动静所引起的客观现实中的变化。其中，心理要素在行为过程中起着原因力的作用，它决定着、支配着心理→行动→结果的运动过程，是危害行为的决定性原因。所以，有些学者把行为视为“果”时就把罪过（意思）视为“因”，认为意思与行为之间具有因果关系。实际上，罪过本身是刑法上禁止的行为本身包含的一个要素，是在行为的结构要素中具有支配作用的要素，它决定着危害行为的实施，制约着危害行为的作用范围。因此，罪过不仅是刑法上的行为的一个必不可少的构成要素，而且是具有原因力的要素。

2. 罪过是决定刑事责任的存在和大小的一个要素

在现代刑法中，刑事责任的对象首先是危害社会的行为。行为在客观上对社会的危害是立法者设定刑事责任以禁止这种

〔1〕 参见姜伟：《犯罪故意与犯罪过失》，群众出版社1992年版，第48—67页。

行为的首要原因，因而危害行为也就是刑事责任所责难的主要对象。但是行为总是人的行为，人在实施这种行为的过程中有没有可以并值得谴责的因素，决定着对行为进行谴责是否具有合理根据。只有当行为是行为人自我选择的结果时，对这种行为进行责难才是合理的；如果行为不是行为人自我选择的结果，那就没有理由责难这种行为。而行为是不是行为人自我选择的结果的衡量标准或称鉴别依据，就是罪过。由于罪过是存在于行为人内心的、表现人的主体性并且作为危害行为的原因力的因素，所以罪过的存在就表明危害行为是行为人意志选择的结果，表明在这种行为中存在着人的主体性。基于此，对危害行为进行责难并要求行为人承担刑事责任就是有理由的。如果在危害行为中不存在罪过因素，那就不能说这种行为是人的主体性的表现，把这种行为作为责难的对象就缺乏合理性。

不仅如此，罪过对危害行为的实施所具有的决定作用，以及对危害行为实施过程的支配作用，决定了客观上发生的危害行为与这种行为的危害程度在很大程度上取决于行为人罪过的程度。罪过对危害行为及其危害大小的这种决定作用，使它成为一个人对在自己的罪过支配下实施的危害行为承担刑事责任的根据，并且成为决定刑事责任大小的一个重要因素。

对危害行为的责难，从根本上看，正是对支配危害行为的罪过的谴责。并且，只有通过对这种罪过的谴责才能促使行为人改造自己的主观心理，在以后的社会生活中考虑和重视国家、社会和他人的利益，尊重法律的规范，不再实施危害社会的行为。这正是国家设定和追究刑事责任的目的。可见，只有以罪过为根据，追究危害行为的刑事责任才是合理的、合目的的。也许正是在这个意义上，德国、日本及我国台湾地区学者把刑事责任的本质归结为对心理因素的责难可能性。

3. 罪过是区分危害行为的类型的依据之一

危害行为的类型，首先取决于危害行为的性质。危害行为的性质主要是由危害行为侵害的客体所决定的，但是在某些情况下，危害行为的性质也取决于支配危害行为的罪过。例如，当危害行为所侵害的是双重或多重客体时，危害行为的性质往往取决于支配行为的罪过内容，行为人自觉的追求和预定的目标就决定了危害行为的性质。在危害行为的性质相同时，罪过的不同形式决定着犯罪的基本类型。因此，罪过是区分危害行为的类型、认定具体犯罪的基本依据之一。

需要说明的是，强调罪过在刑法中的意义，特别是对于决定刑事责任有无和大小的重要意义，是为了确立其在刑法中应有的地位和引起人们对它的重视。这绝不意味着用罪过来取代、贬低危害行为在刑法中的地位，不意味着罪过就是决定刑事责任有无的唯一要素、是责任责难的唯一对象，甚至也不意味着罪过就是犯罪构成的核心要素。在讨论罪过问题时，应当始终牢记：危害行为是决定刑事责任的第一位的要素，所有罪过问题都是在违反刑法规范的危害行为的存在这一前提下讨论的。

二、罪过作为刑事责任根据的思想基础

罪过之所以是刑事责任的根据，最根本的原因就在于，一方面，罪过决定着危害行为的实施、制约着危害行为的作用范围；另一方面，罪过是人的主体性的表现，它的存在表明危害行为是行为人自我选择的结果。

但是如果要进一步问：为什么在罪过支配下的危害行为就要负刑事责任？没有罪过的危害行为为什么就不应当负刑事责任？或者问：法律有什么理由谴责人的罪过？那就不能不从意志自由的角度来回答。因为只有当人的意志是自由的时候，人可以选择危害社会的行为也可以不选择危害社会的行为，而人有意识地自主地选择了危害社会的行为，这种选择危害行为的态度，就是应当谴责的，社会就有理由要求行为人对自己所选择的危害行为承担刑事责任。如果人的意志是不自由的，人在实施不实施危害行为方面，没有选择的自由，那么即使他认识到行为的危害性并且实施了这种行为，也不能要求他对之承担刑事责任。因为这种行为不是他自己所能作主的。因此，人在实施危害社会的行为时，有没有自我选择的意志自由，能不能避免选择危害社会的行为，就成了能否对这种选择危害行为的心理因素进行谴责的关键。这个问题也是西方刑法理论中论证刑事责任的合理性时长期争论的焦点。关于这个问题的争论过程，反映了刑事责任理论深入发展的轨迹。

（一）绝对自由论

“自由”（Liberty）一词源自拉丁文 Liberas，原意是从被束缚中解放出来。在现代，自由就是按照自己的意愿而行动。

19 世纪的德国哲学家叔本华和尼采曾经主张意志的绝对自由，鼓吹人的自由意志可以主宰一切。叔本华认为，意志是指非理性的不能遏止的盲目冲动，这种冲动是绝对自由的。意志是本体，是构成世界的内在本质，世界上形形色色的事物，都不过是意志的表现。作为自在之物的客体化的意志有真正的自由。“根据我们整个的看法，意志不但是自由的，而且甚至是万能的。从意志出来的不仅是它的行为，而且还有它的世界；它是怎样的，它的行为就显为怎样的，它的世界就显为怎样的。”[1] 尼采继承了叔本华的世界意志论，强调人的本能冲动是具有创造力的生命意志。这种“冲创意志”具有本体论的意义，是万物

〔1〕 参见〔德〕叔本华：《作为意志和表象的世界》，石冲白译，商务印书馆 1982 年版，第 373 页。

的基原。萨特认为，人具有选择的绝对自由，人的本质就是通过自我选择、自我设计、自我行动、自我创造而实现的。任何力量都不能限制人的自由选择。人之初，是空无所有，只是后来，人要变成某种东西，于是就按照自由的意志而造就自身。因此，自由是人与生俱来的，是和人的“在”同在的。人就是自由，人的存在与人的自由没有区别。他指出：“在自由存在——作为自我承担责任，作为存在选择其本质——与绝对存在之间，没有什么区别。人并没有创造自己，然而仍旧自由自在，并且从他被投进这个世界的那一刻起，就要对自己的一切行为负责。”〔1〕即使在现代，也有人相信这种哲学观点。例如，著名的澳大利亚神经生理学家J. O. 艾克尔斯认为：“意识、精神、意志是第一性的实在，所以意志的自由是不受任何物质因素制约的，人在任何情况下都可以不顾一切而由他自作主张地去行动。”

在这种哲学思潮的影响下，早期的即古典的道义责任论，以意志的绝对自由即“非决定论”（Indeterminisms，又称“原因无定说”）为基础，论证人的刑事责任。他们认为，人是完全具有理性的人，具有绝对的意志自由。人的意志是完全自发的、创造性的，因而不受其他外在因素的影响和支配，亦不受普遍的因果律的支配而能够选择行为。凡是达到一定年龄并且没有丧失责任能力的人，都具有依据理性而任意选择自己行为的自由意志。人是否犯罪完全是由其个人的自由意志决定的，是人把从认识中产生的种种诱惑力作为动机而选择的结果。因此，一个人如果基于其自由意志的决定而任意地使自己违反道

〔1〕〔法〕让－保罗·萨特：《存在主义是一种人道主义》，周煦良译，上海译文出版社1988年版，第13、23—24页。

义、选择并实施为法律所不容的犯罪行为，即应就该行为及其结果承受道义上的非难。人因为具有自由意志，可以避免危害社会而不实施犯罪行为，其不避恶而犯罪，即系基于其自由意志而实施的恶行，是其主观恶性的表现。因此，人对自己所为之危害行为有无责任以及责任大小，皆基于其是否出于自由意志而定。没有意志的自由，就没有刑事责任。

黑格尔从绝对精神上论证人的自由与责任，认为精神的第一天性是它自身的绝对存在，第二天性是从精神自身产生出来、由人的意志所体现的精神世界。意志的本性是自由。意志不自由，就不能称其为意志。他指出，犯罪是人基于本人的意志自由选择的结果，因而给犯罪人以刑罚处罚正是尊重他是理性的存在。[1] 马里奥·帕加诺则指出，一个人只应对自己自由决定的犯罪行为负责，“如果在其犯罪之际，只有二分之一的意志自由，应当负二分之一的责任；如果只有三分之一的意志自由，则只负三分之一的责任”[2]。这种观点，以“非决定论”的哲学观为基础，论证人对自己的行为承担责任的合理性，强调人根据理性而选择行为的自由，从而把刑事责任的本质视为对这种自由选择中为恶的意志的非难。这是有一定道理的。

但是，“古典的道义的责任论，系以形而上学之绝对的意思自由为责任基础之理论，此在实际上因与‘人之意思决定常不能绝对自由’之事理相违背，并由实证主义、自然主义之社会的责任论之抬头，而逐渐被否定”[3]。

〔1〕 参见〔德〕黑格尔：《法哲学原理》，范扬、张企泰译，商务印书馆1961年版，第103页。

〔2〕〔意〕菲利：《实证派犯罪学》，郭建安译，中国政法大学出版社1987年版，第11页。

〔3〕 洪福增：《刑事责任之理论》，刑事法杂志社1982年版，第11—12页。

（二）决定论

19世纪中叶以来，随着自然科学的发展，人们对自然界的因果现象有了更清楚的认识，以此为契机形成的决定论思想冲破自古以来的“上帝决定论”的羁绊，开始在哲学思想领域占据一席之地。这种机械的决定论根本否定人的自由，认为人在必然性面前是无能为力的，人总是盲目地受客观必然性的支配和摆布，因此人的意志是不自由的，人的意志、性格、信念乃至人类的一切现象都处在必然性的因果链条之中。例如，霍尔巴赫所说的，“人从生到死，没有哪一个瞬间是自由的”。所谓人的自由，不过是“一种纯粹的幻想”。“这种幻想正像寓言里那只苍蝇的信心一样，苍蝇坐在辕杆上，就自负是驾驶着马车。总之，凡是自认为自由的人，只不过是一只把自己设想成宇宙支配者的苍蝇，虽然苍蝇本身事实上完全服从于宇宙的规律，不过自己并不知道。”[1]

在这种决定论（Determinismus）亦称原因决定论的哲学思想影响下，人们开始运用自然科学的实证方法研究犯罪问题，发现人的犯罪行为并不是完全由自由意志所决定的，人在某些情况下并不能自己决定自己的行为，人的遗传因素有时会使人不自觉地实施某种行为。这种发现的过分夸大，导致了“天生犯罪人”的结论。学者们开始以决定论的哲学思想为基础，否定自由意志的存在及其对行为的支配作用，怀疑用自由意志来解释刑事责任本质的合理性，转而从社会防卫的角度论证人的刑事责任问题。

按照决定论的观点，人的主体性、意志自由不过是幻想，因为人的意志是受遗传、环境、社会等因素所影响而被决定

〔1〕〔法〕霍尔巴赫：《健全的思想》，王荫庭译，商务印书馆1966年版，第76—78页。

的；人的行为有一定的原因；在其原因与作为结果的行为之间亦存在着一定的法则。人的意志和行为普遍地受这种自然因果法则所支配，所以人的意志没有自由。犯罪行为不是由自由意志所决定，而是被行为者的素质和环境所决定。因此人的责任不是因为自由意志，不能用子虚乌有的自由意志来说明刑事责任的合理性。

持这种观点的学者在否定自由意志存在的同时，试图用社会利益来说明刑事责任的合理性。他们提出，犯罪不是自由意志的产物，而是犯罪人的反社会性格即人身危险性的表现，是对社会利益的侵害。社会为了防卫自己，对于有害于社会的危险性格者就必须加以防卫处分，刑罚即为防卫社会利益而对有反社会性格之人所加之必要处分。因此，刑事责任不是对行为人为恶的自由意志的道义谴责，而是因为行为人的危险性格而对社会应负的责任。刑事责任的根据，不在于为恶的意志，而在于行为者之反社会性和人身危险性。例如，日本学者牧野英一在其《日本刑法》（增订版）中所言："刑事责任之基本，不在于犯人之行为，而在于犯人之性格。……责任之基本及轻重，必须依其有反复犯行之虞（即恶性）之如何决定之。换言之，必须依据其对于社会的危险性之如何而予决定。""自社会的见地而言，社会对于侵害于己之行为，当有为防卫自己之必要。其防卫之方法，如以依据刑罚之手段为妥当时，则应将该侵害者对于社会所负担之法律上地位，解为刑事责任。……社会关于防卫方法，如以依据'刑罚'之手段为妥当者，则该侵害者对于社会所负担之法律上的地位，即为刑事责任。此为社会的责任论之要旨。"〔1〕 木村龟二认为："如果认为自由意志

〔1〕 转引自洪福增：《刑事责任之理论》，刑事法杂志社 1982 年版，第 15 页。

是不被决定的意志，那么，通过刑罚来报应、改善、教育犯罪人之目的就不可能达到。但从科学的决定论的观点出发，意志被理解为受因果性决定的东西，所以通过刑罚给予影响并达到其目的，就是可能的。”[1] “社会责任论以保护‘社会利益’的需要来说明刑事责任存在的必然性和合理性，使刑事责任从超然的道义领域回到了现实的社会生活领域，有助于人们正确理解刑事责任存在的意义。但是……该理论否认人的自由意志，片面强调人的主观危险性，以人的所谓反社会性格即人身危险性作为刑事责任的基础，这就为垄断资产阶级新的司法专横打开了方便之门。”[2] 并且，社会责任论“过分注重自然科学的因果律及实证的环境因素，而忽视人之自由意志，有失‘责任’系对于‘人之主体性’之意义，亦嫌失当。盖完全由于素质及环境所决定之‘人’，已失其本来之主体性故也”[3]。“既然以认为犯罪是由遗传和环境所产生的这种决定论的立场为前提，就不能对犯人进行真正意义上的非难。因为，如果在犯罪之外不曾有其他的可能性，如果不承认自由的存在，非难就不能成立。”[4]

（三）马克思主义的相对自由论（辩证唯物主义的决定论）

人的意志具有相对的自由，是马克思主义的一个基本观点。早在19世纪中期“非决定论”占据西方哲学思想主导地位时，马克思、恩格斯就提出了唯物主义的决定论观点，同时指出了人类行为的自主性。他们认为，人是有自由意志的，人

---

〔1〕 参见〔日〕平野龙一：《刑法的基础》，东京大学出版社1980年版。

〔2〕 高铭暄主编：《刑法学原理》（第一卷），中国人民大学出版社1994年版，第430—431页。

〔3〕 洪福增：《刑事责任之理论》，刑事法杂志社1982年版，第19页。

〔4〕 〔日〕大塚仁：《犯罪论的基本问题》，冯军译，中国政法大学出版社1993年版，第169页。

的意志自由表现为人的能动性和创造性。所谓意志，就是人自觉地确定目的并支配其行为，以实现预定目的的心理过程。人类在长期的生产劳动过程中，通过自己的感官反映客观外界的事物，形成各种各样的感觉。在此基础上又通过大脑的一系列思维活动，认识到事物的本质及客观世界的规律性，认识到人与自然、人与人的关系，认识到自己的力量。人们根据这种认识，自觉地确定目的，又通过自己的行为反作用于外部世界，引起客观世界发生一定的变化，以实现自己的目的。能够自觉地确立目的，并按照这种目的进行活动，是人区别于动物的重要标准，是人的行为所独具的特征。“人离开动物愈远，他们对自然界的作用就愈带有经过思考的、有计划的、向着一定的和事先知道的目标前进的特征。”

但是，意志自由只能是历史发展的必然产物，是对必然的认识和对客观世界的改造，而不是不受任何外在因素决定的个人的随心所欲。

首先，意志自由是以客观必然性的认识为前提的。客观规律、必然性是第一性的，人的意志是第二性的。人只有认识到客观规律，认识到自身的需要与客观规律之间的关系，才能提出和确定合理的目的，才能驾驭客观世界实现自己的目的。恩格斯指出：“自由是在于根据对自然界的必然性的认识来支配我们自己和外部自然界”；“意志自由只是借助于对事物的认识来作出决定的那种能力”，“自由不在于幻想中摆脱自然规律而独立，而在于认识这些规律，从而能够有计划地使自然规律为一定的目的服务”。

其次，意志自由的程度依赖于对客观必然性认识的深度。人对周围环境，对自己面临的一切有利的和不利的因素，对客观规律与自己利益之间的各种联系认识得越具体、越深刻、越全面，人由此作出的判断的内容就越具有必然性，人的这个判断就越是自由。反之，毫无根据地胡思乱想，或者根据一知半解就轻易下判断，这看起来好像是在许多不同的和相互矛盾的可能的决定中任意进行选择，但实际上却是盲目地受着客观必然性的支配，表明其意志的不自由。

再次，意志自由必须以实践为基础。实践是认识的源泉，只有通过实践，才能获得对客观必然性的认识，确定目的，选择行为，获得意志的自由。而意志自由确定的目的，只有通过改造客观世界的实践活动，才能得以实现。

最后，意志自由具有积极的能动作用。人在自己的意志支配下的行为，能够引起客观外界的事物发生种种变化，在自然界、在人类社会留下自己的足迹，从而对社会的发展发生一定的影响。

马克思指出人具有自由意志并且承认意志的创造力，但是同时强调这种意志的自由是被决定的，因而只能是相对的。马克思指出："人们自己创造自己的历史。但是他们并不是随心所欲地创造，并不是在他们自己选定的条件下创造，而是在直接碰到的、既定的、从过去承继下来的条件下创造。"人的发展一方面受到先前人所创造的条件的制约，一方面要受到现实的制约，任何人都不可能离开客观条件的制约来选择自己的行为。

马克思、恩格斯站在唯物主义决定论的立场上谈论人的意志自由，既承认意志的自由和人的主体性，又强调这种自由是被历史地决定的。对此，列宁评价道："决定论思想确定人类行为的必然性，推翻所谓意志自由的荒唐神话，但丝毫不消灭人的理性、人的良心以及对人的行为的评价。恰恰相反，只有根据决定论的观点，才能做出严格正确的评价，而不致把一切都任意地推到自由意志的身上。”

马克思主义的这种观点为社会主义各国的刑法指明了解决人的刑事责任问题的方向，为论证刑事责任合理性提供了有力的依据。

根据马克思主义的相对自由论即辩证唯物主义的决定论，苏联的刑法学者认为，人的意识、意志和行为是受他周围的条件、他的要求和社会经验制约的，但是这“并不排除人可以选择客观允许的任何行为方式”。“马克思列宁主义关于意志自由的观点是认识行为的社会意义并有能力控制自己的行为。选择行为的自由本身就决定了对所实施行为应负的责任。”因此，“决定论思想不仅说明责任的合理性的根据，而且还说明对危害社会的行为及实施这些行为的人在道德上和法律上予以判罪和谴责的根据”〔1〕。

我国学者亦认为：“马克思主义的决定论，既与唯心主义的无定论划清界限，强调客观现实对人的意识、意志的决定作用；又与庸俗唯物主义的决定论划清界限，承认人能够反作用于客观现实，指出人有相对的意志自由。人的犯罪意识、意志的形成，是社会上犯罪现象、犯罪毒素所决定的，然而是不是实际走上犯罪的道路，他的意识和意志有选择的余地，有选择的自由。……人的行为是个人意识、意志的自由选择的外在表现和结果。因此，人要对自己的行为负责。……马克思主义的决定论，包括相对意志自由的观点，是我国刑法规定刑事责任的哲学根据。”〔2〕

〔1〕〔苏〕H. A. 别利亚耶夫、M. и. 科瓦廖夫主编：《苏维埃刑法总论》，马改秀、张广贤译，群众出版社 1987 年版，第 29 页。

〔2〕 高铭暄：《刑法问题研究》，法律出版社 1994 年版，第 252 页。

（四）折中主义的相对自由论

20世纪以来特别是20世纪中叶以后，西方刑法学者们在吸收、反省古典的道义责任论和社会责任的理论根基的过程中，逐步地用折中主义的态度调和两派在理论上的对立，从扬弃两派基本思想的角度，也提出了相对的意志自由论。其中，有的学者是从“非决定论”的角度提出的，有的则是从“决定论”的角度提出的。

德国的韦尔泽尔在其《德意志刑法》一书中写道：“意识和价值律操纵欲望是自由的。当人遵从道德戒律时，他就是自由的。由违反价值律的东西所决定时就不能说是自由的。”日本的小野清一郎在其《作为伦理学的刑法学、关于刑罚的本质及其他》一文中写道：“意志的自由即行为的自由是构成道义责任的基础。意志的自由不是说意志不受任何约束。它是由性格和环境即内在因素决定的。但是，意志又不是毫无选择地决定行为，它具体存在于两个以上行为的可能性之中”；“行为一面是被决定的，一面又是决定的，是不断更新的自由的”。丁·弗兰克在他的《天命与自由》一书中写道：“如果从外部看（即，既考察他人的意志又考察自己在当时情况下的意志），意志是被因果法则决定的，但是如果从内部来考察，意志就是自由的。”日本的团藤重光在其《刑法纲要》（总论）中说：“在素质和人格环境的相互作用下，能够形成行为者的人格，而在这种行为者的人格和行为环境的相互作用下，犯罪行为就被决定了。但是在这种场合，在完全排除行为者的选择自由这个意义上，不论是人格的形成还是行为，自然都不是必然地被决定的。在人格形成方面，或者在犯罪行为方面，虽然也受素质和环境的制约，但是，行为者主体的人格态度也起着规定的和制约的作用。换言之，人格一方面是由素质、环境决定的，另一方面在这个范围内，它又决定自己的行为。”不破武夫则认为：“人之意思系由于先天的以及后天的所赋予之极复杂的组合而决定者，在决定为行为之一刹那间，可以期待为其他的行为者，完全出于其人格。所以对于行为者就其所为之行为加以非难者，实因行为者系实践伦理之主体，且系有生气的自由的人格而可以自由决定其行为之故。”

木村龟二则认为，自由意志只是指“用实施其他行为的决心来代替实施犯罪行为的决心的可能性”。这种可能性“不是由其他原因决定的，而是由自己，由自己本身的自发的意志决定的”。“认为如果不承认自由意志就不可能承认责任的非决定论，是把自由意志概念中的产生其他决心的可能性所包含的事实的可能性与规范的可能性混为一谈的结果。”“所谓产生其他决心（规范）的可能性，只是意味着应该作出其他决心，它与事实上是否已经产生了其他决心全然无关。”“如果认为自由意志是不被决定的意志，那么，通过刑罚来报应、改善、教育之目的就不可能达到。但从科学的决定论的观点出发，意志被理解为受因果性决定的东西，所以通过刑罚给予影响并达到其目的，就是可能的。”木村龟二把决定论划分为自然科学的决定论和历史的决定论，并认为只有同时承认这两种决定论的观点，才是科学的决定论。所谓历史的决定论，是指“支配着具有各种个性的事物的、不再重复的一次性因果关系。在这种因果关系中，原因和结果是不同一的各异的，因此结果对于原因来说，永远是它创造出来的东西。所以人类的意志一方面可以理解为历史的被决定的，另一方面又可以理解为永远起创造性作用的东西”。而且，“决定论所理解的意志，虽然在经验的世界里被遗传、环境和社会历史的状况所决定，但不是永远受自然法则支配的，它在这个限度内是自由的。因此，它是一方面支配、统治着因果关系，另一方面又能起到历史性、创造性作用的意志”。“意志按其个性，并不是完全被自然法则决定的，如果经常有某种程度的来自法则的自由，那么意志就是既被因果法则所决定，又有按照规范作出决定的可能性。”

另有学者认为，决定论与意志自由并没有矛盾，并且只有在决定论的基础上责任才有意义。詹姆斯把以前完全否定自由意志的决定论称为“刚性的决定论”，把既承认决定说又承认自由意志的决定论称为“柔性的决定论”。持这种观点的施利克（M. Schlick）认为，自由意志的问题似乎是个问题，其实这是由于概念的混乱引起的。只要正确地分析概念就能解决这个问题。他说，法（law）这个词有两个意思，不能把这两个意思混为一谈。其中一个意思是禁止（proscription），在这种场合，它是以人的意念作为对象并要强制它的。另一个意思是法则性，在这种场合，它是记述（description），不包含任何禁止的要素和强制的要素。所谓人的意念服从法则，并不是说它在被强制。因而提出自由不是被强制的，并不是说没有法则性，只是由于把这种法则性和强制相混同，把自由和非决定论相混同，才使问题混乱不堪。如果把这两者相区别，就会一面承认人的意志是服从法则，一面认为人的意志是自由的。并且，只有在承认法则的时候，所谓责任才有可能。

日本学者平野龙一也同意施利克的上述观点，他认为：“刑事责任不以决定论为前提，就没有意义。”平野龙一在其《刑法的基础》一书中以“人类行为的因果性”“意志自由”“人的责任”为论题阐述了他的观点。他引用罗素（Russell）等人的观点批驳了支撑非决定论的三根支柱，即（1）人类的复杂性决定了查明人类社会现象的原因、结果是很困难的；（2）人类行为是有目的的，不像自然现象那样是盲目的，因而不像自然因果法则那样可以预测；（3）人类行为是一次性的，历史也不会再重复同一过程，而因果法则是只有在能够反复的现象中可以考察的。他指出，首先，因果关系是指以某现象到他现象变化的法则性，也可以说是依靠法则进行预测的可能性。这种现象只能是或多或少地被抽象化、典型化了的东西，只能是在抽象地舍去某些不起决定作用的因素之后形成的“相对的被隔断的体系”或者称为“实际上从其他因素中隔离出来的体系”。否则，连自然现象也很难说是完全重复同一过程。例如，在物体下落的法则中就包含了围绕物体的同一空气状态、同一纬度和经度，甚至同一行星等因素。其次，承认人类的行为依靠法则能够预测，并没有必要预测到行为的各个细微之点。决定论认为意志行为能够预测是就以下三点而言的：（a）行为和动机之间存在着法则；（b）动机和性格、环境之间存在着法则；（c）性格、环境与其先前发生的事情之间存在着法则。历史的运动与自然界的运动一样，都是一次性的，但是我们可以把它们理解为具有重复可能的法则性的现象组合。

关于自由，平野龙一认为，人有没有自由，并不是是否被决定的问题；认为不被决定就是自由的观点，是把自由与偶然混为一谈；有没有自由的问题取决于由什么来决定。他认为，自由是指行为是由行为人自我决定的。他赞同罗素所说的“自由就是自己的行为是由自己的意念引起的结果而不是外力强制的结果”的观点，以及美国学者的“当我的行动是由我的意念、动机、目的所决定的时候，我就是自由的；当我的行为是受他人支配的时候，即被他人的意念、动机、目的所决定时，我的行动就是被强制的”观点。但是他又认为，人自身中有生理性的冲动或倾向，也有意识性的冲动或倾向，人的行为如果是由自身中的生理性冲动或倾向决定时，仍然不能说是自由的；只有当人的冲动或倾向中有可以称之为意识层或规范心理层的东西并由之而决定时，才可以称为“由自身”决定或“自我决定”。他强调，自由并不是自己感到自己是自由的、不被决定的，而是站在第三者的角度客观地分析决断者的意志选择是不是被决定的。柔性的决定论认为，人的意念一方面要遵从自然法则，另一方面又是制约结果的一个要素。因而我们的理想与努力并不是没有意义的。人的意志被决定与人的意志决定其行为及其结果是两个不同的问题。责任正是在选择行为的问题上判断应该责难谁、应该处罚谁的问题。这种责难与处罚是为了避免同类行为的再次发生而施加的。当相同的条件再次出现时，根据这种曾经加以责难的、现在仍应受责难的附带条件，来防止同类行为的再次发生。

由上可知，不论是从非决定论出发，还是从决定论出发，他们都承认人的意志是受客观的因果法则所决定的，在这个基础上，人的意志对自己的行为及其结果又具有决定作用。这种“相对的自由意志论”是当代刑法学中的通说。“所谓相对的自由意志的思想，不仅在今日的哲学上得到广泛的支持，而且在犯罪学领域里也得到了实证，应当作为刑法学的基础来采用，只有站在这一立场上，才可能就符合构成要件的违法的个别行为对实施它的作为主体性存在的行为人进行非难。”〔1〕

（五）期待可能性理论

主张相对的自由意志论，既承认意志是由素质和环境等因素决定的，又承认人在一定条件下具有按照自己的意志选择行为的自由，这在实践中必然涉及在各个具体场合下人有没有按

〔1〕〔日〕大塚仁：《犯罪论的基本问题》，冯军译，中国政法大学出版社1993年版，第170页。

照自己的意志选择合法行为的可能性。这是从相对的自由意志论出发论证刑事责任的合理性的一个关键问题。因为按照绝对的自由意志论，人的意志是绝对自由的，人在任何情况下都有选择行为的自由，实施不实施犯罪行为完全取决于行为者自己的意志，所以人基于故意或过失而实施的一切犯罪行为都应当归责于行为人。按照“刚性的决定论”的观点，人没有选择行为的自由，责任的有无与人是不是自由选择的犯罪行为没有关系，而是取决于行为者的由素质和环境所决定的人身危险性。所以按照这两种理论，刑事责任的合理性都不需要讨论行为人在实施犯罪行为时有没有可能不实施犯罪行为的问题。而按照相对的自由意志论的观点，人的意志既然既是自由的又是不自由的，那么行为人在按照自己的意志选择行为时就有一个有没有选择自由的问题。如果行为时行为人有选择的自由，他可以实施犯罪行为，也可以不实施犯罪行为，而他却通过自己的意志选择实施了犯罪行为，那么他的行为就是应当谴责的，他的意志选择就成了他承担刑事责任的合理根据。但是如果在行为时行为人没有选择的自由，他只能实施犯罪行为而不可能实施其他行为，那么国家就没有理由谴责行为人，没有理由要求他对自己的行为及其结果承担刑事责任。

正是在这种思想理论的基础上，出现了“期待可能性”的“责任要素”。把期待合法行为的可能性作为界定刑事责任合理性的一个标志。

“期待可能性”理论发端于德国。1897 年德意志比锡法院作出了一个被称为“劣马脱缰案”［Der Leinenfèingerfall（RG-Str. 30. 25）］的判例。在该案中被告人受雇驾驭双轮马车。其所驾驭的马车中有一匹马性情顽劣，不堪驾驭，他为此多次向雇主进言要求更换该马。但雇主不但不答应其要求，反而以解雇相威胁。该雇员迫于生计，不得不继续驾驭该马车。不久，该马性情发作，脱缰奔逸，撞伤行人。检察官以上述事实对被告人以过失伤害罪提起公诉。一审法院宣告被告人无罪。检察官以判决不当为由向德意志帝国法院提出抗诉。帝国法院认为，违反义务的过失责任，不仅在于被告人是否认识到危险的存在，而且在于能否期待被告人排除这种危险。在该案中，被告人虽然认识到驾驭该劣马马车的危险，但他迫于生计，为保全职业，无法拒绝驾驭该马车，车祸的发生对他来说是迫不得已，所以不能要求被告人负过失伤害的责任，遂维持了一审法院的判决。这个判决意味着当行为人没有选择合法行为的可能或者说不能期待行为人实施合法行为时，其所实施的危害行为就不应该归责于行为人。1907 年，弗兰克在其《关于责任概念的构成》一书中以这个判例为依据开始研究期待可能性，他认为责任要素应当由三个因素构成，即责任能力、故意或过失、期待合法行为的可能性。其后，格尔德施密特（Janmes Goldschmidt）继承弗兰克的观点并对之进一步发挥，形成了期待可能性理论。期待可能性理论认为，当行为时存在着可以期待行为人做出合法行为的可能性时，行为人却违反规范所要求的义务作出了违法行为，因而是应受责难的。

期待可能性理论本来是作为规范责任论的核心概念提出来的。规范责任论在折中道义责任论和社会责任论的过程中，主张用规范评价代替道义评价和社会利益评价。以规范为标准来界定危害行为发生时行为人有无责任，在实践上必然表现为在行为之际根据当时的各种条件能否期待行为人做出符合法律规范的行为。但是这种理论所包含的根据行为时的具体情况判断行为人有没有做出合法行为的可能性并以此作为责任责难的根据的思想，反映了相对的自由意志论在刑事责任合理性的论述中必然得出的基本结论，因而受到了所有主张、同意人具有相对的自由意志的刑法学者们的支持，乃至成为现代德、日等国刑法中的通说。

在德日刑法理论中，关于期待可能性，也存在着许多争论。这些争论集中表现在三个方面：

（1）关于期待可能性在责任论中的体系位置。期待可能性理论的创始人弗兰克、格尔德施密特以及大塚仁等学者认为，期待可能性是与责任能力、故意或过失并列的第三责任要素，“期待可能性是与行为人的内心态度明显不同的所谓客观的责任要素，把它解释为与以行为人的内心态度为基础的故意、过失不同的责任要素，在理论上更简明易懂”，所以“第三责任要素的立场更具合理性”。[1] 弗洛登塔尔（Beitholb Freudenthal）和休米特（E. Schmidt）等人认为，期待可能性包含在故意、过失之中，是故意、过失的构成要素，而不是独立的责任要素。佐伯千仞等人认为，责任能力和故意、过失是责任的原则性要素，缺乏期待可能性是责任的例外性要素，即期待可能性的不存在是责任阻却事由。但是也有学者认为，把期待可能性看成第三责任要素的观点与把缺乏期待可能性看成责任的例外性要素的观点，实际上是一个问题的不同说法，一个是从积极的方面，另一个是从消极的方面，看待期待可能性在责任论中的作用。只要把各自的观点反过来说，就会相互转化为对方的见解。

（2）期待可能性的标准。关于判断有无期待可能性的标准，有相互对立的常人（平均）标准说、国家（法律规范）

〔1〕〔日〕大塚仁：《犯罪论的基本问题》，冯军译，中国政法大学出版社 1993 年版，第 185 页。

标准说和行为人标准说。常人标准说认为，应当以通常的人在当时情况下是否能够实施合法行为为标准来判断能否期待行为人在行为时实施合法行为。如果通常人在当时的情况下能够实施合法行为而行为人却实施了违法行为，行为人就应当对自己故意或者过失的行为承担责任；如果换成通常的人亦不能期待其实施合法行为，就不能要求行为人对自己的违法行为承担责任。国家标准说基于与常人标准说相同的理由主张以国家法律在行为时的具体场合下对行为人的要求为标准来判断是否存在期待可能性，亦即根据国家的利益、要求和法律秩序的合理性、目的性来确定行为当时是否有实施合法行为的期待可能性。行为人标准以行为人在实施违法行为时是否有实施合法行为的可能性为标准，判断是否存在着期待可能性。持这种观点的学者认为，为了能够对行为人进行责任非难，就要能够期待该行为人实施合法行为，即使说能够期待一般人实施合法行为，只要不能期待于行为人时，就不能对之加以非难。但是持前两种观点的学者认为，任何人在其具体行为中都必然包含着根据行为外部的情况而选择行为的因素，按照行为人自己的标准就不可能有做出其他行为的可能性即没有期待可能性可言。

（3）关于期待可能性的错误。对于在不缺乏期待可能性的情况时行为人误认为其缺乏而实施违法行为的责任问题，亦有三种观点。一是把有关期待可能性的错误解释为对事实的错误，从而认为是对故意的阻却。二是把有关期待可能性的错误作为有关责任的规范要素的、独特的错误来解决，其错误与否，与故意的成立与否没有关系。三是把期待可能性的存在本身当作直接影响行为人的责任的因素来把握，期待可能性的错误既是影响行为人的主观方面的因素，也是影响行为时的客观事态本身的因素。

应该承认，西方学者关于期待可能性的理论并不是从意志自由不自由的角度提出和论述的，但是提出期待可能性的理论，无疑是以相对的自由意志论为前提的。否认意志选择的可能性，就不存在能否期待合法行为的问题。并且，只有以辩证唯物主义的决定论为基础，承认人的意志的相对自由，才有可能科学地论证期待可能性，从而在实践中合理地解决人的刑事责任问题。

按照辩证唯物主义的观点，人的意志是受客观的必然性决定、制约的，但又是相对自由的。人能够根据自己对客观必然性的认识，在客观条件许可的范围内按照自己的意志自由地选择自己的行为，而且能够明了自己行为的实际内容，能够了解行为的结果及其社会意义。因此，当一种行为，人可以实施，也可以不实施；可以这样实施，也可以那样实施时，如果行为人通过自己的意志选择了危害社会的行为，那就表明这个人在主观上具有忽视甚至蔑视社会利益和国家法律的因素，因而国家就有理由通过法律的适用要求行为人承担刑事责任。相反，如果危害行为不是行为人按照自己的意志选择的结果，而是受客观必然性支配的结果，那就没有理由对这种行为进行谴责，就不能要求行为人承担刑事责任。客观的必然性对意志的决定和制约作用，不仅表现在意志的产生只能是对一定客观存在的反映过程，意志的内容只能是客观存在的正确的、不完全正确的或者歪曲的映象，而且表现在意志行为只能在客观条件允许的范围内进行。

人在按照自己的意志选择行为时，必然要受到既存的各种客观因素的制约，以及行为人自己对这些客观因素的存在及其作用的认识状况的制约，因此不能说人在任何情况下都有任意选择行为的自由，不能只是在意志的来源上承认意志是被决定的而在意志选择行为时认为意志不被决定。既然如此，对于各个具体行为，就需要判断在行为时的具体场合下客观因素的存在是否允许行为人选择其他行为。如果行为人具有在客观因素制约的范围内选择合法行为的可能性，而行为人按照自己的意志选择了违法行为，那么国家就有理由要求行为人对之承担刑事责任；如果行为人在客观因素的制约下不可能或者无法选择合法的行为，即使认识到自己所实施的是法律所不允许的行为，也不能要求行为人对自己的行为承担刑事责任；如果行为人在客观因素制约下选择合法行为的可能性很小，就只能要求行为人承担较轻的责任，反之就应当承担较重的责任。而这种在具体场合下行为人有没有选择合法行为的可能性即意志自由的有无和程度，正是德日学者所说的“期待可能性”。

至于判断能否期待合法行为的标准，按照辩证唯物论的观点，只能按照客观存在的事实为依据。期待合法行为的可能性既然是以人的意志自由是受客观必然性的决定和制约为前提的，那么在具体场合下判断人在实施违法行为时有没有期待合法行为的可能性，就只能依据行为时的具体环境允许不允许行为人选择合法行为为依据。具体的客观环境不允许行为人选择其他行为（即指合法行为或者危害性较小的行为），那么行为人在当时就没有选择合法行为的自由，其违法行为对于行为人来说就没有责任。如果依据行为时的具体环境，行为人可以选择合法行为或者其他危害性较小的行为，而行为人却选择了危害行为，那么行为人就是有责任的。这种客观标准，实际上也就是常人标准，是从一般人的角度来看待行为时有无实施合法行为的可能性。

但是作为客观标准，并不是到此为止。在按照行为时实际存在的客观条件行为人有可能选择合法行为或者危害性较小的行为而行为人却选择了危害行为的场合，客观标准还要求按照客观事实判断行为人是否认识到选择其他行为的可能性。因为在这种情况下存在着两种可能性，即行为人认识到具有选择其他行为的可能而没有选择其他行为、行为人没有认识到具有选择其他行为的可能而选择了危害行为。如果按照行为人标准说，只有在前一种情况下才能要求行为人承担刑事责任，而在后一种情况下由于具体的行为人没有实际认识到选择合法行为的可能性从而不具有意志自由，所以不应承担刑事责任。但是如果从客观标准的角度看，行为人没有认识到实际存在着的选择合法行为的可能性，可能是基于行为人自身的原因而没有认识到，也可能是基于客观原因而使行为人没有认识到。如果是前者，行为人就应当承担责任；如果是后者，行为人才可以不承担责任。例如，一个建筑工程的指挥者在指挥工人施工时，他因为不知道该项工程正面临着严重危险而强令工人冒险作业。在这种情况下能否期待他认识到危险而采取预防措施或停止施工，首先应当考虑客观上存在的危险对于担任类似指挥任务的一般人来说，能否认识、能否预防。如果就当时的客观情况而言，一般的指挥者能够认识也应当认识到所存在的危险，而具体的指挥者却没有认识到，那就要进一步分析具体的指挥者没有认识到的原因。如果是基于自身的原因诸如对此项工作不热心、工作时疏忽大意、玩忽职守、平时不钻研业务等，那就有理由要求其对由此造成的危害承担责任。但是如果具体的指挥者没有认识到危险的存在不是由于自身的原因而是由于客观的原因，诸如他刚刚担任指挥工作尚无经验又没有进一步学习的机会，他本来不胜任此项工作而上级命令他担任此项工作，有关方面没有提供准确的资料和情况等，那就不能要求他对所造成的危害承担责任。因为他虽然在指挥中具有意志的自由，但是由于客观上的原因限制了他的选择自由，所以他的行为实际上是不自由的，是盲目的受客观因素摆布的结果而不是自我选择的结果。如果完全按照常人标准或者行为人标准，都可能把这两种不同的情况即自我选择与非自我选择的情况相混淆，而不能合理地解决人的责任问题。

当然，还可能存在另外一种情况，即按照常人标准，在当时的具体情况下不能要求行为人认识和防止可能发生的危险，但是具体的行为人由于平时善于钻研、精通业务或者具有大大超过同行业中其他人的才智，所以在当时的情况下他自己实际上已经认识到危险的存在但却没有采取必要的预防措施。按照行为人标准说，对于这样的行为人应当要求他对所造成的危害承担责任。并且这种情况常常是主张行为人标准说的学者用以否定常人标准说的有力论据。但是按照我所主张的客观标准说，在这种情况下客观上必然存在着认识危险的可能性。如果客观上不存在认识危险的可能性，即使再聪明的行为人也不会认识到危险。因此对于这种情况仍然可以期待他实施合法行为。

不过，我以为，在这种情况下是否追究刑事责任，应当从刑事责任的目的性出发区别地加以对待。对于利用自己超人的聪明才智在认识到危险的情况下故意实施危害社会的行为，那就应当按照客观上发生的事实以故意犯罪追究刑事责任。这种责任的合理性就在于他实际上认识到了行为的社会意义而自觉选择了危害社会的行为。但是对于基于懒惰和疏忽没有利用自己超乎常人的聪明才智和谙熟经验或技术来认识客观上已经存在的危险的人，或者虽有认识但又自信危害结果不会真的发生而没有采取预防措施以致造成危害结果的人来说，亦即没有利用自己超人的智慧有意危害社会的人来说，只要是通常的人

（同业中）所不能认识的，就不能要求行为人认识，由此造成的危害亦不能要求行为人承担责任。

在此起作用的，不完全是行为人有没有自由的问题，而是一种社会政策的导向。我认为，一个社会，从自身的进步和文明发展的需要出发，应当鼓励社会成员尽可能地开发自己的智力，努力钻研科学技术、精通业务。如果一个社会成员由于先天或者后天的努力取得了超乎常人的智力或技术，那么社会应当保护他的智力和技术，为他运用自己的智力和技术造福于人类提供可能的条件。这种条件最起码的是享受与常人一样的待遇。一个人如果在通常人可以不承担责任的情况下仅仅由于超乎常人的智力、技术或经验而被要求承担责任，那么这种责任就失去了合理根据。行为人标准说只考虑到具体人的实际认识能力，在这种情况下，一个人刻苦钻研技术就很可能成为自己承担刑事责任的根据，这对于社会心理来说，是可怕的；对于社会发展来说，是不利的。

（六）人格责任论

关于意志自由，在德日刑法学界还有一个常常争论的问题，即关于惯犯（常习犯）的责任问题。当古典的道义责任论者从自由意志的角度论证刑事责任的合理性时，社会责任论者以惯犯的行为特征为范例提出了意志选择与加重责任的矛盾问题。社会责任论者指出，按照道义责任论的观点，只有在具有想要实施犯罪的强烈意志支配下实施犯罪行为时，才有科以较重的刑罚的必要，但是这种情况只存在于偶犯、初犯中而不存在于惯犯之中。只有初犯、偶犯才会有明显的动机冲突和意志选择过程。这种动机冲突和意志选择在惯犯中是不存在的。例如，实施盗窃与不实施盗窃，对于初犯来说可能要经过反复的激烈的动机冲突，当这两种动机斗争的结果是最终形成了想要实施盗窃的决意时，可以认为是行为人根据自己的自由意志选择的结果；但是对于已有盗窃习癖的惯犯来说，他看见可盗之物便实施盗窃行为，几乎是一种习惯动作，其主观上不会产生不实施盗窃的动机，没有自由意志起作用的余地，所以按照自由意志论者的观点就应当追究较轻的刑事责任。这显然是违背常识的。社会责任论者认为，之所以各国刑法都对惯犯规定了较重的刑事责任，完全是因为惯犯具有危险的性格，基于这种比一般犯罪人更危险的性格倾向，应当对其追究更重的刑事责任。

面对社会责任论的这种指摘，新的道义责任论试图从形成惯犯这种危险人格的原因上论证行为人的自由意志对危害行为的支配作用。由此便出现了行状责任论（品行责任论）→人格形成责任论→人格责任论。

最先试图回答社会责任论的指摘的是梅兹格。他在其《刑法总论》（1937 年版）一书中指出，对惯犯加重处罚的规定，并不是对惯犯所具有的实施犯罪的危险本身追究责任，不是把具有危险的惯犯这种人格特征本身作为加重刑罚的基础，而是在表现为行为的人格中具有能够形成其他人格的可能性的契机时对成为惯犯的人格予以非难。只有在可以防止形成危险的惯犯这种人格而没有防止的情况下，才能够对这种人格本身追究责任。假若某个人平素的品行恶劣，并且由此形成了容易犯罪的危险人格，那么这种危险人格的形成就是以平素的品行为原因的。要求行为人克服这种品行，避免形成危险人格也是完全应该的。在这种场合，危险的人格从某种意义上说就是违法的结果，对这种危险的人格追究责任，实际上是对引起这种结果的意志行为即人格形成的行为追究责任。行为人实施犯罪行为的责任与养成这种危险人格的行为的责任这二者应该合并追究，所以要追究较重的刑事责任。这是试图坚守行为责任的原理来解释惯犯加重的责任问题。

日本的团藤重光继承了梅兹格的观点，认为惯犯由于具有人格惯性的特性，所以是规范意识迟钝的人，不能进行正常的意志活动。尽管这样，刑法还是对他规定了较重的责任。其根据是，具有惯性特性的人格是在过去的人格形成过程中，由于对人生的决断或者怠惰的生活态度而逐渐形成的，而对这种人格形成是能够进行非难的。因此，具体的犯罪行为所形成的人格责任，与形成导致这种人格的潜在人格的意志活动的责任合并在一起，就可以予以较重的非难。除了惯犯之外，这种理论对一般的犯罪也是妥当的。犯罪一方面是由潜在的人格体系决定的，另一方面仍然是由自主的、自发的意志决定的。因此，反规范的人格是作为潜在人格的现实化而形成的。既承认行为时正常的意志活动所形成的人格之责任，又承认对这种意志活动予以影响的潜在的人格体系之形成的责任，这两种责任的合并就是人格责任。在这种人格责任中，犯罪行为所形成的人格是对犯罪者进行处罚的基点，所以认识其人格发展的全过程，只要它是通过行为者的意志活动自主地形成的，那么对之追究责任就是妥当的，并且通过体现非难的刑罚达到改善犯罪者之目的就是可能的。在这个意义上，一面维持责任观念，一面在其构成上导入科学的、实证的方法，认为对表现为行为的反规范的人格态度的非难可能性是责任的本质。从这种观点出发，就能够解决量刑的标准、故意的成立要件中违法性的认识问题、过失犯中的注意义务及其程度、中止犯的根据、罪数等问题。因此人格责任的观念涉及量刑及犯罪成立的全盘。

但是这种理论受到了平野龙一、永井登志彦等学者的指摘。平野龙一认为，第一，如果说行状责任论负有通过对责任科以刑罚、对危险性施以保安处分的二元主义方式来使现行法规正当化的任务，那么行状责任论并没有最终完成这个任务。因为它无法完全说明为什么对危险人格处以较重的刑罚是责任刑而不是保安刑。事实上，对惯犯加重刑的规定并不是行为责任以外的东西，惯犯所具有的一贯性即是“行为的属性”，也是集合反复实施的数个行为构成一个犯罪的根据。第二，如果试图追究人格形成的责任，那么人格形成的过程是极其复杂的，区别有责的东西与无责的东西是困难的甚至几乎是不可能的。应用现在的知识并不能明确回答怎样的行为造就怎样的人格及其因果关系，况且行为者本身几乎不会意识到它的因果关系。第三，即使认识人格形成的过程及其因果关系是可能的，提出调查行为人的全部生活经历以考察其人格形成过程的证据在程序上也是不可能的。超越表现为行为的反规范的人格态度，对潜在的人格加以法律干涉，就可能侵害人权，不当地介入个人生活，这是不能允许的。[1]

尽管有上述反驳的意见，人格责任论在现代德日刑法理论上已成为通说。大塚仁指出：“的确，对人格形成的具体的意义和程度进行数学的精密称量，至少在现时点上是不可能的。但是，对实施某犯罪行为的行为人的人格、其迄今为止的人格形成如何，可以根据该行为人的素质和所处的环境，是能够在今日的科学中进行相当程度的正确评价的，即使不完全，在通过努力能够认识的范围内把它作为责任判断的资料来使用，则无疑是必要的。……今日的刑事审判在量刑的时候已经把被告人这种过去的生活态度与素质和环境一起作为重要的资料在对待，这乃是无疑的事实。在这个意义上说，人格责任论也在实

〔1〕 参见〔日〕平野龙一：《刑法的基础》，东京大学出版社1980年版，第35—37页。

务上被充分接受了。关于对常习犯人的责任的严厉追究……只有重视行为人的人格形成的人格责任论才能在理论上说明它。”[1]

在我国，对惯犯和累犯从重处罚的根据，一般也认为在于行为人的人身危险性和主观恶性。

但是我认为，对于惯犯和累犯追究较重的责任，从根本上说，是因为其支配行为的主体意识中包含着较强的犯罪意志。德日刑法中围绕惯犯（常习犯）的争论，实际上是由于机械地理解意志自由问题引起的。

意志的自由不像某些日本学者所理解的那样仅仅表现在动机冲突以及在不同动机冲突中进行抉择的场合。当意志的倾向性很强时，相反的动机几乎不能产生或者说无法与倾向性的动机相抗衡。在这种心理状态下实施的危害行为虽然没有表现为动机冲突，似乎是一种无意识或者下意识行为，但是实际上这种行为中包含的意志力量比不同的动机冲突中表现出来的意志力量更大更强，对之追究较重的刑事责任，仍然是以罪过程度为根据的。因此对惯犯和累犯追究较重的责任，并不是追究其人格形成的责任，而是追究行为本身的责任，这种责任的程度是以行为中表现出的罪过的程度为根据的。

把对惯犯、累犯追究较重的刑事责任说成是以人身危险性为根据，也不恰当，因为在我国刑法中并没有对人身危险性设定任何刑事责任。具有所谓的“人身危险性”的人，只要没有实施犯罪，就不能要求其承担任何刑事责任。如果具有人身危险性的人一旦实施了犯罪，就要求其对这种人身危险性承担刑

〔1〕〔日〕大塚仁：《犯罪论的基本问题》，冯军译，中国政法大学出版社1993年版，第171—172页。

事责任，显然是于法无据、于理不通的。如前所述，对惯犯和累犯追究较重的刑事责任，根据不在于其人身危险性本身，而在于行为人在犯罪过程中表现出来的危害意志的强弱程度。即使是初犯，其在犯罪中表现出极强的危害意志，也可能追究比惯犯、累犯更重的刑事责任，这也说明人身危险性不是刑事责任的根据。

三、故意

故意是罪过的两大基本形态之一，也是实践中最常见最大量的罪过形态。除了《美国模范刑法典》使用了与“故意”不同的 purposely、knowingly 来表示类似的概念之外，几乎所有各国的刑法典都使用“故意”这个术语来表示大多数犯罪的心理状态。即使在美国，刑法理论上亦使用故意（intention）这个术语来表示犯意的基本类型。

（一）故意的含义

刑事责任中讨论的故意是犯罪的故意，也就是在犯罪行为的实施过程中作为支配行为人实施犯罪的明知故为的一种心理状态。这种心理状态与犯罪行为是同时发生的，并且对于犯罪行为具有支配作用，因而是人的主体性在犯罪过程中的表现，是故意犯罪负刑事责任的根据。

在我国，由于刑法的明确规定，犯罪的故意是指明知自己的行为会发生危害社会的结果，并且希望或者放任这种结果发生的心理状态，对此几乎没有什么争论。有的学者指出，这个犯罪故意的定义是比较科学的，它明确了犯罪故意蕴含的公然危害社会的自觉意识，说明故意的心理态度体现在危害社会的结果上，揭示出犯罪故意的社会政治本质；概括出犯罪故意的心理形式，把人的心理过程中的认识因素与意志因素有机地结合起来，比较合理地确定了犯罪故意的范围；使用了比较确切的词句，强调了行为人认识危害结果的明确性，突出了行为人对危害结果发生的肯定程度。作为犯罪故意的心理形式，它是认识因素（“明知自己的行为会发生危害社会的结果”）与意志因素（“希望或者放任这种结果发生”）的统一；作为犯罪故意的法律形式，它是事实认识（对行为结果）与性质评价（对结果的反社会性）的统一；作为犯罪故意的存在形式，它是主观心理（通过支配危害行为表现出来的意志倾向）与客观事实（客观上实施的危害行为）的统一。〔1〕

在英美刑法理论中，故意是指人有意识地设计自己的行为以便造成某种事变的心理状态。但是有的学者仅仅从直接故意的角度给故意下定义，而把放任看成是与故意不同（并列）的心理状态。例如，J. W. 塞西尔·特纳指出：“故意是指在心里有一个达到希望的目标的固定意图。‘故意’一词……被用于表示一个人不仅预见到而且想要达到自己的行为可能造成之结果的心理状态。”〔2〕但是有的学者认为，对法律所禁止的结果有两种故意，即直接故意和间接故意。故意的定义是“被告人在自己力所能及的范围内作出的引起某种特定结果的一种决定，不管他是否希望其行为产生这种结果”〔3〕。显然，后一个定义中包含了希望结果发生的情况和放任结果发生的情况。

在德日刑法中，故意通常是或者首先是作为构成要件的故意来把握，所以它“是指认识符合构成要件的外在的客观事实

〔1〕参见姜伟：《犯罪故意与犯罪过失》，群众出版社1992年版，第97—102页。

〔2〕〔英〕J. W. 塞西尔·特纳：《肯尼刑法原理》，王国庆、李启家等译，华夏出版社1989年版，第40页。

〔3〕〔英〕鲁珀特·克罗斯、菲利普·A. 琼斯：《英国刑法导论》（第九版），理查德·卡德修订，张智辉等译，中国人民大学出版社1991年版，第30—31页。

之后并企图实现的意思”〔1〕；“是行为人对犯罪事实的表象和认容”〔2〕。除此之外，一些学者又认为，故意也是主观的违法要素和责任要素。这种理解又赋予故意不同的含义，如违法性认识和意志等。

我国台湾地区学者，通常也是从构成要件要素的角度来把握犯罪故意的。例如，“所谓故意乃指行为人对于客观不法构成要件之认知与实现法定构成要件之意欲。易言之，即行为人对于客观不法构成要件之所有行为情状有所认识，并决定实现不法构成要件之主观心态。申言之，作为人首先对于客观之构成犯罪事实有所认识或有所预见，而后基于此等主观之认识或预见，进而决意使其认识者成为事实，或者容任其预见者成为事实。此等有认识或有预见，而决意使犯罪发生，或容任犯罪发生之心理情状，即为故意”〔3〕。有的学者讲得更为简明：“认识犯罪之构成事实，且进而决定为其行为之意思，称之为故意”〔4〕；“故意乃欲实行犯罪之意思也。……即系行为者认识适合于犯罪构成之违法事实，而为一定行为或不为应为行为（不作为）之决意，……乃系包含‘认识’（观念）及‘意思’（决意）之心理状态”〔5〕。

在德日刑法理论和我国台湾地区的刑法理论中，有的学者把故意的概念一分为三，既将其作为构成要件要素来把握，又将其作为违法性要素来把握，还将其作为责任要素来把握，分

〔1〕〔日〕福田平、大塚仁编：《日本刑法总论讲义》，李乔、文石、周世铮译，辽宁人民出版社1986年版，第67页。

〔2〕〔日〕大塚仁：《犯罪论的基本问题》，冯军译，中国政法大学出版社1993年版，第191页。

〔3〕林山田：《刑法通论》，三民书局1986年版，第119页。

〔4〕韩忠谟：《刑法原理》，台湾大学法学院1981年版，第199页。

〔5〕洪福增：《刑事责任之理论》，刑事法杂志社1982年版，第77页。

别赋予不同的内容。这种理论不能不承认具有文牍主义的倾向。无论怎样认识故意在犯罪论体系中的地位，故意的概念应当是统一的，故意的含义应当是确定的。如果既认为故意是认识犯罪构成的事实并且决定实施其行为的决意，又认为故意是关于违法性事实的表象和违法性的意识，并分别对之进行考察，就可能人为地得出一个行为既是故意实施的（从构成要件角度看）又没有故意（从责任角度看）这种矛盾的结论。而这种矛盾的结论是人为地割裂故意概念的结果。因此，这种做法在理论上是不可取的。

此外，在日本，有的学者认为，“故意这种观念，不问是构成要件性故意、违法故意还是责任故意，都是作为法律评价的结果来认定的。它不是行为人所抱有的表象和意思本身，而是法院以其为基础所作的一种法律评价。不过，在很多场合被认定的故意一般与实际表象和意图的东西相一致”；“不少情况下行为人表象的东西与现实发生的东西不一致，即存在错误。在这种情况下，自然可以认定与行为人表象、意图的东西不同的故意。……无论怎么说，在有错误的场合，被认定为存在什么样的构成要件性故意，是由法院作出的法律评价，至少在这个范围内说，以为故意不是评价的认识是错误的”。〔1〕在我国，几乎没有人提出这种观点，因为它在实践中容易导致法院在作出法律评价时把作为评价对象的客观事实与评价主体的主观认识相混淆，以致造成以主观认识代替客观事实的倾向。

故意作为支配行为人实施犯罪行为的心理状态，对于行为人来说，它是主观的东西，但是对于认识它、评价它的司法机

〔1〕〔日〕大塚仁：《犯罪论的基本问题》，冯军译，中国政法大学出版社1993年版，第200—201页。

关来说，它又是独立于评价主体之外的客观事实。因此应当把故意作为客观存在的事实来把握，并通过各种客观现象寻求实际存在的心理状态，力求接近实存的事实，而不应当把它作为一种法律评价，人为地主观地推定它的存在与否。

诚然，故意是什么、包括哪些因素，是由法律规定的，正像认定犯罪成立的每一个要件一样，必须以法律规定的规格来确定。认定故意的有无，本身是一个法律评价的过程、结果。但是这个评价必须以故意客观上是否存在为依据，必须在客观存在着的每种心理因素中用法律规定的尺度来度量。因此，认定故意的存在，是以法律规定的标准从客观存在的多种事实中截取的一部分，这一部分本身是客观存在的事实。如果司法机关所认定的故意不是客观存在的事实，那就是认定的错误，不能以此反证故意只是评价的结果、故意可以脱离客观存在而由法院任意评价。

我认为，应当将故意作为在犯罪的实施过程中客观存在的并且对犯罪行为具有支配作用的心理事实来把握，作为法律评价的对象来把握，而不能作为评价的结果来看待。

（二）故意的心理结构

故意是一种决意犯罪的心理状态。从心理结构上看，故意是由两个方面的心理因素构成的，即认识因素和意志因素。

1. 故意的认识因素

认识是人类心理活动的基础。人只有认识到客观存在的因素才可能引起心理联系，发动意识活动，进而形成实施某种行为的意志决定，然后按照这种决定来实施实际的行为。

我国台湾地区学者认为："所谓认识，乃知识上或经验上之作用观念，亦即'心象'之'再现'也。所谓'心象'，乃精神上直接或间接所感受之现象；而所谓'再现'，乃与同一

事物相遇时，现出曾被感受之现象也。”〔1〕

日本学者则将认识称为“表象”。“所谓‘表象’是行为人将存在于外界的事实投影在自己的心里，是关于现在的事实的认识和关于将来应该发生的事实的预见。”〔2〕

认识作为犯罪故意产生和存在之基础，首先是并且主要是指对构成犯罪的客观事实的认识，或者说，故意这种心理状态中包含的认识因素的对象（内容）主要是与行为构成犯罪有关的各种事实因素。这些事实因素，我国台湾地区学者洪福增做了甚为全面的概括。他指出，事实之认识乃系构成犯罪事实之认识。所谓构成犯罪事实，即系实施适合于法定构成要件之行为事实，包括：(1) 行为。行为是犯罪的共通要素，并且是构成犯罪最重要的部分。行为者对自己的行为本身没有认识，就不存在故意。(2) 行为的性质。行为者虽认识自己的行为，但是如果不认识自己的行为有应受非难之性质，亦不构成故意。这里所讲的行为性质是指行为的危害性质而不是指行为的违法性质。(3) 行为的时期。当法律以一定时期为成立犯罪之要素时，若不认识此犯罪构成要件上所必要的一定时期，则不构成故意。(4) 行为时的情节。法律以行为时之情节为构成犯罪事实内容时，若不认识这些情节，则无故意之成立。如不知公务员正在执行公务而妨害者，不成立妨害公务罪之故意。(5) 行为的客体（对象）。行为的客体（对象）有人的生命、身体、自由、贞操、名誉、财产以及业务等，它不同于作为刑法保护之法益的“犯罪客体”。(6) 行为的结果。当结果属于犯罪构成事实时，对于结果若无认识，则不成立故意。即当法律对于

〔1〕 洪福增：《刑事责任之理论》，刑事法杂志社 1982 年版，第 78 页。

〔2〕〔日〕大塚仁：《犯罪论的基本问题》，冯军译，中国政法大学出版社 1993 年版，第 191 页。

一定行为以发生一定的结果为成立犯罪之必要条件时，行为者若不知（没有预见到）结果之发生，则对结果无故意。(7) 行为与结果之因果关系。以认识结果为成立犯罪要件之行为，不以认识其结果为已足，更须认识行为与结果之间的因果联系，即必须认识自己的行为与结果之发生有什么关系，以及由于自己的行为将会发生什么样的结果。关于因果关系的认识，仅以认识因果关系之成立为已足，不以认识其成立之具体经过为必要。(8) 身份。当身份属于构成犯罪事实时，不认识这种身份，亦不构成故意。属于构成犯罪事实的身份有两种情况：一是行为者自己的身份，即法律把行为者的特定身份作为构成犯罪的要件时，行为人没有认识到自己具有这种特定身份，就不构成故意；二是他人（行为对象）的身份，即当行为涉及另一个人，而法律把该人的特定身份作为构成犯罪的（或者加重刑罚）的要件时，行为人没有认识到该人的特定身份，亦不构成故意。(9) 法律规定的其他犯罪构成事实。除上述8种之外的法律规定或设定之事实如果成为构成犯罪之要素时，对之没有认识，亦不构成故意。[1]

日本学者也认为，故意所要认识的犯罪事实“是指符合构成要件的客观事实。例如，实行行为的客观方面、构成要件性结果、实行行为与构成要件性结果之间的相当因果关系、行为的主体、行为的客体、行为的状况等”[2]。但是也有学者认为，故意的认识内容，除了对符合构成要件的客观事实的认识之外，还应包括对符合构成要件事实以外的以违法性为基础的事实的认识，例如，对作为违法阻却事由的事实的认识，以及

---

〔1〕 参见洪福增：《刑事责任之理论》，刑事法杂志社1982年版，第78—85页。

〔2〕〔日〕大塚仁：《犯罪论的基本问题》，冯军译，中国政法大学出版社1993年版，第191页。

对符合构成要件的事实所包含的某些具体内容的认识，如在贩卖猥亵文书罪中对文书内容的认识、盗窃罪中对财物性质的认识等。[1]

英美学者通常是从对结果的预见的角度来谈论故意的认识因素的。他们认为："没有预见就不可能有故意，因为一个人决定做的事必定是他自己满意的事情，相应地，他必须预见到他所指向的明确目标。"[2] 这种预见是对行为所指向的结果的预见，其中包括行为人对该特定结果确信其发生、预计可能会发生或者相信另一结果的出现会导致该结果的发生。

在我国，学术界一般都承认故意的认识因素应当包括对整个犯罪活动情况的认识，行为人"应当认识除犯罪主观方面以外的一切犯罪构成事实，包括主体、客体、行为及其方式，行为对象、结果，因果关系以及实施行为时的特定的时空条件等等"[3]。但是，主体对这些因素的认识，只能是一般的或大致的认识，而不是确切的或精确的认识。对其中某些必须具有专门知识或法律知识才能认识其具体界限的事物，更不能要求有精确的认识。

当然，也有学者认为，犯罪故意的认识内容，只包括犯罪构成要件中说明犯罪客体和犯罪客观方面的事实，而不包括对犯罪主体的认识。[4]

但是囿于刑法典的规定，理论上普遍地把故意的认识因素表述为"明知自己的行为会发生危害社会的结果"，似乎只有

---

〔1〕 参见〔日〕木村龟二主编：《刑法学词典》，顾肖荣译，上海翻译出版公司1991年版，第243—245页。

〔2〕〔英〕J. W. 塞西尔·特纳：《肯尼刑法原理》，王国庆、李启家等译，华夏出版社1989年版，第40页。

〔3〕 何秉松主编：《刑法教科书》，中国法制出版社1995年版，第213页。

〔4〕 参见姜伟：《犯罪故意与犯罪过失》，群众出版社1992年版，第111—112页。

对危害结果的认识才是故意的认识内容。为了解决这个矛盾，说明故意的认识在内容上不只是对危害结果的认识，有的学者提出，危害社会的结果不是凭空产生的，而是与其他构成要件的事实密切相关的。行为结果不仅是行为人行为的产物，而且以一定的社会关系为内容，所以要上溯结果的原因，应该认识危害社会的行为；要后顾结果的内容，应该认识结果的社会属性。犯罪故意的认识内容的核心是“自己的行为会发生危害社会的结果”，但是这种认识是基于对一系列事实的认识而形成的。所以，犯罪故意的认识应当包括对下列事实的认识：(1) 说明行为特征的事实。犯罪故意的明知故犯，集中表现在其犯罪意志支配的客观活动上，所以要求行为人认识其危害行为是理所当然的。认识危害行为也就是要求行为人对犯罪构成要件所要求的客观行为的具体特征有所认识。而决定行为特征的主要因素有行为的性质（对行为的评价）、行为的方式（表现形式）、行为的手段、行为的时间、行为的地点等。对这些因素的认识都是对说明行为特征的事实的认识。(2) 说明行为结果的事实。故意的认识内容可以浓缩为“结果的认识”，行为结果是每一犯罪故意必不可少的认识内容。(3) 说明行为与结果间因果关系的特征。犯罪故意要求行为人认识的因果关系是指某一犯罪构成所规定的客观行为与特定结果之间主要是与基本构成的特定结果之间的关系。行为人没有认识到自己的行为与危害结果之间的因果关系，等于行为人没有认识到其行为的结果。(4) 说明犯罪客体的事实。犯罪客体决定着行为结果的社会属性，所以应当成为犯罪故意的认识内容。说明犯罪客体的事实包括犯罪对象——危害行为直接作用的具体人或具体物（犯罪对象的社会属性表现着某种社会关系的性质）；社会心理影响——犯罪行为给他人心理带来的不良感受（表明犯罪客体已遭受侵害的一种形式）；社会正常秩序——法律规定的权利义务关系的稳定状态（表明犯罪客体已遭受侵害的另一种形式）。[1]

这种观点，把故意的认识因素归结为对行为结果的认识，然后把对说明行为与行为结果、行为与结果间的因果关系、行为客体等事实的认识统统包容在对结果事实的认识之中，在理论上是难以自圆其说的，在实践中也是有害的。

首先，从概念上看，结果是指一种事物或现象引起的另一事物或现象的出现或变化，结果与引起它的原因是两个不同的事物或现象。在刑法中，危害结果是指“犯罪行为对我国刑法所保护的客体造成的损害”[2]；“是指犯罪行为对犯罪客体所造成的实际的损害”[3]；“是指危害行为对刑法所保护的社会关系所造成的实际损害和现实危险”[4]。这些定义尽管在范围上有所不同，但都把结果视为行为造成的损害。因此不论是一般意义上的结果还是刑法意义上的结果，都是与行为不同的概念，即使是在我国刑法中，行为与行为的结果也是不容混淆的，例如我国《刑法》第6条第3款规定的“犯罪的行为或者结果有一项发生在中华人民共和国领域内的，就认为是在中华人民共和国领域内犯罪”。对行为的认识与对行为结果的认识，只能说二者有一定的联系，但是不能说行为的结果包含了行为本身。在上述观点中，行为与结果也是作为两个不同的概念使用的，既然承认行为与结果是两个不同的、具有因果性联系的

---

〔1〕 参见姜伟：《犯罪故意与犯罪过失》，群众出版社1992年版，第108—127页；高铭暄主编：《刑法学原理》（第二卷），中国人民大学出版社1994年版，第17—32页。

〔2〕 高铭暄主编：《刑法学》，法律出版社1983年版，第122页。

〔3〕 何秉松主编：《刑法教程》，法律出版社1987年版，第60页。

〔4〕 赵廷光主编：《中国刑法原理》，武汉大学出版社1992年版，第180页。

事实，那么把对行为的认识归结到对结果的认识之中，显然在逻辑上是自相矛盾的。

其次，从实践上看，在现实生活中人们对自己行为本身的认识不意味着对行为的危害结果的认识，对危害结果的认识也并不意味着对行为本身的性质的认识。用对结果的认识取代对行为的认识，或者用对行为的认识来推定对结果的认识，都很难保证结论的正确性。如果把犯罪故意的认识归结为对危害结果的认识，又把对危害行为本身的认识视为对危害结果的认识的一个方面，那么当行为人只有对行为本身的认识而没有对行为的危害结果的认识时，或者当行为人只有对危害结果的认识而没有对行为性质的认识时，能否认定他具有犯罪故意所包含的认识因素，就是一个无法解决的难题。

最后，从刑法的规定上看，刑法分则中规定的犯罪并不是每一个都以危害结果为构成要件，例如伪证罪、诽谤罪、侮辱罪等。当刑法不要求以某种特定的危害结果为构成要件时，行为人对行为可能或实际造成的危害结果有无认识，或者说在行为人行为之前、之中的观念形态中有无危害结果的内容，亦即犯罪故意的认识因素所包含的内容中有没有对危害结果的认识，并不影响犯罪故意的存在与否。因此把犯罪故意的认识因素归结为对危害结果的认识，是不可取的。

至于我国《刑法》第 14 条的规定，我认为这是立法技术上的失误。按照该条规定，任何一个故意犯罪，似乎都要求有一个特定的危害结果，然后才谈得上对这种结果的明知，但是刑法分则中规定的相当一部分犯罪都没有把危害结果作为必要的构成要件，有没有危害结果并不影响这类犯罪的成立。所以总则中的这一规定无法在分则中发挥其应有的统帅作用。这不能不说是立法上的失败。作为理论工作者，不应当在明知法律不当时用理论上的谬误来迎合、解释它，而应当指出其中的失误，建议立法者对之作出更科学的规定。即便是在现有的法律规定中，我认为，“明知自己的行为会发生危害社会的结果”一语，也不能完全归结为对结果事实的认识。在这个短语中，首先应当看到的是“明知自己的行为”，然后才是明知“会发生危害社会的结果”，从中引申出的是对“自己的行为”与“危害社会的结果”之间的联系的“明知”。

如果从刑法关于故意犯罪的规定的整体上看，而不仅仅是从某个条文的规定上看，那么可以说，犯罪故意的认识因素，最基本的、在任何一个故意犯罪中都不可缺少的，是对自己的行为的认识，其中包括对与犯罪构成有关的一切行为特征的认识；其次是在以危害结果为构成要件的犯罪中对特定结果及其与行为之间的因果关系的认识；再次是对行为过程中可能出现的影响行为对社会的危害程度的各种伴随情况的认识，这种伴随情况包括行为所及对象的社会属性或者人身特点、行为所借用的工具的性能、行为过程中伴随产生的其他危害结果、合作者的行为及其作用、行为时的特定环境等。

此外，在故意的认识因素中要不要包含对行为的危害性或违法性的认识，这是一个争议颇多的问题。

在古代，罗马法中有“不知法律不能免除责任”（Ignorantia juris non excusat）的格言，中国有“刑不可知，威不可测”的古语，所以犯罪的故意并不要求对行为是否违反了法律这个问题的认识。在近代，刑事古典学派力主罪刑法定原则，强调法制，所以把行为人对自己行为的违法性的认识作为对故意心理进行道义谴责的基础，提出故意的构成除了对行为客观事实的认识之外，还必须有对行为的违法性的认识。但是随着目的行为论的出现，一些西方学者对传统的因果行为论的行为结构提出了挑战，认为对行为违法性的认识不属于行为结构中的内容，而应当成为在故意的认识因素之外的独立的责任要素。于是围绕着犯罪的故意包括不包括违法性认识，德日刑法学者们展开了激烈的争论，形成了故意说与责任说的尖锐对立。对此，我国台湾地区学者洪福增进行了深入的研究和全面的介绍。兹摘要如下：

故意说（Vorsatzfheorie）认为，违法性之认识或其认识可能性是成立故意所不可或缺的构成要素。故意是为责任设定基础之心理事实，故意的成立与否，不仅应当考虑认识对象之事实，而且应当在认识这种事实的情况下考虑行为者的意思本身是否为责任非难设定根据。故意说立论的基础是因果行为论的行为结构。按照因果行为论，行为可区分为"外部所显现的部分"（客观要素）与"内部的部分"（主观要素），而行为之客观要素是构成违法的要素，行为的主观要素是构成责任的要素。故意作为对行为的客观要素的认识，自然应当包括对违法性的认识。故意说按照因果行为论的观点把违法视为违反以"预定一定之行为为犯罪"的评价规范之法，并且是变更法所肯定的状态或者引起法所否定的状态，因而以"结果之状态"为出发点，认为行为的违法性只有在客观上才能予以决定，所以提出"违法是客观的，责任是主观的"命题，主张违法性是对行为之客观要素的判断，责任是对行为的主观要素的判断，并将违法性的本质视为在客观上所把握的侵害法益（结果之无价值）。在故意说中，主张故意的成立，除应认识符合构成要件的外部事实之外，还应在现实上认识符合构成要件的行为是违法的，被称为"严格的故意说"（Strenge Vorsatztheorie）；主张故意的成立，除应认识符合构成要件的外部事实之外，关于行为之违法性纵无现实的认识，然而如有认识之可能性即为已足，被称为“限制的故意说”（einschrankte Vorsatztheorie）。故意的成立之所以要以违法性认识或其认识之可能性为要件，是因为在形成违法行为的各种因素中成为行为之原动力并指导行为者形成“故意”的是“违法性之认识”。愈强烈地意识到行为之不被容许（行为有违法性），形成反对动机的可能性就愈大，从而反伦理性以及所负之道义责任亦愈高。反之，意识行为之不被容许愈少，则反伦理性以及所负的道义责任之程度亦愈低。所以认识行为违法之程度，实为决定道义的“责任量”时所不可或缺的因素。

故意说把故意与过失视为责任形式（类型）及责任的心理要素，其理由是，责任判断乃是对于行为者所为行为的非难可能性之评价，它不仅包括关于责任有无之判断，而且包括责任轻重之判断。而责任之轻重，在刑法上被类型化为故意责任与过失责任。此即为责任形式或责任类型。故意责任是直接对反规范的人格态度之责任非难形式，过失责任则是间接地对反规范的人格态度之责任非难形式。因此，故意与过失，虽然在显示犯罪定型的特征上应当理解为构成要件要素，但其主要是在显示有责的行为类型时成为构成要件的主观要素，并且是本来的责任之心理要素。

责任说（Schuldtheorie）认为，违法性的认识或其认识可能性不可能是故意的构成要素，而是独立的责任的构成要素，故意只是为违法设定根据之行为要素，其本身并不具有作为责任非难之存在根据的性格。责任说立论的基础是目的行为论的行为结构。按照目的行为论，行为的基本结构（存在论的构造）是具有主观的及客观的复合构造之统一体。行为是行为者为达到某种目标而在现实的目的上由意思所支配、操纵之身体样态，行为的本质在于行为者预见能认识之结果，并以此能预见之结果为目标，选择为达成此目标之必要手段，使之向着实现此目标之方向支配、控制并指导因果关系以期实现该结果之目标。行为的本质在于行为的目的性，所以认识目的并支配因果运动的意思是目的行为的核心，而目的的意思由于在客观上支配外观的因果运动而在客观上形成行为所不可或缺的因素，亦即成为行为之本质要素。把这种具有主客观统一体的构造的行为引入构成要件之中，则构成要件当然含有“认识目的并支配因果运动”的故意，所以“事实的故意”（关于客观的行为事实的认识）自然是构成要件的行为要素。责任说按照目的行为论的观点，把违法视为超越一般社会生活所能容忍的程度之侵害法益行为，这种行为必须是基于行为者的意思作用所诱发的行为。因此判断行为的违法性时，不仅要考虑侵害法益之结果，而且要考虑侵害法益之行为样态（行为的种类、方法及主观要素）；不仅要判断“结果之无价值”，而且要判断“行为之无价值”。作为行为要素之一的“故意”，只能是违法性判断的对象之一，其本身不能包含违法性认识。所以故意的内容仅限于对符合构成要件的事实的认识，故意本身是主观的违法要素，不可能包含对违法性的认识。违法的认识及其认识可能性只是为责任设定基础，因而是独立的责任要素，违法性认识的有无以及认识可能性的程度，并不影响故意或过失的成立。为了说明违法性认识独立于故意之外的观点，责任说提出了“构成要件系评价之对象，违法性及责任系对象之评价”的命题。他们认为，构成要件的故意，以符合构成要件之外部事实为认识的对象，而外部的事实乃是违法性评价的对象，所以构成要件的故意也是违法性评价的对象，但是违法之认识及其认识可能性并不以符合构成要件之外部事实为对象，而是以符合构成要件之外部事实为法所不容（即行为之违法性）为对象所进行的违法性评价。故意的认识是对构成要件之外部事实的认识，因而是单纯的心理事实，而违法之认识及其认识可能性并非单纯的心理事实，而是违法性之价值判断或无价值性的认识，是一种价值意识（规范意识），二者虽然都称为认识，但其性质是完全不同的，将二者统一包含在故意之内在理论上犯有混淆概念之错误。

因此责任论主张对事实的认识属于构成要件之故意，对违法性的认识及其认识可能性属于责任要素。违法性认识及其认识可能性之所以是责任要素，是因为行为者决意实施符合构成要件之违法行为时，仅仅认识符合构成要件的事实即仅仅有故意，尚不能因此而从法的立场加以非难，认识符合构成要件的事实本身并不能为责任设定基础。只有当行为者认识或可能认识行为的违法性并且可能为合法行为之决意竟为违法行为之决意时，才可因其违反义务而对之加以非难，使责任评价成为可能。因此只有违法之认识及其认识可能性才具有为责任非难设定基础之机能，其本身并非责任评价的对象，而是责任评价的要素（责任之规范要素）。如果将违法性的认识视为故意的内容，就可能混淆故意犯罪与过失犯罪在结构上的差异。因为在认识构成要件事实的情况下（在故意犯罪中）很可能存在欠缺违法性认识的情况，如果将这种本质结构相同的犯罪根据有无违法性认识而区分为故意犯罪与过失犯罪，显然是不当的。此外，在强度的兴奋或突然的反动之情形而为犯罪时，行为者往往无意识其行为的违法性的余地，如兴奋犯（Affektsverbrechen）、冲动犯（Triebverbrechen）。如果按照故意说的主张将违法性认识视为故意成立之要件，在这种情况下就不能作为故意犯来处罚。但是按照责任说之立场，仍不失为故意犯。

责任说认为，故意之心理事实经过法律评价之后始发生责任，故意是评价之客体，责任是客体之评价。从责任判断的角度看，故意犯罪与过失犯罪在违法之认识及其认识可能性上是相同的，只能从对符合构成要件的事实有无认识上区分故意犯罪与过失犯罪，而不能从有无违法性的认识上来区分故意犯罪与过失犯罪。

责任说认为，故意说把具有不同对象和不同性质的两种认识（作为单纯心理事实的对符合构成要件之外部事实的认识与作为无价值判断的违法性认识）统一包含在故意概念之中，在理论上是矛盾的，并且犯了混淆概念的错误。严格的故意说把没有实际认识到行为的违法性视为“无故意”，这种结论显属不当。限制的故意说试图以“认识违法之可能性”来弥补严格的故意说之不足，但是所谓“有认识违法之可能性”的情形无非是“违法性之过失”的情形，把过失的概念导入故意概念之中，不仅违背了刑法上严格区别故意与过失的意图，而且犯有混淆故意概念与过失概念之错误。

故意说则认为：(1) 责任说对于责任之轻重及大小不加区别，显有使刑事责任概念陷于贫困化之缺点。(2) 责任说不承认“违法性认识”与“违法性认识之可能性”之间有质的差别，只承认有量的差异，这本身意味着故意与过失相复合之责任形式，而将过失的要素混入故意之内，在现行刑法典上并无根据。(3) 责任说主张如有适合于构成要件的事实错误时阻却故意，仅在有处罚过失之情形处罚过失；如有违法性错误时，仅在不能避免此错误时始能阻却责任，这种见解显然是对前者予以优遇而对后者予以严格的处理，这是不合理的。因为避免事实错误远较避免违法性错误容易，对违法性错误比对事实错误加重处罚，自属不当。(4) 责任说将故意理解为“事实之认识”，而将违法性之认识理解为与故意不同之责任要素，但又认为“行为者实现可罚的行为之构成要件时即可推定其系有责的行为”，这实际上是“真正的推定责任”，显然违反近代刑法的精神。(5) 责任说实质上是以宾丁（Beling）之初期的构成要件论为基础而展开其理论的，并未顾及其后的构成要件论的发展，没有从“构成要件符合性是违法性存在之根据”的角度把故意作为构成要件符合性与违法性相统一的因素来把握，故难谓为妥当。(6) 责任说把故意视为行为的本质要素而将其归入“违法评价之客体”，同时又将故意理解为“主观的违法要素”，作为责任判断之客体。因系客体，而非责任要素，但是作为违法评价之客体的故意，亦系客体，却是违法要素。这种理论显然自相矛盾。

对于故意说的批评，责任说者曾一一加以反驳。责任说认为：(1) 责任说不仅依据作为责任评价的对象（故意与过失的不同）区别责任的轻重，而且以具有违法性认识与仅有违法性认识之可能性之不同区别责任之轻重。(2) 责任说并不认为“违法性的过失”是过失，所以上述第二点批评是没有正确理解责任说所致。(3) 构成要件之错误与违法性之错误是性质相异的两个事项，把它们加以比较作为批评之根据本身是有问题的。(4) 在责任论上，证明有阻却责任事由之存在以前可以推定责任，在违法论上，同样可以在确定有阻却违法事由之存在以前推定违法性。(5) 新构成要件论把构成要件理解为违法类型，将构成要件论包摄于违法论之中，并欲将违法性与构成要件相混同而在体系上合一视之，这本身就很难说是正当的，以此为据提出批评亦属不当。(6) “违法之认识”与“事实之认识”虽然都是责任要素，但二者是有区别的。把责任要素之“事实的认识”理解为对行为者加以责任非难之心理关系，并不是将故意理解为责任形式，故意的确定并不认为同时亦肯定责任。违法性的认识不具有构成要件的机能，而纯属责任判断之对象。[1]

在日本，关于故意的成立是否需要有违法性的认识，有6种观点：（1）认为违法的意识不是故意的要件；（2）认为自然犯罪不需要有违法的意识，但法定犯罪必须有违法的意识；（3）认为违法的意识就是故意的要件；（4）认为故意的成立必须要有违法的意识，而在没有违法意识的过失的场合应视之为故意；（5）认为故意的成立只需要有违法意识的可能性就行；（6）认为违法意识的可能性是与故意不同的独立的责任要素。[2] 对此，洪福增先生将其归纳为三类：（1）积极说，其中包括违法性认识要件说（以违法性认识为故意构成要件的学说）；可能性说或称认识违法可能性必要说或称限制的故意说（故意之成立仅以有认识违法性之可能性为已足）；背反法律性说或称法敌对性说（虽无违法性之认识，但行为中有表现背反法律秩序的性格者与违法性之认识一样处理）。（2）消极说，即违法性认识非要件说或称事实认识说。（3）折中说，包括自然犯与法定犯区别说；过失说（法律过失不影响故意成立）。

德日刑法理论上之所以对违法性认识问题展开如此激烈持久的争论，一方面是由于罪刑法定主义深深植根于每个学者的心灵深处，一旦谈到人的刑事责任问题必然会提出有无违法性的认识以及如何看待违法性认识的问题，另一方面是由于对犯罪论体系的不同认识以及对违法性认识在犯罪论体系中的地位的不同理解。

在我国刑法理论中，违法性（刑事违法性）问题只是作为

---

〔1〕 参见洪福增：《刑事责任之理论》，刑事法杂志社1982年版，第153—197页。

〔2〕 参见〔日〕木村龟二主编：《刑法学词典》，顾肖荣译，上海翻译出版公司1991年版，第242页。

犯罪本质特征之一受到重视，在故意论中一般认为，违法性认识不是犯罪故意的认识内容，有无违法性认识不影响故意的成立与否。但也有学者认为，在极特殊的情况下，有无违法性认识可能影响故意的成立；违法性认识可能影响故意责任的程度；违法性认识有助于说明社会危害意识。

但是，故意的认识因素是否包括对行为的社会危害性的认识，在理论上是有争论的。有的学者认为，“对于成立犯罪的故意来说，必须认识自己行为的社会危害性质”〔1〕；“社会危害意识是故意的认识核心”，刑法关于故意犯罪的定义，“是社会危害意识属于犯罪故意的认识内容的法律依据”，社会危害意识是指“行为人明知其行为结果具有社会危害性而仍然坚持实行其行为”，它“表明行为人主观上的反社会倾向”，是“法律谴责的主观依据”〔2〕。

但是多数学者认为，犯罪构成各个要件的总和表明行为的社会危害性及其严重程度，对犯罪构成各个要件的认识本身就包含了、就意味着对行为的社会危害性的认识，因而在故意的认识因素中无须把社会危害性认识作为一个独立因素来考察。这种观点实际上是在故意的成立要不要包含对行为的社会危害性的认识这个问题上采取含糊其词的态度，原则上承认，实际上否定。一个人认识到他所实施的是杀人行为并且认识到行为的结果及其因果过程，并不意味着他必定认识到自己的行为具有社会危害性，例如在“大义灭亲”、正当防卫等场合。因为对客观事实的认识与对这些客观事实所包含的社会价值的认识是两个不同的概念，以前者代替后者，无异于否定后者。

〔1〕 赵廷光主编：《中国刑法原理》（总论卷），武汉大学出版社1992年版，第251页。
〔2〕 姜伟：《犯罪故意与犯罪过失》，群众出版社1992年版，第132—133页。

这种令人费解的态度，我想有两个原因：一是新中国成立以来长时期内法制不健全、法制宣传教育不普及，所以要求刑事责任以违法性认识为基础，在实践中难以贯彻；二是在思维方式上习惯于重视本质、忽视现象，重视内容、忽视形式，以致以对本质的认识代替对现象的认识、以对内容的要求代替对形式的要求，并以此为立论的基础批判资产阶级法学只重视法律形式而不触及实质内容。在这两个原因的影响下，我们有意无意地放弃了对违法性的研究，回避了刑事责任的成立要不要有违法性的认识及其认识可能性的问题，而代之以对“社会危害性”的认识这种实质性要求。但是，社会危害性是行为的本质特征，对社会危害性的认识只有在对行为事实综合评价的基础上才能产生，因而在具体犯罪中很难认定行为人有无此认识，所以在这个问题上不得不含糊其词。

我认为，在罪过（故意和过失）中要求有违法性认识及其认识的可能性，比要求有社会危害性认识更为有利。

第一，从理论上看，不论是把罪过作为刑事责任的根据还是作为刑事责任的主观依据（根据之一），都应该包括违法性的认识及其认识的可能性，因为刑事责任是一种法律责任，如果一个人没有认识到自己的行为是违法的甚至也没有产生这种认识的可能性，就要求他对自己的行为承担法律上的责任，这种责任至少在理论上不能认为是合理的。相反，一个人认识到自己决意实施的行为是法律所禁止的而仍然实施这种行为，就意味着他对法律的敌视态度；客观上存在着认识行为的违法性的可能，而行为人不通过自己的能动性去认识它，则表明行为人不重视法律、不愿遵从法律规范的轻视法律的态度。这种敌视或者轻视法律的态度所导致的违法行为当然在法律上是应受谴责的。与之相比，社会危害性虽然揭示了违法行为的本质，有助于认识刑事责任产生和存在的根基，但是正因为它是本质而很难要求所有的人都能正确认识。并且行为具有社会危害性并不意味着该行为必定为法律特别是刑事法律所禁止，因而认识到行为的社会危害性并不表明行为人就认识到了行为的违法性，以对社会危害性的认识代替对违法性的认识，很难说是恰当的。

第二，从目的上看，设定和追究刑事责任的目的是促使人们遵守法律而不去犯罪，为了达到这个目的，首先需要督促人们学习和了解法律。强调罪过包含着违法性认识及其认识的可能性，有助于促使人们学习法律、认识法律规范的内容，防止在有认识可能的情况下由于不知法而违法，有助于强制人们尊重和重视法律的禁令，遵从法律的规范，自觉地抑制违法的意识冲动，从而有利于实现设定和追究刑事责任的目的。而要求认识行为的社会危害性，对于刑事责任的目的要求来说，似乎没有要求认识行为的违法性那么明确、直接。

第三，从实践上看，由于法律规范的确定性，要求人们认识行为违法性，认定行为人是否认识到或者是否有可能认识行为的违法性，似乎更容易做到，更易于操作。而社会危害性是暗含于行为的社会效果之中的，是需要站在社会整体利益的立场上对行为的各种因素进行综合评价才能认定的，立场不同，标准不同，认识水平不同，对同一行为有无社会危害程度的认识结论，都必然不同。因而不论是要求行为人正确认识行为的社会危害性还是要求司法人员正确判断行为人有无社会危害性的认识，都是一件难以做到的事情。其结果必然是把社会危害性的认识庸俗化，以对行为结果的认识代替对行为社会危害性的综合评价。

关于违法性认识的内容，我认为应当是就法律规范的整体而言，而不应仅仅局限于刑事法律规范。违法性的认识是指认识到行为是法律所禁止的。违法性的认识当然会涉及法律的具体规定，但是它并不要求必须认识其行为触犯了法律规范的哪一条哪一款、构成什么罪名、应当判处什么样的刑罚。

在违法性的认识不同于可罚性的认识这一点上，我同意洪福增先生的观点。但是洪先生把“违法性之认识”定义为“行为者关于自己的行为之反规范性的认识”，“即关于自己之行为系条理上所不容许一点之认识”，强调这种认识不同于违反法规之认识，并引用木村龟二的如下一段话为佐证：“违法性之认识，因系行为在法上不能容许一事之认识，故必须与自宗教、道德、社会等见地而不予容许或被认为有害之认识相区别。换言之，即必须与普通所称之‘违反义务之认识’‘行为反社会的意义之认识’以及‘社会有害性之认识’相区别，且应与行为之‘违反法律性之认识’及行为之‘当罚性或可罚性之认识’相区别。此外，违法性之认识，亦应与认识对于自己行为所适用之条文或认识对于自己的行为所科之刑罚相区别。”[1] 我认为，违法性的认识只能是对行为违反法律规范的性质之认识。离开了法律规范，就没有任何可以区别于宗教规范、道德规范和社会规范的规范可言，“反规范性”亦将成为子虚乌有。

2. 故意的意志因素

意志[2]是内部意识向外部动作转化的心理倾向，是在一定认识的基础上按照自己的意愿选择行为的决意。所谓故意对行为的决定和支配作用，实际上就是故意心理中包含的以一定认

〔1〕 洪福增：《刑事责任之理论》，刑事法杂志社 1982 年版，第 97、144 页。

〔2〕 Will 一词，我国台湾地区学者将其译为“意思”。在汉语中，“意思”和“意志”不同，将 will 译为“意志”更为确切。

识为前提的意志因素对行为的决定和支配作用。但是，故意的心理结构是否包含意志因素以及包含怎样的意志因素，在理论上也是有争议的。这种争议表现为以下四种学说：

（1）认识主义（Vorstellungstheorie）。

认识主义又称预见主义、观念主义、表征主义或者表象说。它认为故意的成立以认识构成要件的客观事实为已足，而无须以意志因素为要件。按照这种观点，行为人认识到构成犯罪的事实而实施犯罪行为，其本身就表明行为人主观上具有反社会性，因而也就足以构成故意。至于行为人的决意如何、动机如何以及对结果的态度如何，只对量刑有意义，并不影响故意的成立。例如牧野英一认为，“犯意云者，犯罪事实之认识也”[1]。

（2）希望主义（Villenstheorie）。

希望主义又称意志主义或意欲主义或意思说。它认为故意的成立不仅要有对构成犯罪的事实的认识，而且要有希望犯罪事实发生的决意。按照希望主义的观点，意志选择是犯罪故意的核心，没有实施危害行为的决意和希望危害结果发生的态度，即使认识到构成犯罪的事实，也不能构成犯罪的故意。例如德国学者克莱因所言：“决意实施法律禁止的行为，或者决意不履行法律命令的行为，便表明积极为恶的意志，这种意志就是故意。”“目的是伴随违法意识的侵害一定法律程序的欲求，基于这种欲求的意志决定，就是故意。”[2]

（3）容忍主义（Einwilligungstheorie）。

容忍主义又称容忍说或认容说。它认为，虽然不是积极地

---

〔1〕 转引自王覲：《中华刑法论》，北京朝阳学院 1933 年版，第 251 页。

〔2〕 转引自〔日〕真锅毅：《现代刑事责任论序说》，法律文化社 1983 年版，第 66、68 页。

希望发生其所认识的犯罪事实，但却容忍自己所认识的犯罪事实之发生，同样构成故意。按照这种观点，认识到犯罪事实发生并且希望这种事实发生而决意实施其行为，构成故意；认识到犯罪事实发生，虽然不希望但容忍其发生而决意实施其行为，同样构成故意。例如大塚仁所言："所谓'认容'，是指行为人虽然不是积极地希望发生其所表象的犯罪事实，但是具有它如果发生了也是没有办法的事这种心理态度。""表象了犯罪事实，应当努力避免其发生，却拱手放置事态的恶化，这种认容的态度乃是以情意一面为要素来适当解决问题的关键，它表明了违反刑法规范的积极的人格态度，能够作为故意的标识。"〔1〕

（4）盖然性说（Wahrscheinlichkeitstheorie）。

盖然性说认为预见危害结果发生的可能性程度是判断故意存在与否的标准。按照盖然性说，凡是认识到危害结果发生有较大盖然性而实施行为的，就可以认定有故意存在；预见到危害结果发生的可能性较小而实施行为的，就只能认定过失而不存在故意。

认识主义是古代刑法中的罪过观。在中国古代刑法中，故意的基本要件是"知"，"其知而犯之谓之故"〔2〕，凡行为人对其行为的危害后果事前有预见、有认识，即为故意。在罗马法时代，对故意的认定标准虽有分歧，但通说仍以对结果有预见为要件，〔3〕 在欧洲中世纪的法典中，认识主义亦占统治地位。在近代刑法中，社会责任论以行为人之反社会性格为责任的根据，行为人意欲或容忍犯罪事实发生的意志因素对于责任的有

---

〔1〕〔日〕大塚仁：《犯罪论的基本问题》，冯军译，中国政法大学出版社1993年版，第192、193页。

〔2〕《晋律注》。

〔3〕 参见蔡墩铭：《唐律与近世刑事立法之比较研究》，五洲出版社1968年版，第156页。

无来说并不重要，所以主张故意的成立仅以对犯罪事实之发生有认识或预见而不防止为已足。所谓盖然性说，正是在这种认识主义的基础上展开的学说，它把故意与过失的区别仅仅看成是认识发生危害结果可能性的程度上的差别，而忽视其意志态度上的差别。这两种观点，在理论上片面地理解人类行为的心理结构，只承认认识因素，不承认至少是忽视意志因素；在实践上有意扩大刑事责任的范围，把某些没有犯罪意志而法律又没有将其规定为过失犯罪的行为纳入故意犯罪之列，同时在一定程度上混淆了意欲犯罪的故意与虽有认识但无犯罪意欲的过失在应受谴责的程度上的差异。正如大塚仁所言："行为人具有对犯罪事实的表象，无疑是推测其违反刑法规范的人格态度的一个根据，但是，在表象了犯罪事实却想避免其发生，因为其避免发生犯罪事实的努力没有发生意想的效果而终致犯罪事实发生的场合，就不可能在类型上看出行为人有违反刑法规范的积极的人格态度，只能在其想避免发生犯罪事实的努力不够的意志上，说其存在消极的违反刑法规范的态度。而且，为了认识违反刑法规范的人格态度，本来需要综合行为人心理状态中知的一面和情意的一面来判定，但是表象说只不过考虑了其知的一面，难免说是一种偏颇的立场。以表象说的立场为前提，即使考虑到行为人表象犯罪事实的强度，也不能对其人格态度进行充分的评价。在这个意义上说，也难以支持关于区别未必性故意和有认识的过失的所谓盖然性说。"〔1〕认识主义、盖然性说由于上述缺陷，在近代刑法理论中受到了有力的批评而逐渐被放弃。

---

〔1〕〔日〕大塚仁：《犯罪论的基本问题》，冯军译，中国政法大学出版社 1993 年版，第 193 页。

在近代刑法中，道义责任论以个人的自由意志为责任责难之前提，主张只有当行为人认识到犯罪事实并希望发生这种事实而决意犯罪时才能对其进行道义的责任责难，所以强调故意的成立必须以“希望”（“意欲”）为标准，仅有认识而无希望，不足以成立故意。这种主张，把认识因素与意志因素相结合，正确地反映了人类行为心理结构的基本特征，并且突出了意志因素在罪过心理中的主导地位，从而反映出对故意进行责任责难的正当根据。但是希望主义把希望视为意志表现的唯一形式，仅仅根据有无希望犯罪事实发生的心理态度来决定故意的成立与否，在理论上忽视了同为意志表现形式的、具有显明的意志倾向的放任犯罪事实发生这样一种心理态度，在实践上使故意的认定失之过窄，不利于追究放任行为的故意责任。于是，学者们更多地主张容忍主义，坚持故意的成立不仅以认识犯罪事实为要件，而且必须以决意犯罪的意志为要件，这种意志既包括希望犯罪事实发生的追求（意欲）态度，也包括放任犯罪事实发生的容忍态度。仅有认识因素而缺乏意志因素，或者仅有意志表现而没有认识，都不能构成故意。

在我国，不论是刑法中还是在刑法理论上，都坚持容忍主义，这与世界刑法的主流是一致的。但是关于意志因素的内容，我国学者的看法与英美国家学者的看法大致相同，而与德日学者的看法不同。由于《刑法》第 14 条的规定，我国学者普遍认为，故意的意志因素在内容上是就对危害结果的态度而言的，即是对危害结果的发生而持有的意志态度。有的学者指出：“意志行为首先是一种有目的、有意识的心理活动，人在从事活动之前，活动的结果已经作为行动的目的客观地存在于他的头脑之中，并且以这个目的指导自己的行动。没有对结果的认识，就不可能有真正的意志行为。”[1] “犯罪故意的意志态度表现为希望或者放任危害社会结果的发生。……只有当行为人明知自己的行为会发生危害社会的结果，并希望或者放任这种结果发生时，才集中表现出行为人反社会的主观恶性，才会构成犯罪故意。”[2]

英美刑法也表现了相同的看法，“故意”一词，“被用于表示一个人不仅预见到而且想要达到自己的行为可能造成之结果的心理状态”[3]。

但是在德日刑法以及我国台湾地区“刑法”中，故意的意志因素不仅仅是就结果而言的，而是就包括结果在内的犯罪事实而言的。例如日本学者所说的，故意是对犯罪事实的表象和认容，而犯罪事实是指符合构成要件的客观事实，其中包括行为、结果、行为与结果之间的因果关系、行为的主体、行为的客体、行为状况等。[4] 我国台湾地区有学者认为：“行为人对于客观之构成的犯罪事实有所认识之后，并进而形成实现客观构成犯罪事实之决意，始能构成故意。行为人必须有实现不法构成要件之全部客观行为情状之决意，始具故意之决意要素。”[5]

在以特定结果为构成要件的犯罪中，把故意的意志内容限定在对结果的态度上，具有明确、易辨的优点，便于在实践中判断具体故意的成立与否。但是如前所述，在刑法中并不是所

---

〔1〕 何秉松主编：《刑法教科书》，中国法制出版社 1995 年版，第 214、215 页。

〔2〕 姜伟：《犯罪故意与犯罪过失》，群众出版社 1992 年版，第 153 页。

〔3〕〔英〕J. W. 塞西尔·特纳：《肯尼刑法原理》，王国庆、李启家等译，华夏出版社 1989 年版，第 40 页。

〔4〕 参见〔日〕大塚仁：《犯罪论的基本问题》，冯军译，中国政法大学出版社 1993 年版，第 191 页。

〔5〕 林山田：《刑法通论》，三民书局 1986 年版，第 121 页。

有的故意犯罪都规定了特定的、明确的结果，在不以特定结果为构成要件的犯罪中，故意的意志因素在内容上并不表现为对某种特定结果的希望与放任，以对结果的态度为意志的内容，就很难确定故意的成立与否。在实践中认定这类犯罪的故意，首先必须设定一个结果，然后才能判断行为人对这个结果的心理态度。而这种设定的结果，一是在法律上没有明文规定亦即缺乏必要的法律依据，二是在行为人的心理上并不实际存在亦即不是行为人意志活动的内容。因此，一旦深入研究意志的内容，就不难发现其在理论上和实践上的缺陷。

但是，如果笼统地以对构成犯罪的事实的心理态度为故意的意志内容，又可能失之过宽。因为构成犯罪的事实并不完全是行为人有意选择的，某些客观事实的存在或出现虽然是犯罪构成的要件，但未必就是行为人意志选择的对象或者意志作用的结果。

所以，我认为，故意的意志因素在内容上应当或者说只是包括如下三个方面：

（1）对行为的态度。危害行为是刑事责任的基础，也是犯罪故意最基本的外在表现形式。运用自己的主观能动性选择危害行为并且决意实施这种行为，是一切犯罪故意的意志因素的基本内容。没有实施危害行为的意志，就不存在故意。对行为的态度，不仅表现在决意实施该行为的意志选择上，而且表现在为这种行为的实施选择对象、工具、方式乃至时间、地点等意志活动中。有的学者否认对行为本身的故意也是故意的标志，认为这样会混淆故意与过失的界限，其实不然，在过失的场合，虽然行为人对行为本身可能是有意而为，但是这种行为本身并不是刑法所禁止的行为，对这种行为的态度并不构成犯罪的故意。

（2）对行为结果的态度。当某种犯罪的构成以特定结果为要件时，对这种结果有没有希望或者放任的意志倾向亦即这种结果是不是行为人意志选择的结果，就直接决定着故意的存在与否。在这种情况下，故意的意志内容，不仅表现为对行为的积极追究的意志态度，而且表现为对特定结果的追求或放任的意志态度，并且以这种对结果的意志态度的有无为故意成立的要件。也就是说，在这类故意犯罪中，意志的内容是由两部分构成的，即对行为的态度和对结果的态度，仅有其中一个方面尚不足以决定故意的成立。

（3）对行为过程中伴随情况的态度。意志是在行为过程中表现出的心理倾向，它对行为的支配作用不仅表现在行为之前的行为选择中和对行为过程的支配中，而且表现在对行为过程中出现的各种伴随情况的处理中。当行为实施过程中出现某种有利于或者不利于行为的实施或者行为目的的实现的因素时，行为人是否积极利用有利的因素或者是否努力排除不利的因素，是意志态度的重要方面，因而也应当说是故意的意志因素的内容。当然，这方面的内容不决定意志的有无，亦不决定故意的成立与否，但是它可以说明意志的强弱程度，对于故意犯罪的刑事责任具有一定的影响，因而不应当排除在故意的意志因素之外。

故意的意志因素，在形式上是以有“有意而为”表现出来的。行为人认识到某种行为的事实特征及其为法律所禁止而决意实施这种行为，是故意的意志因素最基本的表现形式。它反映了行为人的意志选择以及这种选择的可责性。除此之外，在以特定结果为犯罪构成要件的犯罪中，对结果的意志因素又表现为希望（意欲）与放任（容忍）两种方式。

希望是指行为人对某种特定结果所持的积极追求的心理态

度。在行为之前预设一定的结果并通过自己的行为积极追求这种结果的发生，是人类意志行为的典型形式，也是犯罪故意中意志因素的常见的、大量的表现形式。正如有的学者指出的："以希望为标志的犯罪故意最为直观地表明故意意志的基本特征。"〔1〕这些特征，一是明确的目的性，二是行为的自觉性（积极性），三是意志的顽强性（坚决性）。

放任是指行为人对某种特定结果所具有的虽然不是希望但却有意放任的心理态度。有的学者将其表述为认识到自己的行为会发生某种危害结果而容忍其发生，或者说这种结果的发生并不违背行为人的本意。也有学者将其表述为行为人为追求某种目的而不顾危害结果发生的心理态度。放任是在"有意而为"危害行为的意志形式下对犯罪构成所要求的特定结果所具有的任其发生的心理态度，这种心理态度具有明显的意志倾向，即为了完成自己决意实施的行为而对这种行为可能产生的某种危害结果抱有"是否发生都无关紧要"的态度，这种态度不是完全不希望发生，而是放任其发生，所以是一种意志表现，而不仅仅是一种在"希望发生"与"不希望发生"之间保持中立的心理状态。

3. 动机（Motive）与目的（Purpose，aim，objective）

动机和目的是故意心理结构中必然包含的因素，但不是构成一切犯罪故意都不可缺少的要素。在某些犯罪故意中，特定的动机或特定的目的可能是故意的必备要素，它的有无直接关系到故意的成立与否，但是在多数犯罪故意中，一定的动机或目的的有无并不影响故意的成立。不过，即使在后一种情况下，动机和目的也能够反映行为人意志活动的过程，制约着意

〔1〕姜伟：《犯罪故意与犯罪过失》，群众出版社1992年版，第154—155页。

志行为的可责性，从而影响刑事责任的程度。

动机是刺激主体选择行为的心理因素。行为人在选择犯罪行为的过程中所具有的动机即犯罪动机，“是指刺激犯罪主体实施犯罪行为以达到犯罪目的的内心起因”〔1〕；“是刺激行为人产生犯罪目的并促使其决意实施犯罪的内心起因”〔2〕；是“行为人发动犯罪意思之原因”〔3〕。在所谓的“倾向犯”（作为行为人一定主观倾向的表现而实施的犯罪）中，特定的动机是故意成立的必要因素。例如，日本刑法中的强制猥亵罪必须是基于行为人追求性的满足这种动机（主观倾向）而实施的，其故意的成立必须以行为人具有刺激自己的性欲、使之兴奋或满足这种动机为前提，如果是基于侮辱、虐待妇女的动机，就不能成立强制猥亵罪的故意。在我国刑法中，报复陷害罪必须是基于报复的动机，如果不具有泄愤报复的动机，就不能成立报复陷害的故意。

目的是主体在意志选择过程中预先设定并希望通过自己的行为达到的效果。行为人在选择犯罪行为的过程中所具有的目的即犯罪目的，“是指犯罪人主观上通过犯罪行为所希望达到的某种结果”〔4〕；“是指行为人希望通过实施犯罪行为达到某种危害结果的一种心理企图”〔5〕。在所谓目的犯（以特定目的为构成要件的犯罪）中，特定的目的是故意成立的必要因素。例如，在“以营利为目的”的各种犯罪中，主观上没有营利的目的，就不能成立犯罪的故意。在其他场合下，故意的意志因

〔1〕何秉松主编：《刑法教科书》，中国政法大学出版社1994年版，第224页。
〔2〕赵廷光主编：《中国刑法原理》（总论卷），武汉大学出版社1992年版，第266页。
〔3〕洪福增：《刑事责任之理论》，刑事法杂志社1982年版，第95页。
〔4〕何秉松主编：《刑法教科书》，中国法制出版社1995年版，第223页。
〔5〕赵廷光主编：《中国刑法原理》（总论卷），武汉大学出版社1992年版，第270页。

素与行为人实施危害行为时所确定的目的之间也总是有某种内在的联系。从实践中看，这种联系主要包括以下5种情况：

（1）行为的目的与行为人希望发生的结果相同。当行为人把某种危害社会的结果作为预设的行为目的时，行为人对这种结果便抱有希望的态度，积极追求它的实际发生。

（2）决意实施的行为或者希望发生的结果是实现行为人的目的的必要前提。当行为人预设的目的只有在实施某种行为之后或者发生某种危害社会的结果的前提下才能实施时，行为人对这种结果亦会抱有希望的态度而积极追求它的实际发生，以便顺利完成自己的目的行为。

（3）行为的目的与希望发生的结果相伴随。当行为人预设的目的只有在发生某种危害社会的结果的情况下才能实现时，行为人为了实现既定的目的必然希望危害结果的发生。

（4）行为的目的与放任发生的结果相伴随。当行为人预设的目的在实现过程中可能引起某种危害社会的结果时，行为人为了实现自己的目的决定实施危害行为而放任这种结果的发生。

（5）决意实施的行为是实现目的的行为中的一个环节。当行为人在实现既定目的的过程中，为了排除障碍、创造条件而决意实施某种为刑法所禁止的行为或者可能发生某种构成犯罪的危害结果的行为时，行为人对这种行为或结果就可能抱有希望或者放任的态度。

动机与目的同为心理因素，在故意的心理结构中具有密切的联系，它们共同作用于故意心理的形成和实现过程，并且在意志活动中相互转化。有时，动机促使目的的形成，决定意志选择的方向；有时，目的促使动机的转移，引起新的意志选择。动机——意志选择——目的的相互作用，构成了人类心理活动的不断运动过程。但是对于犯罪故意来说，有意义的是一定的动机和一定的目的与作为罪过形式的故意之间的联系，或者说动机、目的对故意的制约作用。只有在这一点上，动机和目的才成为故意构成的心理因素。

（三）故意的类型

故意的类型是指为了一定的目的按照某种标准对故意进行分类时划分出的不同种类。由于研究目的的不同以及划分标准的不同，故意可以有若干不同的类型，但是这些不同的类型只有在同一分类标准下才是相互区别的，在不同的分类标准之间，各种类型的故意则可能出现交叉、重叠的现象。

1. 直接故意（direct intention）与间接故意（indirect intention）

直接故意与间接故意是以行为人对危害结果的意志态度为标准划分出的两种故意。在我国，尽管有的学者提出认识程度也是划分直接故意与间接故意的标准之一，[1] 但是多数学者还是坚持直接故意与间接故意划分的标准是意志因素，即明知自己的行为会发生危害社会的结果并且希望这种结果发生的心理态度是直接故意；明知自己的行为会发生危害社会的结果并且放任这种结果发生的是间接故意。

我国学者认为，直接故意，从认识因素上看，有两种形式，一种是明知自己的行为一定会发生危害社会的结果而希望这种结果发生，另一种是预见到自己的行为可能会发生危害社会的结果而希望这种结果发生；从意志因素上看，有两种表现，一种是希望发生的结果是行为人直接追求的目的，另一种

〔1〕参见朱华荣：《略论我国刑法中罪过的内容和形式》，载《法制建设》1984年第1期。

是希望发生的结果是行为人为实现另一目的而追求的手段性结果。

英美学者认为，直接故意具有三种情况：一是以特定的结果作为直接追求的目的，并且确信自己能够成功；二是以特定的结果作为直接追求的目的，但是没有把握一定会成功；三是为追求另一个目的而希望达到特定的结果。[1] 这三种情况与我国学者所说的上述四种形式在内容上似乎是完全相同的，但是我国学者对之作了区分，比笼统的不分层次的排列更为可取。

间接故意，从认识因素上看，也有两种情况：一是认识到自己的行为必然发生危害社会的结果而仍然放任这种结果的发生；二是认识到自己的行为可能发生危害社会的结果而放任这种结果发生。英美学者把这两种情况表述为："虽然特定的结果不是行为人的目的，但他预见到其必然发生；尽管目的不是要造成某种特定的结果，但他预见到这种结果可能从他的行为中产生。"[2] 我国学者认为，间接故意通常发生在如下三种场合中：（1）行为人追求某种非犯罪的目的，而放任某种危害结果的发生；（2）行为人追求某种犯罪目的的直接行为可能引起另一（更严重的）危害结果的发生时放任该结果的发生；（3）行为人在追求某种犯罪目的的过程中实施的附属行为可能引起另一危害结果发生时放任该结果发生。

2. 确定的故意（dolus determinatus）与不确定的故意（dolusindeterninatus）

确定的故意与不确定的故意是根据行为人对结果的认识程

---

〔1〕 参见〔英〕鲁珀特·克罗斯、菲利普·A. 琼斯：《英国刑法导论》（第九版），理查德·卡德修订，张智辉等译，中国人民大学出版社 1991 年版，第 31 页。

〔2〕〔英〕鲁珀特·克罗斯、菲利普·A. 琼斯：《英国刑法导论》（第九版），理查德·卡德修订，张智辉等译，中国人民大学出版社 1991 年版，第 32—34 页。

度所划分的故意类型。凡是明知自己的行为必定发生某种具体的危害结果并且希望或者放任这种结果发生的，是确定的故意；凡是认识到自己的行为会发生危害结果，但又对该结果是否真的发生以及对该结果的具体内容没有确定性的认识，而希望或者放任其发生的，是不确定的故意。

确定的故意，对行为的侵害性质、具体对象、可能发生的危害结果以及行为与结果之间的因果关系，具有明确的认识，对行为发展的趋向具有确切的把握。但是这只是就行为主体自我感觉的认识而言的，这种认识在其现实性上未必与实际发生的行为发展趋势及其结局相一致。即使从实际结果看行为人的认识是错误的，也不影响这种故意的成立。确定的故意通常发生在行为结果比较单一、行为指向比较明确的场合，所以更多的是与直接故意相联系。

不确定的故意与确定的故意恰恰相反，行为人对行为的侵害性质或者对行为的侵害对象和范围的认识不甚明确具体，并且是在对行为可能引起的危害结果及其与行为之间的因果关系还没有确切认识的情况下希望或放任危害结果发生的。因而它更多的是与间接故意相联系。

不确定的故意，学术界一般认为包括三种类型：

一是未必故意（dolus eventualis），即行为人预见到自己的行为会发生一定的结果但又不能确定这种结果是否真的会发生时希望或者放任这种结果发生的一种心理状态。未必的故意通常发生在行为人追求某种非犯罪的结果而放任其行为可能引起危害结果的场合，因而往往表现为一种间接故意，但是有时也可能发生在行为人积极追究某种危害结果以致在对自己能否造成这种结果没有把握的情况下便决定实施危害行为的场合。

二是择一故意（dolus alternatiress），即行为人预见到自己的行为会发生危害结果但又对这种结果具体发生在哪一个对象上或者以何种方式出现没有确切的认识时容忍其发生的心理状态。择一故意通常表现为行为人希望其中一个危害结果发生而又放任行为可能引起的另一危害结果发生。它可能存在于以下两种场合：一种场合是自己的行为虽然是针对一个目标实施的，但是危害结果可能发生在这个目标上也可能发生在其他对象上，行为人认识到这一点而追求前一种结果同时放任后一种结果，其中哪一个结果发生了，都在行为人的故意之内；另一种场合是自己的行为虽然是针对一个目标实施的，但是危害结果可能以这种方式（较轻的危害结果）出现也可能以另一种方式（较重的危害结果）出现，行为人认识到这一点而追求前一种方式同时放任后一种方式，这两种方式中危害结果以其中任何一种方式出现都在行为人的故意之内。所以，与未必的故意相比，择一的故意是在一个行为中存在着双重故意，因而其罪过程度要严重得多。

三是概括故意（dolus generalis），即行为人预见到自己的行为会发生危害结果，但是对这种结果的具体内容缺乏确切的认识而又决意实施其行为的心理状态。概括故意通常发生在三种场合：第一种场合是由行为本身的性质决定其一经实施行为人就很难控制其危害结果。在这种场合下，行为人认识到行为的这种性质和可能造成的结果，只是不能确定究竟有多大的范围和多么严重的程度，因而其行为的结局不论出现什么样的结果都在行为人的故意范围之内。第二种场合是行为人决意实施的危害行为是由一系列动作（环节）构成的，行为人认识到行为的过程以及在这个过程中可能造成一种或数种危害结果，但是对实际发生何种危害结果以及这种结果与行为的具体联系缺乏确切的认识。在这种场合下，行为人对可能发生的结果虽然没有具体的认识但却具有概括的认识并且具有希望或者放任的态度，所以实际发生的结果亦在行为人的故意之内。第三种场合是危害行为是由多人共同实施的，危害结果是数个行为人的行为共同作用的结果，在事先没有确定具体危害结果的情况下，每个行为人对共同犯罪的危害结果只能是一种概括的故意，谁也无法确切地认识危害结果的具体内容，但是每个行为人都知道他在与其他人合作共同造成危害结果，所以这种结果亦在行为人的故意所容忍的范围之内。

3. 预谋故意（dolus praemeditatus）与突发故意（一时故意，dolus repentivus）

预谋故意与突发故意是以故意形成的过程为标准划分的故意类型。预谋故意是在行为人深思熟虑、左右权衡的基础上形成的犯罪故意。突发故意是临时起意、瞬间形成的犯罪故意。

预谋故意往往是行为人在一定的动机作用下经过反复思考、权衡利弊得失而最终形成的犯罪故意。因此，这种故意一般具有特定的原因，可以看到动机产生的根据；具有明确的目的性，行为人积极追究一定的结果状态；具有一定的准备，行为人在故意形成之后往往会预先制定行动计划、准备工具和条件，寻找和选择时机，考虑善后活动等，只有在行为人自认为有把握或者有有利时机时才实施犯罪行为；具有顽强的意志，在行为的实施过程中，行为人不仅有计划地实施行为而且会想方设法克服困难，积极追求预定的目标。因此预谋犯罪通常都具有较大的主观恶性，突出地反映了主体在选择危害行为上的意志力量，具有较大的可责性。当然，由于预谋故意产生的原因不同，有时也会出现值得宽恕的情况。

突发故意是在行为人没有思想准备时由于偶然事件的突然出现而在应变过程中临时形成的犯罪故意。因此，这种故意一般是以某种突发事件为前提，具有较大的盲目性，行为人往往没有清楚地认识到自己究竟要达到何种目的；具有明显的同时性，故意一经产生立即付诸实施，犯罪的故意几乎与危害行为同时发生；具有较强的爆发力，行为人在一瞬之间形成犯罪故意并且立即付诸实施，对行为的强度不加节制，对行为的后果采取放任态度。

突发的故意，通常发生在以下六种场合：一是偶然发生的事件使行为人的情感受到伤害而引起行为人的极度愤怒，以致一时起意实施“制裁行为”。二是偶然发生的事件使行为人受到欺辱以至于难以承受，而一时起意实施“报复行为”。三是偶然发生的事件使行为人长期积压的怨恨或不满情绪达到忍耐的极限以致爆发出“反抗行为”而形成的犯罪的故意。四是偶然发生的事件使行为人处在与其他人的争执之中，行为人为了显示自己的强悍而突发出犯罪决意以致实施“逞强行为”而形成犯罪的故意。五是偶然发生的事件与行为人已有的反社会意识相结合，使行为人感到有了发泄对社会的不满情绪的机会或对象而决意实施“发泄行为”以致形成犯罪故意。六是偶然发生的事件或者行为人的偶然发现使行为人感到有机会实施某种犯罪而临时起意实施“随机行为”以致形成犯罪故意。

突发故意虽然没有明显的预谋过程和具体的犯罪目的，但也是人的意志活动的表现。在突发故意所支配的危害行为中可以明显地看到人的主体性的作用，因而是罪过心理的一种形式。有人以突发故意的“突发性”来否定突发故意中的意志自由，是忽视突发故意中的主体性以及机械地理解意志活动的结果。

4. 事前故意（dolus antecedens）与事后故意（dolus subseguens）

事前故意与事后故意是以故意产生的时间为标准划分出的

故意类型。事前故意是在行为实施之前就认识到行为危害结果并且希望或者放任该结果发生的心理状态。事后故意是在行为开始实施之后才认识到自己的行为会发生危害结果而继续实施该行为并且希望或者放任这种结果发生的心理状态。在理论上，有的学者把事前故意解释为行为人在前一行为中追求的危害结果发生在后一行为中，所以对于实际发生的危害结果的故意在导致结果发生的行为之前就已存在；而把事后故意解释为行为时没有认识到行为会发生危害结果但在行为引起危害结果之后放任该结果从而形成的故意。这种解释与划分“事前故意”与“事后故意”的目的是不相吻合的，也是违背故意的基本原理的。

事前故意与事后故意是故意存在的两种不同形式，正确认识这种形式，有助于全面认识故意的样态。

5. 行为故意与结果故意

行为故意与结果故意，是以故意的认识要素为标准划分的故意类型。行为故意是在以对行为事实的认识为要素的场合，行为人认识到自己的行为事实而决意实施的心理状态。结果故意是在以对行为之结果的认识为要素的场合，行为人认识到自己的行为会发生某种结果而决意实施其行为并希望或者放任该结果的心理状态。直接故意与间接故意、确定故意与不确定故意、事前故意与事后故意，都是以结果故意为前提的，都是以对结果的认识和态度为心理基础的。预谋故意、突发故意可能存在于行为故意中也可能存在于结果故意中，但是绝大多数出现在结果故意之中。结果故意是在以特定结果为构成要件的犯罪中必须具备的心理状态。在不以特定结果为构成要件的犯罪中，行为人对可能出现的结果的认识和态度，就不是故意的类型，但是它由于也反映行为人的主体性意识，所以也影响罪过的程度和刑事责任的程度。

行为故意是所谓“举动犯”中必须具有的心理状态。举动犯是在客观方面只要实施了刑法所禁止的行为就可以构成的犯罪。这类犯罪的构成本身并不要求有某种特定的危害结果之发生，所以在主观上也不可能强调以对某种危害结果的认识或态度为要素[1]。因此在这类犯罪中，行为人认识到自己行为的客观事实、认识到这种行为的违法性或其可能性而决意选择这种行为，就是构成该类犯罪所要求的故意。对此似乎不应有所争议。

不过，根据我的研究，行为故意还存在于所谓“目的犯”的场合。在刑法把某种特定目的作为构成要件的犯罪中，行为人只要有行为故意就可以构成犯罪的主观方面，无须具备结果故意。当然，这种犯罪中的行为故意是仅就其不包括对某种特定结果的认识和态度而言的，它除了对刑法所禁止的行为本身的认识和追求之外还包括以该行为为基础的进一步的行为的认识和追求。对以刑法所禁止的行为为基础的进一步的行为的认识和追求，通常也存在于举动犯之中，但在举动犯之中刑法并不要求必须有这种心理状态，所以它不是犯罪构成的要素。而在目的犯中由于法律的特别规定，没有这种进一步的心理状态就不能成立犯罪的故意，所以必须有这种对进一步的行为的认识和追求。如果说举动犯中的行为故意是单一的行为故意，那么目的犯所要求的行为故意就是复合的行为故意。

目的犯是与结果犯不同的犯罪类型。在结果犯中，特定的危害结果是犯罪构成的必备要件，没有这种结果便不构成犯罪

〔1〕有的学者在这种场合对“危害结果”作广义的解释，用“有害性”来代替“损害事实”，从而主张这类犯罪也要求或存在着对危害结果的认识和态度问题。这实际上是偷换了危害结果的本来含义，在理论上显得牵强附会而没有价值。

至少不构成完备的犯罪形态；而在目的犯中，犯罪的构成并不要求必须有某种特定的危害结果发生，只要求有特定的目的存在。当然，目的本身是以观念形态存在于主体头脑中的，并且是主体希望达到的结果，这种结果似乎与结果故意中主体所认识和希望或者放任的结果并无二致。但是如果仔细分析一下刑法典的具体规定，就会发现这两种结果是不同的：

第一，这两种结果在刑法典中互不相容。当刑法以某种危害结果为构成要件（包括加重的构成要件）时，刑法条文中并不指明以某种特定目的为构成要件，而在刑法条文中明确规定以某种特定目的为构成要件时，刑法亦不把行为的危害结果本身作为犯罪构成的要件。没有任何一个刑法条文在以目的为要件时可以视为以危害结果为要件，也没有任何一个以目的为要件的犯罪可以以危害结果来取代目的要件。

第二，这两种结果的含义是不同的。在以特定结果为构成要件的犯罪中，这种结果必定是危害结果，并且只能是危害行为直接造成的或者导致的危害结果。而在以特定目的为构成要件的犯罪中，这种目的所追求的结果，或者不是危害结果（只是行为可能造成各种结果中不包含或较少包含危害内容的结果），或者不是刑法所禁止的行为直接造成或者导致的结果，而是以刑法所禁止的行为为基础而进一步打算实施的行为可能引起的结果，没有进一步的行为，这种特定目的所追求的结果就不会出现，而这种进一步的行为未必就是（通常都不是）刑法所禁止的行为。这正是这两种结果在刑法典中互不相容的原因所在。

例如，我国刑法中规定的“以营利为目的”的犯罪，日本刑法中规定的“以行使为目的”的伪造货币类犯罪。这种目的所追求的结果并不是表现行为的危害性的结果。并且这种目的所追求的结果必须通过刑法所禁止的行为以外的行为来实现(以刑法所禁止的行为为基础)。“以猥亵或结婚为目的”的犯罪（日本刑法第二十二章中规定的略诱及和诱罪），虽然是通过刑法所禁止的行为直接达到的，但是这种作为目的的结果也不是表现略诱及和诱行为的危害性的结果。

四、过失

过失是罪过的基本形态之一，也是在古代刑法中就出现的一种犯罪的心理状态。但是从世界各国的刑事立法中看，过失犯罪始终是作为故意犯罪的一种补充甚至例外而规定的，因此作为过失犯罪心理状态的过失，在刑事司法实践中不像故意那么常见和广泛，在理论研究中也较少受到重视。不过，过失犯罪既然是犯罪的一种类型，就必然涉及人的刑事责任问题，过失作为这类犯罪负刑事责任的根据，在罪过研究中就不能不占有一席之地。

（一）过失的含义

关于过失定义的表述，德国学者侧重于强调其注意义务。例如，李斯特在其《德国刑法教科书》（1932 年版）（总论部分）中指出：“为过失行为者，乃就自己所为之行为或结果，出于违反义务而欠缺预见，或基于违反义务而为行为之人也。”宾丁（Beling）在其《刑法的基础》一书中指出：“所谓过失，乃指行为者在意思决定过程中，虽应履行法秩序所课因认识结果之发生，而必须阻止自己实行违法行为之义务，但因懈怠此义务而未形成可以阻止该行为的意思之情形而言。”梅兹格(Mezger）在其《刑法教科书》（1949 版）中指出：“为过失行为者，乃指侵害法秩序对于自己所课之义务，同时，如加以注意，则可能预见结果之人而言。”[1]

但是英美学者、日本学者以及我国学者则侧重于其缺乏注意而无认识的心理事实。例如，英美学者威廉姆斯在其《刑法》（1953年版）（总论）中指出：“过失就是懈怠相当的注意。”“过失，乃具有通常慎重能力之人，在相同环境之下所欠缺之注意也。”过失（Negligence）一词，“在法律用语中，它是指作为一个有理智的行为人，根据法律要求在当时情况下应当注意而他没有达到注意标准；如果没有法定的注意义务，则缺乏注意便不产生任何法律后果”[2]。英国著名法学家科拉克在其《刑事责任分析》（1880年版）一书中把过失可分三类：(a) 鲁莽、轻率（Rashness），即行为人虽知悉可能发生有害的结果，但因未充分地注意而否定其发生，以致其发生之情形。(b) 不注意、忽视、不留心（Heedlessness），即行为者虽应认识有害的结果之发生，但却没有认识其结果，以致实行不应为之行为的情形。(c) 怠慢、疏忽（Negligence），行为者虽应认识发生有害的结果，但因欠缺此认识而怠忽其应为之行为的情形。

日本学者牧野英一在其《日本刑法》（1937年版）中指出：“过失者，乃因欠缺注意而未认识事实之谓也。”宫本英脩在其《刑法大纲》（1935年版）中指出：“过失者，乃由于违法的不注意而未预见犯罪事实，或未认识其违法的事情下之意思也。”小野清一郎在其《刑法讲义》（1950年版）中指出：“所谓过失，乃指欠缺犯罪事实之认识及容忍以及违法之认识；同时，如行为者加以相当的注意，或可由于认识构成犯罪事

[1] 转引自洪福增：《刑事责任之理论》，刑事法杂志社1982年版，第262页。

[2] 〔英〕戴维·M. 沃克：《牛津法律大辞典》，北京社会与科技发展研究所翻译，光明日报出版社1988年版，第632—633页。

实，并意识行为之违法性，而不为其行为之情形而言。”木村亀二在其《新刑法读本》（1950年版）中指出：“过失者，乃由于不注意而未认识犯罪事实之情形也。”团藤重光在其《刑法》（1955年版）中指出：“过失者，乃欠缺犯罪事实之表象及容忍，且此欠缺系由于不注意所致之情形也。”井上正治在其《刑法学总则》（1951年版）中指出：“过失者，系行为者虽可能认识并预见发生结果之盖然，且必须认识并预见此盖然性而回避结果，但未予认识并预见，以致发生结果之情形。”〔1〕

我国台湾地区学者也认为：“过失云者，乃行为人对于应认识且能认识之构成犯罪事实，由于不注意，致欠缺认识之意思状态。”〔2〕“行为者对于行为所生之构成犯罪事实，因欠缺注意，致无认识，是为过失。”〔3〕“刑法上所谓之过失，系指行为人怠于依客观情状负有义务，而依其个人情况有能力且可期待之注意，因而对于构成要件之实现无所认识。”〔4〕

日本学者和我国台湾地区学者对过失所下的定义，都把过失归结为无认识。但是他们又都从这种无认识中引申出无认识过失和有认识过失。例如，我国台湾地区学者在上述定义之后又言：“换言之，即指行为人虽可能认识行为之结果，且必须认识行为之结果，但由于不注意而欠缺犯罪事实之认识之心理状态而言（无认识的过失），或虽曾认识构成犯罪事实，但倚恃自己之技术或侥幸，而否定其发生（有认识的过失）也。”〔5〕“申言之，即行为人由于轻率、鲁莽、恣纵、懈怠、疏忽，而

〔1〕以上转引自洪福增：《刑事责任之理论》，刑事法杂志社1982年版，第262—263页。

〔2〕洪福增：《刑事责任之理论》，刑事法杂志社1982年版，第259页。

〔3〕韩忠谟：《刑法原理》，台湾大学法学院1981年版，第211页。

〔4〕林山田：《刑法通论》，三民书局1986年版，第247页。

〔5〕韩忠谟：《刑法原理》，台湾大学法学院1981年版，第211页。

根本未注意，或仅为不足够之注意，并由此等不注意或注意不足，而未认识应该能够认识其行为实现构成要件之危险性；或认识行为实现构成要件之危险性，但未舍弃此行为，以避免构成要件之实现；或虽仍为此行为，但未保持必要之注意，并为妥善之安全措施，以避免构成要件之实现者，此即为过失。”〔1〕这种引申之意，并不是上述定义本身所完全包含的，所以上述定义的科学性是值得怀疑的，至少是不全面的，因为它未能完整概括出过失的内涵。

在我国，学者们普遍认为，过失是指应当预见自己的行为可能发生危害社会的结果，因为疏忽大意而没有预见，或者已经预见而轻信能够避免这种结果以致发生的心理状态。这种定义，以对结果的心理状态为依据，全面地概括了有认识过失与无认识过失的两种形态，较之日本学者和我国台湾地区学者的过失定义，似乎更为科学合理。有的学者指出，我国刑法中的过失定义，“说明犯罪过失的本质在于行为人对危害社会结果的心理态度，阐明了犯罪过失的社会政治内容”；“明确过失的特征，可以作为认定犯罪过失的标志”；“阐明过失心理的形式是疏忽大意与过于自信，实质是说明犯罪过失的主观恶性在于行为人的不负责任性”，因而它“科学而精辟地阐明了犯罪过失的本质属性，高度概括了犯罪过失的基本特征，明确揭示出犯罪过失的实质内容和表现形式，为在司法实践中处罚过失犯罪提供了确切的根据”。〔2〕

（二）过失的构成要素

过失是与故意相对的一种心理状态，它在心理结构上亦有

〔1〕林山田：《刑法通论》，三民书局1986年版，第247—248页。
〔2〕姜伟：《犯罪故意与犯罪过失》，群众出版社1992年版，第254—256页。

不同于故意的特殊性。如何认识过失的心理结构，由于对过失定义的侧重点不同而在各国各地区学者之间存在着差异。德国学者强调注意义务在过失心理结构中的特殊意义，这种观点已经深深影响了日本学者和我国台湾地区学者；英美学者以及我国大陆学者则强调注意心理，着重从心理因素上论证过失的心理结构。

按照德日学者的观点，过失只能在不存在故意的情况下得以存在。缺乏对犯罪事实的认识和容忍，只是构成要件过失的消极要件，而作为构成过失的积极要件，乃是不注意，即违反注意义务。这种注意义务是以认识和预见构成要件性结果的义务为核心，作出必要行为和防止结果的正确判断所必需的。因此，以这种注意义务为核心，他们把过失的构成要件分为对行为的预见义务及回避义务；对结果的预见义务及防止义务。我国台湾地区也有学者据此把“过失要素”分为四项：(1)“行为之客观注意违反性”，即违背社会共同生活中公认的行为准则而不保持依据客观情况所应有之注意；(2)“行为之主观注意违反性”，即行为人根据个人的情况能够遵守客观的注意义务而没有遵守；(3)“结果之客观可预见性”，即行为所发生之结果必须是在客观上可以预见的；(4)“结果之主观可预见性”，即行为人依其个人情况可以预见结果之发生而没有预见。[1] 把过失的构成要素归结为以上四点，是从行为和结果两个方面说明行为人违反注意义务即构成过失。这种要素对于过失这种心理状态来说，至少是不全面的。

不过，我国台湾地区还有学者将无认识过失的构成要素分为以下四点：(1)“须不认识犯罪事实之发生”，即没有认识

---

〔1〕 参见林山田：《刑法通论》，三民书局1986年版，第248—253页。

到犯罪之全部事实或部分事实，这种欠缺对犯罪事实的认识是过失的本质。(2)“须有注意之义务（客观的注意义务）”，即客观上有“当为”之注意义务但行为人没有予以注意以致不辨识其行为与结果之间的因果关系。(3)“须有遵守注意义务之可能性（主观的预见结果可能性及主观的回避结果可能性）”，即依行为者本身的能力，他在行为时可以预见到结果并且能够防止结果发生。(4)“须有怠于注意”，即对于行为之结果欠缺预见力所必要之紧张而没有防止结果发生的心理准备。至于有认识的过失，在认识犯罪事实之发生方面与间接故意相同，所不同的仅在于确信其不发生。这种观点既考虑到过失的注意义务，又侧重于无认识之心理事实，因而有助于较为全面地把握无认识过失的心理结构，但是把有认识过失与无认识过失分而论之，不免有认为这两种过失缺乏共同的心理要素之嫌，并且把有认识的过失与间接故意的区别归结为认识程度不同这一点上亦未免片面。

我国学者一般是从过失犯罪的角度谈论其构成要件的，即认为构成过失犯罪必须具有三个条件：(1)行为人在主观上具有犯罪的过失；(2)基于过失的行为造成了特定危害结果的发生；(3)对这种情况法律规定为犯罪。但是很少有人谈论过失心理的构成要素。我认为，过失与故意一样作为一种心理状态，是由认识因素和意志因素两个方面构成的，只是两个因素的内容不同罢了。

过失的认识因素是由四项内容构成的：

(1)认识到自己行为的违法性或者有可能认识到自己行为的违法性。缺乏对行为违法性的认识或其认识的可能性，就不存在过失心理。

(2)应当认识自己的行为可能发生某种危害性结果，即具有认识危害结果的发生及其与自己行为的因果关系的义务。没有认识义务，就没有过失。

（3）能够认识发生危害结果之危险，即根据当时的客观情况和行为人的认识能力，如加注意就能够认识到危害结果的发生及其与自己行为的因果关系。如果根据行为时的客观情况行为人无法认识危害结果发生的可能性，即不存在过失的问题。

（4）由于自身原因没有认识或者认识错误（自信危害结果不会发生），即由于行为人自己没有对行为事实予以足够的注意，以致在本来应当并且能够认识的情况下没有认识到行为可能发生的危害结果，或虽有认识但由于注意程度不够而没有充分认识发生危害结果的危险。如果是由于他人的原因而使行为人在本来能够认识的情况下而没有认识或者没有正确认识危害结果发生的可能性，亦不构成过失心理。

过失的意志因素是由三项内容构成的：

（1）不愿发生危害结果，即行为人在主观上既不希望也不放任危害结果的发生，对危害结果的发生持有否定的态度。

（2）不愿努力认识行为的结果，即行为人在应当认识并且只要注意就能够认识的情况下，不愿发挥自己的主观能动性去努力认识自己的行为可能发生的危害结果。这种不愿认识本身就是一种意志态度和意志选择。

（3）决意实施违法行为，即行为人在没有认识或者认识错误的基础上有意选择了违法行为。对于过失行为，如果不是行为人有意选择的结果，而是在不可抗力作用下迫不得已而为之，或者是无意识行为，就不能追究行为人的刑事责任，因为这种行为在主观心理上不具有可以谴责的合理根据。

过失心理的构成必须是上述认识因素与意志因素的统一。只承认其认识因素，而否定或者忽视其意志因素，不仅不符合人类心理活动特别是支配行为的心理活动的一般原理，而且在刑法上缺乏追究刑事责任的合理根据。世界各国刑法在理论上普遍承认只有表现人的主体性的行为亦即只有行为人意志选择的行为，才能归责于行为人，不表现人的主体性，不是行为人自觉选择的行为，就没有理由要求行为人对之承担刑事责任。这一原理同样应当适用于过失犯罪。在过失犯罪的场合，如果不以人的意志选择的特殊性为根据而仅以认识可能性为要件，就可能混淆过失这种罪过心理与故意或无意识的界限，使过失犯罪的刑事责任丧失正当性。

（三）关于过失的注意义务

过失的注意义务亦即我国学者所说的“应当预见”中的应为义务，是过失心理构成的核心要素，也是世界各国学者在过失犯罪研究中普遍关注的热点。围绕这个问题，学者们曾经进行过并且依然存在着许多争议。兹要述如下：

1. 注意义务的内容

在我国，注意义务的内容被法律规定为“应当预见自己的行为可能发生危害社会的结果”。这表明，应当预见的内容是“自己的行为”“危害社会的结果”以及这种行为与结果之间的联系（“可能发生”）。

德国学者认为，过失的注意义务内容有三：(1) 小心谨慎远离招致侵害法益结果之虞的行为的注意义务，即应当对具有发生危害结果的盖然性很高的行为具有足够的注意以避免实施这种行为。(2) 在危险状态下采取慎重态度的义务，即当实施有发生侵害法益结果之虞的行为时应当注意到防止发生结果所必要的行为的义务。(3) 履行守法要求的注意义务，即在实施行为之际充分考虑行为之危险性的义务。

日本学者认为，过失之注意义务是指应认识（预见）且能认识（预见）犯罪事实（构成要件性结果）并采取适当措施以防止结果发生之义务。注意义务的本质是预见义务，预见义务的内容包括两个方面，一是对行为的预见义务，即对行为主观方面的注意力之集中和对行为客观方面的慎重小心而为行动的预见义务；二是对结果的预见义务，即一旦预见到违法的结果，则有采取防止其发生所必要的行为之义务。为回避自预见义务而当然发生之各种具体的结果之作为及不作为义务，亦系注意义务之内容。

不过，在日本，注意义务在内容上包括并被分为“结果预见义务和结果回避义务，乃是今日通说的立场”[1]。

结果预见义务或译预见结果义务是指当构成要件的结果在客观上是可能预见的时候，就必须集中注意力对之加以预见以采取适当行为的义务。结果回避（防止）义务或译回避结果义务是指如已预见结果则应采取必须回避（防止）结果之谨慎小心的态度的义务，其中包括制止发生危险的态度的义务、在危险状态中保持小心慎重的态度之义务和深思熟虑的义务。植松正指出：“关于过失行为，含有‘预见结果义务’与‘回避结果义务’一点，应予肯定。吾人首先必须预见结果，如已预见结果，则必须回避发生结果。预见结果及回避结果，皆系注意义务。然而，如无预见，则无从回避，同时，纵有预见，如不为回避，则亦无意义。因此，如欠缺预见时，虽或不发生回避义务，然在未尽其预见结果义务一点上，则不能免却违反注意义务之非难。再者，纵已尽其预见结果之义务，然如未基于此预见而为回避结果时，则在未尽其为回避结果义务一点上，亦

〔1〕〔日〕大塚仁：《犯罪论的基本问题》，冯军译，中国政法大学出版社 1993 年版，第 244 页。

应受违反注意义务之非难。以预见结果义务与回避结果义务，实立于如此之关系，纵令欠缺其中之一，亦系违反注意义务，自系过失。”

关于结果预见义务与结果回避义务的关系，从上述引文中看，植松正是把二者并列，认为同等重要。不过日本的多数学者认为，在这两种义务中应当重视的重点是结果回避义务。但是也有学者从过失的中心要素是过失行为这种立场出发，认为重点应当是结果预见义务。[1] 过失的中心观念应该是行为人的内心态度。从这种观点来看，与结果回避义务相比，过失的注意义务更应该以结果预见义务为中心。以行为人的内心态度为中心来理解过失时，内心的注意义务就不仅仅是结果预见义务。结果的预见只是关于知的方面，与情意的方面没有特别的关系，而过失的情意方面的要素是为实施回避结果所需要的行为赋予动机的义务。行为人懈怠了结果预见义务时，是没有认识的过失；虽然履行了结果预见义务却懈怠了赋予动机的义务时，是有认识的过失。认定注意义务时应当综合判定结果预见义务、赋予动机的义务及以它们为媒介的结果回避义务。

至于这两种注意义务的性质，在日本有四种看法：一是认为结果预见义务和结果回避义务都是违法性要素；二是认为结果回避义务是违法性要素，结果预见义务是责任要素（如井上正治在其所著《过失犯之构造》一书中所持观点）；三是认为结果预见义务和结果回避义务既是责任要素，也是违法性要素；四是认为结果预见义务和结果回避义务首先是构成要件要素，同时又是违法要素和责任要素，只是从不同视点认识同一

〔1〕 参见〔日〕大塚仁：《犯罪论的基本问题》，冯军译，中国政法大学出版社 1993 年版，第 244 页。

注意义务（如大塚仁在其《犯罪论的基本问题》一书中所持的观点）。

此外，关于注意义务的范围，有的学者认为应当仅限于在法规上所发生的特别义务，而不能泛指一般义务。例如，泷川幸辰指出："作为过失所持有之规范要素的注意义务，并非一般的注意义务，而系自特别法、职务、命令、警察规则等以及与客观规律有关的业务上、营业上所发生之特别的法律义务，此与不纯正不作为犯在法律上所负防止发生结果之义务，同其性质。"〔1〕但是也有学者认为，过失之间注意义务应当是人在社会生活上所应负担之一般的义务，亦即社会生活上所应负担之一般的义务，亦即社会生活秩序之规范使人负担的不得侵害他人法益之义务，而非依据法律或契约等特别发生之义务。

我国台湾地区学者认为，过失的注意义务本身是客观的义务，"其内容不特应包括法律上、契约上、习惯上或条理上所发生之义务，且亦应包括吾人在日常生活上应尊重他人法益并注意不侵犯他法之一切义务"。我国大陆亦有学者认为，注意义务的范围应当在法律义务的基础上扩展到一般义务甚至包括某些道德义务，这种注意义务可以分为两种，适用于社会上一切有责任能力的公民的一般义务，即在日常生活中尊重他人及社会权益并注意不侵害他人及社会权益的义务；适用于特定职业或从事特定业务的人的特别注意义务，即在特定的职业或业务范围内，遵守有关规章制度及职业道德，不危害社会利益的义务。〔2〕

---

〔1〕〔日〕大塚仁：《犯罪论的基本问题》，冯军译，中国政法大学1993年版，第248—249页。

〔2〕 参见姜伟：《犯罪故意与犯罪过失》，群众出版社1992年版，第288—289页。

2. 注意义务产生的依据

我国学者一般认为，过失的预见义务的来源包括宪法、法律、法规，业务、职务要求、规章制度、公共生活准则等。日本学者也认为，注意义务的根据是法令上、习惯上、道理上的要求。我国台湾地区学者洪福增先生将过失的注意义务的来源归纳为以下四个方面：

(1) 依据法律（法令、法规、制度、命令等）或合同之规定所明示的注意义务。

(2) 依据习惯和常识（条理）而为必要的注意义务。这种注意义务是根据社会共同生活准则，在一般社会生活常识上所要求的“相当的注意”。依据习惯和常识论定注意义务，需要考虑在具体社会环境中遇到某具体事态的人进行什么样的行为才是必要的、相当的。在实施具体行为时，行为人按照社会常识应该知道自己应当作出怎样的注意。为了说明这个问题并论证这类注意义务的合理限度，德日刑法理论界提出了“危险的分配”和“信赖的原则”。

“危险的分配”是指有关当事人应当分担对发生危害结果之危险的注意义务。这个要求最初是从处理交通事故中认定驾驶员与受害人各自过失的角度提出的，但是现在已经不限于交通事故的场合。不过根据什么来分配对危险的注意义务，却始终没有可以具体确定的依据，只能说“必须符合具体社会的要求”。这种主张无疑限制了这种观点的实际运用。

“信赖原则”是指参与社会公共生活的人可以信赖其他参与同一活动的人也会采取谨慎态度遵守规则。信赖原则的前提是自己首先应当在行动时遵守规则。这一原则最初也是从处理交通事故中的过失责任的角度提出的，是以“危险的分配”为基础的。按照这一原则，“加害者并无必须预见被害者之不适当行动，以防止发生事故之注意义务；如信赖被害者能遵守交通规则为适当行动，而已采取与之相适应之适当措施时，则可认为已遵守注意义务，而无适合构成要件之过失”。但是信赖原则应当受到以下限制：行为者本身违反交通规则时，不能以信赖他人遵守交通规则而免除注意义务；可以很容易地预见到对方有违反交通规则的行动时，不能信赖其遵守交通规则；因为道路以及其他状况可以预见违反交通事故的频率较高时，不能适用信赖原则；对方是幼儿、老人或身体有障碍者时，不能适用信赖原则；行为者有充分余裕可以采取适当措施以回避发生事故时，不能以信赖对方遵守规则而免除注意义务。有无不适用信赖原则的特别事由，应从社会相当性即一般社会生活观念上所要求的“相当的注意”的立场作具体的、个别的判断。

（3）依据其先行行为产生的注意义务。由于自己的行为而产生发生侵害他人法益之危险时，即产生行为人之注意义务。

（4）依据人在日常生活中基于尊重他人法益应为之一切注意义务。这种义务的内容包括伦理的、道义的以及在日常生活上阻止发生危险行为或侵害行为所应注意之义务，亦即所谓“社会生活上必要的注意义务”。

对于前三项注意义务，我国大陆学者亦有人持肯定态度。[1] 不过，我认为，离开法律规范所明示或暗含的要求以及行为人自身原因产生的义务来设定人在危险发生前的注意义务，有扩大过失犯罪法条适用范围之虞，它会使每个在社会生活中从事正常活动特别是带有危险性质的业务活动的人处于无所适从的境地，以行为人在行为时尚未明确认识到的要求来确定其注意义务进而论其刑事责任，是缺乏合理性的。尽管社会

〔1〕参见姜伟：《犯罪故意与犯罪过失》，群众出版社1992年版，第289—290页。

生活中的习惯、常识以及道德规范等，也是人们应当遵守的，是社会生活的要求，但是它毕竟是处于不确定、不明确具体的状态，人们对它的认识也往往是不尽相同的。而法律上的责任特别是刑事责任必须以事前设定的法律规范（罪刑法定）为前提，不能以不甚明确的、有待论证的规则来追究人的刑事责任。并且，习惯、常识以及道德规则，不具有法律规范的性质，不能以国家强制力来保障它被遵守。这可以说是公认的法学原理。既然如此，当基于没有遵守这类规范所要求的注意义务而在没有犯罪意图的情况下实施的行为发生了危害结果时，便以过失追究其刑事责任，就很难说不是一种结果责任。因此，我认为，过失的注意义务，应当严格地以法律（法规、规章、条例等）的要求为依据。行为人没有违反法律规范要求的和行为人自己的行为所产生的注意义务，就不存在过失心理。

3. 违反注意义务的认定标准

关于认定是否违反注意义务的标准，有客观说、主观说、折中说之争。客观说以社会一般人、平均人的标准来判断行为人是否违反了注意义务；主观说则从行为人的具体情况和行为时的具体情况出发来判断行为人是否违反了注意义务；折中说以吸取客观说与主观说各自的优点出发，在注意义务的内容上坚持客观标准，而在是否实际违反上坚持主观标准。不过，在现代，折中说几乎是世界各国刑事理论中的通说。

按照折中说，判断行为人是否违反注意义务，首先应当从客观上即以社会平均人、一般人或称“具有良知与理智而小心谨慎之人”为标准，来认定行为人是否保持以及在何种程度上保持了法律所要求的注意义务。如果按照社会一般人的标准，在客观上存在着预见构成要件性结果发生的可能性，法律或者社会生活又赋予了一般人加以预见并采取适当行为的义务，而客观上又存在着一般人采取适当的行为就能防止构成要件结果发生的可能性并且有义务避免结果发生。那就可以说在客观上存在着注意的义务（客观的注意义务）。只有在这个基础上才能进一步判断行为人是否违反了注意义务。为此就需要进一步考虑行为人的个人情况以判断对于具体的行为人来说是否存在着主观的注意义务，即构成要件性结果对行为人来说是不是可能预见的、有没有预见的义务，以及行为人有没有避免构成要件性结果的可能性和避免义务。因为虽然在客观上存在着注意义务，行为人可能由于某些特殊情况而无法保持一般人所能保持的注意义务，例如行为人可能因生理缺陷（如近视、色盲、耳聋等）、心理缺陷（如智力低下、反应迟钝等），缺乏特定业务活动、职务活动或处置特定情况所需要的知识经验技能，或者这种知识、经验和技能的程度达不到保持特定的注意义务所要求的程度。在这种情况下，就不能要求具体的行为人像社会一般人那样保持注意义务，只有当客观上存在着一般人应有之注意义务，就行为人而言，也应当保持这种注意义务时，行为人如果没有保持或者没有保持到应有程度的注意义务，才可以认定其违反了注意义务。

但是，当客观上存在着注意义务，而行为人由于自身的原因而缺乏主观的注意义务时，是否可以阻却过失？学说中没有明示。我认为，如果达不到一般人标准的原因在于行为人自己的意志努力不够，或者说这种原因可以归责于行为人的主体性，那就不应当阻却过失；如果不能归责于行为人的主体性，就应当阻却过失。换言之，行为人由于无法避免的原因而使自己不能保持一般人应有程度的注意义务，就可以排除主观的注意义务从而阻却违反注意义务之过失；行为人由于可以避免的原因而使自己不能保持一般人应有程度的注意义务，就不能排除主观的注意义务，从而也不能阻却违反注意义务之过失。例如，一个人在不具备专门知识或熟练技能的情况下从事某项只有具备专门知识或熟练技能才可以预见和避免发生危害结果的活动时，从主观上看，他就没有预见和避免危害结果的可能，从而也就没有主观的注意义务。但是如果他是临时受命而不得不在缺乏必要知识和技能的情况下从事该活动，那就不能要求他像具有专门知识和熟练技能的人一样保持注意，因而也就没有理由要求他对由此造成的危害结果承担刑事责任。如果他缺乏必要知识和技能不是因为临时受命而是因为他在长时间从事该项活动的过程中自己不努力学习和钻研该项活动所必需的知识和技能，长期不注意提高自己的工作能力，以致达不到从事该项活动的一般人所能具有的知识和技能水准，或者是在他本不应从事该项活动时不顾自己缺乏必要知识或技能的实际主动从事该活动，以致没有能力保持必要的注意，那么就不能以他实际上不能预见、不能避免危害结果为由来否定其违反注意义务的过失责任。这个问题实际上仍然是个期待可能性的问题。

（四）过失的类型

过失的类型是按照一定标准对各种过失心理进行分类时划分出的不同种类。分类研究过失心理，有助于具体认识过失心理的复杂性，把握不同类型过失的特殊性。

1. 有认识过失与无认识过失

以对可能发生的危害结果有无预见为标准，可以把过失心理分为有认识过失（luxuria，recklessness）〔1〕又称有意识过失、轻率的过失、懈怠过失、过于自信的过失，与无认识过失

〔1〕英语中的“recklessness”一词，表示鲁莽的、满不在乎的心理状态。在不同的上下文中，该词有时表示有认识的过失，有时表示放任（间接故意的心理状态）。在后一种场合，有些学者往往用“criminal recklessness”表示，以区别于有认识的过失。

(negligence, faute inconsciente) 又称无意识过失、疏忽的过失、疏虞过失、疏忽大意的过失。

有认识过失是指："行为人虽认识其行为有实现法定构成要件之可能，但因违背义务地与可非难地过分自信，而认为其行为不致实现法定构成要件，乃贸然地着手实行，终致实现法定构成要件之主观心态。易言之，即行为人虽预见其行为对于法律所保护之行为客体存有危险，但因低估此等危险程度，或高估其自己之能力，或是单纯希望好运当头，而确信法定构成要件不致实现，可是仍旧实现法定构成要件之主观心态。"〔1〕"所谓有认识的过失是指那种虽然认识了结果发生的可能性，但却相信自己的技术和侥幸，从而否认结果发生。"〔2〕"已认识结果的发生可能性而不容忍其发生者，叫做有认识的过失。"〔3〕"过于自信过失，是指行为人预见到自己的行为可能发生危害社会的结果，但轻信能够避免，以致发生这种结果的心理态度。"〔4〕

从这些定义中可以看出，有认识过失都是指：(1) 已经预见到危害结果；(2) 相信可以避免该结果发生；(3) 由于轻率的心理态度而未能避免。但是不同的定义对有认识过失的侧重点是不同的，其中多数只强调过失的认识因素，以认识到作为构成要件的危害结果发生的可能性而又否认其发生的主观认识来定义有认识的过失；有的既强调有认识的一面，又强调轻率的意志态度，从认识因素和意志因素两个方面来把握有认识

〔1〕 林山田：《刑法通论》，三民书局1986年版，第253—254页。

〔2〕〔日〕木村龟二主编：《刑法学词典》，顾肖荣译，上海翻译出版公司1991年版，第284页。

〔3〕〔日〕福田平、大塚仁编：《日本刑法总论讲义》，李乔、文石、周世铮译，辽宁人民出版社1986年版，第75—76页。

〔4〕 高铭暄主编：《刑法学》，北京大学出版社1989年版，第158页。

过失。我认为后一种立场较之前一种立场更为可取，它可以使过失犯罪的刑事责任建立在合理的根据之上。

无认识过失是指“行为人依客观情状及其个人情况负有注意义务，且有注意能力，但竟不注意，而在主观心态上毫无认识之情状下，实现法定构成要件而言”〔1〕；“行为人对于构成犯罪事实全无认识（意识）或未认识全部事实之情形”〔2〕；“对犯罪事实之发生全无认识者，曰无认识之过失”〔3〕；“对于构成要件的结果毫无认识者，叫做无认识过失”〔4〕；“无认识的过失是指没有认识到结果而行动”〔5〕；“疏忽大意的过失，是指行为人应当预见到自己的行为可能发生危害社会的结果，因为疏忽大意而没有预见，以致发生危害社会的结果的心理态度”〔6〕。

这些定义表明，无认识过失都是对作为构成要件的危害结果没有认识以致这种结果发生。但是有的强调没有认识的前提是行为人负有认识的义务并且客观上具有认识的可能性，没有认识的原因是行为人的疏忽大意（不注意的态度）；有的则仅仅指出无认识。

此外，关于无认识的内容，有的强调对作为犯罪构成要件的结果没有认识，有的强调对犯罪事实无认识。而在后一种观点中，又必然产生是对构成犯罪事实的全部要件没有认识还是

〔1〕 林山田：《刑法通论》，三民书局1986年版，第253页。

〔2〕 洪福增：《刑事责任之理论》，刑事法杂志社1982年版，第328页。

〔3〕 韩忠谟：《刑法原理》，台湾大学法学院1981年版，第214页。

〔4〕〔日〕福田平、大塚仁编：《日本刑法总论讲义》，李乔、文石、周世铮译，辽宁人民出版社1986年版，第75页。

〔5〕〔日〕木村龟二主编：《刑法学词典》，顾肖荣译，上海翻译出版公司1991年版，第284页。

〔6〕 高铭暄主编：《刑法学》，北京大学出版社1989年版，第161页。

仅仅对构成犯罪事实的部分要件没有认识也可以的争论。把对构成犯罪事实的全部要件的无认识作为无认识过失的成立条件是不合理的，因为一个人如果连作为犯罪构成核心要件的行为本身都没有认识，他不知道自己在干什么，那就无法要求他对自己的行为承担过失犯罪的责任。把对构成犯罪事实的部分要件的无认识作为无认识过失的成立条件又必然涉及哪一部分的问题。是只要对构成犯罪事实的任何一个要件没有认识就可以，还是只对其中一个特定要件如结果要件没有认识？认为对构成犯罪事实的任何一个要件没有认识就可以构成无认识过失，那是不合情理的。例如对行为、客体、对象等的不认识，就不能认为也可以构成无认识过失。只有对作为构成要件的结果没有认识，才可能成为无认识过失。[1]

有认识过失与无认识过失，虽然在是否预见到构成要件性结果发生的可能性上有有与无的区别，但都是违反了注意义务，都不希望或者放任危害结果发生，都存在由于自身的主体性原因而缺乏避免危害结果发生的意志努力，因而都对这种结果负有责任。日本学者和我国台湾地区学者明确否认有认识过失与无认识过失在罪责程度和处罚轻重上的差别，[2] 我国大陆学者虽未否定，但也很少有人指出二者的差别。

不过，我认为，这两种过失在责任程度以及随之而来的处罚轻重上是有差别的。这种差别表现在危害结果的性质和严重程度相当的情况下，无认识过失在责任程度上应当重于有认识

〔1〕 林山田先生即明确指出了这一点。参见林山田：《刑法通论》，三民书局 1986 年版，第 254 页。

〔2〕 参见林山田：《刑法通论》，三民书局 1986 年版，第 254—255 页；洪福增：《刑事责任之理论》，刑事法杂志社 1982 年版，第 329 页；〔日〕木村龟二主编：《刑法学词典》，顾肖荣译，上海翻译出版公司 1991 年版，第 285 页。

过失。其理由在于：

第一，从过失的本质上看，虽然都违反了注意义务，但是有认识过失只是违反了避免结果发生的注意义务，而没有违反预见结果发生的注意义务；无认识过失不仅违反了避免结果发生的注意义务，而且违反了预见结果发生的注意义务。因此在违反注意义务的程度上，无认识过失显然重于有认识过失。

第二，从避免结果发生的可能性上看，有认识过失已经预见到结果发生的可能性，并且主观上并不希望和放任这种结果发生，这就有可能避免这种结果。虽然由于其主观努力不够而未能避免，所以应受责难，但至少是存在避免的可能性。无认识过失全然没有预见到结果发生的可能性，尽管他也不希望这种结果的发生，但是不可能有避免这种结果发生的任何意志努力，也就不存在避免结果发生的任何可能性。这对于刑法所保护的社会利益的威胁显然大于有认识过失。无视这种在主观努力的程度和对社会利益的威胁程度上的差异，仅仅根据实际发生的危害结果大小论定人的责任，不能说是完全合理的。

除了责任程度上的差别之外，有认识过失与无认识过失的区分还有一个重要的功能，那就是使过失与故意、与意外事件有一个明确的界限。过失与故意的界限，主要是指有认识的过失与间接故意的界限；过失与意外事件的界限主要是无认识的过失与意外事件的界限。因为在其他情况下其界限往往是不言自明的，只有在这两种情况下容易混淆，因而有着意区分的必要。

（1）有认识过失与间接故意。

有认识过失与间接故意这两种心理态度对行为可能发生的危害结果都有认识并且都不是希望其发生，但是这种认识的程度和不希望的态度是不同的。

在有认识过失的场合，行为人正是由于没有充分认识到自己的行为发生危害结果的可能性，所以才“轻信”能够避免；在间接故意的场合，行为人是“明知”自己的行为会发生危害社会的结果。因而前者是建立在预见的模糊性之基础上的，后者是建立在认识的明确性之基础上的。不仅如此，有认识过失在主观意志上是“轻信”能够避免危害结果的发生，即由于轻信而不希望危害结果发生；间接故意则是放任其发生，即对危害结果发生与否持无所谓的态度。

在有认识过失的场合，行为人之所以在预见到自己的行为可能发生危害社会之结果的情况下，仍然相信这种结果不会发生，往往是基于一定的能够避免危害结果发生的因素。这些因素可能是自身的能力，也可能是对他人行为的出现或作用的预计或期望，还可能是行为过程中已经存在或可能出现的某种客观因素。由于行为人过高地估计了这类因素及其作用，因而对危害结果发生的现实危险缺乏足够的重视而坚持实施过失行为。或者与之相反，行为人过低地估计了行为过程中可能出现的促使危害结果发生的某些因素，以为它不会出现或者认为它的作用能够为有利因素的力量所控制或消除而不致引起危害结果。

在有认识过失的行为的过程中，行为人由于不希望亦不放任危害结果的发生，所以往往会尽力发现利用有利因素来防止危害结果的发生。在间接故意的场合，行为人明知自己的行为可能发生危害社会的结果，但是由于他对这种危害结果是否发生持放任的态度，所以并不关心这种结果是否会真的发生，因而也不会自觉地去发现和利用有利因素来避免危害结果的发生。

这种在认识程度和意志态度上的区别，正是区分有认识过失与间接故意的基础。

（2）无认识过失与意外事件。

无认识过失和意外事件在主观上都表现为对行为实际造成的危害结果事先没有认识到，但是造成这种没有认识的心理状态的原因是不同的。在无认识过失的场合，行为人在法律上具有应该认识的义务，在客观上具有认识的可能，只是由于行为人主观上没有发挥自己的能动性而没有认识。在意外事件的场合，却是由于客观条件的限制，使行为人在行为时无法认识行为可能发生的危害结果。这种没有认识的原因是这种心理状态能否归责于行为人的基本依据。

2. 普通过失与业务过失

以过失主体有无特殊身份为标准，可以把过失分为普通过失（general negligence，levis culpa）与业务过失（professional negligence，Berufsfahrlassigkeit）。

普通过失又称一般过失，是指普通的一般人违反注意义务的过失心理。业务过失是指从事一定业务从而具有特殊身份的人违反注意义务的过失心理。由于注意义务总是具体的，对于不同类型的人可能具有不同的要求，所以普通过失与业务过失的区别就不仅仅是有无特殊身份。以这种身份的不同为基础，在注意义务产生的依据和内容上、在过失行为的性质和特征上，都可以表现出普通过失与业务过失的差别。

普通过失是违反法律要求一般社会成员在社会活动中应有之注意义务，以致没有认识或者没有避免可以构成犯罪的危害结果的心理状态。从主体上看，这种过失可以存在于任何一个具有刑事责任能力的人的心理之中。从范围上看，可以发生在社会生活的各个方面，但是应当明确，普通过失的注意义务虽然是以社会一般人为对象的，但对于具体行为人来说，是否违反了这种注意义务，仍然应当根据行为时和行为人的具体情况来判断。

业务过失是违反法律要求从事某种业务的人必须具有的注意义务，以致没有认识或者没有避免可以构成犯罪的危害结果的心理状态。从主体上看，这种过失只存在于从事特定业务活动的人的心理之中，并且只发生在从事特定业务活动的过程之中。这种“业务”，我国台湾地区学者和日本学者都认为是指以反复或持续为同种类行为为目的之社会活动，并且具有可能对他人的生命、身体或财产造成危害即伴随着社会生活上的重大危险性的事务。从事特定业务的人不限于具有合法身份即经正式任命、许可、聘用而从事该业务活动的人。只要事实上反复或持续从事该业务活动，就视为具有从事该业务活动之身份的人。这类业务，由于其本身的性质所决定，往往都由国家、行业或团体（法人组织）以法规、规章、条例、守则、纪律、规范等形式明确规定了从事业务的人必须遵守的注意义务。违反这种特定的注意义务是因没有预见或者没有避免危害结果而构成犯罪过失的前提。业务过失除了包括直接从事业务活动的人的过失之外，还包括对业务活动负有领导、监督责任的人在履行职责中决策不当、指挥错误、丧失监督等行为中表现出来的过失。

区分普通过失与业务过失，是为了认识不同类型过失的特殊性，但是在西方国家更重要的目的是加重业务过失的责任。对此，德日学者和我国台湾学者提出了许多理由，有的学者将其归纳为两个方面：（1）从注意义务上看，从事一定业务的人，因其反复持续地从事特定业务，其知识和经验以及对其业务行为可能发生之危险的预见能力和避免能力都较之一般人优越，因而应当科以较普通人更大的注意义务，违反注意义务时亦应承担较重的责任。（2）从刑事政策上考虑，业务行为的危险性比普通行为的危险性大，所以应当要求从事这类业务活动的人保持更高的注意，更加小心谨慎地从事这类业务活动。违反这种业务上要求的较高的注意义务，就应当承担较重的责任。[1] 有的学者将其归纳为四种学说：（1）特别义务说：业务活动具有较大的危险性，要求业务人员比较慎重，所以赋予其特别的注意义务以避免危害结果；从事业务活动的人违反这种特别义务，当然应负较重的责任。（2）警戒说：根据社会的安全目的，加重业务过失的刑事责任可以发挥警戒作用，促使业务人员增强注意力以避免危害结果。（3）注意能力说：从事业务活动的人因其社会地位和业务活动积累了较多的知识和经验，具有比常人更大的注意能力，易于预见和避免危害结果；在没有预见或避免危害结果的场合显然比普通人具有更大的过失，所以应负较重的责任。（4）违法性说：业务过失的违法性和危害性比普通过失的违法性和危害性大，所以应负较重的责任。[2]

但是我国大陆刑法采取了与上述主张不同的立法精神，对业务过失规定的刑罚轻于普通过失的刑罚。我国大陆学者认为，这样规定是有利的，其根据是：（1）业务过失是在为社会进行有益工作过程中发生的，属于工作上的失误，不宜处罚过重。（2）业务活动本身潜伏着发生危害结果的危险性，一旦发生事故，不能完全苛求于行为人。（3）业务活动本身所具有的危险性对行为人提出了更多、更高的注意义务，加重了业务人员的心理负荷。如果偶尔失误造成危害便处以较重的刑罚，会导致业务人员的心理紧张，不利于科学技术的发展和劳动生产

〔1〕参见林山田：《刑法通论》，三民书局 1986 年版，第 255 页。

〔2〕参见姜伟：《犯罪故意与犯罪过失》，群众出版社 1992 年版，第 321 页；洪福增：《刑事责任之理论》，刑事法杂志社 1982 年版，第 329—333 页。

率的提高。（4）对业务过失的预防不能依靠刑罚的惩罚和威慑，而应依靠加强职工的技术培训、安全教育，全面落实规章制度和提高企业经营管理水平。[1]

比较上述两种主张，可以看出以下差别：第一，在主观上，日德刑法注重行为人的注意能力和注意义务，而我国大陆刑法注重保护人的劳动积极性；第二，在客观上，日德刑法重视保护社会利益，而我国大陆刑法强调造成过失行为的客观原因。从其合理上看，具有特殊身份的人特别是从事高危职业的人，不仅法律要求其应当具有较普通人更多的注意义务，而且事实上他具有比普通人更强的注意能力，所以在出现过失的场合，具有特殊身份的人的业务过失应当受到比普通过失更多的谴责。从社会的价值追求上看，保护社会成员生命安全的要求应当大大超过保护从事高危职业的人的劳动积极性的要求。越是危险的职业，越应要求从业人员具有高度的责任心，越应从重处罚从业人员的过失，否则，就难以保障社会的公共安全。以业务活动的正当性为业务过失开脱责任，虽然有利于保护从业人员的劳动热情，但却忽视了具有更大价值的社会公共安全，因而是不可取的。对此，我国大陆也有学者提出了相同的主张。[2]

除了上述两种分类之外，在西方国家刑法中还有重过失与轻过失、法律过失与事实过失之分。重过失是明显严重地违反注意义务以致造成重大危害结果的过失，轻过失（包括普通过失和轻微过失）是违反注意义务不太明显、不太严重从而导致的危害结果也不大的过失。过失的轻与重是相对而言的，只能

---

〔1〕 参见马克昌主编：《犯罪通论》，武汉大学出版社 1991 年版，第 341—342 页。

〔2〕 参见侯国云所著《过失犯罪研究》，姜伟所著《犯罪故意与犯罪过失》，孙国祥等所著《过失犯罪导论》，甘雨沛等主编《犯罪与刑罚新论》等。

就各个具体案件来认定，因而在类型化方面没有理论的价值。法律过失是指违法性的过失，即对行为的违法性缺乏认识。事实过失是指构成要件性过失，即对作为犯罪构成要件的结果缺乏认识。法律过失实际上是个却阻故意的问题，而不是过失的一种类型。它与事实过失不是就同一意义上的过失所作的划分，亦不具有对过失进行类型化划分的意义。

五、复杂罪过

故意与过失是罪过的两种基本形式，也是单一的罪过形式。由于犯罪现象的复杂性和人类思维的多样性，罪过也可能以复杂的形式出现。所谓复杂罪过，就是在同一行为过程中，并存或交叉出现故意和过失的心理状态。正确认识复杂罪过，对于合理解决特殊场合下的刑事责任问题具有重要的意义。

关于复杂罪过，大陆法系和英美法系学者很少专门论述。我国大陆有的学者将其分为混合罪过、复合罪过与共同罪过三种。混合罪过是指，在同一犯罪过程中行为人的故意与过失相互转化的心理状态。其中包括故意向过失的转化，即行为人故意实施某种犯罪行为，又过失地造成另外一种更严重的危害结果的情形，如故意伤害致死；过失向故意的转化，即行为人过失地造成一种危害结果之后又希望或者放任另一更严重的危害结果的情形，如过失致人伤害后放任死亡结果。复合罪过是指，由一个犯罪目的产生的数种罪过的犯罪形态只按其中的一个罪过定罪的情形。其中包括故意转移，即行为人基于同一犯罪动机或犯罪目的在犯罪过程中以新的故意代替原有的故意的情形，如实行故意取代预备故意，后一实行故意取代前一实行故意；牵连罪过，即行为人为实施某种犯罪基于手段与目的或原因与结果的牵连关系而产生数个故意的情形，如手段故意与目的故意、原因故意与结果故意；竞合罪过，即行为人对一个行为造成的两种危害结果产生不同罪过的情形，如杀人故意与杀人过失的竞合，杀人故意与放火故意的竞合。共同罪过是指，二人以上共同实施犯罪时个人之间的罪过心理的联系形式。其中包括共同故意、共同过失和共同混合罪过（二人以上的行为人分别由故意和过失共同造成某种危害结果的情形）。[1]

上述分类恰当地划分了复杂罪过的不同情形，有助于全面认识罪过心理的复杂性。但是上述分类的目的似乎不甚明确，表现在分类的依据上没有统一的标准，每类复杂罪过形式存在的意义及其相互联系不够清楚。

我认为，研究罪过的目的是更合理地解决人的刑事责任问题。对于复杂罪过也应当从这一目的出发，去研究和把握复杂罪过的特殊性。复杂罪过的特殊性在于同一犯罪过程中，同时存在着两个甚至两个以上的故意或过失。如果不是在同一犯罪过程中，而是在不同的犯罪过程中分别存在两个或两个以上的故意或过失，那就是单一罪过而不是复杂罪过。正由于存在于同一犯罪过程之中，所以同时存在的不同罪过心理必然有某种内在的联系。分析它们之间的联系形式，既是认识复杂罪过的关键，也是划分复杂罪过不同形式的依据。

根据复杂罪过的结合形式，我想把它分为并存罪过（混合罪过）与交叉罪过（共同罪过）两种：

（一）并存罪过

并存罪过是指在同一犯罪过程中并存着两种罪过，这两种罪过共同制约着行为的结局。这种罪过形式可以是理论上广义的混合罪过。并存罪过主要表现为以下几种：

---

〔1〕参见姜伟：《犯罪故意与犯罪过失》，群众出版社1992年版，第391—436页。

1. 竞合罪过

竞合罪过是指当同一行为可能产生两个结果时，行为人对这两种结果具有两种不同的罪过心理，但这两种心理之间具有竞合关系。一个人以杀人的故意向前方两个人中的一个开枪，他在主观上就可能并存着两种罪过心理，即对他企图杀死的人具有杀人的直接故意，对于旁边的人具有杀人的间接故意或者过失心理（视其射击技术及实际心理而异），因为在这种行为中同时存在着两个结果发生的可能性并且行为人对之都有预见和态度。以伤害的故意用刀杀人，如果行为中不加节制，那就同时具有放任或者过失杀人的罪过心理。在故意伤害致死的场合，这两种罪过心理是并存的，不是像有些学者所说的由一种罪过向另一种罪过的转化。在上述两种情况下，虽然行为人主观上同时存在着两种罪过，但是这两种罪过之间具有竞合关系，它们相互作用，共同支配同一危害行为的实施和危害结果的发生。因而以其中任何一个罪过支配同类行为造成同样结果的场合相比，行为人在主观上具有更大的可责性，应当承担较重的刑事责任。

2. 牵连罪过

牵连罪过是指当一个行为过程分别由几个举动（行为）组成而这几个举动又可能独立造成危害结果时，行为人对这种结果具有与对整个行为的罪过不同的罪过，而这两种罪过之间由于不同举动之间存在着手段行为与目的行为或者原因行为与结果行为的关系而具有牵连关系。例如在强奸或者抢劫过程中，行为人对于强奸或者抢劫本身具有直接故意的心理状态，但是当其使用的暴力手段可能造成被害人重伤或者死亡的结果时，行为人对这种重伤或者死亡的结果可能具有间接故意或者过失的心理状态。这两种罪过心理并存于同一行为过程，并且相互之间具有牵连关系。这种罪过形式与只有其中一个罪过而不包含另一个罪过的情形相比，同样具有更大的可责性，应当承担较重的刑事责任。

3. 择一罪过

择一罪过是指当行为人实施危害行为时，其主观上同时存在着两种罪过，但是最终只有一种罪过支配了行为的实施过程。例如行为人携带凶器去盗窃，而携带凶器是为了“以防万一”。这时行为人实际上就同时具有两个罪过，即盗窃、盗窃不成就抢劫。这两种罪过在行为之时就已经存在于行为人的主观心理之中。只是在行为实施过程中，由于没有遇到别人阻止而表现为盗窃的罪过或者由于遇到别人阻止而表现为抢劫的罪过。这种罪过形式不是像有些学者所说的罪过转移，而是本来就存在两种罪过心理，只是由于它们之间所具有的包容关系最终表现为其中一种而已。至于行为人本没有杀人故意而只有伤害故意，但在行为实施过程中由于遇到被害人的抵抗而突生杀意将被害人杀死，那是故意的改变，是单一罪过。因为行为人主观上不是同时具有两种罪过，所以不应属于复杂罪过形式。

择一罪过由于曾经并存过两种罪过心理，所以也应当比单一罪过承担更重的刑事责任。但是择一罪过，既可能是在两种罪过中最终是较重的罪过支配了行为，也可能是在两种罪过中最终是较轻的罪过支配了行为，因而应当首先根据实际支配行为的罪过与实际实施的行为来确定行为人的刑事责任，然后在这个基础上再考虑是否应当加重其责任程度。如果最终表现为较轻的罪过，那就应当考虑曾经具有的较重的罪过而给予相应的责难；如果最终表现为较重的罪过，则应认为较重的罪过吸收了较轻的罪过，只按实际表现出的罪过来确定责难的程度。

(二)交叉罪过

交叉罪过是指在同一行为过程中不同的行为主体所具有的罪过相互交叉，共同作用于危害行为的实施过程，制约着行为的结局。这种罪过形式可以视为通常所说的共同罪过。交叉罪过主要表现为以下几种：

1. 相互利用的罪过

相互利用的罪过是指不同的行为主体所具有的罪过通过意思联络而相互利用共同作用于同一行为过程。各个行为人在同一行为过程中，不仅具有相同的罪过形式，而且认识到他人的罪过心理并希望或放任他人的行为的结果，利用他人的行为实现共同追求的目标。这种罪过形式通常发生在共同故意犯罪的场合。在这种场合下，每个行为主体既可能具有单一罪过，也可能具有并存罪过，但是就其整体而言，他们之间相互利用、共同完成同一犯罪，其主观上的罪过也具有相互交叉包容的关系。

这种罪过形式，从总体上看，无疑具有较大的可责性。但是就每个行为主体而言，则应分别情况，根据他在共同犯罪故意中的地位以及对共同犯罪行为的作用来定论，而不能笼统地追究较重的责任。这是个人责任原则的必然要求。

2. 相互制约的罪过

相互制约的罪过是指不同的行为主体所具有的罪过虽然不是相互利用，但却相互制约共同决定行为的结局。各个行为人在同一活动中，各自具有独立的罪过，他们之间虽然没有意思联络，不存在相互利用的关系，但是他们对同一危害结果的发生都具有制约作用，各自的罪过支配各自的行为，这些行为相互作用，共同导致了同一危害结果的发生。因此从效果上看，这些同时存在的各自独立的罪过之间具有交叉、制约的关系。

这种罪过形式通常存在于共同过失犯罪中。

在共同过失的犯罪中，各个主体的罪过虽然有所交叉，共同导致了危害结果的发生，但是，由于各个主体都不希望危害结果发生，因而都没有有意识地利用他人的罪过和行为来实现危害结果，因而其主观上的可责性较小，应当负担较轻的刑事责任。并且各个主体的罪过，都在一定程度上减少了、降低了其他人罪过心理的可责程度。

3. 单方利用的罪过

单方利用的罪过是指具有故意罪过的主体利用具有过失罪过的主体的行为来实现自己的犯罪意图，以致这两种不同形式的罪过心理共同决定了行为的结局。在这种罪过形式中，一方积极主动，自觉利用他方的过失来实现自己的犯罪意图，而另一方并没有意识到自己被人利用，以致在客观上为他方实现犯罪意图提供了条件或机会。这两种罪过不仅同时存在，而且在客观上相互作用共同导致了同一危害事实的出现，因而亦具有交叉关系。但是对于具有故意的罪过心理的一方来说，由于他除了具有故意之外，还具有利用他人过失实现自己的犯罪意图这样一种本身就值得谴责的心理状态，所以应当受到比相同情况下仅有故意的罪过更重的责难。对于具有过失的罪过心理的一方来说，由于危害事实的发生并不是他有意识地利用他人的罪过来实现的，所以不应承担比通常情况下更重的责难；但是他的过失被别人利用并不能成为减轻其责任的理由，因为他本身并不是对他人的行为负连带责任而只是就自己的过失本身承担责任的，这种过失是否被他人利用与这种过失本身应受责难的程度没有直接关系。

4. 合一的罪过

合一的罪过是指虽然不同主体都同时具有罪过，但它们只能结合在一起以同一个罪过的形式出现。这种罪过形式主要发生在法人犯罪的场合。在法人犯罪的场合，法人的罪过首先表现为有关自然人的罪过。而在若干自然人的罪过同时存在并且相互结合构成法人罪过（有时单个自然人的罪过也可以构成法人的罪过）的场合，法人的罪过就吸收了、包含了有关自然人的罪过，而作为单一的罪过存在于单一的犯罪主体——法人的犯罪行为之中。但是在这种场合下，各个自然人的罪过实际上是以双重意义存在的：一方面，它们相互结合构成单一的法人罪过，成为法人犯罪负刑事责任的根据；另一方面，它们又各自独立作为各个主体自身的罪过，作为自然人负刑事责任的根据。这种双重责难的合理性，有待评说。

六、错误对罪过的影响

人类的意志活动是认识客观存在的事实和自身的现实需要，然后根据这种认识选择行为的过程。人的认识是人类意志活动的基础，而认识作为对客观现实的表象和再现，必然会与被映现的对象本身之间存在差异。当这种差异的程度达到一定限度时，就会使主观上映现的东西与客观上存在的映现对象不相符合甚至面目全非。这就是所谓认识上的错误。基于认识上的错误而进行的意志选择，未必就是主体根据自身需要所确定的真实意图。在刑法中，行为人对危害行为的主观认识与行为的客观实际相悖时，就可能影响到其罪过的存在及其形式，影响到行为人的刑事责任，因而受到学者们的重视。

在刑法中，错误（mistake，Irrtum）是指行为人的主观认识与客观存在的或实际发生的事实不相一致的情况。古罗马时期就盛行着“不知法不赦”的原则，在这一古老原则的指导下，行为错误被划分为法律错误（mistake of law，error juris，Rechtsirrtum）与事实错误（mistake of fact，error fact，Tatirrtum)，并把法律错误排除在定罪量刑时所要考虑的因素之外。

按照传统的观点，法律错误是指对法律本身的无知和误解以及对自己行为的法律性质和法律后果的认识错误。法律错误既不影响罪过的成立与否，也不影响责任的程度大小。因此在刑事审判中无论行为人对法律具有怎样的误解，法官只根据行为的客观事实认定罪过的有无和行为的性质，而不受行为人对法律错误的辩解的影响。与之相反，事实错误，即对行为本身的某些客观情况缺乏认识或者认识错误，则受到了法官们和学者们的青睐，认为对某些事实的认识错误可以阻却故意的成立。

但是20世纪以来特别是在20世纪中叶以来，强调犯罪的成立必须有违法性认识的主张对刑法理论研究、刑事立法和刑事司法产生了重大影响。以此为契机构建的犯罪论体系，把犯罪成立的要素分为构成要件符合性、违法性和有责性三大要素。这种犯罪论的体系以及对违法性的要求，促进了现代错误理论的发展。这首先是对法律错误与事实错误的分类提出的挑战，认为法律错误与事实错误之间缺乏明确的界限。对某些包含法律性质的事实因素诸如“他人的财物”等的认识错误究竟属于法律错误还是事实错误？如果认为是事实错误，就应当承认其阻却故意；如果认为是法律错误，就不能承认其阻却故意。其次是法律错误是否在任何情况下都不影响故意的成立。为此，学者们又把法律错误分为“刑罚法规的错误”与“非刑罚法规的错误”，认为前者不阻却故意，后者阻却故意。进而，与上述犯罪论的新体系相联系，学者们用“构成要件性错误”(Tatbestandsirrtum)与“禁止的错误”(verbotsirrtum)或“违法性错误”(Rechtswidrigkeitsirrtum)的分类来取代法律错误与事实错误的分类，并逐渐形成通说。

禁止的错误，即对法律所禁止的事项认识错误，可以分为直接的禁止错误（Direkter Verbotsirrtum）与间接的禁止错误（Inderekter Verbotsirrtum）。直接的禁止错误是指行为人对与其行为直接有关的禁止规范无所认识，如认为没有与其行为直接有关的禁止规范或者认为这类规范已失效或者认为这类规范不适用于自己的行为，以致误认自己的行为在法律上未被禁止。间接的禁止错误是指行为人虽然认识到自己的行为是法律所禁止的，但又在客观上不存在阻却违法事由的情况下误认其存在，以致认为自己的行为是合法的，如假想防卫。对于禁止的错误，按照故意论的观点，由于违法性认识是故意成立的要素，所以缺乏违法性认识就应当阻却故意，即不认为其构成故意犯罪，至多只能成立过失犯罪。但是按照责任论的观点，违法性认识的有无不影响故意的成立，所以缺乏违法性认识，并不阻却故意，即仍应认为构成故意犯罪，只是在责任程度上与没有这种错误的场合有所区别（有错误比无错误时对法律的敌视程度要低，所以应受较轻的责难）。禁止的错误根据行为人对它产生错误的原因，分为可避免的禁止错误与不可避免的禁止错误。可避免的禁止错误由于行为人自身的原因而没有避免，所以应当受到责难，只是可以减轻责难的程度。如果禁止的错误就具体的行为人以及行为时的具体情况而言是不可避免的，亦即错误的发生不是基于行为人自身的原因，那就排除了行为人的责任。[1]

但是关于禁止的错误即违法性错误，有的学者提出可以分为事实错误和意识错误。假想防卫就是在不存在违法阻却事由的事实情况下行为人误信存在这种事实而实施行为的，因而是

〔1〕 参见林山田：《刑法通论》，三民书局1986年版，第276—279页。

关于违法性的事实的错误或者违法性错误。违法性的事实错误阻却责任故意，因而不能成立故意犯罪，但是如果行为人存在过失，就能够成立过失犯罪。违法性的意识的错误是指，由于对法律或者行为对象的法律性质的错误认识而缺乏违法性的意识的情形。这种情形是严格意义上的违法性错误。这种错误同样可以阻却责任故意。[1]

事实错误通常是指对属于构成要件的客观要素的认识错误。关于事实错误或称构成要件错误，有的学者将其分为“阻却故意之构成要件错误”（因欠缺构成犯罪事实之认识而足以阻却故意之构成要件错误）、“客体错误”［对行为客体（对象）的同一性的错误或谓行为人主观上所认识之行为客体与其行为在客观事实上所侵害之客体不相一致］与“因果历程错误”（行为人主观上所认识之因果历程与客观上发生之因果历程不完全一致）。有的把事实错误分为影响故意成立的构成事实错误与不影响故意成立但影响犯罪完成的构成事实错误，后者再分为“积极错误”（假想而动）、“行为（行为方法、手段、工具）错误”与“客体（目标、对象）错误”。有的则把事实错误分为“具体事实的错误”与“抽象事实的错误”。还有的把构成要件性错误分为“客体的错误”“方法的错误”和“因果关系的错误”；“同一构成要件内的错误”与“不同构成要件间的错误”；等等。

对于事实错误的评价，有的从价值观的角度提出，行为人主观上认识的行为及其客体与行为在客观上的表现以及所侵害的客体，在构成要件意义以及构成要件所要保护之法益价值

〔1〕 参见〔日〕大塚仁：《犯罪论的基本问题》，冯军译，中国政法大学出版社 1993 年版，第 225—228 页。

上，相等时不阻却故意，不相等时阻却故意；但是更多的是从是否符合构成要件的要求上来评价。对于具体事实错误（同一构成要件内的错误），又有“具体符合说”（认识的内容与构成要件事实必须取得具体一致，否则就阻却故意）、“动机说”（从行为动机上看如果认识到现实中成立的事实是否还会采取行动，如回答是否定的就阻却故意）、“法定符合说”（只要在构成要件范围内的认识与事实相一致就是故意，或者说，认识的事实和实际产生的事实符合法定的构成要件，就构成故意，其他错误并不重要）；对于抽象的事实错误（不同构成要件间的错误），又有“法益符合说”（错误具有以侵害同类法益为内容的不同构成要件时可以构成轻罪的故意）、“抽象符合说”（只要实际认识与事实能取得抽象的一致，即由于对认定符合可罚性事实的抽象而在其限度内符合构成要件性故意，就可构成轻罪事实的故意）、“法定符合说”（存在着不同的构成要件的错误时，原则上阻却构成要件性故意，但是不同构成要件是同质性的重合时，在其重合的限度内一般可以承认轻罪的故意）。

在现代德日刑法理论中，“法定符合说”是解决构成要件性错误的通说（德国的通说认为，在方法错误的场合，仍应采用具体符合说）。这种学说认为，故意，不论是构成要件性故意、违法性故意还是责任故意，都不仅仅是行为人所抱有的表象和意思本身，而是作为法律评价的结果由法院对行为人的表象和意思所作的一种法律评价，因此，故意并非总是要与作为事实的行为人所抱的犯罪意思相一致。在不发生错误的场合，一般可以按照行为人的犯罪意思来认定刑法上的故意。但是在有错误的情况下，根据其错误所具有的意义，可以认定也可以否定故意的存在。法定符合说以罪刑法定主义为原则，以构成要件理论为基础来论及属于构成要件主观要素的故意，因而把故意的范围限定在法定的构成要件框架之内。行为人表象的事实与现实发生的事实，如果可以认定在法定构成要件的范围内相符合，就肯定其故意，不相符合时就否定其故意。按照法定符合说的观点，在客体（对象）错误的场合，不能否定其构成要件性故意；在方法错误的场合，如果只发生一个结果，就只承认一个故意，如果发生两个结果，则构成观念竞合；在因果关系错误的场合，只要在一系列行为中可以看出相当因果关系，就认定故意的存在；两个构成要件间的错误（如想毁坏财物而伤及人身、想杀人而危及公共安全），由于这类构成要件在实质上是重合的（具有包含关系），在要件内容上也是基本重合的，仅在某个方面不同，所以可以从构成要件重合的意义上来认定故意；在规范性构成要件错误的场合，由于规范性要素本身是“没有被记述”的构成要件要素，因而对它的错误属于事实的错误，诸如贩卖猥亵文书罪中文书的“猥亵性”的错误，妨害执行公务罪中公务员职务行为的“合法性”的错误，不真正不作为犯中“作为义务”的错误等，都应当作为构成要件性错误来阻却故意，但是对于这些规范性要素的认识程度只需以一般性的认识为已足而不要求有完全准确的认识。[1]

在我国大陆，沿袭苏联的刑法错误论，一般也将错误分为法律上的错误与事实上的错误，并认为法律上的错误一般不影响故意的成立。事实错误通常又分为客体错误、对象错误、行为性质错误、工具（手段）错误、因果关系错误等。客体错误是行为人意图侵犯一种社会关系而实际上侵犯了另一种社会关

〔1〕 参见〔日〕大塚仁:《犯罪论的基本问题》，冯军译，中国政法大学出版社 1993 年版，第 194—228 页。

系。对这类客体错误的案件，学者们通常认为应当按照行为人意图侵犯的客件定罪。对象错误，如果是在具体的犯罪对象不存在的场合行为人误认为存在而实施犯罪行为，则应按故意犯罪未遂承担刑事责任；如果是在没有犯罪意图的场合误以人为兽而实施杀伤行为，则不构成故意犯罪；如果是把一个人当作另一个人而加以侵害，则不影响行为人的刑事责任。行为性质错误的场合，应当按照行为的实际性质定罪，而不按行为人误认的性质定罪。在工具错误或称手段错误、方法错误的场合，如果行为人选择的犯罪工具手段或方法本来可以造成犯罪结果，只是由于错误而没有造成犯罪结果，则应按故意犯罪未遂追究行为人的刑事责任。在因果关系错误的场合，行为人误认为自己的行为已经达到了预期的犯罪结果而事实上没有发生这种结果，或者行为人所追求的犯罪结果事实上是由于其他原因造成的而行为人误认为是自己的行为造成的，都只构成犯罪未遂；行为人的行为实际造成的危害结果超过了行为人预想的范围时，只应按其预想的结果追究其刑事责任；行为人实施了两个行为，行为人误认为是前一行为造成了危害结果，而该结果实际是后一行为所造成时，不影响故意犯罪既遂的构成。[1] 除此之外，我国大陆也有学者认为，刑法上的错误，除了对法律认识的错误和对事实认识的错误之外，还包括“行为偏差”。这种情况本身不属于在法律上、事实上的认识错误。它不是由于认识上的错误，而是由于其他力量或其他原因而使行为在指向一个目标时损害了另一个目标。在这种场合，对实际造成的损害就不能认定为故意犯罪，而应根据实际情况作为过失犯罪或意

〔1〕 参见高铭暄主编：《刑法学》，北京大学出版社 1989 年版，第 174—177 页。

外事件处理；对于其原来想侵害的目标则按犯罪未遂处理。[1]

关于刑法中的错误，上述理论无疑具有认识论价值和实践意义，但是我认为其中有三个问题值得进一步探讨：一是研究错误理论的目的问题；二是错误的分类标准问题；三是错误的范围问题。

1. 研究错误的目的

在现有的错误理论中，关于在刑法上研究人的认识错误的目的，似乎不甚明确，至少没有贯彻于具体研究之中。我认为，在刑法中研究错误问题的目的，是解决主客观不一致的情况下行为人罪过的有无及程度问题。错误研究的视角应当是对罪过有影响的事项，错误研究的归宿应当是错误对罪过有无影响以及有多大影响的结论。

在这方面，我认为，英美刑法中的错误（mistake）理论具有较强的目的性。英美学者通常都是从有罪还是无罪、罪轻还是罪重的角度把错误作为辩护理由之一来看待的。“被告一方对事实或法律的某种误解，如果能使被告人不具有起诉方所必须予以证明的犯罪意图、主观放任或犯罪意识，则可成为一种抗辩理由”[2]，从而引起陪审团和法官的重视。只有这种能够成为抗辩理由的误解，也才能成为刑法学家们的关注对象。对事实或法律的认识错误，要成为免除或者减轻危害行为的罪责的辩护理由，必须符合三个条件：(1) 想象的情况如果是真实的，就将排除把所指控的罪责归之于实施其行为的行为人。错误大都是否定犯意而不是犯罪行为，宣告无罪是基于一个人缺乏犯意。(2) 对法律或事实的认识错误必须是合理的。这一要

〔1〕 参见王作富：《中国刑法研究》，中国人民大学出版社 1989 年版，第 188—189 页。

〔2〕〔英〕鲁珀特·克罗斯、菲利普·A. 琼斯：《英国刑法导论》（第九版），理查德·卡德修订，张智辉等译，中国人民大学出版社 1991 年版，第 62 页。

求有两层含义：一是行为人应当提供证据合情合理地表明他“确实犯了认识上的错误”，以防止把认识错误作为罪犯狡辩的理由；二是行为人所犯的认识错误在一般人看来是合情合理的，不应该犯的错误不能成为辩护理由，但是某些错误可以成为减轻责任的理由。(3) 在普通法上的犯罪中，这种错误只限于事实错误而不包括法律错误，但是“法律错误有时可间接具有开脱罪责的作用”[1]。英美国家关于刑法中的错误的理论并没有大陆法系国家发达，但是对错误研究的目的性十分明确，认为不影响罪过的有无或责任的程度的错误在刑法上就没有意义，因而也不值得去研究。

我认为，我们研究错误也应当从这种目的性出发而有选择地研究危害行为实施过程中行为人的认识错误问题。当然，一种错误是否影响罪过的有无和责任的程度，有时只能在研究之后得出结论。但是，对错误的研究应当以这种目的为引导。如果不具有这种目的性，就难以保障对各种错误现象的研究最终落脚在与罪过有关的问题上。例如关于主体的错误、关于社会危害性的错误、关于工具错误，以及关于所谓刑罚法规的错误和关于既遂未遂的争论等，其研究的目的性就未必明确，其结果亦未必有助于认识罪过的有无和程度问题。

2. 关于错误的分类

现有的错误理论所做的分类不能说没有道理，但是却可以说并不是从上述研究目的出发所做的分类。它过于注重错误的内容而忽视了研究错误的目的，因而虽然有助于认识错误的不同表现形式，但未必有助于揭示错误与罪过之间的联系。

如果从错误对罪过的影响的角度对错误进行分类，我认为

---

〔1〕 J. W. Cecil Turner, Kenny’ s Outlines of Criminal Law, 1966 pp. 62—67.

应当把刑法上的错误分为如下几种类型：

(1) 影响罪过成立的错误，即只要能证实行为人认识上具有这种错误就可以排除行为人对其行为具有罪过。例如举动犯中对行为性质的认识错误。

(2) 改变罪过形式的错误，即在存在构成要件性结果的场合，由于这种对于某些事实的认识错误的存在，使原有的故意罪过心理转化为过失罪过心理，或者使较重的故意罪过心理转化为较轻的故意罪过心理。例如暴力抗税而打伤税务人员的场合，由于行为人所认为的税务人员本来是假冒的，这种抗税的故意就由于对象的不存在而转化为伤害的故意。

(3) 改变罪过程度的错误，即对行为过程中具有重要意义的事项由于缺乏认识或者认识错误，而在不改变原有罪过形式的情况下减轻或者加重了罪过的程度。例如结果加重犯中的认识错误。

(4) 导致罪过产生的错误，即行为时没有罪过心理但由于认识错误而产生了罪过。例如假想防卫中对不存在防卫前提的事实的认识错误所导致的过失罪过。

3. 关于错误的范围

刑法中的错误，从现有的错误理论来看，似乎仅仅限于故意罪过的范围之内，几乎没有人谈论过失犯罪中错误对罪过的影响。并且有的学者指出，刑法中的认识错误专指除过失以外的在法律上和事实上的认识错误，似乎过失行为中的罪过问题，已按一般的法律原则解决了，无须在此再行研究。其实，一般的法律原则所解决的，只是对构成要件性结果的认识错误问题，在过失论中通常都没有涉及对行为事实的认识错误问题。如果在过失犯罪的场合，行为人不仅对于构成要件结果具有过失，而且对于行为本身的性质或者对于行为的选择具有重要意义的事实因素，具有错误，这种错误能否阻却过失的成立，在过失论中并没有解决，因而有必要在错误论中进行研究。并且我认为，在由于行为人不可避免的错误而导致其选择了过失行为的场合，应当否定过失罪过的存在。可见，刑法中的错误不应轻易地把过失犯罪中的错误排除在外。

七、严格责任中的罪过问题

在英美刑法中，存在着所谓“严格责任”（strict liability）的规定。并且，类似英美刑法中严格责任的规定，在大陆法系国家和社会主义法系国家的刑事立法中也时有表现。

这种严格责任，或称绝对责任（absolute liability）、代理责任（agent liability），被学者们说成是在没有罪过的场合要求行为人仅对其犯罪行为承担刑事责任，因而是不合理的。

从英美法中的规定和法律适用来看，所谓严格责任，主要是针对制定法中的犯罪而规定的，并且主要存在于有关食品销售、房屋登记、使用假的或易混淆的商业说明书等问题的管理性法规中。同时，道路交通法规中的许多犯罪和某些财政金融法规条款中的犯罪被认为适用严格责任〔1〕；或者说，“主要见于《交通法》《食品法》《酒类与药物法》等等，以及其他内容相关，性质类似的地方法规”〔2〕。此外，还存在于旨在对未成年人进行特殊保护的诸如《1861年侵犯人身罪法》《1956年性犯罪法》等法规中。

从这些法律规定的内容来看，主要有三种情况：

（1）对犯罪构成事实要件的认识错误，不阻却故意的成

〔1〕〔英〕鲁珀特·克罗斯、菲利普·A. 琼斯：《英国刑法导论》（第九版），理查德·卡德修订，张智辉等译，中国人民大学出版社1991年版，第70页。

〔2〕储槐植：《两大法系关于犯罪构成理论和实践方面的主要差异——层次结构、法人犯罪和绝对责任》，载《国外法学》1985年第3期。

立。在一般情况下，对作为犯罪构成要件的事实的认识错误，就可以否定犯罪故意的存在，但是在严格责任的场合，对某些特定事实的认识错误即使存在着合理的理由，也不阻却故意成立。例如在奸淫幼女行为中对幼女年龄的误解，在违反《1861年侵犯人身罪法》引诱未满16岁少女脱离父母监护的行为中对少女年龄的误解等。

（2）只要有违法行为，不问其心理状态如何都要承担刑事责任。例如亲自实施公害行为，违反食品法、交通法、酒类与药物管理法的行为。在这类场合下，法律没有对罪过形式提出明确的要求，法院也不关心行为人当时的心理状态，只要在客观上存在着违法行为即追究行为人的刑事责任。

（3）所谓代理责任的情况，即雇主可能在毫不知情的情况下因为其雇员违反上述法规的行为而承担刑事责任。

对于严格责任的合理性，有些学者表示怀疑，认为它违背了刑事责任必须有犯意这个最基本的原则。"有时候，在'严格责任'被施加时，何种价值（社会利益?）占上风，就不清楚了。结果，有众多的批评把这视为一个对正统责任原则的可耻而无益的背叛。"〔1〕

但是英美国家的多数学者还是承认这样规定是有理由的。其中有的认为，"实行严格责任的理由之一就是，在违反管理法规的犯罪中，大多数对公众有很大危害性，而且要证明被告的行为是否出于故意或过失，是非常困难的，因此，若把犯罪意图作为犯罪构成的必要条件。往往会使被告逃脱惩罚，使法律形同虚设。另外，也有人说，如果对事实的无知或认识错误

---

〔1〕〔美〕H.C.A.哈特：《惩罚与责任》，王勇、张志铭、方蕾译，华夏出版社1989年版，第23页。

总是可以作为辩护理由而被接受，那么，许多虚假的辩护都可以成功。也有人说，当前的初级刑事法院的工作任务十分繁重，要对每个触犯管理法规的犯罪案件的起诉进行关于犯罪意图的调查是行不通的。还有的人说，实行严格责任，可以有助于保证社会团体或组织的负责人采取一切可行措施去贯彻有关社会福利方面的重要法规，不考虑犯罪意图也给予定罪，可以制约或迫使人们不去做不允许做的事，同时也保证了人们可以去做允许做的事"〔1〕。代理责任的规则“有更正当的理由，即雇主由于其给雇员安排了可能造成损害的工作这一事实，就导致了这样一种状态，即他应当防止实施产生那种犯罪结果，否则，他自己承担风险"〔2〕。在严格责任的场合，“因为被告有能力来防止……违法行为”，“没有运用他所拥有的控制能力，他就有过错”，所以“谴责那些没有控制造成危害的事态的人是合理的"〔3〕。“行为人负严格责任或代理责任的依据取决于相互联系的几个因素。首先，这种行为通常不是指不道德行为和侵扰社会的轻微违法行为……其次，行为人违反成文法的这种规定的行为，一般要具有某种程度的可罚性。再次，行为虽具有可罚性，但难以证明。……基于这些理由，法院通常采用的一般准则——宁可错定有罪者无罪，也不把无罪者判为有罪——被认为是不适宜的。理由是这类案件中一个以很高谨慎标准要求人们的正确判决和一个错判相比，并没有给人们带来太大好处。"〔4〕

---

〔1〕〔英〕鲁珀特·克罗斯、菲利普·A. 琼斯：《英国刑法导论》（第九版），理查德·卡德修订，张智辉等译，中国人民大学出版社 1991 年版，第 77 页。

〔2〕 J. W. Cecil Turner, Kenny’s Outlines of Criminal Law, 1966, p. 44.

〔3〕 Douglas N. Husak, Philosophy of Criminal Law, 1987, p. 141.

〔4〕〔美〕阿诺德·H. 洛伊：《美国刑法要论》，杜利、胡云腾译，西部出版社 1975 年版，第 49 页。

从英美学者关于严格责任的上述理由中可以看出：第一，严格责任主要适用于具有较大社会危害性的行为的场合。在这类场合下法律对有关当事人提出了严格的要求，但是为了慎重起见，对违法行为人往往规定了较轻的刑事责任。第二，在这类场合，由于法律明确规定的义务，行为人对于违法状态的出现即使没有故意也往往具有过失，例如雇主有义务控制自己雇员的违法行为而没有控制。第三，由于行为人的罪过心理难以证明而不予考虑。

所以，我认为，在严格责任的场合，仍然是以行为人在实施违法行为时具有故意或过失的罪过心理为基础的，只不过是为了保护较大的公众利益，对这种罪过心理采取了严格推定的态度。只要没有有力的证据证明行为人毫无过失，就推定其有过失，从而认定其存在罪过心理。这也是英国《1968年贸易种类法》（第24条）把“无过失”作为辩护理由的立法所表现出来的意图。只要在这个限度内认定刑事责任，就应当认为是合理的。至于英国历史上对某些具有明显的合理辩护理由的案件以严格责任追究刑事责任的做法，显然是缺乏合理性的。

在我国大陆，虽然也有司法解释规定对某些作为犯罪构成要件的事实的无认识或认识错误不能成为阻却故意的理由，但是又明确强调，如果被告能够证实这种认识错误的出现具有合理的理由，那就可以阻却故意的成立。这种做法，既符合保护特殊法益的要求，又使刑事责任建立在可以归责的合理基础之上。

第六章　刑事责任的主体

刑事责任的基础和根据的同时存在，解决了刑事责任的有无问题，而在刑事责任存在的场合必然会涉及这种责任由谁来承担的问题。如果没有责任的承受者，刑事责任就会成为空中楼阁，刑事责任的认定和追究就将成为毫无实际意义的纸上谈兵。不仅如此，作为刑事责任基础的危害行为总是由一定的主体实施的，没有行为的实施者，就无法造就刑事责任的基础；作为刑事责任根据的罪过只能是一定主体的心理状态，没有一定的主体，就不存在罪过的问题。从这个意义上看，主体不仅是刑事责任的最终承担者，而且是刑事责任产生的原因和前提，存在于刑事责任的整个过程之中并且制约着刑事责任的目的。因此，责任主体是刑事责任不可或缺的因素，我将其称为刑事责任的第三要素。

一、刑事责任主体之概念

刑事责任的主体（subject of criminal responsibility）是指具有刑事责任能力（capacity for criminal responsibility）、应负刑事责任的人。这个定义具有三层含义：

（一）刑事责任的主体是人

在现代刑法中，刑事责任的主体只能是人。这是因为：

第一，只有人才具有主体性从而能够成为刑法作用的对象。人是人类社会最基本的构成要素，是人类社会生活的创造者和参与者，只有人及其活动才能构成社会生活的基本内容，也只有人的活动才能成为善与恶、好与坏、对与错的评价对象，从而成为允许或者禁止的命令作用的对象。离开了人，就没有人的行为，从而也就没有刑法评价和作用的对象。没有人的参与、操纵或者利用，任何无生命的东西以及虽然有生命但不具有主体性的东西，都不能成为人类社会生活的要素。人以自己的自主性、能动性和创造性作用于自然客体、社会客体和精神客体，从而创造出充满生机和活力的社会物质生活和精神文化生活，以全面满足人自身以及人类生存和发展的需要。这种在人类社会生活中特有的主体地位，使人成为一切社会规范包括刑法及其他法律规范作用的对象。

第二，只有人才可能产生罪过心理从而为刑事责任的合理化提供根据。刑事责任虽然可以人为地任意施加于任何主体，但是这种刑事责任有没有合理性，就不能不考虑产生刑事责任的原因对于主体来说是否具有主体性。如果仅仅把客观上的危害结果作为刑事责任产生的原因而不考虑它是不是主体自由选择的结果，那就会使刑事责任丧失正当化的理由，使刑事责任仅仅作为客观的报复而不是理性的谴责。要给刑事责任注入合理化的根据，就必须使之建立在主体的主体性的基础之上。而这种主体性，只有人才具有，只有人才能够运用自己的能动性认识客观对象的属性和规律，形成对自己在社会生活中的地位、作用和价值的自我意识，以及对个人、群体、社会的需要和利益的感受和追求，才能够运用自己的智力、知识和意志选择能力进行创造性的心理活动，才能够运用自己的体力和外界物质的力量把自己的意志选择在现实社会生活中对象化。因此，只有人才能够产生以自觉认识和意志选择为特征的心理活动，而这种心理活动正是表现主体性从而说明为什么能够谴责危害行为进而为刑事责任的合理化提供根据的核心要素。离开了人，就没有作为刑事责任根据的罪过心理存在的依托，就难以找到说明刑事责任合理与否的要素。在人以动物、物品或自然力为工具来实施犯罪的场合，虽然在客观上表现为危害结果是由工具直接造成的，但是这类工具本身并不具有主体性，没有危害社会的主观意识和意志选择，而是为人所操纵、利用的，因此，这类危害结果所表现的仍然是人的主体性，是人的罪过心理支配的结果。

第三，只有人才能理解刑法规范的意义从而使刑事责任目的的实现成为可能。设定和追究刑事责任，是为了以谴责违反刑法规范的行为并制裁其行为主体的方式，命令人们遵从刑法的规范而不得实施犯罪。刑事责任的这种目的性，只有以人为对象才能实现。因为只有人才可能理解刑法规范的内容和意义，才可能畏惧刑法的谴责和制裁，才可能通过意志选择控制自己的行为而不实施犯罪，其他任何生物体和非生物体都不可能具有理解刑法规范、遵从刑法的命令的能力。因此，只有以人为主体才有助于刑事责任目的的实现，而把人以外的其他任何因素作为主体都无助于刑事责任目的的实现，虽然它们也可能对人类社会造成危害。

在法律上，“人”（person）的概念中包含着自然人（naturnal person）和法人（corporation）。自然人是指有生命存在形式的独立个体，是由体力和脑力、情感和意志乃至知识和经验等因素构成的有机体。自然人在法律上的人格，始于出生，终于死亡。也就是说，尚未出生或者已经死亡的人，由于不具有生命存在而不是法律意义上的自然人。法人是指依法成立的具有民事权利能力和行为能力，并且依法享有民事权利和承担民事义务的组织。法人在法律上具有拟制的人格。在民法中，法人是作为完整的、独立的责任主体而存在的。但是在刑法中，法人并不是完整意义上的人，不是独立的责任主体。长期以来，大陆法系国家和社会主义法系国家，不论是在法典中还是在理论上，都不承认法人在刑法上具有主体资格，都把法人排除在刑事责任的主体之外。只有英美法系国家自19世纪以来就承认法人在刑法上的主体资格，并认为除了本质上不能由法人实施的犯罪以及应当判处的刑罚仅限于身体刑的犯罪之外，在一般犯罪中，法人都能成为承担刑事责任的主体。但是在现代，法人犯罪具有扩大化的趋势，不论是大陆法系国家还是社会主义法系国家，都开始承认法人作为刑事责任主体的资格，并且开始谨慎地在刑法典中规定法人的刑事责任。我国在20世纪80年代的附属刑法中首次出现了单位犯罪的规定〔1〕，1997年修订后的刑法明确规定了单位犯罪的概念，并规定了一些犯罪可以由单位构成。此后，在刑法的修改过程中单位犯罪的罪名逐渐增加。我国刑法中的单位犯罪，与其他国家刑法中规定的法人犯罪，可以说是在同一意义上使用的概念。

不过，我认为，至少从现有的规定中看，尽管在民法上法人是以完整独立的责任主体出现的，但在刑法上，应当把法人视为自然人的特殊结合形式。在把法人作为刑事责任主体的场合，实际上仍然是以自然人为基础的，是以自然人的特殊结合形式出现的。因此，在法人承担刑事责任的场合，并不免除代表法人实施犯罪行为的自然人的刑事责任，或者可以说，法人

〔1〕1987年7月1日施行的《海关法》第47条第4款规定："企业事业单位、国家机关、社会团体犯走私罪的，由司法机关对其主管人员和直接责任人员依法追究刑事责任；对该单位判处罚金，判处没收走私货物、物品、走私运输工具和违法所得。"

作为刑事责任主体，是以自然人作为刑事责任主体为基础的。之所以称为自然人的特殊结合形式，是指它不同于自然人主体之间以共同犯罪包括集团犯罪的结合方式构成的刑事责任主体。

法人作为刑事责任主体的特殊性，使学者们不得不谋求弥合法人与自然人之间作为本质区别的鸿沟的途径，以使刑法关于犯罪行为和犯罪意图的要求适合于法人。为此，英美学者提出了一个“身份认同原则”，试图通过这个原则排除法人承担刑事责任的替代性质而把法人承担刑事责任视为因其亲自实施的犯罪而应承担的责任。

“身份认同原则”（The Principle of Identification）最初是由里德法官在“泰斯科超级市场有限公司诉纳特拉斯”案中的说明提出的，并得到丹宁法官的赞同和运用而确立。其基本含义是：法人组织中具有某种身份的人的思想和行为本身就等同于法人的思想和行为，因此法人能够像自然人那样具有思想和行动，法人犯罪可以视为以与自然人相同的身份实施的犯罪。但是只有当能够与法人等同的人在其权力范围内活动时，才能使法人承担责任。按照传统的理论，自然人能够独立地进行思维和行动，能够产生犯罪意图、实施犯罪行为，并能直接对此承担刑事责任，而法人本身没有思想，不能像自然人那样用大脑进行思维，不能产生犯罪意图。要求法人对其代表或雇员的行为承担刑事责任，实际上是“仆人有过、主人负责”的替代责任，而不符合个人责任原则。针对“法人没有任何灵魂可以指责，没有任何肉体可供受罚的时候，你还期待它有什么意识能力吗”的诘问，里德法官指出：“一个有生命的人具有一个能认识事物、产生意图或出现疏忽的大脑，他也有实现其意图的双手。一个法人（corporation）两者都没有，它必须通过有生命的人来行动，尽管并非总是通过一个人和同一个人。因此，正在实施行为的人并不是在为法人讲话或活动，而是作为法人在活动。指挥其行动的大脑是法人的大脑，法人应承担替代责任是毫无疑问的。这个人并不是作为一个雇员、代表、代理人或委托人在活动，他是法人的化身。或者人们可以说，在适当的范围内，他是作为法人本身在进行活动，他的头脑即是法人的头脑。如果这个头脑是一个有罪的头脑，那么那种罪即是法人所犯的罪。”丹宁法官则指出：“一个公司（company）在许多方面都可以比作一个人体。它有大脑和控制其行为的神经中枢。它也有根据神经中枢的指示使用工具和活动的手。公司中的某些人只是雇员和代理人，他们充其量只是工作的手，而不能说代表了法人的思想和意志。另一些人是指挥者、管理者，代表了公司的直接思想和意志并控制着公司的活动。这些管理者的思想状况即是法人的思想状况，法律也是这样看待他们的。”[1] 认为法人中具有某种身份的人的思想和行为可以等同于法人的思想和行为，就必然涉及哪些人可以与法人等同的问题。里德、迪尔霍思和皮尔逊等法官认为，只有构成法人的“直接思想和意志”的那些人才能与法人等同，这些人包括诸如“指挥者”以及其他管理事务的人，此外也包括负责法人全面管理事务的人把部分管理权交给了他并赋予他可以不顾受托人的指示而独立行事的自行处理权的人。按照这种主张，法人可以与受委托享有管理法人事务全权的总经理等同，但不能与法人各部门的经理等同，更不能与法人的普通工作人员等同。

正因为法人犯罪是以自然人的行为为基础的，法人不过是拟制的人，所以各国刑法在规定法人犯罪的场合，都采取了

[1] Cross Jones and Card, Introduction to Criminal Law, 1988, pp. 115—116.

“两罚制”的立法模式，即在法人的行为构成犯罪时，不仅法人要作为犯罪主体承担刑事责任，而且有关的自然人也要作为犯罪主体承担刑事责任。

（二）刑事责任的主体是应负刑事责任的人

成为刑事责任主体的人，只能是由于自己的行为而应当负刑事责任的人。应负刑事责任，意味着一个人由于自己的危害行为及其罪过心理而使自己处于在刑法上的应受责难的地位。也就是说，不论是自然人还是法人，只有当其所实施的行为同时包含着刑事责任的基础和根据从而决定了刑事责任的存在时，他才能成为刑事责任的主体。这是近代刑法中的个人责任原则对刑事责任主体的必然要求。

在英美法中，在某些特殊的情况下，一个人可以因为他人的犯罪而承担代理责任。例如按照英国 1843 年《诽谤罪法》(the Libel Act，1843.)，一家报纸的老板，即使他没有授权自己的雇员发表诽谤文章，也可能对他的雇员在经营他的报纸时发表的诽谤文章承担刑事责任。按照英国 1910 年的《许可证统一法》，如果一个酒店老板的雇员故意允许在酒店内进行赌博、醉酒或者故意允许妓女在酒店内接客，该酒店老板就要对之承担刑事责任。按照英国 1933 年《药品和毒物管理法》，雇员非法出售毒品的行为虽然未经雇主授权，雇主也要对之承担刑事责任。这类代理责任或称严格责任，被指摘为一个人因为他人的行为而承担刑事责任的不合理的范例。但是即便是在这类场合，雇主之所以成为刑事责任的主体，也是因为从刑法的角度看，他是应当负刑事责任的人。因为在这类场合下，为了保障较大的公众利益，法律已经赋予雇主对雇员进行严格管理和监督的职责，雇主没有履行这种职责而导致犯罪的发生，实际上是以自己在客观上的不作为和主观上的过失使自己成为应负刑事责任的人。正如J. W. 塞西尔·特纳所指出的："雇主由于其给雇员安排了可能造成损害的工作这一事实，就导致了这样一种状态，即他应当防止实际产生那种犯罪结果，否则，他自己承担风险。……因为在这种情况下，他应当保证他的禁令被执行。"〔1〕似乎可以说，在任何法系国家，"应负刑事责任"是成为刑事责任主体的基本要素之一。

在我国，有的学者把刑事责任的主体分为刑事责任的承担主体与追究主体，并认为"刑事责任的承担主体与刑事责任的追究主体，是刑事法律关系的主体，在刑事法律关系中，双方都享有一定的权利、承担一定的义务。……刑事责任的追究主体的权利和刑事责任的承担主体的义务，构成一对权利义务关系，这一关系保证国家对犯罪人的刑事责任追究得以实现，保证所有的犯罪人都受到刑事追究。另一方面，刑事责任追究主体的义务和刑事责任承担主体的权利，构成另一对权利义务关系，这一关系保证刑事责任追究的正确性，保证不侵犯公民的合法权益"〔2〕。认为追究刑事责任的主体与承担刑事责任的主体共同构成刑事法律关系的主体，二者相互对立又相互依存于刑事法律关系之中，是有一定道理的，但是把刑事责任的主体分为承担主体和追究主体，在理论上是不能自圆其说的，甚至会陷入自相矛盾之中。按照这些学者的观点，第一，"刑事责任是刑事法律关系的一个要素"，"这决定了刑事责任的实质不可能是刑事法律关系"，并且，"常识告诉我们，刑事责任本身没有包括权利内容"。既然如此，把刑事法律关系的主体说成是刑事责任的主体，就是把"不可能是"的东西说成"是"，

〔1〕 J. W. Cecil Turner, Kenny's Outlines of Criminal Law, 1966, p. 44.

〔2〕 张明楷：《刑事责任论》，中国政法大学出版社1992年版，第117页。

把刑事责任的本身不能包括的权利内容即追究主体的权利硬塞进刑事责任主体之中。第二，“刑事法律关系是在行为人应当负刑事责任的前提下，实际开始进行追究刑事责任的活动时才产生的；而在此之前，犯罪的刑事责任就已经存在”。既然刑事责任存在于实际追究刑事责任之前，那么把实际追究刑事责任时才出现的追究主体说成也是在此之前就已经存在的刑事责任的主体，未免有指鹿为马之嫌。第三，“刑事法律关系不是刑事责任的实质，刑事责任的实质就是对犯罪行为的否定评价与对犯罪人的谴责”。既然如此，刑事责任的主体，就只能是接受这种否定评价并承受这种谴责的人，而不应当是“不是刑事责任的实质”的刑事法律关系的主体。可见，按照这些学者自己的逻辑，无论如何也不应当把追究刑事责任的主体与承受刑事责任的主体相提并论纳入刑事责任主体之列。

我认为，刑事责任的主体只能是承受刑事责任所包含的负担的主体。因为刑事责任作为法律责任的一种，只能是一种消极责任，而不能是积极责任，所以它的主体只能是被动承受法律所加之制裁的主体，而不可能包含居于主动（主导）地位的追究刑事责任的主体。刑事责任最终表现为一种负担，谁来承受这种负担，谁就是刑事责任的主体，不承受这种负担的人就不应、也不允许将其视为刑事责任的主体。把追究责任的主体与承受责任的主体都说成是责任的主体，实际上就混淆了这两种主体之间在性质上的差异和法律上的不同地位。刑事责任产生的基础是刑法上的危害行为，刑事责任存在的根据是支配这种危害行为的罪过心理，而把没有实施这种危害行为并且也不具有罪过心理的刑事司法系统说成是刑事责任的主体，显然于理不容。因此，只有应负刑事责任的人才能视为刑事责任的主体，其他任何主体都应当排除在刑事责任主体之外，这是不容置疑的。

（三）刑事责任的主体是具有刑事责任能力的人

刑事责任能力是指承担刑事责任的能力。一个人，只有当其有能力承担刑事责任的时候，才能要求他对自己的危害行为承担刑事责任，才能成为“应负”刑事责任之人。

对刑事责任能力的要求，在古代刑法中就已存在。例如古罗马法中关于责任年龄的规定；中国古代法律中把一定的身高（六尺）作为负刑事责任的条件的规定（秦律），以及汉代以后刑法关于责任年龄的规定。对责任年龄的要求使人们对它的刑法意义的认识逐渐明确。至唐律时，《疏议》中明确指出：“悼耄之人，皆少智力，若有教令之者，唯坐教令之人。”可见规定刑事责任年龄时所考虑的乃是人的智力状况。

但是，明确提出“责任能力”的概念，并将其作为刑事责任要素之一来要求的，是近代刑法中的道义责任论。道义责任论从人的自由意志中论证刑事责任合理性的根据，强调人之所以要对自己的危害行为承担刑事责任就在于人具有依据自己的意志选择行为的自由，如果一个人不顾社会的、他人的利益和法律的禁令而为刑法所禁止的行为，那他就应当对之负道义上的责任。只有在这个基础上进行道义的责难才是有理由的。按照这种观点，只有当人具有自由意志时才有可能产生人的责任问题，没有意志自由的人，就无责任可言。因此，刑事责任的产生必须以行为具有自由意志的决定能力（freie willensbestimmung）或称是非善恶的辨别能力（die zur Erkenntnis der Strafbarkeit erforderliche Einsicht）为前提。只有具有这种能力的人才有可能根据道德上的善恶和法律上的要求自由选择自己的行为从而对自己的行为承担道义上的责任。没有这种能力的人就无法要求其承担道义上的责任。于是，这种辨别是非善恶的能力和自由意志的决定能力也就成了行为人对自己的危害行为承担道义责任的能力即责任能力，而把刑事责任的本质解为道义上的谴责时，这种能力也就是承担刑事责任的能力亦即刑事责任能力。道义责任论把刑事责任能力作为论证刑事责任合理性的根据之一，认为只有对具有刑事责任能力的人才能要求他理解和遵守道义上的要求避恶趋善，也才能要求他对自己为恶的行为和为恶的意志承担责任，因而对他的谴责和报应也才具有合理性；不具有刑事责任能力的人，由于他无法理解人类的善恶标准，不能自由地选择自己的行为，因而在道义上就没有理由对他进行谴责，如果以这样的人为责任责难的对象，刑事责任就失去了合理的根据。

社会责任论否定刑事责任的本质在于人的自由意志的存在，因而也否定“承担刑事责任必须具有刑事责任能力”这一原则要求。按照社会责任论的观点，刑事责任的合理性不在于行为人有无自由意志，而在于保护社会利益的需要。社会为防卫自己，必须对有害于社会的危险性格者加以防卫处分。刑事责任乃是为了社会防卫之目的而使具有危险性格的人立于应受社会防卫处分之地位。因此，凡是实施侵害社会生活秩序之有害行为的人，无论有无责任能力，皆因其行为中表现出的危险性格而应受社会的非难，应当承担作为社会责任的社会防卫处分。刑事责任的根据既然在于行为者反社会的危险性格，那么行为者有无辨别是非善恶的能力和自由意志的决定能力都是无关紧要的，都不能影响刑事责任的有无，因而刑事责任能力并不是构成刑事责任主体的要素。按照社会责任论的观点，责任能力只是刑罚适应能力，即可以依据刑罚方法以达到社会防卫目的的能力。对于具有责任能力的人，应当以刑罚制裁的方式要求其承担刑事责任；对于没有责任能力的人，则应当以保安处分的方式要求其承担刑事责任。因此，责任能力只在选择刑事责任的承担方式上具有意义，而不决定刑事责任的有无，亦不决定刑事责任的主体资格。

社会责任论从防护社会利益的角度论证刑事责任的根据，虽然不无道理，但是它完全否定人的主体性对刑事责任的决定作用，把人不是视为主体性的社会存在物，而是视为与动物没有区别的、完全受客观必然性支配的自然存在物。在这一点上显然违反了人类文明发展到现代所形成的常识，因而为各国刑法学者所抛弃。与之相联系，对刑事责任必须以主体性存在的人为前提、刑事责任主体必须具有刑事责任能力的追求，亦成为现代各国刑法学者和刑事立法的共识。

二、刑事责任能力

在现代，刑事责任能力是构成刑事责任主体的必备要素，也是决定刑事责任的有无和大小的要素之一。对此，可以从以下几个方面来理解：

（一）刑事责任能力的意义

刑事责任以人为主体，实际上是以人具有刑事责任能力为要件。刑事责任之所以要以人为主体，是因为只有人才具有主体性而其他任何东西都不具有主体性。不具有主体性，就不可能具有选择和控制自己行为的意志力，就无法理解刑法规范的意义从而无法通过使其承担刑事责任的方式迫使其遵从刑法的命令。然而主体性并非人皆具有，并不是每一个在现实社会中生活、存在着的人都具有主体性。如前所述，人的主体性是指人具有认识客观对象的属性和规律以及自己的需要和利益进而通过意志活动选择和控制自己行为的能力之特性。人运用这种能力认识和改变客观事物的活动就是人的主体性的表现。但是人的主体性并不是与生俱来、终生保有的。按照辩证唯物论的观点，人只有在社会生活的实践活动中才能造就认识客观事物、选择和控制自己行为的能力，才能获得有关自然、社会和人类自身的知识以及改变客观状态的技巧和经验，才能意识到自己的需要以及自己个人与社会的关系。而实践活动是个过程，人的能力也是在这个过程中逐渐形成的。实践活动的经验没有积累到一定的程度，就不能说具有了主体能力。并且由于实践活动的复杂性以及人体机能自身的变化，人在获得主体能力之后也可能由于自身的或者外界的原因而丧失主体能力。尚未获得或者已经丧失主体能力的人，就不是具有以自由意志为特征的主体性的人。如果把这样的人也视为刑事责任的主体，那就从根本上否定了刑事责任之所以要以人为主体的根据。因此，承认刑事责任的主体只能是人，那就意味着承认只有具有主体性的人才能成为刑事责任的主体。而所谓具有主体性的人，正是具有认识、选择和控制自己行为的能力的人。这种能力也就是责任能力。

（二）刑事责任能力的内容

责任能力的实质是认识、选择和控制自己行为的能力，不过作为承担特定的责任类型即刑事责任的能力，应当有其更具体的内容。对此，道义责任论认为，是指辨别是非善恶并按自由意志决定自己行为的能力；规范责任论认为，是指理解法律规范并能从规范的谴责中来控制自己的行为的能力；利益责任论认为，是指认识自己行为的社会危害性并依据这种认识控制自己的行为从而对自己实施的犯罪行为承担刑事责任的能力。从这些定义性的规定中可以看出，刑事责任能力一般包括两个方面的内容，即认识能力和控制能力，或称辨认能力和意志选择能力。

认识能力是指认识行为的社会意义的能力。只是认识到行为的过程和后果、手段和方法，而不认识行为对人类社会生活的影响亦即行为的社会意义，不能认为具有刑事责任能力所要求的认识能力。看图识字、辨认人体，虽然是认识能力的表现，但不完全是刑事责任能力中认识能力的内容。只有在具有人类一般认识或辨认能力的基础上同时具有认识行为的社会意义的能力，才符合刑事责任能力中认识能力的要求。

控制能力是指按照一定意志选择行为并控制行为的方向的能力。只是能够确定目的并按目的选择行为，而不能自觉地控制行为的方向以实现目的，不能认为具有刑事责任能力所要求的控制能力。幼儿的行为并不是全无目的的行为，也不是完全没有意志选择过程的行为，但是幼儿的行为更多的是受到任性的支配而缺乏自我控制的能力，没有自觉控制自己行为的方向以实现自己的目的的意志力量，因而不具有刑事责任能力所要求的控制能力。

控制能力是意志对行为的控制能力，因而是意志活动的能力。它在本质上并不包括实施犯罪的行为能力。但是，它既然是对自己行为的控制能力，那就只能以有行为能力为前提。如果一个人主观上具有控制行为的意志活动能力，但是在生理上并没有行为能力，那他就不能实施犯罪行为，因而也就谈不上刑事责任能力。

刑事责任能力是认识能力与控制能力的统一。缺少其中任何一个方面，都不具有刑事责任能力。认识能力是刑事责任能力的基础，是形成罪过心理的前提。没有刑法意义上的认识能力就不可能具有罪过心理所要求的认识因素，或者说，罪过心理所要求的认识因素是在这种认识能力的基础上形成的，没有认识自己行为的社会意义的能力，就不可能认识到行为的社会危害性和刑事违法性，就不可能理解法律规范的价值追求，因而就不可能形成应受谴责的罪过心理。控制能力是在认识能力的基础上驾驭自己行为的能力，是形成罪过心理的关键。没有刑法意义上的控制能力，就不可能形成罪过心理所要求的意志因素，就不可能把自己的意志选择贯彻于行为过程。因而，认识能力和控制能力是构成刑事责任能力不可或缺的两个要素。只有认识能力而没有控制能力，或者只有控制能力而没有认识能力，或者认识能力与控制能力处于分离状态，都不能视为具有刑事责任能力。

认识能力与控制能力的统一必须表现在行为的时点上。一般来说，认识能力与控制能力是同时存在的。一个人具有了认识能力，也就同时具有控制能力。但是不可否认，一个人可能由于客观条件的限制或者某种因素的制约而出现认识能力受阻，或者由于外界力量的强制而无法控制自己的行为，以致行为的当时或过程中，认识能力和控制能力没有能够统一在“行为”这一点上。如果认识能力和控制能力没有在行为时统一在行为中，即使一个人具有认识能力和控制能力，就具体行为而言，他仍然是无刑事责任能力。从这一点上也可看出，刑事责任能力理论与罪过理论一样，是以相对的意志自由论为基础的。它从不同的侧面说明了刑事责任合理性的界限，论证刑事责任存在的合理根据。

（三）刑事责任能力的程度

作为刑事责任能力基本内容的认识能力和控制能力，都是有程度的，因而刑事责任能力本身也会有程度上的差别。人的认识能力是在社会生活实践中逐渐形成的，从无认识能力到有认识能力必然有一个逐渐增长的过程。这个过程通常表现为人的知识不断扩大的过程、人的智力不断成熟的过程、人的经验不断积累的过程。同样地，人的控制能力也是在社会生活实践中逐渐练就的，从无控制能力到有控制能力必然也有一个逐渐增强的过程。这个过程表现为目的意识不断强化的过程、意志选择的能力不断提高的过程、自我控制的主体力量不断增强的过程。而这种认识能力和控制能力不断提高的过程必然呈现出一定的阶段性。在一定阶段上，人没有认识能力和控制能力，从而没有刑事责任能力；在一定阶段上，人具有认识能力和控制能力，但是这种能力尚未达到一定的程度以致不能完全按照刑法的要求支配人的行为，因而只有部分刑事责任能力，只能对某些十分明显、十分严重的危害行为承担刑事责任；在一定程度上，人的认识能力和控制能力达到了刑法要求的程度，从而被认为具有完全的刑事责任能力，可以对自己一切具有刑法意义的行为承担责任。

不仅如此，人的认识能力和控制能力本身是有差别的。在一定的限度上，法律不承认这种差别对刑事责任程度的影响。但是在某些情况下，具体人的这种认识能力或控制能力与一般人的认识能力或控制能力之间在程度上的差距可能超出一定的限度，以致不能不承认由此决定的刑事责任能力的程度差别。

当然，站在社会责任论的立场上把刑事责任能力视为刑罚适应能力，那就必然是要么适应要么不适应，而不可能有程度的差别。所以社会责任论者认为，刑事责任能力，或有或无，二者必居其一，而没有程度之分。这种观点显然已经为现代刑法理论所唾弃。

（四）刑事责任能力的认定标准

刑事责任能力对于具体人来说，既然具有有无和程度的差别，那么在具体场合下判断刑事责任能力的有无和程度就不能不成为问题。然而科学的发达程度以及人类文明的发展水平至今并没有为人们提供认识和测量人的认识能力的控制能力的有无和程度的工具，于是，人们不得不根据“人的认识能力和控制能力是人在参加社会生活的实践活动中产生和增强的，因而也是随着年龄的增加而提高的”这一规律，以年龄与智力同步增长为依据，把年龄作为认定刑事责任能力有无和程度的标准，认为人没有达到一定的年龄，就没有刑事责任能力；达到一定年龄之后，就具有刑事责任能力；而在从没有向有过渡的年龄段中只具有部分的刑事责任能力。于是又有了刑事责任年龄的概念，有了完全无刑事责任能力年龄、完全有刑事责任能力年龄和相对有刑事责任能力年龄的区分。有的学者将其分别称为完全（或绝对）无刑事责任年龄、不负刑事责任年龄；完全负刑事责任年龄；相对负刑事责任年龄或减轻刑事责任年龄。

应当承认，刑事责任年龄这个概念的出现以及刑事责任年龄标准的划分，是以认定人的刑事责任能力为目的的。虽然在古代刑法中就已有刑事责任年龄的划分而尚无刑事责任能力的概念，但是之所以要划分刑事责任年龄，无非是为了或者主要是为了确定哪些人应当对自己的行为承担刑事责任（接受刑罚制裁），哪些人不应当对自己的行为承担刑事责任（不能受刑罚制裁），从而从刑事责任主体的角度保障刑罚适用的合理性。这也正是现代刑法中刑事责任能力的概念所要解决的问题。

以年龄为标准确定人的刑事责任能力的有无和程度，必然受到许多因素的制约。诸如不同地域的自然环境和不同社会的物质生活对人类的生理发育和智力发育速度的影响，不同社会的文明程度、文化教育状况等因素对人类智力的开发程度和对人的自制力的影响，不同国家的法律观念和社会的法律意识对人的规范意识的影响，等等。因而不同国家的刑法中对刑事责任年龄的规定是不尽相同的［参见本书第九章四（二）］。

以年龄为标准认定人的刑事责任能力，未必是完全科学的。但是既然人类文明的发展并没有为人们提供鉴别认识能力和控制能力的测量标准，没有比年龄更科学更便于掌握的标准，所以不得不继续以年龄为标准来认定刑事责任能力的有无和程度。

除了年龄因素之外，某些生理上的因素也可能影响人的认识能力和控制能力。公认的明显的这类因素有人的生理残疾和精神疾病。生理上的残疾诸如耳聋、目盲等，在客观上影响了人接触和认识事物的能力的发展，影响到人际交流的开展和人生经验的积累程度，从而影响到人的认识能力。精神上的疾病则可能对人的意志活动带来障碍，使人丧失或者减弱控制自己行为的能力。这些因素的有无及程度，也是影响刑事责任能力有无和程度的因素之一。

三、刑事责任能力的丧失与减弱

能够使人丧失或者减弱刑事责任能力的因素主要有精神障碍、生理缺陷、酒精中毒以及外力作用等。

（一）精神障碍

精神障碍（psychological block）是指由于病理作用使行为者在行为时不具有正常人的精神状态以致丧失认识能力或控制能力，或者明显妨碍认识能力或控制能力的作用程度的情形。这种情形通常是指精神病（持续性精神病或间歇性精神病）或称精神错乱、“心神丧失”；智能不全；深度之意识障碍以及其他严重的精神异常。精神障碍可能在一个人达到刑事责任年龄之前就已存在并长期持续，较多的是在一个人达到刑事责任年龄具有正常人之精神状态之后，由于患病或受伤（脑损伤）而丧失或减弱了原有的认识能力或控制能力，以致出现精神障碍的状态。精神障碍可能长期存在，也可能经过治疗和自我调节而在一定时期之后消失从而恢复正常的精神状态。

1. 精神障碍的判定标准

关于精神障碍的判定标准，在大陆法系国家，曾经出现过三种主张：一是生理学标准或称医学标准，即以医学上根据生理特征认定的精神病作为判定精神障碍的依据。二是心理学标准，即从心理学的角度判断行为人在行为时是否欠缺是非辨别能力或常态的意志决定能力。三是混合标准（同时采用生理学和心理学标准），即首先从生理学的角度判定影响责任能力的生理原因，然后判定这种生理原因所产生的影响责任能力的心理状态。[1] 其中第三种观点综合了生理学和心理学标准的优势，有助于更准确合理地判定具体人有无精神障碍以及这种精神障碍的具体情况，因而为大多数大陆法系国家的刑法所采用。社会主义国家刑法也多采用这种混合标准。

在英美法系国家，关于精神病的判定标准，从19世纪中叶到20世纪中叶，长期采用的是“姆纳坦规则”（The Mc－Naghten Rules）。[2]

“姆纳坦规则”是1843年在丹尼尔·姆纳坦被控谋杀罗伯特·皮尔的私人秘书（误将其作为皮尔本人杀害）的案件中，法官认定姆纳坦因精神错乱而无罪时提出的规则。当时，法院以精神病为理由宣告无罪释放姆纳坦的判决引起了公众极为广泛的不满，以致这个问题提交到上议院辩论。在辩论中，法官们就有关精神病的一系列问题作了回答并提出了自己的主张。其中包括：（1）在提出相反的证明使陪审团确信之前，任何人

〔1〕 参见韩忠谟：《刑法原理》，台湾大学法学院1981年版，第189页。

〔2〕 有的学者将这一规则称为“麦克·诺顿规则”或“《麦克·诺顿条例》”。我怀疑是对这一规则的误称。英美权威著作如哈特的《惩罚与责任》、特纳的《肯尼刑法原理》、克罗斯和琼斯的《英国刑法导论》等，都将其称为“姆纳坦（特）规则”。

均被假定是精神健全的，并且具有充分程度的理智从而应承担其犯罪的责任。（2）为了确立以精神疾病（disease of the mind）为根据的辩护理由，必须明确证明，被告人在实施犯罪行为的当时处在因精神病所导致的缺乏理智的状态，以致不能理解他所实施的行为的本质和性质（物理性质），或者他不知道其行为是错误的（不能够冷静地和理性地考虑行为的错误性）。（3）不知道其行为的错误性是指不知道该行为是不应实施的、违法的。（4）如果一个处在对现存事实有精神病妄想状态下的人因此实施了犯罪行为，对他的处理方式取决于这种妄想症的性质；如果他只是处在部分妄想的状态下，在其他方面并非精神错乱，那就应像在所妄想的事实是真实的情况下一样来考虑他的责任。[1] 对此，有的学者将其概括为两点："姆纳坦规则可以概述如下：（1）凡是没有证据证明其精神错乱的人，就可以推定他神志清醒。（2）对于受到刑事指控的被告人来说，下述情况是一种辩护理由，即由于精神病，他是在缺乏理智的情况下活动，既不了解自己行为的性质和特征，或者即使知道这一点，也不知道自己所做的是错误的。"[2] 有的学者认为，1843年法官们系统地阐述的著名的姆纳坦规则表明："足以构成对刑事控告之抗辩的精神反常，必须具备三个要素：第一，被告在行为时，必须欠缺健全的精神；第二，这种欠缺必须由精神疾病引起；第三，这种欠缺的结果必须是被告不知道其行为的性质，或者不知道他的行为是违法的。"[3]

按照姆纳坦规则，法院把提出精神病辩护的举证责任推给

〔1〕 参见 J. W. Cecil Turner，Kenny' s Outlines of Criminal Law，1966，p. 89 – 90。

〔2〕 Cross Jones and Card，Introduction to Criminal Law，1988，p. 85.

〔3〕〔美〕H. C. A. 哈特：《惩罚与责任》，王勇、张志铭、方蕾译，华夏出版社1989年版，第180页。

被告，被告必须证明：(1) 他在实施法律禁止的行为时正患精神病（由疾病引起的状态）；(2) 由于受精神病的折磨而处于缺乏理智的状态（失去判断能力的精神错乱）；(3) 由于这种精神错乱，他不了解自己行为的性质和特征，或者即使了解这一点，也不知道自己正在做的事情是错误的。

对于这个规则，不论是在当时还是在以后，都曾有人提出过批评。但是由于这一规则既考虑到医学的标准，使用了“精神疾病”这个公认的医学术语，从而使之限定在“从生命体组织中的正常和健康部分变异出来的某种有缺陷的病态”，这种病态的存在使身体功能受到干扰或破坏；又考虑到心理学的标准，说明了精神疾病对罪过心理的影响；并且这个规则也适应了普通法甚至在最严格的时期也承认精神病是一种可能的辩护理由的法律传统，所以 100 多年来一直为法院所采用。

但是，姆纳坦规则所考虑的心理学因素只是认识能力，而没有考虑人的控制能力。正如有些学者指出的，姆纳坦规则“限定在认识因素（cognitive factors）上，排除了涉及意志或动机的内容。因此，它对所谓不可抗拒的冲动（irresistible impulse）不予考虑”。[1] 然而，普通法一直承认，如果证明犯罪行为是在不可抗拒的冲动的影响下实施的，刑事责任即便不会被完全免除，也可被减轻。在美国，最高法院和某些州的法院都承认不可抗拒的冲动是一个充分的辩护理由，即使行为人在行为时明知其行为是错误的。在英国，法官们也承认，冲动如果真正是不可抗拒的，应当成为一个辩护理由。因此，在 1960 年的伯恩案中，英国刑事上诉法院提出了与姆纳坦规则不同的见解：重要的是，不仅应考虑被告的认识，而且应考虑他“根

〔1〕 Cross Jones and Card, Introduction to Criminal Law, 1988, p. 90.

据理智的判断发挥控制身体行动的意志的能力”。“在由于具体原因而引起的精神异常是属于影响被告自我控制能力的情况下，凡是被告人不能运用自己的意志来控制行为时，或是很难运用意志力来控制行为时，那就说明被告的自我控制能力明显地受到了实际上的损伤”。这种精神异常也应成为免除或者减轻刑事责任的辩护理由。1961年枢密院司法委员会再次肯定了伯恩案的观点，认为在关系到姆纳坦规则中规定的精神病时，应当包括“按照合理判断行使控制身体行为的意志力的能力”。1962年的《美国模范刑法典》再次肯定了这一点，使之成为对姆纳坦规则的重要补充。

在我国大陆，由于《刑法》第18条的明文规定，人们把精神障碍严格限定在由于精神病引起的范围之内。一般而言，精神障碍既包括由精神疾病引起的精神障碍，也包括非疾病因素引起的精神障碍。前者如精神分裂症、偏执性精神症、癔症性精神错乱、精神发育严重缺陷等，后者如神经官能症、人格障碍、性变态等。由精神疾病引起的精神功能障碍通常会导致完全或部分地丧失辨认或控制自己行为的能力，而非疾病引起的精神功能障碍一般不致丧失或减弱辨认或控制行为的能力。因此我国大陆刑法在判定精神障碍时首先确立医学标准，把精神障碍限定在“精神病人”的范围之内。在此基础上，我国大陆刑法坚持心理学标准，以辨认和控制自己行为的能力为依据，把精神病人不能辨认或者不能控制自己行为的状况择一性地视为无刑事责任能力的标志。

2. 精神障碍对刑事责任能力的影响

一旦承认精神障碍是影响刑事责任能力的一个因素，就必然会出现这种精神障碍对刑事责任能力具有什么样的影响的问题。这个问题可以包括若干方面：

（1）有无程度的差别。

判定某人有精神障碍后，他就是完全无刑事责任能力之人，还是可能存在相对无刑事责任能力的情况？

我国大陆刑法肯定了前者而否定了后者，即只要是精神病人处在不能辨认或者不能控制自己行为的状态下，他就是无刑事责任能力（incapacity for criminal responsibility）的人，否则就是有刑事责任能力的人，没有限制刑事责任能力的状态。

但是日本刑法和我国台湾地区“刑法”却根据精神障碍的严重程度将其分为两种情况，即“心神丧失”与“心神耗弱”。前者为重度之精神障碍，具有这种精神障碍的人对外界事物全然缺乏知觉理念和判断能力，既不能辨别是非善恶，也没有自由决定的意志能力，所以为完全无刑事责任能力之人。后者为轻度之精神障碍，具有这种精神障碍的人其辨别是非善恶的能力以及依其辨别而决定行为的能力虽未完全丧失，但较之常人明显减弱，因而为限制刑事责任能力之人。

在英美法中，也承认精神障碍有程度的差别，把精神障碍分为作为“免责”条件的辩护理由与作为“减轻责任”条件的辩护理由，并把精神障碍分为“精神错乱”“严重的低能”“低能”等。其中精神错乱是无罪的辩护理由，其他是减轻责任的辩护理由。不过，被告是否处在精神异常状态下并且达到了减轻责任的程度，要由陪审团来决定。

（2）有无范围的限制。

判定某人有精神障碍后，他所实施的任何危害行为都属无刑事责任能力的或限制刑事责任能力的人所为，还是必须受到某种范围的限制？

对此，我国大陆刑法中没有规定，似乎只要是精神病人在精神障碍状态下实施的危害行为都属于无刑事责任能力人所为，都不负刑事责任。

但是我国台湾地区学者认为，无责任能力人在刑法上不负刑事责任，是因其行为出于无责任能力之原因，还是因其为无责任能力人之行为，在学术界不无疑义。如果是因行为出于无责任能力之原因，那么，只有与这种原因即精神障碍有关的行为才可以不负刑事责任；如果是因其为无责任能力人之行为，那么，只要是有精神障碍的人所为的行为都不负刑事责任。例如有杀人狂癖者，就其残忍嗜杀、癫狂成性之点而言，显属精神状态有严重缺陷，然而其对财产界限之观念则素与常人无殊。若其犯盗窃罪，则其行为与其责任能力上的障碍显然没有关系。对其所犯盗窃罪，依前一种观点要负盗窃罪的刑事责任，依后一种观点就不负刑事责任。依德国学者的观点，刑法上的责任能力并非抽象观念，应就特定时之特定行为相对论之。人之精神障碍并非当然阻却责任能力，必须审察其人在行为时所存在之精神障碍对其特定行为有无影响，方能确定其有无责任能力。这是科学的实际观察的根据。[1]

对此，英国学者也持肯定态度。他们认为，“对于精神妄想症的辩护理由来说，行为必须与妄想症有着直接联系。这就是说，被告在实施该特定犯罪行为时的行为必须是为其精神病妄想所驱使的”。一个妄想自己是某个王子的合法儿子的精神病人犯有诈骗钱财罪时，不能因其精神病而免责。[2]

这种强调精神障碍必须与危害行为有内在联系即精神障碍只有在可以视为危害行为的原因的情况下，行为人才能视为无刑事责任能力或限制刑事责任能力人的观点，在解决人的责任

〔1〕 参见韩忠谟：《刑法原理》，台湾大学法学院1981年版，第184—185页。

〔2〕 J. W. Cecil Turner，Kenny’s Outlines of Criminal Law，1966，p. 85.

问题上是合理的、可取的。

（二）生理缺陷（感知器官生理功能缺陷）

人的认识能力首先是与人的感知器官相联系的。人只有通过自己的感知器官的功能活动才能对现实生活获得感性的认识，并且只有在感性认识的基础上才能进行判断推理等逻辑思维活动，进行意志选择和自我控制活动。尽管人的思维活动和意志选择不完全是以感性的认识为内容的，但是它始终离不开人对现实的感性认识。不论是作为思维活动之基础的知识的积累，还是作为意志选择之动力的事由，都是人通过自己的感知器官直接感知和认识客观现实的结果。

在刑法中，人的感知器官生理功能缺陷，一般限定在聋、哑、盲三个方面，并且多数国家的刑法仅限于又聋又哑这一种情况，认为只聋不哑或者只哑不聋的人，其生理缺陷（physiological defect）对认识能力的影响程度不足以达到限制责任能力的程度。我国大陆刑法既考虑到又聋又哑的情况，同时考虑到目盲对责任能力的影响。

关于聋哑人的刑事责任能力，各国刑法都认为，聋哑人虽然认识能力受到限制但是并没有完全丧失，他还可以通过人体的其他器官感知事物；聋哑人较之一般人在认识事物方面，障碍要多一些，困难要大一些，但不是完全不能认识事物、完全没有认识能力；聋哑人的脑组织功能与正常人无异，可以像正常人一样进行意志活动，因此一般不把聋哑人视为完全无刑事责任能力的人。但是，人们又不得不承认，聋哑人由于生理功能上的缺陷，认识能力受到一定程度的限制，因而应当被视为限制责任能力的人；同时由于生理上的缺陷必然在一定程度上造成心理障碍，从而增加了对其危害行为的宽恕性、减弱了其可责性。我们认为，对聋哑人的态度也应当适用于盲人。盲人也是感知器官的生理功能有缺陷的人，对于聋哑人采取宽容态度的任何理由都适合于盲人。

有生理缺陷的人在刑法中被视为限制刑事责任能力的人，但是其生理缺陷对刑事责任的影响程度，各国在理论上乃至刑法中有不同的看法。关于聋哑人犯罪，有的认为，应当一律减轻其刑；有的认为，可以减轻其刑；有的认为，应当免除其刑，只在不容免除的场合减轻其刑；有的认为，只有在与其他因素（如精神异常）相结合时才可以减轻其刑；有的认为，应当根据犯罪的性质、情节及其他具体情况以及与生理缺陷的联系，综合考虑是否从轻、减轻或者免除其刑。

从生理缺陷的形成时间上看，有的人是先天形成的，即一出生就有生理缺陷，并且这种生理缺陷将伴随其终生，很少有治愈的可能；有的人是后天形成的，即本来感知器官的生理功能没有缺陷，但是在幼年或成年之后由于疾病或外力的作用甚至可能由于心理障碍而造成生理缺陷，这种生理缺陷有的一经出现即永久存在，有的则可以经过治疗而在一段时期之后消失。

这种不同情况对有生理缺陷人的刑事责任能力有无差别，也是学者们争议的问题之一。有的认为，只有先天性生理缺陷才影响人的刑事责任能力；有的认为，不论是先天的还是后天的，只要是在人达到刑事责任年龄之前具有生理缺陷，就应当承认其对刑事责任能力的影响；有的认为，只有长久性的生理缺陷才影响人的刑事责任能力，临时性的生理缺陷（疾病）不影响刑事责任能力。

如果从生理缺陷对人的认识能力的影响上看，应当承认，只有先天性的和未达到完全负刑事责任年龄时形成的生理缺陷才影响人的刑事责任能力。因为一个人在未达到完全负刑事责任的年龄之前，从刑法的观点看，他尚未获得一般人应当具备的认识能力和控制能力。在这个阶段具有生理缺陷，必然影响到其认识能力和控制能力的形成。但是一个人在达到完全负刑事责任的年龄之后，在刑法上，就被认为已经具备了一般人应当具备的认识能力和控制能力，因而其在此之后出现的生理缺陷，并没有影响其认识能力和控制能力的获得。

但是生理缺陷不论是先天的、未成年时形成的还是成年后形成的，作为人际交往和情感交流的障碍，总是或多或少、或强或弱地影响着一个人正常的心理状态，使人在意志选择中很难完全摆脱其阴影。

因此，我认为，对于人的生理缺陷，应当首先承认它对人的刑事责任能力的限制；其次应当考虑生理缺陷形成的时间，先天形成的生理缺陷，对刑事责任能力的限制要大一些，达到刑事责任年龄之后形成的生理缺陷对刑事责任能力的限制要小一些；最后，应当考察生理缺陷与具体危害行为之间的联系，生理缺陷与危害行为之间的联系越密切，生理缺陷作为原因的作用越强，对责任能力的限制就越大，反之就小。

（三）醉酒（酒精中毒性精神障碍）

在精神医学和司法精神病学中，醉酒（intoxication）通常分为生理性醉酒、病理性醉酒和复杂性醉酒三种情况。生理性醉酒是指酒精中毒引起非病理性精神障碍的情况。生理性醉酒通常表现为三种情况：（1）自制力降低，爱与人争辩，情绪不稳定而易于激动（轻度）；（2）口齿不清、步态不稳，辨认能力降低，控制能力明显减弱，出现酩酊状态（中度）；（3）丧失知觉，或出现昏迷、酣睡状态，甚至造成呼吸中枢受损伤而死亡（重度）。病理性醉酒是指酒精中毒引起病理性精神障碍的情况。病理性醉酒通常表现为严重的意识障碍和病态表现，如出现谵妄性错觉、幻觉和妄想，产生恐惧性或暴怒性激情发作，从而导致盲目的冲动性或攻击性暴力行为，以致明显丧失辨认和控制自己行为的能力。复杂性醉酒是指酒精中毒引起的介于生理性醉酒与病理性醉酒之间或者从前者向后者过渡状态的情况。复杂性醉酒通常表现为明显的精神障碍，如间发性酒狂，出现幻觉和妄想，思维和判断力欠缺，行为缺乏自制等。

酒精中毒可能是在一次饮酒中短时间急性发作的过程，也可能是在多次饮酒中逐渐积累慢性发作的过程。后者不仅影响人的辨认和控制能力，而且可能影响人的性格形态或者改变人的性格特征，导致性格孤僻懒散、情绪暴躁易怒、注意力涣散、记忆力减退，乃至缺乏道德感和责任感等。

关于醉酒对刑事责任能力的影响，人们所持的态度是不同的。在中国历史上曾多次出现过禁酒的规定，在外国古代和中世纪刑法中，醉酒本身曾被作为犯罪追究刑事责任，因此根本不承认醉酒对刑事责任能力的影响。“事实上直到150年前，它一直被认为是加重处罚的因素，是处以比通常的刑罚更重的刑罚的根据。被告由于醉酒而使理解力受到损害，致使自己不能像在头脑清醒时那样预见或预测到自己行为的后果，这种情况是不能原谅的；被告由于醉酒而使判断是非的能力减弱了，致使他不能像不醉酒时那样行事，这也是不能原谅的；被告由于醉酒使自我控制能力减弱了，造成他比他头脑清醒时更容易接受引诱，甚至在被告处于醉酒的情况下，他感到有一种不可抗拒的力量在驱使他行动，这也是不能原谅的。”〔1〕

在大陆法系国家以及在我国大陆，对醉酒状态下的刑事责

〔1〕〔英〕鲁珀特·克罗斯、菲利普·A. 琼斯：《英国刑法导论》（第九版），理查德·卡德修订，张智辉等译，中国人民大学出版社1991年版，第103—104页。

任能力曾经出现过三种观点：(1) 无责说，即认为人在醉酒状态下心神丧失，没有辨认和控制自己行为的能力，所以应当视为无责任能力。(2) 有责说，即认为醉酒的人是与一般人一样的精神正常的人，因醉酒而导致的精神障碍与精神病人因病而致的精神障碍在性质上和作用上是根本不同的，因而不能承认处于醉酒状态的人是无责任能力人；特别是从刑事政策上看，不能允许对醉酒状态下犯罪的人免除或减轻刑事责任。(3) 折中说，即认为醉酒如果使人的辨认或者控制能力明显丧失，就可视为无责任能力，否则应当视为有责任能力，或者说，在一般情况下不能因为醉酒而免除或减轻犯罪的刑事责任，但在醉酒确实导致人不能辨认或控制自己行为时（在病理性醉酒的状态下）应当免除或减轻其刑事责任。

在现代，德日学者通常用“原因中的自由行为”（action Libera in causa）[1] 来论证醉酒以及类似状态下的刑事责任能力，认为在醉酒状态下，人在实施符合犯罪构要要件的行为时其意志选择是不自由的，但是在导致这种无责任能力或限制责任能力的原因设定中，人却是具有意志自由的。一个人因故意或过失而使自己陷于无责任能力或者限制责任能力的状态，并在这种状态下实施犯罪行为，实际上是在有责任能力的状态下就已经种下了决定性的原因，无责任能力或限制责任能力状态下的危害行为不过是这种原因发挥作用的结果，这就如同一个人把无责任能力的人当作工具来实现犯罪意图的间接正犯一样，是把自己的无责任能力或限制责任能力当作工具来实施犯罪的。因此，醉酒如果是由于行为人自己的故意或过失，那就

〔1〕 这种作为原因中的自由行为的醉酒，在英美刑法中称为“自愿醉酒”（Voluntary intoxication）。

不能免除或减轻其刑事责任。但是如果在醉酒的原因设定中，行为人既没有故意也没有过失，那么对醉酒状态下的犯罪行为就不负刑事责任。不过，这种解释毕竟有悖于责任能力必须存在于犯罪行为之时的刑事责任原则，所以有的学者试图通过对实行行为的扩张解释来弥合原因中的自由行为与犯罪的实行行为之间的距离，认为实行行为是一个过程，既包括直接实现犯罪构成要件的行为，也包括实现犯罪的现实危险的行为。如同一个人从着手犯罪到实现构成要件性结果往往有一个过程一样，故意或过失醉酒从而产生实现犯罪的现实危险本身就是着手实施犯罪，因而可以把这种原因中的自由行为与其后实施的构成要件行为视为一个统一的行为过程来认定其刑事责任能力。[1]

不过，我认为，这种解释在理论上仍然是有漏洞的。首先，原因中的自由行为与醉酒后的犯罪行为并不是在相同的精神状态下做出的，前者中自由意志的存在并不意味着后者中的犯罪行为也是在自由意志的支配下实施的。其次，犯罪行为是一个过程就实施构成要件行为而言的，而故意或者过失醉酒的行为并不是构成要件所包含的行为，把这种行为拉入构成要件行为之中是缺乏法律依据的。最后，犯罪的“着手行为”本身就是犯罪行为，在“着手行为”已经实施之后，即使没有出现构成要件性结果，行为人往往也要承担犯罪未遂的刑事责任。但是故意或过失醉酒，在任何情况下，只要没有犯罪构成要件的实行行为，就不构成犯罪，不负刑事责任。可见，原因中的自由行为与构成要件性实行行为是有原则区别的，把前者视为

〔1〕 参见〔日〕大塚仁：《犯罪论的基本问题》，冯军译，中国政法大学出版社 1993 年版，第 90—95 页。

后者的一部分是讲不通的。

与大陆法系的做法相类似，在英美法系国家，醉酒被分为自愿醉酒（voluntary intoxication）与非自愿醉酒（involuntary intoxication）。自愿醉酒是指在明知是酒的情况下自我引起的醉酒，相当于德日学者所说的故意醉酒或过失醉酒。自愿醉酒一般不是辩护的理由，不能认为其在醉酒状态下无责任能力。但是自愿醉酒如果引起了明显的精神病以致根据姆纳坦规则可以认定其属于精神错乱（病理性醉酒 intoxication by ill reason），就应当承认其处于无责任能力状态而不对危害行为负刑事责任。此外，如果某种犯罪必须具有特定的意图才能构成，而被告由于醉酒不可能具有该意图时，也认为其无责任能力。非自愿醉酒是指在不知道含有酒精的情况下饮用含有酒精的饮料、遵照医嘱服用医生指定的药物、在外力强制下饮酒，以致出现醉酒的情况。在这种情况下，行为人对由于酒精中毒而导致的犯罪不负刑事责任。

此外，在某些严格责任的犯罪中，如在违反交通规则的犯罪中，醉酒本身是违反规则的，因而不论醉酒的原因如何，都不能成为免责的理由。

我以为，对醉酒的人犯罪追究刑事责任，有两个公认的理由：

其一是就其合理性而言，在通常情况下人在醉酒状态中并未完全丧失辨认和控制自己行为的能力，只是较之正常状态下反应迟钝、意志力薄弱而已，所以不能认为无责任能力。至于个别人本身就不愿自觉控制自己的冲动和欲望以致在醉酒状态下放纵自己，那不是刑法上所说的控制能力的丧失，而是人格缺陷。既然如此，要求醉酒的人对自己的犯罪行为负刑事责任，从相对的意志自由的立场看，是有理由的。

其二是从政策上看，不把醉酒的人视为无责任能力的人，有助于预防和减少犯罪。要求醉酒的人对自己在醉酒状态下实施的犯罪行为承担刑事责任，有利于禁止醉酒以及减少因醉酒而导致的犯罪，同时又可以防止犯罪的人以醉酒为由来开脱自己的刑事责任。

四、刑事责任主体的种类

（一）一般主体与特殊主体

以刑事责任主体是否具有特定的身份为标准，可以把主体分为一般主体与特殊主体。

一般主体是指没有特定身份或者即使有特定身份也不影响其刑事责任的主体。一般主体包括两种情况：一是应当承担刑事责任的主体是社会上的一般人，本身没有某种特殊的身份；二是应当承担刑事责任的主体虽然具有某种特殊的身份，但是这种身份不影响他刑事责任的轻重，也不是他承担刑事责任的原因。

特殊主体是指具有某种特定身份并因此影响其刑事责任的主体。身份对刑事责任的影响有两种情况：一是只有具有某种特定身份的人才有可能实施某种犯罪，从而引起其应当承担的刑事责任；二是虽然某种犯罪有无某种特定身份的人都可以实施，但是特定的身份对于犯罪行为的实施具有一定的影响或者说这种身份与犯罪行为之间具有内在的联系，从而加重或者减轻了其刑事责任。

一般主体与特殊主体的划分，在古代各国刑法中就已存在。但是古代刑法中的这种划分与现代刑法具有不同的意义。在古代刑法中，虽然也有现代意义上的特殊主体，有因身份而加重其刑的情况，但主要的是赋予具有某种身份的人在承担刑事责任方面超乎一般人（主体）的特权，承认具有某种身份的人犯了罪可以仅仅因其身份而不承担刑事责任或减免其刑事责任。在现代刑法中，完全否定任何人可以因为其特殊的身份而不承担或少承担其应当承担的刑事责任。现代刑法中的特殊主体仅仅意味着某些特定的身份与某些危害行为之间的特殊联系影响到刑事责任的有无或程度，而无某些人在承担刑事责任方面可以享有特权的含义。

在现代刑法中，把具有特定身份的人视为刑事责任的特殊主体，是为了具体考察这种身份与某些犯罪的实施之间的联系，以及这种联系对人的刑事责任及其程度的影响，而不意味着这种身份本身就决定刑事责任的有无和程度。以身份论责任，就违背了"行为责任"的基本原则。因此，刑法理论中有关"身份犯"的提法和分类未必妥当，它容易使人以为某种身份本身就可以构成犯罪，可以成为要求一个人承担刑事责任的理由。并且，"身份犯"可以做多种解释。日本学者认为，身份犯罪是指在构成要件上需要有一定身份的犯罪。[1] 我国学者也持类似的观点。但是美国学者认为，身份犯就是"根据是什么而不是根据做什么来确定的犯罪"，它在某种程度上意味着没有发生任何事情而导致有责任的判决。[2]

根据身份与犯罪之间的联系以及对刑事责任的影响，可以分为三种情况：

1. 只有具有某种身份的人才能实施相应犯罪的刑事责任主体

这类主体相当于日本学者所谓的"纯正的身份犯"。对于

〔1〕〔日〕木村龟二主编：《刑法学词典》，顾肖荣译，上海翻译出版公司1991年版，第129页。

〔2〕〔美〕道格拉斯·N. 胡萨克：《刑法哲学》，谢望原译，中国人民公安大学出版社1994年版，第89页。

这类主体而言，他所具有的特定身份是实施某种犯罪的先决条件。例如各种以违反职责或业务规则为构成要件的犯罪，没有特定的职务或业务身份的人就不可能实施，因而也不可能产生相应的刑事责任。这种特定的职务或业务身份与相应的犯罪行为相结合，就使实施行为的人成为刑事责任的主体。不过，这类犯罪如果是以共同犯罪的形式实施的，那么，没有特定身份的人也可能成为刑事责任的主体。

2. 利用某种身份实施犯罪的刑事责任主体

这类主体相当于日本学者所说的“不纯正的身份犯”。在某些可以由一般主体实施的犯罪中，如果行为人利用自己具有某种特殊身份的便利条件来实施犯罪，就可能加重其行为的刑事责任。对于这类主体而言，即使他没有这种特殊的身份，也可以因实施有关犯罪而成为刑事责任主体（一般主体），但是他具有某种身份并且有意识地利用这种身份所提供的便利来实施犯罪，因而应当负更重的刑事责任，从而使其成为不同于一般主体的特殊刑事责任主体，例如海关人员犯走私罪等。

3. 因为某种身份实施犯罪的刑事责任主体

一个人如果由于具有某种特定身份而不得不从事某项业务活动特别是具有高度危险的工作，那么他在从事这种正当的本身具有危险性的业务活动中由于过失导致犯罪时，他就应当承担比没有这种特定身份的一般人实施同类行为的刑事责任更轻的刑事责任。因为这种身份使他在从事这类活动中具有正当性，从而减轻了对其罪过心理的可责程度。这种身份与有关行为之间的联系减轻了行为人的刑事责任，从而使具有这种身份的人成为不同于一般人的特殊的刑事责任主体。例如医务人员在医务工作中过失造成重大医疗事故的刑事责任，与非医务人员非法行医造成重大人身伤亡应当承担的刑事责任相比，前者显然在程度上要轻于后者。这种较轻的刑事责任可以说是由其特定身份与相应行为之间的特殊联系决定的，因而其作为承担较轻刑事责任的主体，亦应视为特殊主体。

（二）单一主体与多元主体

以刑事责任主体的数量为标准，可以把刑事责任的主体分为单一主体与多元主体。单一主体是一个主体独立地对某一犯罪承担刑事责任场合的刑事责任主体。多元主体是两个或两个以上主体共同对某一犯罪承担刑事责任场合的刑事责任主体。在单一主体的场合，不存在刑事责任分担的问题；而在多元主体的场合，就必然出现如何分担这种刑事责任的问题。只有在共同犯罪的场合，才存在多元的刑事责任主体。

1. 共同犯罪主体的分类

在我国刑法中，共同犯罪是指二人以上共同故意犯罪。对于共同犯罪的主体，可以按照不同的标准进行分类。

在大陆法系国家，一般以共同犯罪人在共同犯罪中的分工，将其分为实行犯（正犯）与从犯，或者实行犯（正犯）、教唆犯与从犯（帮助犯）。在实行犯（正犯）中又根据参与共同行为之实施情况的不同，分为参与实行构成要件行为之共同正犯、参与实行构成要件以外行为之共同正犯、指挥他人实施犯罪之共同正犯、视他人之实行为自己实行之共同正犯四种。目前，我国台湾学者大多同意这种分类。

在英美法系国家，普通法上的犯罪被分为叛逆罪、重罪和轻罪三种。叛逆罪中即使只是轻微的参与犯罪的行为也被认为是严重罪行，因而没有对共同犯罪人进行分类的必要；而轻罪中的任何行为都不认为是严重的犯罪，不值得将它与其他任何在共同犯罪中起不重要作用的情况进行形式上的区别，所以对于共同犯罪人的分类一般只是就重罪而言的。对重罪中的共同犯罪人，一般分为一级主犯、二级主犯、事前从犯、事后从犯四种。有的学者将其分为主犯与从犯两种，主犯中有一级主犯与二级主犯之分（均为实行犯即正犯）；从犯中有帮助、唆使、劝诱或促成犯罪四种情况。

在我国，刑法中吸取了分工分类法和作用分类法各自的优点，采取以共同犯罪人在共同犯罪活动中的作用为主、分工为辅的分类方法，将共同犯罪人分为主犯、从犯、胁从犯、教唆犯四种。其中，主犯是指组织、领导犯罪集团进行犯罪活动的或者在共同犯罪中起主要作用的共同犯罪人，包括集团犯罪中的首要分子、聚众犯罪中的首要分子以及其他在共同犯罪中起主要作用的共同犯罪人；从犯是指在共同犯罪中起次要作用或者辅助作用的共同犯罪人，其中包括起次要作用的实行犯和各种形式的帮助犯；胁从犯是指被胁迫或者被诱骗而参加犯罪的共同犯罪人；教唆犯是指教唆他人犯罪的共同犯罪人。

2. 共同犯罪人的刑事责任

区分共同犯罪人的刑事责任，首先应当把共同犯罪过程中不具有共同犯罪性质的犯罪行为与共同犯罪行为区分开来。在共同犯罪的过程中，尤其是在集团和结伙犯罪中，当预谋的内容不甚明确时，各个实行犯的行为往往具有一定的随意性，在实施某一犯罪时常常会发生其他犯罪，或者在同一犯罪中由于某个实行犯的行为所造成的严重后果而加重其责任。在这种情况下，准确地认定哪些属于共同犯罪、哪些不属于共同犯罪，就成了正确区分共同犯罪人刑事责任的前提。

按照上述原则，共同犯罪人的刑事责任大致可以区分如下：

(1) 首要分子的刑事责任。

首要分子应当对在自己组织、策划、指挥下实施的整个犯罪承担主要的刑事责任。

当预谋的内容比较明确、具体时，首要分子应当对共同犯罪过程中在目的、手段、后果等方面没有超出预谋范围的一切犯罪行为及其后果承担主要的刑事责任。

当预谋的内容不甚明确时，首要分子不仅应当对实现预谋的犯罪目的所必然构成的犯罪承担主要责任，而且应当对其他成员在实现预谋的目的时构成的其他犯罪承担一定的责任。因为在这种情况下，由于没有限定实现目的的手段，所以实现预谋目的时可能采取的一切手段以及由此引起的危害后果，都必然包含在共同故意所容忍的范围之内，对于其他人为实现预谋目的所采取的可能构成其他犯罪的手段，首要分子虽然可能并不希望，但是至少认识到其他人采取这种手段的可能性并对之采取了放任的态度，而这种行为在客观上又是以他的组织、策划活动为基础的，所以应当视为其组织、策划的共同犯罪的一部分而要求其承担一定的刑事责任。当然，这类行为是否实施，起决定作用的主要不在于首要分子的组织、策划行为，而在于实行犯本人的意志选择，所以应当由实行犯承担主要责任。对于其根本无法认识到的其他人所实施的犯罪，首要分子不承担责任。

在事先没有预谋的情况下，首要分子只能是犯罪活动的指挥者。指挥者只对在其指挥下实施的犯罪及其危害结果承担刑事责任。违背他的指挥所构成的犯罪当然不能要求他承担刑事责任。对虽然超出他的指挥范围但没有超出他们共同的犯罪意图的行为以及由此而加重的结果，如果指挥者具有一定的认识并放任它发生，亦应承担一定的责任。

（2）实行犯的责任。

在集团或结伙犯罪中，首要分子以外的实行犯，不论是主犯还是从犯，对自己作为共同犯罪的一部分所实施的行为都应当根据它在共同犯罪中所起的作用承担相应的责任，其刑事责任的大小受到整个共同犯罪活动及其后果的制约。

实行犯在实施共同犯罪的过程中造成了超出首要分子的故意范围的严重后果时，如果这种后果是首要分子组织、策划、指挥的犯罪活动可能包含的，他就应当与首要分子共同分担这种后果所加重的刑事责任并且承担主要部分；如果这种后果不是首要分子组织、策划、指挥的犯罪活动可能包含的，他就应当对之承担全部责任。

实行犯在集团或结伙犯罪过程中单独实施了其他犯罪时，对这一部分犯罪他应当承担全部责任，并且这种责任不免除他对共同犯罪应负的那部分责任。实行犯在集团或结伙犯罪过程中认识到其他共同犯罪人正在或者准备实施其他犯罪而提供帮助或参与犯罪的，应当根据其所起作用的大小承担共同犯罪的责任。

实行犯对于其他共同犯罪人在集团或结伙犯罪中所实施的没有共谋的犯罪，如果没有帮助或参与行为，不论是否认识到，都不承担责任。

（3）帮助犯的刑事责任。

确定帮助犯的责任，首先应当确认其帮助的是何种犯罪。在共同犯罪中，尤其是在集团和结伙犯罪中，由于故意内容的概括性和实行行为的随意性，以及犯罪过程中外界情况的变化，改变原有的犯罪性质、缩小或者扩大犯罪的规模、加重或者减轻犯罪的结果，甚至增加犯罪的个数等情况，都是经常发生的。在这种情况下，帮助犯只能对他在实施帮助他人犯罪的行为时所认识到的犯罪承担部分刑事责任，而不对他实施帮助行为时没有认识到的犯罪承担责任。

帮助犯对于他所帮助的犯罪，应当根据他的帮助行为在该犯罪中的作用承担责任。如果没有他的帮助行为，该犯罪就不可能发生时，他主动为之提供帮助，积极促进该犯罪的发生，他就应当对之承担较重的责任。如果他的帮助行为只是使实行犯所预谋实施的犯罪得以顺利进行，那他只承担较轻的责任。明知他人实施犯罪而主动为之提供帮助的行为，即使没有对该犯罪的完成起到帮助作用或者虽然起了帮助作用但不为实行犯所知，帮助犯仍应以该罪的帮助犯承担一定的刑事责任。

（4）教唆犯的刑事责任。

在共同犯罪中，教唆犯应当根据他在该共同犯罪中所处的地位和所起的作用承担刑事责任。如果其教唆行为对某一犯罪的发生起了决定性作用或者直接引起了某一犯罪的发生，他就应当对之承担主要责任。如果其教唆行为只是加强了实行犯原来就有的犯罪意念，促成了犯罪的发生，那就只对该犯罪承担较轻的责任。同时，教唆犯只对其教唆的犯罪承担责任。对于被教唆的人在实施被教唆的犯罪过程中实施的其他犯罪，教唆犯不负刑事责任。

如果被教唆的人没有犯被教唆的罪，则不构成共同犯罪。这时，教唆犯应当作为单一主体按照他所教唆的犯罪之未遂承担刑事责任。

第七章 刑事责任的程度

刑事责任的基础、根据和主体是决定刑事责任存在的三大要素，这三个要素的同时存在和有机结合，就使刑事责任得以产生和存在。解决了刑事责任有无的问题之后，必然就会遇到刑事责任的程度问题。

一、刑事责任程度的含义

刑事责任的程度，是指由危害行为在刑法上应受谴责的程度所决定的应当承受之负担的大小。它是对危害行为的刑事责任进行综合判断时确定的度量界限。对此，可以从以下几个方面来理解。

（一）刑事责任程度的概念价值

刑事责任的程度是刑事责任概念中不可或缺的方面。不论是抽象地评价一般危害行为的刑事责任，还是在每一个具体场合下判断有关主体的刑事责任，只要认定有刑事责任存在，就必然涉及刑事责任的程度问题。因为刑事责任的程度从实质上看是刑事责任的存在形式，任何刑事责任都是以一定的量存在的。我们说某种行为应负刑事责任，都是指该行为人对该行为应当负一定量的刑事责任。没有量即没有负担，没有刑事责任的程度，亦没有刑事责任。在理论研究中，只探讨决定刑事责任有无的因素而不论及决定或影响刑事责任程度的因素，不仅在理论上是不彻底的，而且也会使理论缺乏实践价值。

刑事责任的程度也是说明刑事责任合理性的一个重要方面。决定刑事责任有无的因素是决定刑事责任存在的合理性的基本方面，它从主客观的结合上说明了刑事责任存在的合理限度。但是刑事责任存在的合理性并不等于刑事责任适用的合理性。一个人应当对自己在本人罪过心理支配下实施的危害行为承担刑事责任，并不意味着无论使其承担多大的刑事责任都是合理的。只有在由其行为决定的应当承担刑事责任的度的界限上，要求人对自己的行为承担刑事责任，才是合理的。

（二）决定或者影响刑事责任程度的因素

决定或者影响刑事责任程度的因素，是由决定或者影响行为的危害程度和行为人罪过心理的可责程度两个方面的因素构成的。这些因素之所以对刑事责任的程度具有决定或者影响的作用，是因为它们本身就是决定刑事责任有无的那些因素所包含的内容或者是与这些因素直接相关的因素，因而表现了刑事责任要素的存在方式和具体内容，反映了行为在客观上的危害程度和在主观上的可责程度。它们相互作用构成了刑事责任的度量界限。

边沁在其《立法理论》中关于犯罪程度的分析，对于认识决定或影响刑事责任程度的因素，具有启发意义。他把犯罪所造成的危害分为两个层次之恶。第一层次之恶是由这样一些因素决定的：（1）侵犯利益的数量，即混合型犯罪（同时侵犯数种利益的犯罪）能产生比单一犯罪更多的恶。（2）性质，半公罪和公罪[1]之恶比私罪之恶大。（3）半公罪和公罪中直接侵

〔1〕 边沁所谓的半公罪是指旨在保护多数公民的个人利益的犯罪，这种罪既不完全是保护公共利益也不完全是保护单个人的私人利益。公罪则是指旨在保护国家利益和社会公共利益的犯罪。

犯私人利益的犯罪由于既侵犯了个人利益又侵犯了公共利益，所以比直接侵犯公共利益的犯罪之恶要大。(4）犯罪的结果对被害人产生了另一种恶，其犯罪之恶就大。(5）犯罪的结果衍生出一种对其他人的恶，其犯罪之恶亦较大。此外，（对被害人）肉体上痛苦的增加、恐怖的增加、耻辱的增加、无法弥补的损坏、份重的增加等，也是使第一层次之恶加重的因素。第二层次之恶，除了第一层次之恶的程度外，还包括罪犯的目的、为罪犯提供犯罪机会的身份，犯罪的动机、抑制犯罪的难易程度、隐瞒犯罪、逃避惩罚的难易程度、罪犯性格中包含的重新犯罪的可能性、被害人对犯罪之恶的感受等因素。[1] 从边沁的分析中可以看出，他把影响犯罪的程度的因素分为两个方面，即客观方面因素对犯罪程度的影响与主观方面因素对犯罪程度的影响，并且客观方面因素所决定的是第一层次的恶即最基本的恶，主观方面因素所决定的是第二层次的恶即以第一层次之恶为前提而存在的恶。这种看法应该说是很有见地的，它为后世学者从主客观方面认识犯罪及其责任的程度提供了钥匙。不过，边沁对影响犯罪程度的因素的具体分类过于零碎，特别是作为其分类基础的对犯罪的分类并不符合现代刑法对犯罪的分类，因而亦有不可取的地方。

我认为，决定或者影响刑事责任程度的因素，主要是行为的性质、行为的方式、行为的后果、行为的原因、行为对象的特点、行为的时间和地点、行为人的精神障碍程度、行为人的罪过形式、行为人的认识状况、行为人的意志力等。通过对这些因素的综合考察和评价，就可以确定具体场合下有关行为人

〔1〕参见〔英〕吉米·边沁：《立法理论——刑法典原理》，孙力等译，中国人民公安大学出版社1993年版，第6—8页。

应负的刑事责任的程度。

二、行为的性质

在刑法中，行为的性质是指行为本身所包含的在刑法上具有重要意义的属性。它是不同行为在刑法上相互区别的根据。从广义上看，行为的性质应当是从刑法的角度对行为进行综合评价的结果，是由构成行为的各个要素有机结合而决定的，因而认识行为的性质应当全面考虑构成行为的各个要素。但是为了研究的方便，在此仅就决定行为性质的主要方面作一分析。

（一）行为的性质主要是由客体决定的

在刑法中，行为的性质主要是由行为所侵犯的客体以及对象的特殊性决定的。刑法上的行为亦即作为刑事责任基础的危害行为的本质属性，在于它对社会的危害性。这种危害性是通过对刑法所保护的社会利益的侵犯表现出来的。对刑法所保护的社会利益的侵犯，正是刑法理论上所说的对客体的侵犯。因此，客体的内容直接决定着行为的性质。客体是行为直接指向并对之造成危害的利益。这种利益（大陆法系的学者称为“法益”，我国学者称为“社会关系”）具有各种各样的存在形式，因而人们可以把它区分为不同的种类。从存在形式上看，行为侵犯的客体亦即刑法保护的利益，有国家利益，如国家的安全、国家政权的巩固、国家制度的确立、国家权力的行使、国家职能活动的正常运转、国家政策的贯彻等；有社会公共利益，如公共生活的秩序、公众的安全与健康、对人类物质文明和精神文明成果的共同利用以及人类发展进步的共同利益等；有个人利益，如个人在财产所有、亲权、继承等物质生活方面享有的基本权利，个人在生命、健康、自由、尊严等精神生活方面享有的权利等。这些以不同形式存在着的利益，反映了刑法保护的实际内容及其区别。

当行为以刑法保护的某种利益为侵犯客体的时候，这种利益所包含的具体内容也就从根本上决定了行为的性质。不同行为所侵犯的客体所包含的不同内容，是决定行为的不同性质的核心要素，也是识别不同行为的重要方面。

正因为行为所侵犯的客体的具体内容反映了行为的本质，决定着行为的性质，所以通过对行为所侵犯的客体的具体分析，就可以确定行为的性质，区分不同行为在刑法上的意义。

（二）行为的性质反映了行为的危害程度

如上所述，行为的性质必然反映行为侵犯的客体亦即刑法所保护的利益及其具体内容。尽管不同种类的利益对于人类社会生活来说都是不可或缺的，但是它们对人类社会存在和发展的影响程度并不是同等重要的，因此根据它对人类社会生活的重要程度可以将其分为若干等级。当然，由于不同国家对各种利益在人类社会生活中的重要意义的认识不同以及对用刑法来保护的重点对象所持的立场不同，对各种利益的轻重程度的等级划分也是不同的。

因此，行为的性质亦即行为所侵犯的客体的内容，决定着行为对社会的危害程度，从一个侧面反映了行为应负的刑事责任的大小。例如，危害国家安全的行为与侵犯财产所有权的行为相比，就具有更为严重的性质；侵犯人身权利的行为与妨害婚姻家庭关系的行为相比，就具有更为严重的性质。这种性质上的差别，正是行为危害程度的差别的反映。

不仅如此，刑法保护的利益在绝大多数场合是以一定的实体为存在形式的，是通过一定的实体体现出来的。当行为以体现一定利益关系的实体为作用对象时，对象本身的特点就反映了行为侵害的客体的内容从而决定了行为的性质以及对于社会的危害程度。例如，以不特定多数人的生命和健康为侵害的对象，与以特定个人的生命和健康为侵害的对象相比，前者具有更大的危害性。

三、行为的方式

任何行为都是以一定的方式表现出来的，行为的方式也就是行为的客观存在，是行为侵犯一定客体的途径。

就其对行为的危害程度的决定作用而言，至少可以看到如下差别：

（一）作为与不作为

作为是以积极的活动实施刑法所禁止的行为，对于客体的侵犯具有主动性、进攻性，对导致危害结果发生的因果锁链具有发动和引起的作用。不作为是以消极的静止抗拒刑法所要求的作为行为，对于客体的危害具有放任性和被动性，是在客观上存在着危害结果发生的因果锁链时不去积极地制止发生危害社会的结果，而放任其发生。因此，一般而言，以作为方式实施的危害行为比以不作为方式实施的危害行为具有更大的危害性；当然，在某些特殊的情况下，行为人有意识地利用自己的不作为实现危害社会的结果，很难说这种不作为的危害程度比作为行为小。

（二）使用的工具

一般而言，借助一定工具实施的危害行为，由于工具增加了人自身的行为能力，从而可能加重行为对社会的危害结果，因而较之单纯通过自身力量实施的危害行为具有更大的危害性。此外，从工具本身的特点看，工具的危险程度对行为的危害程度具有重要的影响，工具的危险程度高，对客体的威胁程度以及可能造成的危害结果就大。例如，借助刀、枪杀人就比借助棍、棒杀人具有更大的危险性。工具本身的危险性，或者加大了造成更大危害的可能性，或者对被害人以及社会心理造成了更大的威胁，从而也就加重了行为实际造成的危害结果的严重程度。不仅如此，行为所借助的工具的特殊性还可能因其对行为成功率以及对识别行为的难易程度的影响，而加重或减轻其危害程度。例如，借助计算机进行盗窃，借助伪造的或真实的公文、证件、印章进行诈骗，都可能因其所借用的工具的特殊性而增加行为的成功率和被识别的困难度，从而表现出更大的危害性。

（三）实施的手段

行为的手段是实施行为的基本方式。手段的野蛮程度、残暴程度或放肆程度，不仅直接决定着行为对社会的危害程度，而且直接造成对社会心理的不同程度的伤害。以社会可以接受或者可以容忍的手段实施的危害行为，虽然也具有危害性，但其对社会心理的伤害往往不甚严重。而以社会难以接受或者无法容忍的手段实施的危害行为，由于其本身不仅对特定的客体造成了侵害，而且又对社会心理造成了重大伤害，所以往往具有更大的危害性。

（四）行为的技巧以及对某些因素的利用

在某些情况下，行为的技巧可能影响行为的危害程度。实施某类危害行为的熟练程度和经验，可以使危害行为的实施更为容易、成功的可能性更大，从而加重行为的危害程度。例如，盗窃技术、反侦察经验、充分的准备活动，都因其增加了成功的可能性和识别的困难度而成为影响行为的危害程度的因素。

对某些因素的利用也可能增加行为的危害程度。例如，利用自己具有某种合法身份的优势或者从事某项工作的便利条件实施与之有关的危害行为，对这些合法因素的利用就是增加行为的危害程度的重要方面；利用未成年人或者他人的过错实施危害行为，或者故意设置陷阱致人错误而加以利用来实施危害行为，都是加重行为的危害程度的因素。此外，利用自己掌握的某种技术或工作经验来实施危害行为，也可能成为加重行为的危害程度的因素。

（五）行为的组合方式

有些危害行为可能是由多个动作或者多人的动作共同构成的，在这种场合，不同动作之间的组合方式就可能影响到行为的危害程度。例如，当一个危害行为是由预备行为、手段行为、目的行为等多个动作有机结合而完成时，这种行为的成功率就比较高，并且行为中体现的主体意识就比较强，因而其危害程度和罪过程度都要比单一行为的场合严重。一个人实施危害行为与多个人一起实施危害行为相比，后者的危害程度要大于前者；数人之间没有意思联络而实施同一危害行为（活动）与数人之间在共同危害的意思联络下相互配合来完成同一危害行为相比，后者就具有更大的危害性和更多的可责成分。一个人自己单独实施危害行为与有意识地组织、煽动多人来实施危害行为相比，后者亦具有更大的危害性和更多的可责成分。数人无计划地共同实施危害行为与数人按照一定的计划分工合作地、有步骤有组织地实施危害行为相比，后者同样具有更大的危害性和更多的可责成分。当然，这种“更大的危害性和更多的可责成分”是就危害行为的整体以及其发动者和组织者而言的。在数人共同实施危害行为的场合，对数人的行为不具有决定作用和统帅作用的人的单个行为未必具有更大的危害性和更多的可责成分。

（六）行为的时间、地点

在某些特殊情况下，行为的时间或地点可能影响行为的危害程度或者行为人的罪过程度。例如，在战时实施危害国家安全的行为，在自然灾害、重大事故发生时趁机实施扰乱社会秩序的行为或侵犯人身权利、财产权利的行为，就可能因为这种行为与当时的具体环境相结合而加重行为的危害程度。在公共场所实施某种伤害公众感情的危害行为或者具有恐怖性质的危害行为，与暗地进行同类行为相比，前者就因其对社会心理的伤害而加重其危害程度。

四、行为的后果

行为的后果是指危害行为在客观现实中引起、造成或者导致刑法保护利益发生某种物理性或状态性变化的损害事实。在行为后果表现为物理性变化的场合，它是测量行为的危害程度的重要因素；在行为后果表现为状态性变化的场合，它是认识行为的危害程度的重要标志。

行为的后果应当包括以下三个方面：

（一）行为的直接结果

行为的直接结果是指危害行为作用于一定对象时，该对象本身所发生的一定物理性或状态性变化。

行为作用的对象通常有三种存在形式，即人、物及状态。人是刑法保护的各种社会关系的主体，人的生存形式、正常心理本身又是刑法保护的重要内容。对人的生命的剥夺、对人体健康的伤害，以及对人的正常心理状态的破坏如对人的自由、信仰、人格尊严等权利的侵犯，就是对刑法所保护的利益的侵犯。物既是刑法保护的社会关系的载体，也是具有一定使用价值的社会财富。物以自身的存在形式或者自身包含的特定内容表现一定的使用价值，以其与人的一定联系反映人对物的占有关系。因此，对物的存在形式的破坏，例如以灭失、损坏、改变功能等方式使其丧失作用价值，或者对物所代表的一定状态的改变，例如以盗窃、诈骗、抢劫等方式改变别人对它的合法占有状态等，都构成了对物所包含的社会利益的侵害。状态是人类活动的一定存在方式或组合形式，因而是刑法保护的利益的一种。例如，公共秩序有条不紊的状态、国家机器正常运转的状态、各种社会组织职能活动的正常状态、家庭关系的正常状态等。对一定状态的破坏往往损害到有关主体的利益，因而也是对社会的危害。特别是当刑法把一定状态所体现的利益纳入保护之列以后，对这种状态的破坏本身就具有刑法上的危害性。行为的直接结果明显地反映了行为对社会的危害程度。

（二）行为的间接结果

行为的间接结果是指危害行为作用于一定对象时，由于对象的变化而给刑法保护的其他利益造成的损害事实。

行为的间接结果与行为之间存在着以行为的直接结果为网结的两个因果环节，即行为直接造成一个结果，这个结果又引起另一个结果即行为的间接结果。因此，间接结果也是行为危害社会的一种表现形式，是危害结果的一个部分，它的大小也在一定程度上反映了行为的危害程度。例如，一个人对他人的身体造成严重伤害，这种伤害由于没有得到及时治疗而导致该人死亡。这种死亡结果的发生，可以说是伤害行为引起的间接结果。

行为的间接结果主要表现在结果加重犯的场合。在这种场合下，原有的结果往往是危害行为的直接结果，加重的结果往往是行为的间接结果。例如，强奸行为引起被强奸妇女的极度愤恨和羞辱，被害妇女因此而自杀身亡。这种死亡结果虽然不是强奸行为直接造成的，但是与强奸行为具有密切的联系，因而它作为间接结果就加重了强奸行为的危害程度。但是有时，行为的直接结果可能是无害的，而间接结果是有害的。这时行为对刑法所保护的利益的侵害就可能直接表现在行为的间接结果上，这种间接结果也就成了衡量行为的危害程度的重要因素。例如，贩卖假药的行为，服用这种假药本身可能对人体毫无危害，但是却造成有病的人得不到实际有效的治疗。如果由此导致病人病情恶化乃至死亡，这种危害结果就是表现贩卖假药行为的危害性及其程度的一个重要因素。

当然，行为的间接结果毕竟是间接造成的，在这个过程中可能有其他因素的介入，因而不像行为的直接结果那样对行为的危害程度具有决定性的意义。

（三）行为的影响

行为的影响是指危害行为导致的结果之外的其他有害于社会的结果。行为的影响也可以称为行为的其他后果。

由于事物的普遍联系以及社会生活中各种因素的相互作用，当危害行为作用于一定对象时，除了引起对象本身的变化之外，还可能导致与对象有关联的其他事物（人、物或状态）的相应变化。当这种变化危害到刑法所保护的利益时，它就可能被纳入刑法的视野而成为影响行为的危害程度的因素。例如，绑架、拐卖妇女、儿童的行为，导致被绑架、拐卖的妇女、儿童的亲人因思念被绑架、拐卖的妇女、儿童而病情恶化或自杀。这种后果由于是危害行为的影响与当事人自身的特殊性相互结合造成的，因而不能完全归责于绑架、拐卖妇女、儿童的行为，但是由于危害行为对之具有引导或条件的作用，因而也在一定程度上反映了行为的危害程度。

五、行为的原因

行为的原因是指促使行为人实施危害行为的因素。任何行为的实施都是有原因的，原因因素的特点往往有助于说明或理解行为人为什么要选择某种行为。对于危害行为而言，行为的原因因素往往直接关系到行为人选择危害行为的意志活动及其可责程度。行为的原因主要包括三个方面的因素：

（一）行为的动机

动机是人选择和实施行为的内心起因，是人的自身需要与人对客观环境的认识相结合所产生的欲求冲动，也是促使人选择危害行为的直接原因。动机的善与恶以及善恶的程度，往往直接决定着罪过心理的可责程度。

在故意犯罪中，善的动机往往可以减轻故意的罪过程度和可责程度。例如，一个人为了保护他人的人身不受非法侵害而防卫过当造成不应有的危害，其行为动机的善良、护法的性质就大大减小了罪过的程度。如果一个人基于掩盖犯罪行为的动机而杀人，其动机的恶劣程度也就会加重其故意犯罪的罪过心理的可责程度，使其具有更多的应受谴责的成分。间接故意犯罪的动机对其罪过心理的可责程度更具有直接的影响。一个人基于实施另一犯罪的动机而放任某种严重危害社会的结果发生，其主观上的罪过就具有较重的可责性。但是如果基于某种合法的、正当的动机而放任同样危害的结果发生，其主观上的罪过心理就因动机具有一定程度的宽恕性而减轻其罪过的可责程度。

在过失犯罪的场合，过失行为的动机亦是影响过失罪过程度的因素之一。一个人基于节省开支、加快工程进度而强令工人违章冒险作业，虽然也应当对由此造成的严重危害结果承担刑事责任，但是与基于某种个人动机如与人赌气、对工作不负责任等相比，其罪过心理的可责程度就要小一些。

边沁曾经从动机可能产生好、坏两种不同结果的角度把动机分为“保护动机”和“诱惑动机”两种。前者包括纯社会动机如善行与半社会动机如对名誉的酷爱、友谊的愿望、宗教信仰等；后者包括反社会动机即与社会要求格格不入的动机，以及个人动机如感官享受、权力欲望、金钱嗜好等。他认为，诱惑动机本身并没有罪过，但它可以使行为变得更坏从而可能成为加重罪过的因素；保护动机本身并没有能证明自己正当的作用，但它可以使行为变得更好从而成为减轻罪过的理由。[1]这是很有见地的。

（二）被害人的情况

当危害行为的实施以及危害结果的发生是行为人与被害人相互作用的结果时，被害人的情况如何往往直接影响到行为人的责任程度。

1. 被害人的行为过错

被害人的行为有无过错，对行为人行为的危害程度以及行为人的罪过程度具有重要的影响。在故意犯罪中，如果被害人的过错行为乃至犯罪行为是引起加害人的行为的直接原因，那么加害人在主观上的罪过就比较轻微；如果被害人的过错较小或者根本就没有过错，那么即使被害人的行为是引起加害行为的一个因素，也不影响（不减轻）加害行为人的罪过程度。在过失犯罪中，如果被害人的过错行为也是导致危害结果发生的一个原因因素，那么危害结果的严重程度就应当由加害人与被害人共同分担，这在客观上就减轻了加害行为人的责任，并且减轻的程度取决于被害人过错的程度。

2. 被害人的行为性质

当被害人的行为与加害人的行为相互作用导致某个危害结果发生时，或者被害人的行为是加害人的行为产生的原因之一时，被害人的行为性质往往影响到加害行为的危害程度和加害

---

〔1〕参见〔英〕吉米·边沁：《立法理论——刑法典原理》，孙力等译，中国人民公安大学出版社1993年版，第12—14页。

人的罪过程度。因为被害人的行为如果是合法的，那么他在法律上就不对结果承担责任，加害人就要对自己实施的危害行为以及这种行为的危害结果承担全部的刑事责任；如果被害人的行为也是违法的，那么他在法律上就应当对危害结果承担相应的责任，因而一定程度上分担了加害人对危害结果的责任。例如，领导在自己的职权范围内基于工作上的原因批评部下，部下因对领导的批评不满而对领导进行故意伤害，那就会因领导行为的合法性而由加害者承担伤害行为的全部责任；但是，如果领导滥用职权对部下进行打击报复，部下因对之不满而故意伤害该领导，那就会因作为被害人的领导的行为的违法性而减轻加害行为的危害程度和加害行为人的罪过程度，从而减轻其责任。

此外，被害人行为的道德性质对于加害人行为的可责程度也有一定的影响。如果被害人的行为是极不道德的以致伤害了加害人的道德情感而引起加害人的危害行为，那么加害人的行为的可责程度就要小一些。如果被害人的行为对加害人造成重大损失或者构成恶意诽谤、极度侮辱甚或人身伤害，加害人基于愤怒、情绪激动等而突发出对被害人的攻击性行为，那么这种行为也具有较小的可责性。这种场合下可责性的减少，不仅是道义上的评价，还是以法律上的责任分担原理为基础的，因为在这种场合下被害人的行为是导致加害人危害行为实施的原因之一。

3. 被害人的人身特征

有时，被害人的某些人身特征也可能加重或者减轻加害人危害行为的危害程度和罪过心理的可责程度。例如，当被害人处在妊娠、患病、痴愚以及危难之中或者是未成年人和老年人时，对之实施危害行为诸如强奸、侮辱、抢劫、伤害等，不仅在客观上会因为这类被害人缺乏反抗能力而使危害行为具有较多的成功机会从而加重危害行为的危害程度，而且在主观上也会因为行为人对这类被害人缺乏反抗能力这一特点的着意利用而加重其罪过程度从而增加其可责性。

如果被害人在人际交往中态度蛮横、言语富有挑衅性，甚至以强凌弱、寻衅滋事，作为对之不满而引发出的加害人的危害行为就可能因之具有某种程度的可宽恕性从而减轻其罪过的可责程度。

总之，被害人与加害人之间的相互作用以及被害人的某些情况影响和制约着加害人在动机发动、意志选择、危害结果等方面的责任程度。

（三）环境因素

现代犯罪学的研究成果表明，犯罪产生的原因在于人的素质、环境与人的主体性之间的相互作用。特别是从唯物论的观点看，人的意识包括犯罪意识，只能是由存在决定的，是存在的产物和表现。人的犯罪意识是现实社会中某些因素诸如社会现象、人际关系、社会意识、社会生产、物质生活等与人自身的某些因素诸如人的自我意识、利益需要、个性特征、生活环境等相互作用的结果。因此，环境因素作为原因因素之一，对犯罪的发生和犯罪人的责任无疑具有重要的意义。

但是刑法上解决行为人对自己的危害行为应负的刑事责任，不可能把导致犯罪意识形成的各种环境因素统统纳入视野，并且许多环境因素只有通过人的主体性活动才作为犯罪产生的原因因素出现以致并不影响人对自己行为的责任。能够对刑事责任及其程度产生影响的，主要是与危害行为的实施及其危害程度直接有关的那些环境因素，而不包括在一般意义上影响犯罪意识形成的环境因素。

与危害行为的实施及其危害程度直接有关的环境因素，主要是指：

1. 第三人的行为

除了被害人与加害人的行为相互作用之外，有时危害行为的实施可能是由于第三人的行为引起的或者第三人的行为是引起加害人实施危害行为的原因之一，从而减轻行为人的责任。例如，第三人无事生非，挑拨行为人与被害人的关系，以致行为人对被害人产生极度愤恨或严重不满而实施危害行为；第三人的行为对加害人造成严重伤害（诸如肉体上、心理上或财产上的伤害或损失），以致加害人为报复而对与第三人具有某种身份关系（如父母子女、夫妻等）或利害关系的被害人实施危害行为等。在这类场合下，第三人的行为作为引起加害人实施危害行为的原因之一或者诱因，其可责性的有无及程度必然影响到加害人实施危害行为时主观罪过的可责程度，第三人的行为可责性大，加害人的行为可责性就相应减少，反之亦然。

此外，第三人的行为过错也可能影响行为人的危害行为的危害程度。特别是在第三人的行为与行为人的行为共同造成某种危害结果的场合，第三人行为中对危害结果的责任是减轻行为人责任的重要因素。

2. 行为的外部条件

有时危害行为只有在一定的外部条件下才能造成危害结果，这种外部条件对危害行为的制约程度也就影响到行为人对危害结果的责任程度。例如，运输人员在执行运输任务过程中，恶劣的自然条件如大雾、暴风雨等影响了路面的可见度和驾驶车辆的难度，在这种环境下发生交通事故造成严重危害结果时，就可能因为环境的因素而减少行为人对危害结果的责任程度。有时，外部因素可能成为行为人实施危害行为的原因或者导致行为人认识错误的原因，这种外部因素的存在就可能减轻行为人的罪过程度。

六、罪过的形式

罪过的形式表明行为人在实施危害行为过程中的心理活动过程，清楚地反映出行为人应受责难的心理因素，因而直接决定着罪过的可责程度从而也决定着行为人对其危害行为的责任大小。

在故意犯罪的场合，行为人明知自己的行为会发生危害社会的结果，竟然希望或者放任这种结果发生，这种故意的罪过形式说明行为人具有明确的危害社会的意志，因而应当受到严厉的谴责。

在过失犯罪的场合，行为人虽然在客观上实施了危害社会的行为，但其主观上并不希望也未放任危害结果发生，这就表明行为人没有明显的危害社会的意图。行为人之所以有罪过，是因为他在选择行为时没有充分顾及社会利益、没有对自己所选择的行为在客观上可能造成的危害结果予以应有的重视，因而这种行为人在主观上也具有应受谴责的因素，但是这种罪过心理应受谴责的程度与故意犯罪中的危害意志所应受到的谴责相比就要轻得多。

正如边沁曾经指出的，无论是故意犯罪还是过失犯罪，其结果都是一样的，但产生的惊恐不同。一个知道并策划犯罪的人是既坏又危险的人，他使人们感到自己处在危险、有害群体罪恶阴谋的包围之中，且从其已经做的事可以看到其期望做的以及有能力再次做的事。但是在非故意犯罪的情况下，公众仍然感到安全，因为这种犯罪是孤立的、偶然出现的，并且不可能重复出现，对一个由于疏忽或无知而犯罪的人，与其谴责他还不如同情他。[1] 所以，罪过心理是以故意的形式存在还是以过失的形式存在，对罪过的程度乃至责任的程度具有决定性的意义。

在故意的情况下，间接故意又比直接故意的罪过程度要小一些。当罪过以直接故意的形式出现时，行为人不仅明知自己的行为会发生危害社会的结果，而且希望这种结果发生。行为人的危害行为正是在其危害意志的支配下实施的，危害结果即是行为人直接追求的目的。这就表现出极其强烈的危害意志，表明行为人具有较大的主观恶性。在社会利益面前，他理应受到较重的谴责。而当罪过以间接故意的形式出现时，危害行为总是在追求其他目的的意志支配下实施的，行为人对于自己所放任的危害结果并不抱有积极促成的希望态度，其危害意志就要相应地弱一些，因而其罪过程度相对地也就要小一些。当然，有时行为人是在追求一个危害结果而放任另一个危害结果的复杂罪过心理的支配下实施危害行为的。在这种场合，因为行为人同时存在着一个直接故意和一个间接故意，这种双重罪过加重了罪过的程度和可责的程度。

在过失的情况下，过于自信的过失往往比疏忽大意的过失罪过程度要小一些。从现实中看，过于自信的过失似乎难以令人原谅，而疏忽大意的过失较易被人原谅。这是因为，人们常常把前者与“明知故犯”联系在一起，而把后者与“不知之不为过”联系在一起。然而实际上，在疏忽大意的场合，行为人对危害结果负有注意义务而完全没有注意，对自己的行为可能造成的危害结果丝毫没有认识。这就表明，行为人对他应该认

〔1〕 参见〔英〕吉米·边沁：《立法理论——刑法典原理》，孙力等译，中国人民公安大学出版社1993年版，第8—9页。

识的东西采取了极不负责的态度，严重违反了自己负有的注意义务，这种过失的程度使行为人本来可以预见、可以避免的危害结果丧失了防止其发生的任何可能性。而在过于自信的场合，行为人对自己行为可能造成的危害结果虽然也发生了认识上的错误，但毕竟已经给予了一定的注意，有了一定的认识，因而其行为时的轻率程度就比丝毫没有注意、丝毫没有认识的疏忽大意行为要小一些。而且，对危害结果的一定预见，也使客观上避免危害结果发生具有了一定的可能性。这种可能性没有变成现实，表明行为人由于自身的原因在认识上还是有错误的，而且这种错误对社会造成了严重的危害因而是有责任的。但是与疏忽大意的过失相比，其认识上的错误要小一些，对注意义务的违反程度和对危害行为的草率程度要轻一些，因而其罪过程度也就相对地要轻一些，由此决定的责任程度也应当较之疏忽大意的过失为轻。

七、罪过的内容

罪过内容直接决定着罪过心理的可责程度以及罪过心理对危害行为的支配程度，制约着行为在客观上的危害程度，因而是决定刑事责任大小的重要因素。

罪过心理是由认识因素和意志因素两个方面构成的。这两个方面的具体内容，就是罪过的实际内容。

（一）认识因素对责任程度的影响

认识因素在内容上主要包括行为人对危害行为的对象的认识、对行为结果的认识和对危害行为违法性的认识，而认识内容的每一个方面都可能存在着程度上的差别。例如，认识到危害行为的对象包含着较大利益还是较小利益（国家利益还是个人利益、生命还是健康）、具有较大价值还是较小价值（数万元或是数十元）；认识到危害结果必定发生或是可能发生、发生的可能性大还是小，抑或没有认识；认识到行为违法还是没有认识到行为违法，认识到行为严重违法还是轻微违法。认识内容及其程度上的这种差别是决定罪过程度的一个重要方面。例如，明知自己的行为所指向的对象可能包含着重大的社会利益与明知自己的行为所指向的对象只是包含着较小的社会利益相比，前者不仅决定着据以选择的危害行为具有较之后者更为严重的危害程度，而且决定着前者比后者更大的罪过程度；明知自己的行为必定发生某种危害结果与只是预见到自己的行为可能发生某种危害结果相比，前者就比后者更应受到谴责；明知自己的行为严重违法而实施与应当认识但没有意识到自己的行为严重违法或者只认识到自己的行为轻微违法相比，前者亦具有更大的可责性。在过失犯罪的场合，行为人对注意义务的认识程度以及由此决定的对危害结果的有无认识，同样影响到罪过心理的可责程度。

（二）意志因素对责任程度的影响

意志因素包括意志的内容、意志的力度以及对行为过程中各种插入因素的态度。

意志的内容表明行为人决意实施的是什么样的行为，在故意的场合还包括行为人希望、放任的是什么样的危害结果。行为人选择什么样的行为直接决定着行为的危害程度从而也表明意志选择的可责程度。例如，一个人决意实施在公共场所制造爆炸事件的行为并支配自己实施这种行为，在行为之前就决定了这种行为本身具有严重的危害性；相反，如果一个人决意实施的行为只是为了省事而把雷管炸药带进食堂，由于没有妥善保管而被引爆造成重大伤亡，那么其意志选择的可责程度就要小得多，实际造成的危害结果与某种偶然因素的介入直接相关。因此，在后一种场合下，虽然实际造成的危害在程度上与前一种场合下的危害程度相当，但由于支配危害行为的意志内容不同，其责任程度要小得多。此外，行为人通过自己的行为希望达到什么样的结果即行为的目的，直接支配着危害行为的实施过程以及对行为方式的选择，因而也决定着行为的危害程度。

意志的力度亦即支配危害行为的意志的强弱直接反映了罪过心理的可责程度。一个人决意实施危害行为、积极追求危害社会的结果，不论遇到什么阻力都不放弃这种危害社会的意志选择，就说明他具有较大的主观恶性和严重的危害意识，因而不论是在道义上还是在法律上都应当受到较重的谴责。相反，一个人虽然决意实施危害行为，但是一遇到被害人的阻止、哀求或者客观上的困难，就放弃自己的意志选择，中止危害行为，那就说明他危害社会的意志不强，主观上的恶性不大，因而应受谴责的程度也就较小。

此外，对危害行为实施过程中各种插入因素的处理态度，也反映了行为人意志力的强弱，影响行为人的罪过程度。在危害行为的实施过程中，某些因素的插入可能对危害行为的完成或者危害结果的发生产生影响，或者阻碍危害行为的实施，或者制止危害结果的发生，抑或有利于危害行为的实施或危害结果的发生。行为人认识到这些插入因素的存在而对之所持的态度，往往直接反映着行为人危害意志的强弱。在故意犯罪中，如果行为人积极利用有利于危害行为实施和危害结果发生的因素，而力图排除阻碍危害行为的实施和制止危害结果发生的因素或者置这种因素于不顾，那就说明他具有较强的危害意志，因而应当受到严厉的谴责。如果行为人认识到有利于危害行为实施的因素和促进危害结果发生的因素并没有加以利用，或者认识到阻碍危害行为实施或者制止危害结果发生的因素而放弃危害行为的实施，那就表明行为人危害社会的意志不强，其可责的程度也就要小一些。例如，行为人强奸妇女时，他人突然出现在现场，行为人如果因为他人的出现而停止强奸行为的实施，其危害意志在程度上就要小一些；如果行为人不顾他人的出现甚至使用暴力或暴力威胁赶走他人，继续实施强奸行为，那么其危害意志的可责程度就要大得多。在过失犯罪的场合，行人在预见到可能发生危害结果之后，如果认识到有利于防止危害结果发生的因素的插入而积极地加以利用，其罪过的可责程度就要小一些，认识到这种因素而不加以利用，其罪过的可责程度就要大一些；认识到阻止危害行为实施的因素的插入而坚持实施行为，其罪过的可责程度就大，认识到这类因素而停止或改善危害行为，即使最终未能避免危害结果的发生，其罪过的可责程度也要小一些。

八、刑事责任程度的综合评价

从以上分析中可以看出，决定或者影响刑事责任程度的因素是多元性的。确定刑事责任的程度必须对上述各种因素进行全面考察、综合评价，如果只抓住一点而不及其余，就很难正确判断具体的行为人应负的刑事责任的大小。

（一）综合评价的一般原理

对刑事责任程度进行综合评价，应当把握如下几点：

其一，决定或者影响刑事责任程度的不同因素对刑事责任的制约程度是不同的。在决定或者影响刑事责任程度的上述各种因素中，有的对刑事责任的程度具有决定性的作用，有的仅仅具有一定的影响。如果试图根据各种因素对刑事责任的制约程度将上述各种因素分成若干等级的话，不妨分为三个序列：第一序列可以包括行为的性质和罪过的形式；第二序列可以包括行为的基本方式、直接结果和罪过的基本内容；第三序列可以包括行为的非基本的方式、间接结果及其他后果、行为的原因、罪过内容中非基本成分。其中第一序列的因素可以决定刑事责任程度的主干，第二序列的因素可以决定刑事责任程度的基本框架，第三序列的因素可以影响刑事责任的程度。

其二，决定或者影响刑事责任程度的各种因素对刑事责任的意义是不同的。有的因素只是决定或者影响刑事责任的基础即危害行为有无及其危害程度；有的因素只是决定或者影响刑事责任的根据即行为人的罪过心理及其程度；有的因素则既决定或者影响刑事责任的基础，又决定或者影响刑事责任的根据，有时甚至很难将二者明显地加以区分。

其三，决定或者影响刑事责任程度的各种因素是相互作用的，但是相互作用的程度和方式是不尽相同的。其中每一种因素都对危害行为的实施、危害结果的发生或者罪过的程度具有制约作用。但是有的因素是与其他因素结合在一起发挥作用的；有的因素是独立地对上述三个方面或其中之一发生作用的。有的因素的出现必然对其他因素产生影响从而共同决定刑事责任的程度；有的因素只有被主体所认识、所利用，才能对行为的结果发生作用，因而与其说是这些因素对刑事责任程度的影响，毋宁说是这些因素与主体性因素相结合影响刑事责任的程度。

（二）综合评价的基本方法

刑事责任程度的综合评价，是根据决定或者影响刑事责任程度的各种因素的有无及其具体内容来评价其对行为的危害程度和行为人罪过心理的可责程度的影响，综合这些影响来判定刑事责任程度的活动。因此对刑事责任程度的综合评价，应当从以下几个方面入手：

其一，全面考察决定或者影响刑事责任程度的各种因素的有无及其具体内容。只有了解到行为实施过程中实际存在着哪些可以决定或者影响刑事责任程度的因素，才能对刑事责任的有无及其程度作出判断。但是只了解到其中一些因素而没有了解到其他一些因素，判断就难免失误或不当。全面了解决定或者影响刑事责任程度的因素必须同时掌握它的具体内容，只认定其有无而不了解其具体内容，就很难判断它对刑事责任的程度有无影响以及有什么样的、多大程度的影响。

其二，着重分析各种因素对行为的危害程度或者行为人的罪过心理的可责程度的影响。在了解到决定或者影响刑事责任程度的多种因素及其具体内容之后，应当在此基础上分别考察每种因素的具体内容对行为的实施、完成和危害结果的影响程度或者对行为人罪过心理的影响程度，然后再考察这些因素之间的相互作用以及这种相互作用对行为的危害程度和行为人罪过程度的制约程度。

其三，在上述考察的基础上综合评判刑事责任的程度。就每一个具体行为而言，上述因素的有无、内容及其作用方式总是不尽相同甚至相差悬殊的，因而由其制约的刑事责任的程度也是有差别的。这种程度上的差别是行为的危害程度与行为人的罪过程度有机结合的结果。因此，在全面考察决定或者影响刑事责任程度的各因素及其具体内容并对其作用进行分析之后，还应当运用系统论的方法综合评价这些因素的有机结合状态，从这种有机结合状态中判定刑事责任的程度。

第八章　刑事责任的基本原则

刑事责任的原则是指设定和追究刑事责任应当遵循的基本准则。如前所述，刑法的目的是通过刑事责任的设定和追究来实现的，刑法的全部运动表现为设定和追究刑事责任的活动。因此，刑事责任的原则，不仅对于刑法的制定过程，而且对于刑法的适用活动，具有直接的、普遍的指导意义；刑事责任原则的优劣，不仅制约着刑法功能的发挥，而且决定着刑法目的的实现程度。

刑事责任的原则是根据实现刑法目的的需要和刑法正当化的要求确定的。它既要符合禁止和预防犯罪、保卫社会整体利益的客观需要，也要符合现代法律关于保障基本人权的立法精神；既要有利于保障设定和追究刑事责任的活动的效能，又要保持自身的合理性。正是这种矛盾的二重性，使它具有制约设定和追究刑事责任的活动的功能和在制裁人的犯罪行为中保障人的基本权利的特征。

关于刑事责任的原则，英美学者把使任何一个人承担刑事责任都必须具备的所有条件统统称为刑事责任的基本原则，因为这些条件都是追究刑事责任时必须遵循的。但是这些条件在我们看来只是决定刑事责任存在与否的要素，是追究刑事责任活动中应当遵守的具体规则，并不是设定和追究刑事责任的活动中具有指导性的规范，因而不应当称为刑事责任的基本原则。

德日刑法学者则认为刑事责任的原则只有一个，那就是“无责任既无刑罚”（Ohne Schuld Keine Strafe）。“无责任即无刑罚”无疑是现代刑法中的责任原则，但只是适用刑法的原则之一。它只是强调了裁量决定刑罚时必须以责任为前提，但并没有涉及认定责任本身应当遵循什么原则，因而作为责任原则是不全面、不完整的。

在我国，有的学者认为刑事责任原则有两项，即“罪责自负、反对株连原则”与“犯罪必究、错案必纠原则”。〔1〕其中，前一项原则是这些学者自己主张的刑法基本原则的重复，后一项原则是办案要求而不是责任原则。也有学者认为，刑事责任的原则有五个：一是刑事责任不可避免的原则，二是刑事责任的及时性原则，三是刑事责任自负的原则，四是刑事责任的主客观相统一的原则，五是刑事责任与犯罪相适应的原则。〔2〕其实，“不可避免”与“及时性”与其说是刑事责任的原则，不如说是刑罚适用的原则。对于具体人来说，刑事责任本身是由于刑事法律的规定伴随着犯罪行为的实施而产生的，并不存在可以不可以避免的问题，也不存在及时不及时的问题。至于对于应负刑事责任的人，司法机关是否实际追究其刑事责任是执法与不执法的问题；是否及时追究其刑事责任是执法的使命感强不强、效率高不高的问题，而不是刑事责任原则的问题。刑事责任与犯罪相适应的提法似有把刑事责任等同于

〔1〕参见赵廷光主编：《中国刑法原理》（总论卷），武汉大学出版社 1992 年版，第 341—344 页。

〔2〕参见张明楷：《刑事责任论》，中国政法大学出版社 1992 年版，第 83—99 页。

刑罚之嫌，将其作为“贯串于追究刑事责任的全部过程中的原则”，则是名实不符。因为刑事责任与犯罪相适应只是表明犯了罪的人应负的刑事责任与他所实施的犯罪行为在程度上的相应性，而“追究”刑事责任的全部过程不仅仅是认定犯罪人应负多大的刑事责任，更重要的是给犯罪人以什么样的刑事制裁，即如何把犯罪人应负的刑事责任所包含的刑事负担施加于犯罪人。这后一项活动在司法实践中是通过“量刑”表现出来的。量刑所遵循的原则就不能说是“刑事责任与犯罪相适应”，而应当是刑罚与刑事责任相适应。在追究刑事责任的过程中实际面临的是“犯罪——刑事责任——刑罚（包括非刑罚制裁方法）”的关系，而不仅仅是犯罪与刑事责任的关系。因而把刑事责任与犯罪相适应作为追究刑事责任的原则是不妥的。

我认为，刑事责任的原则不仅是追究刑事责任的活动应当遵循的准则，而且应当是设定刑事责任的活动应当遵循的准则，因而它不可能是单一的，而应当是多元的。我把刑事责任的基本原则归纳为四项，即法定责任原则、行为责任原则、主客观统一原则、责任刑罚原则。这四项原则有机地结合在一起，构成一个完整的原则体系，便可以保障刑事责任的设定和追究既符合目的性又具有合理性。

一、法定责任原则

法定责任原则是指刑事责任（具备哪些条件就应当负刑事责任、在什么样的情况下应当负多大的刑事责任）必须由刑事法律明文规定并且只能在法律规定的范围内进行追究。法定责任原则是罪刑法定原则的逻辑要求。在现代刑法中，罪刑法定是最基本、最重要的一项原则。罪刑法定原则强调法无明文规定不为罪、法无明文规定不处罚。而犯罪和刑罚都与刑事责任具有不可分割的联系。在观念上，一种行为之所以被法律规定为犯罪，是为了对其追究刑事责任以便禁止它；在实践中，一个人实施了犯罪行为，就必须承担刑事责任。同样地，对犯罪行为规定刑罚，是因为立法者认为这种行为的实施者应当承担刑事责任；对一个人进行刑罚处罚，也是因为他对自己的行为负有刑事责任。刑事责任与犯罪、与刑罚的这种联系，决定了罪刑法定必然包含着、必然要求刑事责任由法律明文规定。

但是罪刑法定本身并不能代替责任法定。因为刑事责任尽管与犯罪和刑罚之间具有密切的联系，但是刑事责任既不等于犯罪也不等于刑罚。犯罪与刑罚中的任何一个都不能取代刑事责任。不仅如此，法定责任原则除了具有罪刑法定原则的基本要求之外，还具有自身特殊的要求，因而有明确提出和强调之必要。

（一）法定责任原则的基本要求

首先，法定责任原则要求，凡是立法者认为应当追究刑事责任的行为，都应当通过立法的形式在刑事法律中作出明确的规定。这一要求意味着，只有有权制定刑事法律的机关才能设定刑事责任，无权制定刑事法律的任何机关和个人都不得对任何行为设定刑事责任；只有刑事法律明文规定的行为才能引起人的刑事责任，没有在刑事法律中明文规定的行为不产生任何刑事责任。

立法者对自己认为应当追究刑事责任的行为，应当通过必要的立法程序，使用清晰、通俗并且没有歧义的语言加以规定。这种规定应当包括：一切行为承担刑事责任时都应当具备的基本条件；不同种类行为承担刑事责任的特定条件；决定刑事责任程度的因素；不同行为承担刑事责任的具体内容及其程度等。立法者设定刑事责任、选择刑事责任的条件和承担刑事责任的方式，应当充分考虑刑法的目的性。只有自觉地服从目的性的要求，充分认识到对某种行为设定刑事责任的必要性，才有可能选择最有利于实现刑法目的的方式。同时应当充分考虑刑事法律的协调统一，使刑事责任的设定有整体的和谐性和具体规定的合理性。

其次，法定责任原则要求，只有刑事法律的明文规定才能成为追究刑事责任的依据，没有刑事法律的明文规定，就不能追究任何人的刑事责任。这一要求意味着，任何人只对刑事法律明文规定的应负刑事责任的事实情况承担刑事责任。刑事法律没有明文规定应当负刑事责任的事实情况，不能成为追究任何人的刑事责任的理由；刑事法律没有明文规定应当负较重的刑事责任的事实情况，不能成为追究任何人较重的刑事责任的理由。即使实施了某种危害行为，如果具有刑事法律规定的不负刑事责任的情况，行为人也不对自己的行为承担任何刑事责任；如果具有刑事法律规定的从轻或者减轻责任的情况，行为人就只负相对为轻的刑事责任。

最后，法定责任原则还要求，司法机关追究任何人的刑事责任，都必须严格依照刑事法律的明文规定进行。这一要求意味着，只有依法享有刑事追诉权的司法机关才能成为追究具体人的刑事责任的主体，并且司法机关只能在刑事法律规定的范围内追究有关人员的刑事责任，既不能违背刑事法律的明文规定，依据其他规定、命令或旨意追究具体人的刑事责任，也不能无视决定和影响刑事责任程度的因素而任意加重或减轻有关人的刑事责任。这一要求还意味着，司法机关追究任何人的刑事责任都必须严格按照法律规定的程序进行，既不能违背法律规定的程序，也不能超越法律授予的权限。即便是按照刑事法律的明文规定应当负刑事责任的，司法机关也应当按照法律规定的程序，在证据确凿充分的前提下，依照法律规定的内容和限度确定责任人应当实际承担的刑事责任。

（二）法定责任原则的理论根据

法定责任的原则是由刑事责任的目的性和刑事执法活动的特殊性质所决定的。

设立刑事责任的目的是禁止人们实施一定的行为。而这种禁令要取得全体社会成员一体遵行的效力、要获取最大的权威性，就必须通过刑事立法的形式予以明文规定。一种行为，是否应当导致行为人的刑事责任、刑事责任的程度有多大，是立法者根据该行为是否危害了国家和社会的利益、危害的程度如何以及立法者对禁止这种行为的有效手段的认识来确定的。立法者的这种认识只有通过刑事立法变成刑事法律的明文规定，才能定型化，从而才有可能为人们所了解、才有可能取得全体社会成员一体遵行的效力。不通过刑事立法的形式使之明确化和定型化，立法者想要禁止某种行为的意愿就无法作为绝对禁止的命令传达给全体社会成员，就不能为人们所知晓，因而即使对之追究刑事责任也不可能发挥预期的效果。因为在现实生活中，无论何人，在选择行为的时候，如果想要遵从法律，都只能遵从他所了解的法律。不了解某项法律的具体内容，就谈不上遵从与否的问题。刑事法律只有让人们普遍地了解它究竟禁止何种行为，才有可能使想要遵从它的人在动机选择的时候知道哪些行为是不能实施的；刑事法律只有让人们普遍地了解它对某种行为是采取何种方式来禁止，才有可能使人们在动机选择中权衡利弊得失时知道实施怎样的行为对自己更为不利，从而避免刑法严格禁止的行为。而要做到这一点，刑事法律就必须明确规定决定刑事责任有无的条件和衡量刑事责任大小的标准，并且明确规定刑事责任的追究必须严格依据刑事法律来进行，以便人们在不想触犯刑律的时候知道应当抑制哪些动机冲动才能避免刑事责任，并且相信法律能够对没有触犯刑律的行为提供免受刑事追究的保障。如果刑事法律没有对刑事责任的有无和大小作出明确的规定，人们就不清楚哪些行为可能引起刑事责任，哪些行为不致引起刑事责任。在这种状态下，即使人们不想犯罪，也不知道如何避免犯罪；即使人们不想犯较重的罪，也不知道哪些行为是国家认定的重罪。如是，设定和追究刑事责任的目的也就无法实现，至少不可能较大限度地实现。不仅如此，刑事司法机关的职能活动是围绕着追究有关人的刑事责任展开的。刑事司法机关要保障自己职能活动的合法性，就必须在刑事法律中寻找自己活动的根据，如果刑事法律对刑事责任问题缺乏明确的规定，司法机关在追究具体人的刑事责任时就无所适从，就难免出现刑事责任的有无和大小随时随地都以司法机关和司法人员的刑法意识为转移的状况，从而也就难以保障刑事司法活动的合法性。

刑事司法活动的目的是解决具体人的刑事责任问题，而刑事责任是所有法律责任中制裁最严厉的一种。一旦司法机关认定某人应负刑事责任，该人就将承受沉重的负担甚至包括人身自由的长时期剥夺乃至生命的丧失。刑事司法活动的这种特殊性使它与公民的切身利益之间具有极为密切的关系，刑事司法活动能否严格依照刑事法律的明文规定来解决人的刑事责任问题，对保障公民的基本人权具有极为重要的意义。

因此，刑事责任的法定原则，不仅是实现刑事责任目的的必然要求，而且是保障公民基本人权不受执法者随意侵犯的重要方面。如果说，任何公民不受法外制裁是现代法治国家的基本特征，那么，在标榜法治的国家，刑事责任的法定原则作为公民权益的法律保障，就更是不可或缺的了。

（三）法定责任原则的实践价值

强调刑事责任的法定原则，具有重大的实践价值。

1. 法定责任原则在刑事责任的规定中反对溯及既往的法律

法定责任原则要求刑事法律对决定刑事责任有无的条件和衡量刑事责任大小的标准作出明文规定，对行为人追究刑事责任只能以行为时法律规定的责任为依据，因而必然强调对在行为时刑事法律没有规定刑事责任的行为不能追究刑事责任，对行为时刑事法律没有规定较重（或者较轻）的刑事责任的行为不能追究较重（或者较轻）的刑事责任。但是溯及既往的法律，却要求对行为时没有规定刑事责任的行为追究刑事责任或者要求对行为时没有规定较重（或者较轻）的刑事责任的行为追究较重（或者较轻）的刑事责任。这既违背法定责任原则的要求，也背离了设定和追究刑事责任的根本目的。

第一，溯及既往的法律背离了法律的根本宗旨。任何法律都是作为行为规范为了要求人们遵从它而制定的。刑事法律具有溯及力，即意味着该法律要求人们在它生效之前甚至起草之前就遵从它。这是不可能的。任何人都只能遵从行为时的法律，只能依据行为时的法律选择自己的行为，而不可能受行为时子虚乌有的或者尚未生效的法律的约束。要求人们对其制定和生效之前的行为承担刑事责任的法律，既不可能成为它制定和生效之前人们实际遵从的行为规范，也无法要求人们在制定和生效之后遵从它，因为它使人们怀疑它本身会不会为以后的法律所否定。溯及既往的法律的存在，使任何行为时的法律都无法保障遵从法律的人不受以后的法律之溯及力的追究，从而也就丧失了行为规范的法律功能。

第二，溯及既往的法律必然导致法律适用上的不公平。同样是在刑法生效之前实施的同种行为，如果在该法律生效之前被追诉，行为人就可能按照他根据当时的法律所预想的方式承担刑事责任或者不承担刑事责任；但是如果在该法律生效之后被追诉，由于新法的溯及力，他实际承担的刑事责任就可能与他根据行为时的法律所预想的应当承担的刑事责任差距很大，从而使行为人认为司法机关施加于他的刑事责任是不公平的。特别是当同时实施的同类行为由于追诉的时间先后不同而被依据新旧不同的法律判处不同刑罚的行为人在同一场所服刑时，这种不公平就会形成鲜明的对比，把溯及既往的法律的不合理性充分暴露在实际承受刑事责任的人们之间，从而引起他们对法律的敌视态度。鉴于这种不合理性的存在，有人提出，加重刑罚的法律不能溯及既往，但是减轻刑罚的法律可以溯及既往。这种主张同样忽视了公平原则对刑事责任的制约作用。尽管仁慈的法律比暴虐的法律更容易征服人心，但是法律一旦失去了公平，也就在更大的范围内失去了遵从者。对犯罪后及时被追诉的人包括犯罪后及时自首的人适用行为时的法律（较重的法律）追究刑事责任，但是对犯罪后由于种种原因其中包括由于犯罪人手段狡诈隐秘或采取了毁灭罪证、杀人灭口、逃避侦查等手段而没有及时被发现的人按照新的从轻的法律追究刑事责任，其本身不仅违背了人们对法律的公平性的要求，而且会在一定程度上助长犯罪人逃避侦查、拖延被发现时间、希求新法从轻追究的心理。当然，在新法生效后对其生效前实施的犯罪适用旧法，而对其生效后实施的犯罪适用新法，在表面上也会出现相同的行为受到不同追究的情况，但是这种刑法适用上的不平等，是由行为实施的不同时间所决定的，是以要求人们严格遵从行为时的法律为前提的。这比溯及既往的法律更容易为人们所理解，更有助于促使人们遵从行为时的法律。

第三，溯及既往的法律不利于实现法律的目的。设定刑事责任是为了使人们在选择行为时避免实施犯罪，但是溯及既往的法律并不能防止人们犯罪，因为任何人都不可能超越时间的一维性，在新的溯及既往的法律生效之后重新选择新法生效前已经实施了的行为。对于具有溯及力的法律生效以前的犯罪，无论按照新法对它的处罚多么严厉，都不可能形成抑制犯罪冲动的心理负担，都不可能对其具有威吓作用。相反，新的法律不去过问在它生效之前已经实施的行为，丝毫不会影响新法的预防功能，而只会使人们更相信法律的规范功能和权威性，只会使人们更加尊重它进而服从它。因此，不论是从设定刑事责任的目的性出发，还是从刑事法律本身的公平性出发，刑事责任都应当以行为时的法律为依据，都应当根据刑事法律的明文规定来承担。

2. 法定责任原则在刑事责任的追究中反对法外制裁的做法

法定责任原则的内在精神是反对在刑事法律之外设定和追究刑事责任以保障刑事责任的合目的性和合理性，因而它不仅反对任意立法，而且必然反对曲解法律和不按照法律的规定和精神来追究具体人的刑事责任。法外制裁具有四种表现：其一，以刑事法律规定不应负刑事责任的或者刑事法律没有规定负刑事责任的事由追究具体人的刑事责任；其二，对按照刑事法律的规定应当承担较轻的刑事责任的人追究较重的刑事责任；其三，对按照刑事法律的规定应当承担较重的刑事责任的人追究较轻的刑事责任；其四，不是按照法律规定的程序追究具体人的刑事责任，或者不是按照法律规定的方法收集证据，或者不是按照法律规定的方式追究刑事责任，其中包括在追究刑事责任的过程中对有关人员实施法律所禁止的非人道待遇。反对法外制裁既是保障司法公正的逻辑要求，也是保障公民免受非法追诉的重要措施。在司法实践中，反对法外制裁，更具有急迫的现实意义。

二、行为责任原则

行为责任原则是指刑事责任必须以刑法上的行为为基础，只有与刑法上的行为有关的因素才能决定或影响刑事责任的有无和大小。这是在设定和追究刑事责任的过程中确定刑事责任的有无和大小时应当遵循的基本准则。

（一）行为责任原则的基本要求

首先，行为责任原则要求，无论是设定刑事责任还是追究刑事责任，都必须以刑法上的行为为前提。这一要求意味着，第一，无行为即无刑事责任。设定刑事责任只能是针对一定行为来设定。任何刑事责任的设定都不能脱离一定的行为。没有一定的行为，就不应当设定任何刑事责任。同样地，追究刑事责任也必须是追究一定行为的刑事责任。无论任何人，只要没有实施任何行为就不承担任何刑事责任。第二，无刑法上的行为亦无刑事责任。刑事责任不仅以行为为前提，而且必须以刑法上的行为为前提。虽有一定的行为，但不是刑法意义上的行为，同样不能要求任何人负刑事责任。所谓刑法上的行为，如前所述，是指表现人的主体性的危害行为，亦即按照刑法构成犯罪的行为。这种行为在客观上具有危害性从而为刑法所禁止，在主观上表现着人的主体性。因此，不是刑法所禁止的行为，不产生任何刑事责任；不反映人的主体性的行为，同样不产生任何刑事责任。这就是说，行为责任原则并不是指随便什么样的行为都能产生人的刑事责任，不是只要有行为就有刑事责任。它只是表示追究刑事责任必须有刑法意义上的行为，没有刑法意义上的行为，就不能追究任何人的刑事责任，就不能要求任何人承担刑法上的负担。第三，刑事责任是行为者个人的责任。没有刑法上的行为就没有刑事责任其本身就表明，没有实施这种行为的人不可能、不应当成为刑事责任的主体。只有实施了一定的行为并且这种行为符合刑法上规定的应负刑事责任的行为的特征，才产生人的刑事责任问题，而由此产生的刑事责任也就只能由实施这种行为的人来承担。如果可以要求一个人仅仅因为他人实施的危害行为而承担刑事责任，那么“行为责任”本身也就失去了存在的意义，就无所谓行为责任与无行为责任的问题。这表明，个人责任原则，实际上不过是行为责任原则的具体表现，是行为责任原则的逻辑要求。真正贯彻了行为责任原则，其本身也就体现了个人责任原则。

其次，行为责任原则要求，刑事责任的有无，必须根据行为本身所包含的、决定其具有刑法意义的基本要素来确定。这一要求意味着，决定刑事责任有无的因素，只能是构成刑法上的行为的基本要素。对刑法上的行为不具有决定意义的因素或者说不能决定某一种行为具有刑法意义的因素，不能决定刑事责任的有无。如前所述，刑法上的行为或者说具有刑法意义的行为是指反映人的主体性的危害行为，这种行为是由三个方面的要素构成的，即具有危害性从而被刑事法律所禁止的危害行为；决定危害行为的实施并支配实施过程的罪过；具有这种罪过并且实施危害行为的人。这三个因素的有机统一，既反映了行为在客观上的危害性，奠定了对这种行为追究刑事责任的必要基础，也说明了这种行为发生的原因在于有关行为人的主体性，提供了要求有关行为人承担刑事责任的合理根据。因此，这三个方面的因素决定刑事责任的有无。没有这三个方面的因素，哪怕只是缺少其中任何一个因素，都不存在刑事责任，都不能要求任何人承担刑事责任。

最后，行为责任原则要求，刑事责任的大小必须根据刑法所禁止的行为本身所表现出来的危害程度和罪过程度来确定。

这一要求意味着：只有在行为过程中表现出来的主体性和行为本身的危害程度，才能决定和影响刑事责任的程度。人的主体性不是表现在危害行为之中，或者说不是在支配危害行为的过程中表现出来的主体性，不能成为决定或者影响刑事责任大小的因素。表现或影响人的主体性的因素只要没有对危害行为的决意和实施过程起作用，就不能成为影响行为之责任的因素，不能成为谴责或宽恕危害行为的原因。同样地，刑事责任是由危害行为决定的，在危害行为实施之后表现出的主体性因素也不应当成为影响刑事责任大小的因素，不应当影响对危害行为的谴责程度。在危害行为的实施过程中可能出现多种因素，但是只有表现和影响人的主体性以及行为的危害程度的因素，才能影响刑事责任的大小。既不表现人在选择和实施危害行为中的主体性也不影响人的主体性之发挥的因素、既不表现行为对社会的危害性也不影响行为的危害程度的因素，即使出现在危害行为的实施过程中或者伴随着危害行为发生，都不能影响危害行为本身所引起的刑事责任的大小。

（二）行为责任原则的理论根据

行为责任原则是在反对罪刑擅断的斗争中确立的近代刑法的基本原则。它以在社会现实中表现出来的具有不依法官个人意志为转移的客观性品格的行为为基础来论定人的刑事责任问题，在刑法适用上就防止了任意出入人罪的法律前提。如果在刑法的适用中不坚持以在社会现实中客观地表现出来的行为来论定责任的原则，就可能对仅仅具有犯罪思想而并无实施危害行为的人追究刑事责任。由于思想本身并不具有客观性的品格，无法在现实社会生活中定型化，所以如果在其还没有表现为行为之前就作为论定责任的依据，在实践中势必导致由法官或陪审团随意认定某人有或没有刑事责任而无须经过任何检验的结果。这样一来，就很难避免刑法适用中的随意性，就很难杜绝罪刑擅断的司法专横之盛行。正因为如此，近代刑法把行为责任原则作为自己的旗帜和特征。这是刑法历史发展的成果，是现代文明在刑法领域的表现，也是保障罪责刑法定原则真正贯彻的必要前提。

行为责任原则也是由刑法的目的性决定的。任何一个国家通过刑法设定和追究刑事责任的目的都是禁止危害社会的行为进而保卫社会利益和个人权益免受侵害。为了实现这个目的，刑事责任的设定和追究就必须对全体公民具有可借鉴性、对司法机关和司法人员具有可操作性。不能为全体公民提供可借鉴性，刑事责任的设定和追究就不可能起到引导人们的行为的作用，就不可能发挥使人们远离危害行为的效果；不能为司法机关和司法人员提供可操作性，就无法保障司法机关和司法人员贯彻立法意图，对立法者认为应当追究刑事责任的追究刑事责任或者对不应当追究刑事责任的不追究刑事责任，就无法使司法机关和司法人员依照法律的规定来追究刑事责任。而这种可借鉴性和可操作性都取决于责任责难的对象的客观性。只有把在实现社会生活中能够定型化从而为人们所认识的东西、能够不依评价主体的主观认识任意改变的东西作为责任责难的对象，并以此为基础来论定人的刑事责任，刑事责任的设定和追究才能够为人们提供可借鉴性和可操作性。离开了具有客观性品格的行为，刑事责任的设定和追究也就失去了可以定型化的客观标准。如是，人们就无法从刑事责任的设定和追究中发现刑法所禁止的对象和范围，无法据以选择自己的行为；司法机关和司法人员也难以确定和衡量责任责难的对象和程度，刑事责任的目的也就难以实现，甚至可能使刑事责任的设定和追究倒退到结果责任和思想责任的时代。因此，以行为论责任，本身也是实现设定和追究刑事责任的目的的必然要求。

行为责任原则本身有一个不断完善的过程。如果说，早期的行为责任原则有客观责任之嫌，那么在现代，行为责任原则并不会导致客观归责。因为现代的行为责任原则是建立在主体性现实化的行为概念基础之上的。对行为的主体性的要求，使成为责任责难对象的危害行为不再是单纯的外在的表现，而是包含着人的主体性的主观与客观相统一的客观实在。对这样的行为进行谴责不仅是对行为本身所具有的危害社会的客观属性的否定评价，而且是对支配这种行为的心理因素的责难。要求实施这种行为的人承担刑事责任，不仅是因为它在客观上危害了社会利益和他人权益，而且是因为它是行为人在一定范围内自我选择的结果。因此，以主体性现实化之行为概念为基础的行为责任原则具有内有的合理性。

（三）行为责任原则的排他性

行为责任原则是现代刑法的基本原则之一。对此，不论是在刑事立法上还是在刑法理论中，都得到了普遍的认可。但是，对于行为责任原则在决定刑事责任有无和程度中的作用仍然存在着不同的理解。许多学者认为，行为责任原则在决定刑事责任的有无特别是在决定刑事责任的程度中并不具有排他性，它只是基本的、主要的原则，除此之外，某些非行为本身包含的因素也可以决定或者影响刑事责任的程度。例如，社会责任论者所强调的人身危险性，人格责任论者所强调的危险人格，我国有些学者所说的行为人的一贯表现，甚至有的学者把犯罪人在服刑期间的表现也作为“刑事责任的根据之一”。其立论的依据是这些因素都是减轻处罚或减刑的事由。这些因素常常被作为行为责任的补充来否定行为责任原则的排他性。在刑事立法中，尤其是在刑事司法中，行为后的表现如自首、坦白（供述）、赔偿，行为人的身份如累犯、惯犯甚至国籍、社会地位等，常常被作为从轻、减轻、免除或者加重处罚的因素。对此，学者们亦认为是其影响刑事责任程度的明证。

我认为，行为责任原则的实践价值在于确定责任有无和大小上的排他性。强调行为责任原则，其意义就在于确认只有刑法上的行为本身所包含的因素才能决定刑事责任的有无和大小，除此之外的任何因素都不能决定或者影响刑事责任的有无和大小。行为责任原则如果不具有这种排他性，就失去了自身存在的价值。因为刑法从产生的时候起就是主要以行为为对象，否定行为责任原则，并不意味着、也不可能否定行为在决定刑事责任有无和大小中的主要地位。强调坚持行为责任原则，正是为了排除非行为本身包含的因素对刑事责任及其程度的影响。

在此，有必要对非行为本身包含的某些因素作一分析。

1．犯罪前的表现

犯罪前的表现通常是指，在刑法上的行为即作为责任责难之对象的行为发生之前，行为人在社会生活中的一系列行为所表现出来的道德品质倾向。这种表现虽然也是行为，但不是具有刑法意义的行为，不是“行为责任原则”中所指的行为。因此这种在犯罪之前的反映行为人道德品质倾向的“表现”（我国学者通常将其称为“行为人的一贯表现”）能否作为决定或者影响刑事责任有无或大小的因素，就是一个值得研究的问题。

关于行为人在实施犯罪行为之前的一贯表现，虽然我国现行刑法中没有对之作出任何规定，但是我国的刑事司法实践通常都将其作为量刑的一个酌定因素予以考虑。在刑法理论中，多数学者亦认为，犯罪前的一贯表现反映了行为人人身危险性的有无和大小，因而是决定刑罚轻重时应当考虑的一个因素。例如，一些权威的刑法教科书中指出："量刑的依据是犯罪事实，但犯罪分子的平时表现也可以作为量刑的参考。"〔1〕"审定情节对量刑有着至关重要的意义。主要的审定情节通常有以下几个方面：……（六）犯罪人的个人情况和一贯表现。犯罪人的个人情况指其生理状况、生活经历等有关情况。例如，家境状况、文化素养等。犯罪人的一贯表现对量刑的影响更为直接，流氓成性的'痞子'和平循规蹈矩的偶犯所反映的主观恶性是不同的。"〔2〕"在判定犯罪性质、决定刑罚的时候，参考犯罪人的一贯表现则是必要的。因为行为人的一贯表现反映其主观恶性、人身危害性的程度，影响社会危害性的大小，从而影响量刑。"〔3〕有的学术著作也认为："犯罪人犯前、犯后的表现……虽非法定情节，但它们同样反映着犯罪的社会危害性或犯罪人人身危险性的大小，对于犯罪人刑事责任的大小同样具有一定的影响，因此，审判机关从刑法的立法精神出发，以长期审判实践经验为依据，将它们总结为量刑情节，在审判实践中酌情适用。"〔4〕按照这些观点，犯罪人在犯罪之前的一贯表现是影响刑事责任大小从而影响刑罚轻重的一个因素，其理由在于犯罪人的一贯表现反映其主观恶性或称人身危险性的大小（从而影响社会危害性的程度）。这种主观恶性或称人身危险性（有的学者将二者加以区别），正是德日刑法之通说中的人格。

按照现代德日刑法学说中流行的人格责任论，刑事责任第

〔1〕高铭暄主编：《中国刑法学》，中国人民大学出版社1989年版，第280页。
〔2〕杨春洗、杨敦先主编：《中国刑法论》，北京大学出版社1994年版，第226—227页。
〔3〕何秉松主编：《刑法教科书》，中国法制出版社1995年版，第454页。
〔4〕樊凤林主编：《刑罚通论》，中国政法大学出版社1994年版，第402页。

一位的是行为责任，只有在刑法上具有意义的行为才能决定刑事责任的存否，但是行为人过去的人格形成，虽然不能决定责任的存否，却是在判断责任的程度时应当考虑的因素。人格责任论源于德国学者梅兹格的行状责任论。梅兹格认为，一个人，如果他平时的品行即现实表现（Lebensfuhrung，日译“行状”）恶劣，并且由此形成了危险的人格（将来反复犯罪的盖然性较高），那么，社会就有理由要求他克服这种品行，避免形成危险人格。对这种人格追究责任，是因为行为人在可以防止形成这种人格的情况下没有防止，因而实际上是对形成危险人格的行为追究责任（有人认为梅兹格是按照行为责任原理来论证人格责任的）。鲍克尔曼进一步指出，危险人格的形成，既是人的主体性努力的结果，也是由行为人先天的素质和生活的具体环境决定的，只有在行为人故意形成危险人格的场合，才能对之追究责任。因此，责任应当限定在有明确的生活决定的情况下，即在故意形成此种人格的场合。日本学者团藤重光对之进一步发展，指出：“在行为的背后，存在着受素质和环境制约的、同时也是通过行为人的主体努力而形成的人格。可以因其人格形成中的人格态度对行为人进行非难。在这个意义上，可以考虑人格形成的责任。”〔1〕大塚仁也认为，“行为人过去的人格形成，只要不是被行为人的素质和环境所规定的，也应该被作为责任的内容”，在判断责任程度时加以考虑。〔2〕

人格责任论在日本并不是没有反对意见。例如，平野龙一指出，“刑事责任，不论是第一位的还是第二位的，都应该是行为责任”，“如果试图研究人格形成的过程，那么，这个过程

〔1〕〔日〕团藤重光：《刑法纲要》（总论），创文社1980年版，第240页。
〔2〕〔日〕大塚仁：《刑法要论》（总论），成文堂1987年版，第133页。

是复杂的，区别有责的东西与无责的东西是困难的，几乎是不可能的。运用现在的知识并不能明确回答怎样的行为造就怎样的人格及其因果关系。况且行为者本身几乎也不会意识到它的因果关系。在很多情况下，都不能说如果注意就当然能够预见到会形成怎样的人格”。例如：“有人说惯犯多数是由于七八岁时因父母感情不合而在受教育上有缺陷。在这种情况下，行为者究竟会成为什么样的人，果真能判断吗?”平野龙一指出：“只有表现为行为的人格才成其为问题。人的行为毕竟多多少少地与其行为者的人格有关，但是刑法并不在这个意义上考虑人格。……至少，刑法不是要进入人格的深层，不是要把干涉的手段触及潜在的人格体系中去。新派把行为者本身作为对象(至少有这个意图)，是为了增加改善教育的温和手段。旧派是用报应责难的严格态度对待犯罪，把责难的对象限定为行为。如果人格责任论是想要以权力的名义和报应责难的严格态度深入行为者的内部，那就可以说，它只是综合了新派和旧派的缺点。”[1]

犯罪前的表现之所以不应当成为影响刑事责任程度的因素，具有以下几个方面的理由：

第一，把犯罪前的表现作为影响刑事责任程度的因素，违背了行为责任原则。行为责任原则强调只有刑法意义上的行为即犯罪行为才能成为责任责难的对象亦即成为要求行为人承担刑事责任的理由，因此只有犯罪行为本身所包含的因素才能影响刑事责任的大小，犯罪行为实施之前的表现虽然其本身也是行为，但不是具有刑法意义的行为，并不能成为刑事责任责难的对象。从其与犯罪行为的联系上看，行为人一贯表现良好应

〔1〕〔日〕平野龙一：《刑法的基础》，东京大学出版社1966年版，第32、36—37、43页。

该说与其犯罪行为没有内在的联系，在逻辑上不可能成为构成犯罪的行为所包含的因素，因而也不应当成为影响其犯罪行为的刑事责任程度的因素；即使行为人一贯表现恶劣，甚至可以说犯罪行为是其一贯表现必然发展的结果，也不能把它混同于犯罪行为，不能作为刑事责任责难的对象。

第二，把犯罪前的表现作为影响刑事责任程度的因素，在理论上缺乏合理性。犯罪前的一贯表现，从道德评价的角度看，反映了行为人的主观恶性或称人格；从以后再次犯罪的可能性上看，它反映了行为人的人身危险性。但是这种主观恶性或人格也好，或人身危险性也罢，并不是在犯罪的过程中反映出来的，不是犯罪行为本身所包含的因素，而是在犯罪行为实施之前独立存在的。如果认为这种因素可以成为刑事责任责难的对象，那么就应当将其作为独立的责难对象对之追究刑事责任；如果承认这种因素不能成为刑事责任责难的对象，那么在对犯罪行为进行责难时同样也不能对其进行责难。对在刑法上不应当进行责难的因素，借责难犯罪行为之机进行责难，至少在理论上是不能成立的。因为这种独立于犯罪行为之外的、不应当进行责难的因素加重或减轻犯罪行为本身应负的刑事责任，对具体人来说是不公平的，对刑法精神来说是不合理的。有的学者认为，主观恶性和人身危险性影响行为的社会危害性的程度，从而影响刑事责任的程度。如果说主观恶性和人身危险性是在犯罪行为的实施中表现出来的，那当然影响犯罪行为的社会危害性，应当作为行为本身的因素而成为刑事责任责难的对象。但是如果不是在犯罪行为中表现出来的而是在犯罪行为之前行为人的一贯表现中反映出来的主观恶性和人身危险性，那就不能说它影响犯罪行为的社会危害程度，因而也不能作为影响刑事责任程度的因素。有的学者把行为人的一贯表现作为刑事责任事实根据的具体内涵之一，认为“如果行为人在犯罪前就有前科，经常不遵守规章制度，藐视国家的法律法规，就表明该人有较深的主观恶性，他实施的犯罪给社会造成的危害相对较重，所担负的刑事责任程度应高于一贯奉公守法的偶犯”[1]。这种观点在理论上是难以成立的。犯罪给社会造成的危害轻重是由犯罪行为本身决定的，而不是由犯罪人的一贯表现决定的。很难想象，一个经常不遵守规章制度的人盗窃一万元人民币与一个一向循规蹈矩的人盗窃同样数目的人民币之间在给社会造成的危害上具有何种程度的差别。犯罪人的一贯表现可以反映其主观恶性，但是这种主观恶性与作为刑事责任责难对象的犯罪行为是处在分离状态的，因而按照主客观相统一的行为概念，它不应当成为刑事责任的事实根据。如果这种主观恶性对于犯罪行为的实施起了支配或影响作用，它那就不应当作为犯罪行为人的一贯表现而应当作为犯罪行为本身包含的因素而成为责任责难的对象。

第三，把犯罪前的一贯表现作为影响刑事责任程度的因素，在实践中缺乏可操作性。犯罪前的一贯表现，由于不是刑法意义上的行为，因而并不是刑法干预的对象。如何评价这些表现，在刑事法律上缺乏依据和标准。犯罪前的表现在什么范围内、在多大程度上影响刑事责任的程度进而如何对裁量决定刑罚发生影响，在刑事法律中并没有明文规定，因而在实际操作中很难保障其正确运用。

第四，从刑法的目的性上看，犯罪前的一贯表现，并不是设定和追究刑事责任所要禁止的行为，不是刑事责任责难的对象。以这种表现来衡量刑事责任的大小，无助于刑法目的的

〔1〕 刘德法：《论刑事责任的事实事根据》，载《法学研究》1988 年第 4 期。

实现。

在德日刑法中，人格责任论的提出主要是为了论证对累犯和惯犯加重处罚的合理性。按照人格责任论的观点，对累犯和惯犯的犯罪行为与对其他人的犯罪行为虽然应当追究相同的刑事责任，但由于其累犯和惯犯的人格形成本身也是可以责难的，所以在犯罪程度相同的场合可以追究较重的责任。但是实际上，人格责任论并没有为惯犯和累犯加重的规定提供有力的根据。人格并不是只在累犯和惯犯的场合存在的东西，不是仅仅表现为累犯和惯犯的人格，因而在责任责难的对象中加进人格因素无助于说明对累犯和惯犯加重处罚的真正原因，并且还由于人格在一般情况下的难以认定而遭致非难。

我认为，对惯犯加重处罚仍然是从行为责任的原理出发的。惯犯由于是在一定时间内连续反复地实施同类行为，所以惯犯的行为可以说是由一系列同类行为组合而成的整体，而不仅仅是最终引起刑事追诉的那一个行为。这种形成整体的一系列行为中的每一个，孤立地看可能不足以引起刑事责任或者不应当承担较重的刑事责任，但是把它们结合起来作为一个整体看，就因其各个行为之和而应当受到较重的责难，应当承担较重的责任。这并不是行为责任之外的责任，而是行为责任本身所包含的内容。

至于累犯，我认为，对之追究轻重的责任并不是因为其危险的人格或人身危险性，而是因为先前的犯罪所引起的特定义务。由于刑法本身对于犯了罪的人提出了比一般人更高的要求，要求犯过罪的人在一定时间之内必须更严格地遵守法律，因而其在这种要求有效的时间内再次犯罪，法律就对之进行更严厉的谴责。这是以法定责任原则为前提的特殊行为责任原则。在累犯的场合，受到较重责难的原因除了现行的犯罪行为之外，还包括一定时间内的先前的犯罪行为。尽管先前的犯罪行为已经被追究了刑事责任，但是其所引起的犯罪人的法定义务（在法律规定的期限内不得再次犯罪）影响到后实施的犯罪行为的刑事责任。除了这两种情形之外，行为人先前的行为即一贯表现，只要其本身不构成犯罪，就不应当影响犯罪行为的刑事责任。这是行为责任原则的必然结论。

2. 犯罪后的表现

行为人在犯罪后的某些表现是指行为人在实施犯罪行为之后对于自己所实施的犯罪的态度，如自首、坦白或供认，主动赔偿损失，采取补救措施，真诚悔悟等。犯罪后的某些表现不同程度地被各国刑法规定为减轻处罚的事由。有些学者认为，刑事立法上的这类规定表明，犯罪后的表现也是影响刑事责任程度的因素。这种观点在理论上是不能成立的。

第一，这种观点忽视了刑事责任的本质。刑事责任，从根本上讲，是对犯罪行为的否定，是对犯罪行为中表现出的行为人危害社会的主体性的谴责，因此它只能是针对已经发生的犯罪行为的。尽管它的目的是禁止和预防人们以后的犯罪行为，但它所责难的只是已经实施的犯罪行为，只能要求人们对已经实施的犯罪承受刑事制裁。因此危害行为一经实施，就决定了刑事责任的有无和程度，或者说，能够影响刑事责任程度的只能是已经实施的犯罪行为本身所包含的因素，而不可能是犯罪行为实施之后出现的因素。以犯罪行为后的表现论定犯罪的刑事责任，是违背责任的本性的。

第二，这种观点混淆了刑事责任与刑罚之间的界限。刑法把犯罪行为实施之后的某些表现规定为减轻刑罚的事由，并不一定就意味着这种事由也是减轻刑事责任的事由。因为刑罚并不等于刑事责任，对刑罚发生影响的，未必都对刑事责任发生影响。我认为，刑法把犯罪后的某些表现作为减轻刑罚的事由，并不是基于这些事由影响到刑事责任的程度，而是基于刑事政策上的考虑。因为这样规定，有助于鼓励犯了罪的人真诚悔悟，改过自新；有助于司法机关调查处理犯罪案件；有助于分化瓦解共同犯罪人。这种政策性规定，如同行刑中的缓刑、假释、减刑以及大赦、特赦等政策性规定一样，其本身并不意味着对犯罪行为的刑事责任程度的影响，而是基于实现刑法总体目的的需要。

在此，值得一提的是，强调行为责任原则排斥把犯罪前的一贯表现和犯罪后的态度作为影响刑事责任程度的因素，并不是无视它们所反映的行为人的主观恶性和人身危险性在刑法上的意义，而是指出以此作为影响刑事责任程度的因素违背了行为责任原则。行为人的一贯表现和犯罪后的态度，都在一定程度上反映了行为人的主观恶性和人身危险性，但是这种主观恶性和人身危险性在刑法上并不是责任责难的对象，不是影响刑事责任程度的因素，而是根据犯罪的具体事实确定了具体人的刑事责任之后，在决定刑事责任的承担方式和刑罚的具体执行方法时应当考虑的因素。因为这种主观恶性和人身危险性虽然没有表现在犯罪行为之中，但却反映了行为人接受刑事制裁、改过自新的难易程度。一贯表现良好并在犯罪之后真诚悔改的人，由于其主观恶性小，容易接受教育改造，所以可以采取比较温和的制裁方式；一贯表现恶劣，犯罪后拒不认罪的人，主观恶性大，不容易接受教育改造，所以应当采取比较强硬的制裁方式。这种制裁方式上的差别也可以说是承担刑事责任的方式上的差别，不是刑事责任程度上的差别。因此，行为人的一贯表现和犯罪后的态度，只能影响刑事责任的承担方式，但不能影响刑事责任的程度。

3. 他人的行为

行为责任原则要求任何人只对自己所实施的刑法所禁止的行为承担刑事责任，这本身就意味着刑事责任只能是个人责任，不是自己的行为不能要求任何人承担刑事责任。这实际上也就排除了任何人仅仅因为他人的行为而承担刑事责任的做法。但是事实上，一些国家的刑法不同程度地规定了所谓严格责任或替代责任。这种责任在某种意义上可以说是责任主体在为他人的行为承担刑事责任。在这种场合，我认为只有坚持行为责任原则，即只有当他人的行为可以视为有关人员的行为或者引起了有关人员的行为从而因为有关人员自己的这种行为而要求其承担刑事责任，严格责任或替代责任才是合理的。否则，即使为了公众的利益，也不应当牺牲无辜者的利益，不应当追究其刑事责任。

所谓他人的行为可以视为有关人员的行为，是指他人的行为是在有关人员的指使、教唆、授意、命令、指挥下实施的或者与之类似的情况。在这种情况下，有关人员不仅对他人所实施的犯罪行为具有故意，而且其行为与他人所实施的犯罪行为之间具有内在的联系，以致可以将其行为与他人所实施的犯罪行为视为一个整体、一个完整的犯罪。在这种场合下要求虽然没有直接实施犯罪行为的人承担刑事责任，实质上仍然是追究他对自己的行为所应承担的刑事责任，并且这种责任的程度要根据他自己的行为在整个犯罪活动中的作用和地位来确定。这种责任可能出现在共同犯罪、法人犯罪、间接正犯等场合。

所谓他人的行为引起了有关人员的行为，是指在法律对有关人员规定了监督、管理、预防等义务的场合，他人的犯罪行为引起了有关人员积极作为的义务。如果有关人员对他人的犯罪行为故意放弃监督、管理或预防职责，就引起了他以自己违反作为义务的不作为所构成的犯罪行为，或者由于过失而没有履行法定义务所引起的以不作为的过失构成的犯罪行为。在这种情况下要求有关人员承担刑事责任，表面上是因为他人的行为，实际上是因为有关人员自己的不作为行为，所以仍然是行为责任原则的具体运用。

除此之外，如果有关人员对他人的行为既没有故意也没有过失，即使是在严格责任的场合，也不应当要求其承担刑事责任。否则，不仅违背了行为责任原则，而且在道义上也是不合理的。

也就是说，严格责任或替代责任，只有在过错责任的限度内，即只有当有关人员负有法定义务而其由于自己的过错而没有履行这种义务以致发生了刑法所禁止的行为的场合，方可追究其刑事责任。如果有关人员对于他人所实施的行为没有过错，那就没有任何理由要求其对之承担刑事责任。

三、主客观统一原则

主客观统一原则是指追究具体行为的刑事责任必须以刑事责任的主观要素与客观要素相统一为基础，只有在既符合刑事责任的主观要素，又符合刑事责任的客观要素，并且这种主观要素与客观要素具体统一于同一行为之中时，方可追究该行为的刑事责任。这是行为责任原则在刑事司法实践中得以贯彻的重要保障，是行为责任原则的操作原理。

（一）主客观统一原则的基本要求

主客观统一原则首先要求，追究刑事责任必须同时具备主观要素和客观要素。主观要素是指具体行为人所具有的刑事责任能力以及运用这种能力选择危害行为时所反映出的罪过心理；客观要素是指刑事法律所禁止的危害行为及其结果。这两个方面的三个要素是决定刑事责任存在的必不可少的因素，缺少其中任何一个，都不能追究具体人的刑事责任。

主客观统一原则最根本的要求是，刑事责任的主观要素与客观要素必须具有内在的联系。作为承担刑事责任必要条件的主观要素和客观要素并不是互不相干的，它们只有同时存在并且有机地统一于同一行为之中，才能决定刑事责任的存在，才能对具体的行为人追究刑事责任。刑事责任主观要素与客观要素之间的内在联系，主要表现在以下两个方面：

其一，作为客观要素的危害行为及其结果必须是由具有责任能力的人的故意或过失引起的，即主观要素与客观要素之间在根源上具有因果性的联系，主观要素对客观要素具有引起和决定的作用。一个人虽然在主观上具有危害社会的罪过心理，在客观上实施了危害社会的行为，但是这种主观上的罪过心理与客观上实施的危害行为及其结果之间没有因果性的联系，就不能认为刑事责任的主观要素与客观要素是相统一的。例如，一个汽车驾驶员曾扬言要杀死自己的邻居并且确实萌发过这种念头，不过并没有把这种想法付诸实施，但是在此后的一次交通事故中，这位驾驶员驾驶的汽车由于受到撞击而驶入人行道，恰巧压死了路过此处的那位邻居。在这种情况下，主观上想要杀死自己邻居的罪过心理与客观上造成该邻居死亡的危害结果之间就没有因果性的联系，因而也就不能要求其承担故意杀人的刑事责任。

其二，作为客观要素的危害行为及其在客观上可能造成或者实际造成的危害结果必须是行为人在行为时的罪过心理所包含的内容，即主观要素与客观要素之间在内容上必须是同一的，主观上的罪过与客观上的危害行为及其结果在内容上不具有同一性，就不能称为主客观统一。如果一个人实施危害行为的目的是非法占有他人财产，但其所实施的行为却造成了他人死亡的结果，而这种死亡结果又是行为人所没有并且不可能认识到的，那么在行为造成他人死亡的结果这一点上，就不能认为其主观要素与客观要素是相统一的，就不能要求行为人对该危害结果负刑事责任。例如，驾驶汽车去盗窃，途中因被害人的过错发生交通事故致人死亡的情况。当然，主观要素与客观要素在内容上的同一性只能是概括性的，即只是性质上和方向上的同一，而不是具体对象和程度上的完全等同。因为人们在进行有意识的活动时虽然会预见到行为的结果，但是由于事物之间的相互联系和相互作用以及各种客观因素的介入，人们很难控制自己的行为使之造成的结果与自己的意愿和预想完全相等。要求绝对的机械的同一，既不现实也不合理。

主客观统一原则不仅表现在确定刑事责任有无时要以主观要素和客观要素是否同时具备、是否具有内在联系为基础，而且表现在确定刑事责任的大小时要以主观要素与客观要素有机联系的具体情况为依据。一般说来，由于罪过对危害行为及其结果具有支配和制约的作用，行为人主观上的罪过程度大，客观上造成的危害也就大，行为人的刑事责任也随之增大；行为人主观上的罪过程度小，客观上造成的危害程度也就小，行为人的刑事责任亦小。但是在实践中也会出现主观上的罪过大而客观上造成的危害却小或者与之相反的情况。在这种情况下，就必须具体分析主观罪过与客观危害的联系状况，查明出现这种差异的原因，排除非行为人的主体性因素对危害行为及其结果的影响，以便确认主观上的罪过与客观上的危害行为及其结果的具体联系形式和程度，据以解决具体人的刑事责任的大小。

（二）主客观统一原则的理论根据

主客观统一原则既是刑法目的的内在要求，也是由人类行为的特性所制约的刑事责任合理性的必然要求。

如前所述，刑法的根本目的是保卫社会利益和个人权益免遭犯罪的侵害，为此就必须禁止和预防犯罪的发生并将其作为设定和追究刑事责任的直接目的。这种明确的目的性使立法者和司法者在设定和追究人的刑事责任时不得不始终把自己的着眼点放在支配人们选择危害行为的罪过心理上，使刑事责任的实际追究不仅包括对危害行为的否定而且包括对支配危害行为的罪过心理的谴责。因为人类行为既有受主体意志支配的，也有不受主体意志支配的，而人类只能控制受主体意志支配的那一部分行为。只有对受其主体意志支配的行为追究刑事责任，才能促使人们在自己的意志选择中考虑选择刑法所禁止的危害行为可能给自己带来的不利后果从而避免选择犯罪。对于不受主体意志支配的行为，无论追究多么重的刑事责任，都不可能达到禁止其发生的目的。因此为了有效地制止犯罪，刑事责任的实际追究就不能仅仅根据客观上发生的危害行为及其结果，而必须同时考虑行为人在主观上有没有罪过，必须把刑事责任限定在主客观相统一的范围之内。也只有这样，才能保障追究刑事责任的活动的合理性。

同时，在人类行为中主观与客观相分离的实际状况的存在，也为主客观统一原则提供了存在的必要性。人类行为中如果不存在主观与客观相分离的状况，那么主客观相统一原则的提出就是多余的。然而实践告诉人们，主观与客观相分离是人类行为中时常出现的一种客观现实。人们在产生了实施某种行为的想法之后并不是都立即付诸实施，甚至永远也不会把它付诸实践。即使把自己的想法付诸实践，也未必都能出现预想的结果。人们想要实施某种行为的决意和希望达到某种目的的愿望，如果超出了客观条件许可的限度、违反了客观的规律性，或者超过了自己的能力所及的范围，就可能落空，其行为实施的结果就可能事与愿违。在行为的实施过程中，如果受到他人的行为或其他外界因素的干扰，或者由于偶然事件的出现，或者由于其他因果锁链的介入，也会使实际出现的结果与行为人所预想的结果之间出现显著的差异。因此，在现实社会生活中，人们的主观意志与人们在这种意志支配下实施的行为的客观结局之间，总是表现出时分时合的样态。人类行为中这种主观与客观有时统一有时分离、此事统一彼事分离的现状，使人们在解决人的刑事责任问题时不得不重视具体行为中主观与客观的实际联系，以便把那些主观上的罪过与客观上的危害行为及其结果相统一的行为作为追究具体人的刑事责任的依据，而把那些主观与客观相分离的行为排除在刑事责任的范围之外。这既是追究刑事责任的活动有效性和合目的性的保障，也是其合理性的保障。

主客观统一原则提出的历史背景是调和刑法思想史上曾经出现过的客观主义与主观主义的对立。提出这一原则的学者们认为，客观主义只强调犯罪行为的外部表现形式及其所造成的实际危害而忽视了人的主观因素；主观主义过分夸大犯罪人的人身危险性而不顾外部行为的差异性。所以它们在解决人的刑事责任问题上都是片面的。只有采取折中主义的态度，把犯罪的主观因素与客观因素统一起来，才能合理地解决人的刑事责任问题。因此提出主客观统一原则的实际意义就在于反对主观主义和客观主义的片面性。

然而，这种立论的基础是不存在的。在刑法思想的历史发展中，客观主义的思想基础恰恰是人的自由意志。客观主义认为，人们用以支配外部行为的意志是完全自由的，人具有意志的自由和辨别是非善恶的能力，所以才应当对自己的行为负刑事责任；没有自由意志的人，是没有责任可言的。而主观主义的思想基础又恰恰是人类行为的决定论。主观主义认为，人的行为是受客观的因果律支配的。先天的（遗传的）或后天的（社会的、环境的）客观因素决定了人的性格特征和行为，犯罪行为不过是由这种客观因素决定了人的反社会性格（人身危险性）的外部表现。因此认为客观主义忽视行为的主观因素、主观主义忽视行为的客观因素，是不符合历史真实的，至少可以说是不恰当的。我认为，主观主义与客观主义之争的实质，并不在于只强调犯罪的主观因素还是只强调犯罪的客观因素，而是在承认犯罪的主观因素和客观因素的前提下如何看待这两个方面的关系。客观主义之所以强调犯罪行为的客观方面对刑事责任的决定作用，是因为其认为人类行为的主观因素与客观因素是不可分离的，只要具有辨认和控制自己行为的能力，人的外部行为就必然是其主观意志的表现，有什么样的外部行为，就会有什么样的主观意志，把握住了作用于客观外界的外部行为，也就把握住了支配这种行为的主观因素。因此，刑事责任应当以人的外部行为为对象。主观主义之所以强调人的危险性格对刑事责任的决定作用，是因为其认为人的危险性格与人表现于外的犯罪行为之间具有因果性的联系，有什么样的性格就会实施什么样的行为，因此刑事责任应当以矫正犯罪人的危害性格为重心。

有鉴于此，我认为，主客观统一原则立论的基础，主要不是为了避免主观主义和客观主义在解决人的刑事责任问题时只强调主观或客观一个方面而否定另一个方面的方法论错误，而是为了避免主观主义和客观主义在对待犯罪的主观因素与客观因素相互关系上的认识论错误。犯罪的主观因素和客观因素，既可以相互依存而统一于一体，又可以相互分离而单独存在。

但是主观主义和客观主义在解决主观与客观的关系时只看到了二者的相互关系中的一个方面即相互依存，而忽视了二者相互分离、单独存在的状态，以为认定其中一个方面就必定意味着另一个方面的存在，而事实上这两个方面并非不可分割地必然联系在一起。主客观统一原则，基于犯罪的主观因素与客观因素可能相互分离而单独存在的客观真实，强调在解决人的刑事责任问题时必须同时考虑犯罪的客观因素与主观因素，并注意二者是否统一于犯罪行为之中，是否具有内在的一致性。这样就防止了在犯罪的主观因素与客观因素相分离的状态下只根据其中一个方面追究刑事责任的错误，使刑事责任的实际追究更趋合理。

（三）主客观统一原则的实践价值

主客观统一原则的实践价值在于保障追究具体行为的刑事责任的合理性。主客观统一原则强调只有在行为中同时包含着应负刑事责任的主观因素与客观因素并且这两个方面的因素具有内在的一致性时，才可以追究该行为的刑事责任、才能要求具体的行为人对自己的行为承受刑事上的负担。这就在刑事司法实践中否定了“客观归罪”或“主观归罪”的做法，为避免在主观与客观相分离的状态下追究人的刑事责任的不合理现象提供了行动上的保障。

在刑事司法实践中坚持主客观统一原则，对于保障刑事责任的合理性具有直接的现实意义。在司法实践中时常会遇到主观与客观不相一致的情况，例如在不知道对方是幼女的情况下与之发生性行为、在没有贪污意图的心理状态下挪用公款、没有杀人故意却造成了他人死亡的结果等各种外部行为符合犯罪的客观要件但是缺乏与之相应的主观因素或者具有犯罪的罪过心理但外部行为与其真实意图不相符合的情况。在诸如此类的场合，要不要坚持只有在主客观统一时才追究刑事责任而在主客观不统一时不追究刑事责任、要不要只对主客观统一的那一部分行为追究刑事责任而不对不统一的部分追究刑事责任，应当承认，刑事司法系统的做法并不是始终一致的、并不是坚定地贯彻了主客观统一的原则。有时，对刑法所保护的特定利益的过分强调，遏制同类行为增长趋势的需要，甚至基于舆论宣传的压力或需要，刑事司法机关可能在主客观不一致的场合背离主客观统一原则的要求，只强调客观因素而牺牲刑事责任的合理性。强调主客观统一原则，正是为了避免和减少这种现象的发生。

四、责任刑罚原则

责任刑罚原则是指对任何人适用刑罚都必须以该人负有刑事责任为前提，并且刑罚的轻重应与其应负的刑事责任程度相适应，没有责任就没有刑罚。

（一）责任刑罚原则的基本要求

在现代德日刑法中，"无责任即无刑罚"是学术界盛行的责任主义所主张的唯一责任原则。日本学者将其称为"近代刑法学中重要的基本原则"，并认为这一原则具有两个方面的机能：一是归责中的责任主义，即在把符合构成要件的违法行为与行为人联系起来对行为人进行非难时以行为人主观的、个人的责任为前提；二是量刑中的责任主义，即把责任的大小作为决定刑罚轻重的核心要素和重要标准，主张所有的刑罚都应当只在责任的范围内确定。[1] 我国台湾地区学者蔡墩铭把德日刑法中的责任原则概括为三层含义：（1）科刑应受责任之限制，

〔1〕参见〔日〕大塚仁：《犯罪论的基本问题》，冯军译，中国政法大学出版社 1993 年版，第 176—177 页。

尚非先确定责任之存在，实不能科以刑罚，故无责任则无刑罚。(2) 刑罚不能逾越责任之程度。责任不仅是科刑之前提，更应成为科刑之标准，责任轻则刑罚轻、责任重则刑罚重，刑罚之高低以责任之高低为其范围，不可超越此一范围而为刑罚之科处。(3) 量刑考虑行为人之责任，即在刑法规定的法定刑幅度内对具体人决定刑罚之高低，应以责任之大小或期待可能性之情形成正比。〔1〕

我国学者在论述刑事责任与刑罚的关系时，普遍表达了与德日刑法中的责任原则相同的主张。例如："刑事责任的存在决定刑罚适用的现实可能性。没有刑事责任就没有刑罚。刑事责任是刑罚的前提，刑罚是刑事责任的后果。……刑事责任的大小是判处刑罚的标准。审判机关在裁量刑罚的时候，要考虑行为人对犯罪所负的刑事责任的程度，责任重则刑罚重，责任轻则刑罚轻，罪刑相适应实际上是罪责刑相适应。"〔2〕"刑事责任是刑罚的前提和根据，决定刑罚的存在。刑事责任作为联系犯罪与刑罚的中介，既是犯罪所产生的必然结果，同时又是刑罚产生的元凶。……刑事责任的程度决定刑罚的轻重。"〔3〕"刑事责任是行为人承受刑罚的前提，只有在行为人应当承担刑事责任的前提下，才可能承受刑罚处罚；如果行为人不应当承担刑事责任，则他不应当承受刑罚处罚。所以，没有刑事责任就没有刑罚。其次，刑事责任的大小决定了刑罚的轻重，即司法机关在裁量刑罚的时候，必须考虑行为人所承担的刑事责

〔1〕 参见蔡墩铭：《刑法基本理论研究》，汉林出版社 1980 年版，第 133—135 页。

〔2〕 高铭暄主编：《刑法学原理》（第一卷），中国人民大学出版社 1994 年版，第 418—419 页。

〔3〕 赵廷光主编：《中国刑法原理》（总论卷），武汉大学出版社 1992 年版，第 353 页。

任的程度。”[1] 我国学者的上述观点，虽然都是从刑事责任与刑罚的关系的角度提出的，但是实际上却反映了对责任刑罚原则的要求：

第一，刑事责任的存在决定刑罚的存在。对任何人适用刑罚都必须以该人负有刑事责任为前提。不能认定某人负有刑事责任，就不能对该人判决裁量刑罚。

第二，刑事责任的大小制约刑罚的轻重。对负有刑事责任的人适用刑罚时，其刑罚的严厉程度不能超过其应负的刑事责任的程度。

（二）责任刑罚原则的理论根据

刑罚是实现刑事责任目的的基本手段，是体现刑事责任内容的主要方式，所以，刑罚的适用必须以刑事责任的存在为前提，刑罚的轻重必须与刑事责任的大小相适应。

不论是设定还是追究刑事责任，其直接目的都是禁止危害社会的行为即“预防犯罪”，通过预防犯罪来保护社会利益和个人权益免遭犯罪之侵害。预防犯罪既包括普遍性地防止一般人实施犯罪，也包括具体性地防止犯了罪的人再次犯罪。实现这两个方面的目标，首先依赖于刑事立法，即设定刑事责任以明确禁止的对象和违反禁止性规范的法律后果，并且通过宣传教育使人们普遍地认识到这种规定的具体内容及其必要性，动员、鼓励人们自觉地遵守法律而不去犯罪。但是仅仅依靠这种手段，是不足以遏制所有的犯罪冲动从而不足以保卫社会和个人免遭犯罪之侵害的。因此，实现刑事责任的目的，最主要最大量的是依赖于对犯了罪的人实际追究刑事责任。只有通过对违反刑法的禁止性规范的人依照刑法的规定实际追究其应负的

〔1〕 张明楷：《刑事责任论》，中国政法大学出版社 1992 年版，第 122 页。

刑事责任，才能使犯罪的人实际感受到违反刑法规范给自己带来的不利后果，接受国家的谴责和教育，从中吸取教训，在以后的行为选择中避免犯罪。对犯了罪的人实际追究刑事责任，同时也会使没有犯罪的人特别是受犯罪侵害的人看到刑事法律的严肃性和刑事责任的必究性，从而在自己的行为选择中相信法律、遵守法律而不实施刑法所禁止的行为。

对犯了罪的人实际追究刑事责任，主要是对之适用刑罚。因为刑罚是体现刑事责任内容的主要方式。周永坤在其《法律责任论》一文中指出，法律责任的内容即构成法律责任的内容要素，有制裁、补救和强制。制裁就是惩罚，是国家使用暴力对责任人的人身、精神所施加的痛苦或剥夺其经济利益及与经济利益相关的其他利益，使责任人感到痛苦和受到损失，直至剥夺生命。制裁的作用主要是预防和矫正。许多法律关系受到破坏已无法挽回，无法使失衡的关系再次恢复平衡，立法者只能通过制裁表明秩序的不可侵犯性，以儆效尤，或通过制裁使为恶者失去继续作恶的能力直至从肉体上消灭他，或使责任人再社会化。补救是责令责任主体通过不作为停止继续危害他人或社会，通过作为来弥补造成的损失。补救的主要作用是制止对法律关系的危害以及使失衡的法律关系恢复平衡。强制是当义务主体不履行义务时国家使用强力迫使责任主体履行义务。强制的直接作用在于开通受阻的法律关系，使其恢复运转。〔1〕这是在综合了刑事责任、民事责任、行政责任的内容的基础上就一般法律责任而言的。

就刑事责任来说，其内容只能是刑事法律中对犯了罪的人规定的各种负担。这些负担主要包括：(1) 道义上的谴责和法

〔1〕 参见周永坤：《法律责任论》，载《法学研究》1991年第3期。

律上的否定评价，即宣告有罪并予以训诫或者责令具结悔过、赔礼道歉等；(2）赔偿损失，即上述主张中的“补救”；(3）收缴赃物和用于犯罪的物品；(4）刑事制裁，即对犯罪人适用刑罚。由于前三种负担在刑事责任中只是个别情况下适用的或者附带适用的内容，不构成刑事责任的基本内容，而刑事制裁不仅在上述四项内容中是适用范围最广、适用频率最高从而构成刑事责任内容之主体的部分，而且是在上述四项内容中对实现刑事责任的目的最有力、最有效的方式，所以刑事制裁是刑事责任的基本内容，是刑事责任作为国家强加于犯罪人的刑事上的负担的集中体现。

所谓刑事制裁就是对负有刑事责任的人适用刑罚。追究犯罪人的刑事责任，虽然不完全是，但最基本、最大量、最常见的是通过对其适用刑罚表现出来的，是通过刑罚的实际适用来体现刑事责任所包含的国家对犯了罪的人进行刑事制裁这一基本内容的。对犯了罪的人适用刑罚，是犯了罪的人实际承担刑事责任的表现，也是实现刑事责任目的的重要途径。正是刑罚与刑事责任之间的这种逻辑联系，决定了刑罚的适用必须以刑事责任的存在为前提、刑罚的轻重必须与犯罪人应负的刑事责任大小相适应，没有刑事责任的存在，就不能对具体人适用刑罚。

（三）责任刑罚原则的实践价值

责任刑罚原则既是刑事责任的功能原则，表明刑事责任对刑罚的制约作用，同时又是刑罚适用的基本原则。

在刑罚适用中强调必须以刑事责任为前提，首先是保障刑罚适用对象的合法权益的需要。刑罚本身的惩罚性质使它的适用必然要对适用对象造成一定的痛苦，使其人身权利、自由、健康乃至生命受到损害或者使其财产受到损失，同时还伴随着名誉、人格尊严上的损害。因而刑罚的适用只有坚持以刑事责任为前提，保证在其违反刑法规范从而负有刑事责任亦即依照法律应当承受这种负担的情况下适用，才能保障刑罚适用的合法性和对受刑人权益进行剥夺的必要性，才能保障不负有刑事责任的人的合法权益不受刑罚的侵害。如果刑罚的适用不以刑事责任为前提，就可能使不应受刑事制裁的人受到不应有的制裁，使不应受侵害的权益受到刑罚的严重侵害。即使是负有刑事责任的人，也不意味着其权益可以任意剥夺，因而对其适用刑罚也必须受到其应负的刑事责任的程度的限制。只有在其应负的刑事责任的限度内适用刑罚，才能保障对其权益的剥夺程度的合理性。

其次，在刑罚适用中强调以刑事责任为前提，也是限制法官自由裁量权以保障罪刑法定原则正确贯彻的重要方面。现代世界各国刑法都采取了相对法定刑的立法方式，对每种犯罪规定的刑罚都具有一定的幅度。在这个幅度内法官（法院）可以自由决定对具体犯罪人适用的刑罚程度。那么，如何保障法官（法院）所裁量决定的刑罚符合立法的精神、具有相对的合理性和公平性，就是一个不容忽视的问题。而解决这个问题的基本方法就是要求法官（法院）根据具体人应负刑事责任的大小在法定刑幅度内裁量决定刑罚。因此，责任刑罚原则既是为法官（法院）裁量决定刑罚提供可资参照的全国统一的标准，也是对法官（法院）自由裁量权的一种有助于保障其合理性的制约。

在德日刑法学中，无责任即无刑罚的原则虽然强调责任要素，但主要是针对刑法中关于结果加重犯的规定提出的。在结果加重犯的场合，法律对行为人的行为所造成的超过其故意范围的重结果规定了较重的刑罚。这种较重的刑罚的适用要不要以行为人对之负有责任为前提，刑法中往往缺乏明确的规定。无责任即无刑罚原则的一个重要的现实意义，就在于强调在结果加重犯的场合，对加重的结果适用加重的刑罚必须以行为人对该结果负有责任（至少有过失）为前提。如果不能认定行为人对自己的犯罪行为所造成的加重结果负有责任，就不能据以判处加重的刑罚，而只能以其责任的程度判处刑法规定的基本刑罚。如果不坚持无责任即无刑罚的原则，不强调刑罚以刑事责任为前提，就可能机械地适用刑法关于结果加重犯的规定而忽视行为人对危害结果的加重部分有无责任，就可能导致刑罚的适用在某些情况下的不合理。这对我国刑法的适用也是有借鉴意义的。

此外，在醉酒犯罪、法律认识错误等场合下适用刑罚，强调行为人对醉酒或法律认识错误的责任，对于保障刑罚适用的合理性也具有积极的意义。尽管这种责任不是刑事责任，但它对于在这种特定状态下实施的犯罪行为的刑事责任具有决定性的意义，是判断行为人对自己的犯罪行为应否负刑事责任的重要依据，是保障刑事责任合理性的基本因素。因此，按照责任刑罚原则，由这种责任所决定的醉酒状态或法律认识错误状态下的犯罪的刑事责任应当成为对这种状态下的犯罪适用刑罚的前提和依据。对于醉酒状态或法律认识错误状态下的犯罪不负有刑事责任，就不能按照有关法律对之适用刑罚。

责任刑罚原则强调无责任即无刑罚，是从消极的角度保障刑罚适用的合理性的。由于刑罚只是体现刑事责任的主要内容而不是全部内容的一种手段，一个人应负刑事责任并不一定受到刑罚惩罚而可能以刑罚以外的方式承担刑事责任，所以责任刑罚原则并不表示有责任必有刑罚。

除此之外，还应当看到，刑罚是刑法中一个独立存在的要素，它以自己特有的功能在实现刑法目的中表现出自身存在的价值，所以刑罚的适用并不完全以刑事责任为转移。刑罚以刑事责任为前提并且刑罚的轻重应与刑事责任相适应，主要是强调没有刑事责任就没有刑罚的适用、刑罚的适用不能超越刑事责任的限度。但是在刑事责任的限度之内，刑罚的适用有时不得不考虑某些刑事政策性的因素，例如自首从轻的量刑原则。从刑事责任的角度看，刑事责任及其大小是由构成犯罪行为的各种因素决定的。在犯罪之后，犯罪人不论是投案自首、真诚悔悟，还是拒不认罪、推卸抵赖，都不能减轻或加重责任的程度。但是从刑事政策的角度考虑，犯罪人犯罪之后投案自首的，有利于侦查和追诉活动的进行，有利于防止其为隐匿罪行而再次犯罪。所以为了鼓励犯罪人的自首，刑法往往在其应负的刑事责任的限度内规定从轻或减轻处罚。有的学者认为，这种规定是责任原则的例外。其实这是由刑罚适用的独立性决定的，它与责任原则没有直接的关系，并且是在责任原则的限制范围内进行的，因而不与责任原则的保障功能相抵触。但是如果基于刑事政策上的考虑，对犯罪后认罪态度不好但又不构成新罪的人适用重于其犯罪行为应负刑事责任的刑罚，使刑罚的程度超过刑事责任的限度，那就超越了责任原则的限制，破坏了责任原则对基本人权的保障功能，因而为责任原则所不容。

此外，在刑罚的执行过程中，根据受刑人的人身危险性的有无和程度采取各种不同的执行方式，以及根据受刑人的服刑表现减少执行时间等，属于刑罚的具体运用，它与刑事责任的程度并无直接联系，因而也不受责任原则的限制。认为在服刑中减刑的事由也是决定刑事责任的根据的说法，在理论上混淆了决定刑事责任有无和程度的因素与追究刑事责任之后的因素之间的区别，在实践中则是把决定刑罚存在的刑事责任与作为承担刑事责任的方式之一的刑罚本身的具体实施混为一谈。

固然，刑罚的具体实施即执行过程是追究犯罪人刑事责任的活动的延续，是以犯罪人负有刑事责任为前提的。但是刑罚与刑事责任的区别决定了刑罚的执行方式并不完全以刑事责任的大小为转移。刑事责任只是决定了刑罚的适用和程度，并没有限定刑罚的具体实施方法。刑罚具有自己的独立性，它的执行方法更多地是受自身特点与刑法目的的结合方式支配的，是从更有效地教育改造犯罪人使之成为守法公民而重返社会的需要出发来选择的。这本身也是追究刑事责任的目的所要求的。

第九章　刑事责任立法之比较

刑事立法始终是围绕着解决人的刑事责任问题进行的。从广义上看，刑法中关于适用范围和一般原则的规定，可以说是确定追究刑事责任的地域或人员范围以及追究刑事责任时应当遵循的基本准则；刑法中关于犯罪构成的一般规定，可以说是确定刑事责任有无和大小的一般标准；刑法中关于刑罚的种类及其适用原则的规定，可以说是关于刑事责任的内容及其实施方式的规定；刑法中关于具体犯罪及其法定刑的规定，可以说是关于具体犯罪的刑事责任的规定。但是，在理论上，把刑法的所有问题都纳入刑事责任的论题之下，不仅没有必要，而且有碍对刑事责任问题的深入研究。所以本章仅就与刑事责任构成要素有关的几个问题或者是在刑法立法中冠之于“刑事责任”标题下的内容，对世界上一些有代表性的国家的刑事立法例进行比较研究，以窥其一般规律与差异。

一、有关刑事责任的立法方式

由于各国文化传统包括法律文化传统的不同、法律观的不同以及立法技术上的差别，各国刑法对刑事责任的规定采取了不同的立法方式。大致有以下几种：

（一）专门规定

有的国家和地区在刑事立法中设专章甚至专编规定有关刑事责任的基本问题，有的国家和地区刑法甚至对这类规定明确地冠以“刑事责任”之名。

《泰国刑法典》(1956 年公布施行)〔1〕在总则第一章“一般犯罪适用之规定”中专设第四节“刑事责任”，规定负刑事责任的必要条件以及减免刑事责任的一般事由。

1810 年《法国刑法典》曾对“犯重、轻罪可处罚者，可悯恕者或有责任者”专设第二卷予以规定。但是 1994 年 3 月 1 日起施行的《法国刑法典》〔2〕则在第一卷总则中专设第二编以“刑事责任”为名，其中又分两章：第一章“一般规定”，包括主体、罪过、未遂、共犯等一般责任原则；第二章“不负刑事责任或者减轻刑事责任之原因”，包括责任能力、意外事件、合法行为等不负或减轻刑事责任的事由。〔3〕

《美国模范刑法典》在总则中用四章的篇幅来规定刑事责任问题，它们是：第二章“责任之一般原理”，包括责任的客观要件、主观要件以及责任的减轻和免除等基本规定；第三章“违法阻却之一般原理”，包括作为辩护理由的违法阻却事由的原则和各种排除行为违法性的情况；第四章“责任能力”，包括认定无责任能力、限制责任能力的各种事由；第五章“未完成的犯罪”，包括未遂罪、教唆罪、共谋罪以及共同犯罪中有关共同犯罪人的责任等。

---

〔1〕本章引用外国刑法时未注明出处的，均引自我国台湾地区《各国刑法汇编》（司法通迅社 1980 年版）。

〔2〕《法国刑法典》，罗结珍译，中国人民公安大学出版社 1995 年版。

〔3〕2015 年法国官方网站公布的刑法典保留了这一规定。见《最新法国刑法典》，朱琳译，法律出版社 2016 年版（下引同）。

《丹麦刑法典》(2002 年 9 月 16 日颁布实施)[1] 在总则第三章“刑事责任条件”中规定了应当承担或不承担刑事责任的条件；在第四章“犯罪未遂与共犯”中规定了犯罪未遂的刑事责任和共同犯罪的刑事责任；在第五章“法人之刑事责任”中规定了法人的刑事责任及其承担范围。

《瑞士联邦刑法典》(2003 年修订)[2] 在总则第一编中专设第二章规定了行为的“可罚性”，其中包括八项内容：重罪与轻罪，责任能力，责任（故意、过失及错误），未遂，共犯，媒体的责任，告诉，合法行为。此外，又以第四章专门规定未成年人刑事责任的免除、减轻及特殊处置方法。

《巴西刑法典》(1940 年颁布，2007 年 11 月 29 日修正)[3] 总则第三篇名为“刑事责任”，分三条规定了责任阻却事由、责任减轻事由。

我国台湾地区现行“刑法”(1935 年公布施行，后经多次修改)[4]，在总则第二章中以“刑事责任”的章名，规定了故意与过失、行为与结果、责任年龄与责任能力、排除违法性的行为等内容，并另设第三章、第四章分别规定了犯罪的未遂与共犯及其刑事责任。

此外，《古巴刑法典》(1987 年 12 月 29 日颁布实施)[5] 虽然没有直接使用“刑事责任”之名，但专章规定了有关刑事责任的问题。其总则第五编“犯罪人”第一章“应当承担刑事责任的人”中规定“刑事责任由自然人和法人承担”（第 16 条

---

〔1〕《丹麦刑法典与丹麦刑事执行法》，谢望原译，北京大学出版社 2005 年版（下引同）。

〔2〕《瑞士联邦刑法典（2003 年修订）》，徐久生、庄敬华译，中国方正出版社 2004 年版（下引同）。

〔3〕《巴西刑法典》，陈志军译，中国人民公安大学出版社 2009 年版（下引同）。

〔4〕陈运财监修：《模范新六法（刑事法编）》，一品文化出版社 2010 年版（下引同）。

〔5〕《古巴刑法典》，陈志军译，中国人民公安大学出版社 2010 年版（下引同）。

第1款)；第二章“共犯”中规定“刑事责任由主犯和从犯承担”，同时规定了什么是主犯、什么是从犯等（第18条）；第三章“刑事责任阻却事由”规定了精神疾病、正当防卫、紧急避险、错误或意外、履行义务、行使权利、履行职业、履行职务、履行职责等行为以及无法抗拒的恐惧对刑事责任的影响等。这些都是关于刑事责任的规定。

（二）混合规定

有的国家在刑事立法中把刑事责任与犯罪在观念上合而为一，统一加以规定而没有对刑事责任专门设立章节，其中有关犯罪不成立或刑罚减免的规定往往就是有关责任及其程度的规定。

《德国刑法典》（2002年修改）[1] 在总则第二章“行为”的标题下规定了五项内容：第一节“可罚性之基础”，包括行为、故意或过失、错误、责任能力等；第二节“未遂”，包括未遂的定义及其责任、中止及其责任；第三节“正犯与共犯”，包括共同犯罪人的分类及其责任；第四节“正当防卫与紧急避难”；第五节“议会言论及报道不受处罚”。

《韩国刑法典》（1975年修正）也在总则第二章“罪”的标题下规定了犯罪及其刑事责任。其中分五节：第一节“罪之成立与刑之减免”，包括责任年龄、责任能力、故意、过失、错误、行为与结果、正当防卫、紧急避难等内容；第二节“未遂犯”；第三节“共犯”；第四节“累犯”；第五节“竞合犯”。

《日本刑法典》[2] 在总则中设第七章专门规定“犯罪的不成立和刑罚的减免”，其内容包括正当行为、正当防卫、紧急

〔1〕《德国刑法典（2002年修订）》，徐久生、庄敬华译，中国方正出版社2004年版（下引同）。

〔2〕《日本刑法典》，张明楷译，法律出版社1998年版（下引同）。

避难；故意；心神丧失和心神耗弱；责任年龄；自首等。此外还设有第八章“未遂罪”、第九章“并合罪”、第十章“累犯”、第十一章“共犯”、第十二章“酌量减轻”等，分别规定减轻或者加重刑事责任的有关事由。

《西班牙刑法典》[1] 对犯罪及其刑事责任与犯罪人分别加以规定。卷一“关于犯罪和过失罪的总则、刑事责任人、刑罚、保安处分及其他触犯刑法的结果”第一编“共同规定”包括六章：第一章“犯罪及过失罪”，规定了故意犯罪和过失犯罪承担刑事责任的一般原则；第二章“刑事责任免除的情形”，规定了免除刑事责任的各种情况，包括无责任能力、正当行为和意外事件等；第三章“刑事责任减轻的情形”，规定了减轻刑事责任的各种情况；第四章“刑事责任加重的情形”，规定了加重刑事责任的各种情况；第五章“亲属间的犯罪行为”，规定了亲属间犯罪时减轻或加重刑事责任的例外情况。第二编“犯罪及过失罪的刑事责任人”，规定了对犯罪行为应当负刑事责任的主体及其情况；第五编“由犯罪及过失罪引起的民事责任和诉讼费用”，规定了各类承担刑事责任之人所应负的民事责任及其消灭、民事责任和其他刑事责任的执行；第七编“刑事责任的消灭及其效力”，规定了刑事责任消灭的原因、刑事责任消灭产生的效果。

《希腊刑法典》[2] 在总则第二章“犯罪”中规定了四节：第一节“一般规定”，包括犯罪概念、不作为犯罪、行为地、行为时、犯罪类型等，其中明确规定“犯罪是依法可以追究刑事责任的、违法的、可以归责于行为人的行为”（第14条）；

〔1〕《西班牙刑法典》，潘灯译，中国检察出版社2015年版（下引同）。

〔2〕《希腊刑法典》，陈志军译，中国人民公安大学出版社2010年版（下引同）。

第二节“行为的违法性”，包括阻却行为违法性的事由、上级命令、正当防卫、防卫过当、应当归责的防卫行为、阻却违法的紧急避险等；第三节“行为的归责”，包括责任、故意、过失、对结果加重的责任、事实错误、法律错误、阻却责任的紧急避险，以及聋哑人、精神病人、应当归责的意识障碍等；第四节“应当归责的减轻责任能力的罪犯”，规定了应当归责的各种减轻责任能力的罪犯应受处罚的情况。此外，总则第三章“未遂与共犯”，规定了未遂、中止、共同犯罪应当负刑事责任的各种情况，如第45条规定：“两个或者两个以上的人共同实施犯罪的，每个人均作为该行为的正犯追究刑事责任。”

我国《刑法》也可以视为混合规定的立法方式。该法总则第二章“犯罪”第一节也是将犯罪及其刑事责任合并在一起统一加以规定，并冠之以“犯罪和刑事责任”的标题。其中包含的内容有：犯罪的定义，犯罪的主观方面及其责任类型，刑事责任年龄，刑事责任能力，不负或减轻、免除刑事责任的情况。1979年《刑法》“犯罪”一章共三节，其中，第一节“犯罪和刑事责任”，可以视为犯罪的定义与构成——刑事责任；第二节“犯罪的预备、未遂和中止”及第三节“共同犯罪”，可以视为犯罪的特殊形态——刑事责任的减免与分担。1997年《刑法》增加了第四节“单位犯罪”。这种规定方式，一直延续到现在。

1986年《苏俄刑法典》[1] 与我国《刑法》相类似，也是在总则第三章犯罪中规定故意犯罪与过失犯罪、责任年龄、责任能力、正当防卫、犯罪形态等与刑事责任直接相关的问题。

这些国家的刑法虽然在总则中没有把刑事责任作为独立的

〔1〕《苏俄刑法典》（1986年修订本），陈明华译，西北政法学院教材科1987年印。

章节来规定，也没有在章节中单独使用刑事责任的用语，但在规定犯罪及其形态时都包含了刑事责任的条件以及减轻或者加重刑事责任的情形。

（三）分散规定

有的国家在刑事立法中并没有设专章专节来规定刑事责任，也没有在章节的标题中出现刑事责任的用语，而是将有关刑事责任的内容与其他内容混在一起，分散规定。

《奥地利刑法典》（1975 年施行）在总则第一章“法例”中除了规定罪刑法定原则之外，还规定了不作为犯（第 2 条）、正当防卫（第 3 条）、责任原则（第 4 条）、故意与过失及错误（第 5—9 条）、紧急避难（第 10 条）、无责任能力（第 11 条）、共犯与未遂（第 12—16 条）等。在总则第四章“量刑”中除了规定量刑的原则和方法之外，还规定了加重或者减轻刑事责任的各种事由，其中有些相当于其他国家刑法中有关限制责任能力、阻却责任或违法等方面的事由。

《荷兰刑法典》（1881 年 3 月 3 日颁布实施）[1] 在第一编总则中用 9 章的篇幅规定了刑罚、犯罪及其刑事责任，其中，第三章“刑事责任的排除与加重”规定了排除刑事责任的各种事由，并规定公务员滥用职权实施犯罪的加重处罚；第四、五章规定了犯罪未遂、预备和共同犯罪的刑事责任，其中第 50 条规定：“适用刑法时，只有与正犯或从犯直接相关的个人情况，方可用于排除、减轻或加重刑事责任。”第八章 A“关于少年犯之特别规定”专门规定了少年犯的刑事责任及其处理方式。

---

〔1〕《荷兰刑法典》，颜九红、戈玉和译，北京大学出版社 2008 年版（下引同）。

《印度刑法典》[1]（1984年修订）在第二章一般解释中对“人”“行为”等定义的解释，第四章一般例外、防卫权中对错误、意外事件、责任年龄、正当防卫等的规定，第五章对帮助犯罪的规定，第五章A刑事共谋对共同犯罪的规定等，都可以视为有关刑事责任的规定。

《加拿大刑事法典》[2]用了28章的篇幅规定了刑事实体法和刑事程序法的内容，虽然其中没有关于刑事责任的专门规定，但多处使用了“刑事责任”的用语，如第14条规定“不得因被害人的同意而影响加害人的刑事责任。”第16条规定：“（1）因患精神病，从而无能力辨别作为或不作为的本质和性质，或者无能力知晓其作为或者不作为系错误的人，对该作为或者不作为不负刑事责任。（2）除以优势证据证明有相反情况外，任何人被推动精神正常而不得依据第（1）款规定免予刑事责任。”第26条规定：“经法律许可适用武力之人，对过度使用武力，应根据过度行为之实质和性质，承担刑事责任。”第672.36条规定：“因精神失常不负刑事责任的裁决，对于按照议会立法因前科而要加重处罚的罪行，不构成前科。”

从上述引述中可以看出，各国刑法总则中都有关于犯罪及其刑事责任的一般性规定，这些规定通常都包括承担刑事责任的一般条件和特别条件、刑事责任的减免与加重、不同犯罪形态下的刑事责任等内容。但是，对刑事责任的立法方式却存在着明显的差别。这种差别反映了对刑事责任在刑法中的地位的不同认识：承认刑事责任在刑法中的独立地位，重视责任原理的国家在立法时往往把刑事责任作为一个专门问题进行研究、

〔1〕《印度刑法典》，赵炳寿等译，四川大学出版社1988年版。

〔2〕《加拿大刑事法典》，罗文波、冯凡英译，北京大学出版社2008年版（下引同）。

加以规定，或者对影响刑事责任有无或程度的某些特殊问题加以专门规定，使之从立法上予以明确解决。认为刑事责任与犯罪密不可分，所谓刑事责任就是犯罪的责任，所以关于犯罪的规定也就是关于刑事责任的规定的国家，以这种观念为指导，在刑事立法中往往把犯罪与刑事责任融为一体予以规定，把有关刑事责任的要素与犯罪构成要件混在一起，把应负、不负、减轻或加重刑事责任的因素作为构成或不构成犯罪、减轻或加重刑罚的因素，或者使之混合在一起加以规定。认为刑事责任在刑法中没有独立的意义，或者将刑事责任等同于刑罚的国家，往往用有关犯罪构成的规定代替关于责任原理的规定，用有关刑罚的规定代替关于责任程度和分担方式的规定，使决定责任有无及其程度的因素散见于有关犯罪和刑罚的各项规定之中。

但是从立法的合理性上看，我认为对刑事责任要素在立法中予以专门规定更具明确性。在刑法典中使用“刑事责任”的术语，并一再作出“应负刑事责任”“不负刑事责任”“承担刑事责任”等规定，而不对“刑事责任”本身作出任何解释和规定，不赋予其在刑法典中应有的地位，在刑事立法中至少可以说是不够严谨的。当然，在这些国家，立法者往往认为刑法理论和刑法学家们应当或者可以胜任解释刑事责任概念和原则的使命，可以帮助人们乃至法官正确理解刑事责任的内涵。然而这种希冀的实际效果往往是令人怀疑的。理论上的探索和进取，使刑法学家们常常不满足于现有的研究成果，常常为获得更高层次的真理性认识而就刑法的基本理论问题展开争论。这种争论往往会影响到公众对刑法的基本概念包括刑事责任概念的理解。因此，在刑事立法中就“刑事责任”这一术语的使用范围和含义给出明确的界定，就可以防止由于理论上的争论而带来的定义混乱。

此外，从专门规定刑事责任的刑事立法来看，有的对刑事责任的概念作了广义的理解，在“刑事责任”或“责任”这一标题下，规定了承担刑事责任的全部要件，诸如客观行为、主观罪过、责任能力和责任年龄、责任的减免与分担等，如《法国刑法典》《泰国刑法典》等。有的对“刑事责任”的概念作了狭义的理解，把刑事责任限定在责难可能性的范围之内。其中有的在“刑事责任”这一标题下规定了承担刑事责任的心理状态和责任能力、责任年龄，如我国台湾地区“刑法”；有的在“责任”这一标题下仅仅规定了承担刑事责任的心理状态，如《瑞士联邦刑法典》；有的在“刑事责任”这一标题下仅仅规定了与刑事责任能力有关的事项，如《巴西刑法典》。这些不同的规定，反映了不同的立法者对刑事责任的概念以及应当作为刑事责任要素来规定的因素的不同理解。把刑事责任理解为犯罪行为在刑法上的法律后果，必然在对刑事责任的规定中包含行为的主观和客观两个方面以及主体等方面的内容。把刑事责任理解为主观上的可责性，必然把行为及其违法性排除在刑事责任的要素之外。把刑事责任与承担刑事责任的主体相分离，往往是基于任何人都应当对自己的行为承担责任只是承担方式不同而已的观念。这种观念把主体的不同情况视为以不同方式承担刑事责任的根据，而把责任理解为仅仅与行为和行为人的罪过有关。

二、有关刑事责任基础的立法

犯罪行为是刑事责任的基础，也是整个刑法的不言而喻的基础。正因为其不言而喻的性质，有的国家刑法没有对犯罪行为作出专门规定，而仅就行为的特殊情况诸如不作为、未完成形态、排除违法性的情况等加以规定，但是有的国家刑法则从行为本身开始展开有关刑事责任乃至刑法的全部内容。在此，我们尽可能地从不同方面分析各国刑法中有关行为的规定并试图将其分而述之。

（一）行为

犯罪是由行为构成的，行为的概念在各国刑法中都有规定。并且，各国刑法中规定的行为，都包含了作为和不作为，有的国家刑法中对行为的规定还明确地包含了持有。

1810年《法国刑法典》中并无关于行为的一般规定，但是新《法国刑法典》在刑事责任的一般规定中，第一条就明确规定“任何人仅对本人的行为负刑事责任”（第121－1条）；同时在第二条规定了法人对其行为的刑事责任。

《德国刑法典》总则第二章“行为”分五节规定了与行为有关的问题。其中第一节“可罚性之基础”中规定了“不作为”（第13条）、“为他人而行为”（第14条）、“故意和过失行为”（第15条）等。

《希腊刑法典》在犯罪概念中明确规定“刑法所指的‘行为’概念包含不作为”（第14条），并对“不作为犯罪”作了明确的规定：“对法律将发生特定结果规定为构成要件的犯罪，如果行为人负有阻止该结果发生的具体的法律义务，在要求其作为之时不履行该义务的，应当对其不阻止行为追究刑事责任”（第15条）。

《西班牙刑法典》第10条规定：“蓄意或过失的作为或不作为为本法所处罚的，构成犯罪或过失罪。”

《泰国刑法典》第59条第5款规定：“行为，包括为防止结果发生应为一定行为而不为该行为致发生之一切结果。”

《美国模范刑法典》对行为作了一系列具体规定。如在第1.13条“一般的定义”中规定：“行为系指伴随一定之心理状态之作为或不作为，有时亦包含一连之作为及不作为在内……‘作为’系指不管任意的或非任意的身体上之动作而言……‘不作为’系指不为某作为之意……‘已为作为’有时包含‘不为某作为’在内。”在总则第二章“责任之一般原理”中规定：“（1）无论何人除非以自己自动的行为或在物理上能作为而不作为之自己之行为为理由外不构成犯罪。（2）下列各款所定之举动，不属本条所定之自动的行为。（a）反射的行动或瘀挛。（b）在意识丧失中或睡眠中之身体之举动。（c）催眠中之行动或基于催眠术之暗示之行动。（d）除前述各款之规定外，非基于本人意思活动或意思决定之任何本人有意识的或习惯性的身体举动。（3）除下列款所规定者外，不随伴作为之不作为不能作为犯罪之责任之基础。（a）规定该罪之法律，明示仅不作为，即已足构成犯罪者。（b）除前款规定外，法律课其有作为义务时。（4）持有者故意取得或收受该物件或如欲终止其持有时，有足够时间去终止之期间内，对其自己支配该物之事实有认识时，在本条之适用上，持有即为一种行为。”

《印度刑法典》就行为作了详细的规定。第32条规定：“本法典任何部分，凡是指行为的词，除上下文已经表明相反含义外，包括不合法的不作为。”第33条规定：“‘作为’一词，指一个单独的作为，也指一系列的作为；‘不作为’一词，指一个单独的不作为，也指一系列的不作为。”第34条规定：“基于共同的目的，数人共同实施一犯罪行为，每一个参与人都应当承担与其单独实施该犯罪行为时一样的刑事责任。”第35条规定：“当一个共同的行为必须具有犯罪的故意才构成犯罪时，每一个具有这种犯罪故意的共同参与者，都应承担与其单独实施该行为时一样的刑事责任。”第36条规定：“由作为或不作为造成一定后果或企图造成一定后果而构成犯罪时，如果部分基于作为，而另一部分基于不作为而造成该项后果的，仍构成同样的犯罪。”第 37 条规定：“当一个犯罪是由几个行为构成时，任何人有意同他人合作实施该犯罪而实施其中的任何一个行为，无论是单独实施还是同他人共同实施，都构成该罪。”第 38 条规定：“几个人共同实施一个犯罪行为，由于这个行为，他们各自可以构成不同的犯罪。”第 40 条规定：“除本条第二和第三两款所提及的各章和各条外，‘犯罪’一词，指依本法典应受惩罚的行为。在本法典第四章、第五章 A 及第……条中，‘犯罪’一词，指依照本法典或依照后面所列的特别法或地方法应受惩罚的行为。在本法典第……条中，‘犯罪’一词，在依照特别法或地方法应处以六个月以上监禁、并科或不并科罚金时，与前款规定具有相同的涵意。”《印度刑法典》的上述规定，既是对行为本身的规定，也是对行为的不同形式即共同犯罪的规定。但是其中有关共同犯罪的规定，是从行为概念出发的，所以不同于其他国家刑法中有关共同犯罪的专门规定。

此外，一些国家和地区虽然没有关于行为概念的完整规定或定义性规定，但是对不作为作了专门规定。

《奥地利刑法典》第 2 条规定：“法律对犯罪结果之发生加以处罚，行为人依法有防止此结果发生之特别义务，而未防止其发生，且其不作为与作为对犯罪结果所予之影响相同者，亦罚之。”

《韩国刑法典》第 18 条规定：“负有防止危险发生的义务或者因自己的行为引起危险，而未防止危险之结果发生的，依危险所致的结果处罚。”

我国台湾地区“刑法”规定：“对于一定结果之发生，法律上有防止之义务，能防止而不防止者，与因积极行为发生结果者同。因自己行为致有发生一定结果之危险者，负防止其发生之义务。”

在现代世界各国的刑法中，行为是刑法的核心要素。没有危害社会的行为，就没有犯罪构成，也不存在负刑事责任的问题。这是公认的刑事立法原则之一。但是在刑事立法中，有的国家把这一原则视为不言而喻的公理，视为在一切刑事立法活动中都必须贯彻的准则，因而认为没有必要专门予以规定。例如我国《刑法》、《俄罗斯刑法典》等，并没有关于行为概念的专门规定，但是在犯罪的定义、犯罪的分类以及负或者不负刑事责任的一系列规定中，都是以行为为中心的。不过，同样是从上述原则出发，有的国家在刑事立法中对行为作了明确的规定，或者明确规定行为与责任的关系，或者明确规定行为在刑法上的含义，或者就行为概念中不明确的方面（如不作为等）加以明确规定。这两种不同的立法方式反映了不同的思维模式。前者是从“既然是公认的明确的，就无须专门规定”的思维模式出发，对之略而不述；后者是从“既然是公认的，就应当在立法时加以确认并使之具体化以便贯彻执行”的思维模式出发，对之专门规定。

关于行为在刑法中的意义，新《法国刑法典》强调行为是刑事责任的基础，只有一定的行为才能使人负刑事责任，并且每个人只对自己的行为负刑事责任，没有行为或者不是本人的行为，就不能要求任何人负刑事责任。《美国模范刑法典》《印度刑法典》则强调行为是构成犯罪（从而也是负刑事责任）的基础，没有自己的（自动）行为，或者没有依法应受惩罚的行为，就没有犯罪、就不构成犯罪。意大利、瑞士、加拿大等国的刑法，包括1810年《法国刑法典》，则把行为的不同种类作为区分重罪、轻罪和违警罪的依据，从而强调、蕴含只有刑法意义上的行为才能构成犯罪，或者说刑法上的任何一种类型的犯罪都是根据行为才认定的，没有特定的行为就没有犯罪。

关于行为在刑法中的含义，有的国家在刑事立法中明确指出其包含作为与不作为，有的国家在刑事立法中通过对不作为的专门规定表明行为中包含着不作为。《美国模范刑法典》和《印度刑法典》都强调，构成犯罪的行为，可以是一个单一的作为或者不作为，也可以是由一系列的（数个）作为或不作为构成的行为整体。《美国模范刑法典》还强调，刑法中的行为是指“伴随一定之心理状态”的作为或不作为，构成责任基础的行为必须是“自动的”行为。这就更明确地强调了刑法中的行为不是单纯的身体动静，而是包含着主体性的行为，不具有主体性的行为，不能成为责任的基础。对此，《美国模范刑法典》专门列举了不能视为自动行为的若干情况。这是上述思想的必然延伸。《印度刑法典》就行为的特殊形式即数人的行为组合构成犯罪的情形，针对不同情况作了规定，从而使刑法上的行为概念更加完整。《美国模范刑法典》针对人们对“持有犯罪”的行为性的怀疑，强调指出持有也是一种行为，是在“有足够时间去终止”非法持有状态的情况下不去终止这种状态的不作为行为，从而维护了刑事责任以行为为基础的基本原理。

关于不作为，许多国家和地区都将其作为行为的一种特殊类型而在立法时加以专门规定。其共同的立法思想，都是承认一定场合下的不作为也应成为刑事责任的基础，也应构成犯罪。不过，从具体规定中，可以看出以下几点区别：

第一，不作为的刑事责任是不是以危害结果的发生为前提。奥地利、德国、泰国、韩国以及我国台湾地区中关于不作为犯的规定，都强调对于一定结果（犯罪结果）的发生，能防止而不防止。这就意味着，不作为构成犯罪，只存在于“结果犯”的场合，并且只有在已经发生危害结果的场合，不作为才可能成为刑事责任的基础。没有刑法规定的危害结果的发生，就不存在不作为犯罪。但是《美国模范刑法典》仅仅规定“不作为系指不为某作为之意”；《印度刑法典》则明确规定，凡是行为的词，除上下文已经表明相反的含义之外，都包括不合法的不作为。这就意味着，不作为可能存在于任何以作为形式构成犯罪的场合，而不仅仅局限于“结果犯”的场合，没有发生危害结果或者不以危害结果为构成要件的犯罪，也可以以不作为方式构成。

第二，不作为是否以作为义务为要件。专门规定不作为犯的刑法中都强调了防止危害结果发生的义务（作为义务）。按照这些规定，没有防止危害结果发生的义务，就不能构成不作为犯，也就不能要求一个人对自己的不作为负刑事责任。但是《美国模范刑法典》则没有这样的要求。它把不作为规定为“不为某作为”，并把作为刑事责任之基础的不作为限定在“伴随作为的不作为”之内，不随伴作为的不作为只有在两种情况下才能成为责任的基础，即法律明示仅仅有不作为就可以构成犯罪的场合和法律课以作为义务的场合。这就意味着没有作为义务不为某作为，照样可能构成犯罪的不作为，照样可以成为负刑事责任的基础。《印度刑法典》对于不作为，同样没有要求必须有作为义务，特别是对“不纯正不作为犯”的规定（第36条），更没有把作为义务作为构成要素。

第三，关于作为义务的来源。在以作为义务为构成不作为犯罪的要素的立法中，关于作为义务的来源或称性质，各个刑法中的规定也不完全相同。奥地利、德国和我国台湾地区都强调“依法有防止结果发生之义务”或“法律上有防止之义务”。这类规定，显然把防止危害结果发生的义务限定在法律上有规定或者按照法律的规定有义务防止危害结果发生的场合。没有法律上的或者来源于法律的作为义务的不作为，不能成为刑事责任的基础。但是有的刑法中只强调作为义务，并没有限定作为义务的性质或来源，例如《泰国刑法典》和《韩国刑法典》中规定的“为防止结果发生应为一定行为”“有防止之义务或因自己行为引起危险”，这显然是指广义的作为义务。其中既包括依照法律或者法律上规定的作为义务，也包括依照道德或其他社会规范产生的作为义务，以及由自己先前行为而产生的作为义务。这种义务就不完全是来源于法律的或者不完全是具有法律性质的作为义务。

第四，关于不作为的其他限制条件。按照《德国刑法典》的规定，不作为构成“可罚性之基础”时，除了特定结果、法定义务之外，还必须是“其不作为与因作为而实现构成事实之情形相当者”。《美国模范刑法典》则把不作为在原则上限定为“不纯正不作为”的场合，纯正的不作为只有在明确规定的两种情形下才能成为刑事责任的基础。

（二）行为的结果

一般国家刑法都没有关于行为之结果的专门规定。但是有的国家刑法对结果及其与行为之间的因果关系作了专门规定。

《意大利刑法典》[1] 第 40 条规定：“如果决定犯罪成立的损害结果或者危险结果不是由某人的作为或者不作为造成的，该人不得因被法律规定为犯罪的行为受到处罚。负有法定阻止义务而不阻止结果发生的，等同于造成结果。”第 41 条规定：“先存原因、同时原因或者后发原因的竞合不排除犯罪人的作为或者不作为与犯罪结果之间的因果关系，即使这些原因独立

〔1〕《意大利刑法典》，黄风译，中国政法大学出版社 1998 年版（下引同）。

于该犯罪人的作为或者不作为。当后发原因足以单独地造成犯罪结果时，该原因排除因果关系。在这种情况下，如果先前实施的作为或者不作为本身构成犯罪，适用为该犯罪规定的刑罚。当先存原因、同时原因或者后发原因表现为他人的违法行为时，也适用以上各项规定。”

《巴西刑法典》第13条也对因果关系作了专门规定：“对犯罪成立与否具有决定意义的结果，只能归责于对其施加了原因力的人。如果没有某一作为或者不作为，就不会发生结果的，该作为或者不作为视为该结果的原因。……1. 当意外发生的相对独立的原因单独地导致结果时，不能将该结果归责于行为人。但对于此前发生的事实，则应当归责于该行为人。……2. 当行为人应当并且能够作为而阻止该结果的发生的，其不作为与结果之间具有因果关系。作为义务来源于：a）依法负有照料、保护、监督义务；b）被认为有阻止结果发生的其他情形；c）产生结果发生危险的先行行为。”

《韩国刑法典》第17条规定：“行为与犯罪要件的危险发生没有联系的，不因其结果而予处罚。”

《美国模范刑法典》第2.03条规定：“（1）行为在下列情形下为结果之原因。（a）行为先行于结果，且如无其行为即可认不发生成为问题之结果时，且（b）行为与结果之间须有本法或规定犯罪之法律所规定之特别因果关系存在。（2）以蓄意或故意引起特定结果作为犯罪成立要件时，现实发生之结果如不属于行为者计划或预见范围内时，除下列所定情形外，不能认为具备责任条件。（a）现实发生之结果与计划或预见之结果仅在于受危害或损伤之人或物有所不同时，或所计划或预见之危害或损害比现实所生之危害或损害更重大或广泛时。（b）现实发生之结果与所计划或预见之危害或损伤性质相同，且所发生之结果与行为者之责任或犯罪之重大性之关系尚未达到彼此间丧失（正当）关联程度之间接性或偶然性者。（3）以轻率或过失引起特定结果作为犯罪成立要件时，现实发生之结果，如不属于行为者所认识之危险或过失情形不属于应该认识之危险时，除下列所定情形外，不能认为具备责任条件。（a）现实发生之结果与可能发生之结果仅在于受危害或损伤之人或物有所不同时，或可能发生之危害或损害比现实发生之危害或损害更重大或广泛时。（b）现实所生之结果与可能发生之结果性质相同且所发生之结果与行为者之责任或犯罪之重大性之关系尚未达到足使彼此间丧失（正当）关联程度之间接性或偶然性者。（4）以发生特定之结果作为犯罪基础要件时，法律如对之规定有绝对的责任时，现实所生之结果如非属于由行为者之行为所可能发生之结果时，即不能认为具备其条件。”

有的刑法虽然没有关于结果的专门规定，但有关于“结果加重犯”的规定。

《德国刑法典》第 18 条规定：“本法对行为的特别后果较重处罚，只有当正犯或共犯对特别后果的产生至少具有过失时，始可适用。”

我国台湾地区“刑法”第 17 条也规定：“因犯罪致发生一定之结果，而有加重其刑之规定者，如行为人不能预见其发生时，不适用之。”

这类规定，既是对罪过的要求，也可以说是关于加重责任之结果的规定。

不过，《泰国刑法典》的规定与上述规定不同，其第 63 条规定：“行为人因犯罪行为之结果而受加重之处罚者，其结果必为通常情形所可发生。”

此外，有的刑法虽然没有专门规定结果，但在犯罪类型或故意过失中包括了结果，如我国《刑法》中“明知自己的行为会发生危害社会的结果”（14条）、“应当预见自己的行为可能发生危害社会的结果”（15条）；《印度刑法典》中“由作为或不作为造成一定结果”（36条）、“有意使用引起结果发生的方法”（39条）等。

结果是表明行为的危害性或称可罚性的重要因素。一种行为之所以被刑法规定为承担刑事责任的基础，就在于这种行为对社会具有危害性。而这种危害性，总是表现为对刑法保护的某种社会利益（法益）的损害，总是表现为某种有形的或无形的、物质的或精神的或状态的变化。因此从广义上讲，任何成为刑事责任之基础的行为都包含着一定的危害结果。《巴西刑法典》也许正是基于这种认识，把行为人的作为或不作为所导致的后果作为判定犯罪存在与否的依据。

但是，从多数国家的刑法规定中看，结果并不是成为刑事责任基础的行为的必备要素。几乎所有国家的刑法中都存在着所谓行为犯（举动犯）、危险犯、阴谋犯等行为类型，在这类可以构成犯罪亦即可以构成刑事责任之基础的行为中，结果并不是行为的必备要素。这种立法的理由是，这类行为虽然是有害于社会的，但是它对社会的危害是无形的、非物质性的，是通过对社会心理的伤害、社会生活状态的破坏、对国家利益或管理权威的威胁等方式表现出来的，因而在每一具体场合难以进行确切的度量，难以收集到足以证明这类行为的危害结果的确凿证据。为了有效地禁止和制裁这类行为，法律便放弃了对结果的要求，只规定有意实施了有关的行为，即构成相应的犯罪，承担一定的责任。因此，在大多数国家的刑法中，只有在某些具体犯罪中，结果才是使行为承担刑事责任的必备要素，而不是每一行为承担刑事责任的必备要素。

在以结果为要素的场合，刑法中一般都规定了结果与行为之间的关系即因果关系。但是由于不同的立法者对因果关系的认识和要求不尽相同，表现在立法中对因果关系的规定亦不完全相同。《意大利刑法典》对因果关系强调行为与结果之间“引起与被引起”的关系，但是从其对原因竞合的规定看，这种引起与被引起的关系实际上是一种“条件因果关系”。与行为人的作为或不作为无关而介入行为过程中的因素即使是结果发生的必然原因或主要原因，也不能排除行为与结果的因果关系，并且在行为实施完毕之后介入行为与结果的因果过程之中的因素即使是结果发生的原因，只要不是单独引起结果的发生，就不能排除行为与后发生之结果间的因果关系。这实际上是承认以行为为前提条件由介入原因造成的结果，可以归责于行为人。与之相类似，韩国刑法只要求行为与结果之间具有“牵连关系”。无牵连关系就可排除行为与结果之间的因果关系。这种牵连关系实际上也是条件因果关系。与之相比，《美国模范刑法典》对因果关系的要求似乎要严格一些。它规定，行为成为结果的原因，首先必须先于结果而存在，其次必须是没有行为即没有结果，最后还必须有法律规定的特别因果关系的存在。

结果作为构成刑事责任基础的行为的要素之一，还涉及一个问题，即要不要以行为人对该结果的认识或认识可能性为前提。对此，意大利、韩国刑法没有要求，但是《美国模范刑法典》规定，除了法律规定的例外情形之外，以蓄意或故意引起特定结果为构成要件的场合，实际发生的符合构成要件的结果要成为责任条件，就必须是行为人计划或预见范围之内的结果；以轻率或过失引起特定结果作为构成要件的场合，实际发生的符合构成要件的结果要成为责任条件，必须是认识或应该认识的危险。

在结果加重犯的场合，法典中一般都要求行为人对超过行为人故意范围的重结果至少具有过失，对于实际发生的重结果，如果没有过失，就不能因此加重行为人的责任。这是在加重结果的场合贯彻责任原则的表现。但是《泰国刑法典》却没有把罪过作为加重结果承担责任的要素，只要是在通常情形下行为造成了超出行为人故意范围的重结果，行为人就要对此承担较重的责任。

（三）排除危害性（或违法性）的行为

几乎每个国家的刑法都有关于排除某些行为的危害性或违法性的专门规定，这些规定都意味着行为人对自己的行为不负刑事责任或者可以减轻行为的刑事责任。但是，这类规定的方式及内容并不完全相同。此处仅就有代表性的几例立法例予以比较。

新《法国刑法典》第122—3条规定："证明自己系由于无力避免的对法律的某种误解，本以为可以合法完成行为者，不负刑事责任。"第122—4条规定："完成立法或条例所规定或允许之行为者，不负刑事责任。完成合法当局指令之行为者，不负刑事责任，但该行为明显违法的，不在此限。"第122—5条规定："在本人或他人面临不法侵害的当时，完成本人或他人正当防卫必需之行为者，不负刑事责任，但所使用的防卫手段与侵害的严重程度不相适应者，不在此列。为制止实施侵害财产之重罪或轻罪而完成除故意杀人以外的防卫行为，当此行为为实现目的之严格所需，且所采取的防卫手段与犯罪行为的严重程度相适应时，行为人不负刑事责任。"第122—6条规定："完成下列行动者，推定其行为于正当防卫状态下实施：1. 夜间击退以破门撬锁、暴力或诡诈方式进入居住场所的行为；2. 对以暴力手段实施盗窃或抢劫的行为人进行自我防卫的行为。”第122—7条规定：“面对威胁到本人、他人或某项财产之现实或紧迫之危险，完成保护人身或财产所必需之行为者，不负刑事责任。但所使用的手段与威胁的严重程度不相适应者，不在此列。”

《德国刑法典》第32条规定：“（1）正当防卫不违法。（2）为使自己或他人免受正在发生的不法侵害而实施的必要的防卫行为，是正当防卫。”第33条规定：“防卫人由于慌乱、恐惧、惊吓而防卫过当的，不负刑事责任。”第34条规定：“为使自己或他人的生命、身体、自由、名誉、财产或其他法益免受正在发生的危险，不得已而采取的紧急避险行为不违法，但所要保护的法益应明显大于所造成危害的法益。仅在行为属于避免该危险的适当的措施的情况下，方可适用本条的规定。”第35条（阻却责任之紧急避难）规定：“（1）为使自己、亲属或其他与自己关系密切者的生命、身体或自由免受正在发生的危险，不得已而采取的违法行为不负刑事责任。在因行为人自己引起危险或因其处在特定的法律关系中而须容忍该危险的限度内，不适用该规定；但是，如果不顾及某一特定的法律关系行为人也须容忍该危险，则可依第49条第1款减轻处罚。（2）行为人行为时，误认为有第1款规定不负刑事责任的情况，仅在他能够避免该错误时，才予处罚。可依第49条第1款减轻处罚。”第36条规定：“联邦议院、联邦大会或州立法机关的成员，任何时候都不得因其在会议团体或委员会的表决或言论，而在会议团体之外被追究刑事责任。诋毁性侮辱言论不适用本条规定。”第37条规定：“对第36条所列的会议团体或其委员会的公开会议的真实报道，不追究刑事责任。”

《奥地利刑法典》第3条规定：“（一）对现在直接急迫之

不法侵害，为保护自己或他人之生命、健康、身体、自由或财产，而为必要之防卫者，其行为不违法。但被侵害者所受之危害不大，且其防卫与引起防卫之侵害者之侵害，显不相当者，不视为正当防卫。（二）逾越正当程度之防卫，或显不相当之防卫（第一项），如纯系由于慌乱、恐惧或警愕者，以其因过失而逾越，且对其过失行为有处罚之规定者为限，罚之。”第10条规定：“（一）因避免自己或他人直接显然急迫之不利而为犯罪行为，其所引起之损害，与不利相较，非显不相当，且就应受法律保护之人，如处于行为人所处之状况，亦难期待其有其他之举动时，应予免责。（二）行为人明知无法律上认许之理由，而犹自陷于危险者，不予免责。行为人因过失误认为其行为具备免责条件，而为过失犯罪行为，且该行为依法应科刑者，以过失犯罚之。”

《瑞士联邦刑法典》第32条规定：“法律义务、职务义务或职业义务要求之行为，或者法律许可之行为或申明不处罚之行为，不构成重罪或轻罪。”第33条规定：“（1）受到非法攻击或直接之攻击威胁的，受攻击者和其他任何人，均有权以适当的方式对攻击行为进行正当防卫。（2）正当防卫人防卫过当的，法官以自由裁量减轻处罚。正当防卫人由于可原谅的慌乱或惊慌失措而防卫过当的，不处罚。”第34条规定：“（1）为使自己的法益，尤其是生命、身体、自由、名誉、财产免受正在发生的危险，不得已而为之紧急避险行为不处罚，但以该正在发生的危险非因行为人所致，且以当时的情况下不能要求其放弃受到威胁之法益者为限。该危险是由行为人所致，或者根据当时的情况可要求其放弃受到威胁之法益的，法官以自由裁量减轻处罚。（2）为使他人的法益，尤其是生命、身体、自由、名誉、财产免受正在发生的危险，不得已而为之紧急避险行为不处罚。行为人应当认识到被危险威胁之人可放弃受到威胁之法益而未认识的，法官以自由裁量减轻处罚。”

《意大利刑法典》第 50 条规定：“经可以有效地处置权利的人同意，对该权利造成侵害或者使之面临危险的，不受处罚。”第 51 条规定：“行使权利或履行有法律规范或公共权力机关的合法命令赋予的义务，排除可罚性。如果构成犯罪的行为是根据主管机关的命令实施的，发布此命令的公务员一律对该犯罪负责。执行上述命令的人也对犯罪负责，除非他因事实错误而误认为是在执行合法命令。当法律不允许对命令的合法性进行任何审查时，执行合法命令的，不受处罚。”第 52 条规定：“为了维护自己或他人的权利免遭非法侵害的现实危险而被迫实施行为的，只要其防卫行为与侵害行为相对称，不受处罚。”第 53 条规定：“除前两条规定的内容外，公务员为履行自己的职责义务而使用或者命令使用武器或其他身体强制手段的，当这样做是出于抵御暴力、制服对权力机关的反抗和阻止屠杀、失事、沉没、空难、铁路灾祸、故意杀人、武装抢劫和绑架等犯罪的需要时，不受处罚。同样的规定适用于任何根据公务员的合法要求而向其提供协助的人。法律确定可以使用武器或其他身体强制手段的其他情况。”第 54 条规定：“为了保护自己或他人免遭严重人身损害的现实危险而被迫实施行为的，如果该危险不是由其自愿造成的并且不能以其他方式加以避免，只要其行为与所面临的危险相对称，不受处罚。前项规定，对依法负有特殊冒险义务者不适用之。对于负有对付危险的特殊法律义务的人，不适用上述规定。即使紧急避险是由他人的威胁所造成的，仍适用本条前一款的规定。但是，在这种情况下，迫使他人实施行为者对威胁者实施的行为负责。”

《加拿大刑法典》第 14 条规定：“任何人无权同意将自己

处死，不得因被害人同意而影响加害人之刑事责任。”第26条规定：“经法律许可适用武力之人，对过度使用武力，应根据过度行为之实质和性质，承担刑事责任。”第27条规定：“任何人为下列目的之一使用合理必要之武力，应视为正当：（a）为阻止符合下列条件的犯罪行为：Ⅰ.此犯罪如果实施，犯罪人可在无拘捕令之情况下被拘捕；Ⅱ.此行为可能对其或他人之财产造成直接和严重之损害；（b）为阻止发生其有正当理由相信如果发生即为（a）项所述之犯罪的行为。”第28条规定：“（1）当经授权执行拘捕令者，出于善意且有正当理由相信被拘捕者系拘捕令中列名之人时，执行者免予刑事责任，其程度如同被拘捕者确系拘捕令中列名之人。（2）经授权执行拘捕令时，下列人员免予刑事责任，其程度如同被拘捕者确系拘捕令中列名之人：（a）任何人，经要求协助拘捕并相信其协助拘捕之人系拘捕令中列名之人的；（b）被要求接受并羁押其相信系根据拘捕令被拘捕之人的监狱看守。”第29条规定：“（1）在可行的情况下，随身携带传票或者拘捕令，并于被要求时出示，为传票或者拘捕令执行者之职责。（2）在可行的情况下，无论是否持有拘捕令，告知被拘捕者下列事项之一，为拘捕者之职责：（a）执行拘捕的程序或者拘捕令；（b）拘捕的理由。（3）未遵守第（1）款或者第（2）款之规定本身，不能剥夺传票或者拘捕令的执行者、拘捕或者其协助者的刑事责任豁免。”第30条规定：“目击危害治安之人，如果使用武力仅系制止危害治安的延续或者重复所致危险的合理程度，其为制止危害治安的延续或者重复而进行的干预，应视为正当，并且，对实施或者将要参与或者再次参与危害治安之人，可予以扣留，以移交治安官监管。”第31条规定：“（1）目击危害治安之治安官以及其合法协助者，拘捕其发现正危害治安之人，或者其有正当理由相信将参与或者再次参与危害治安之人，应视为正当。(2) 对由目击危害治安或者有正当理由相信危害治安者送交的参与危害治安之人，治安官予以收押，应视为正当。”第34条规定：“(1) 任何人在未挑起攻击而遭非法攻击时，如使用武力系自卫所必要，并且并非意图导致死亡或者严重人身伤害，其以武力抵抗武力，应视为正当。(2) 任何人，因遭非法攻击而于抵抗攻击中导致死亡或者严重人身伤害，如果符合下列条件，应视为正当：(a) 其系基于对于攻击者最初使用的暴力或者攻击者实现其目的而使用的暴力可能导致的死亡或者严重人身伤害的合理恐惧而造成该结果；(b) 其有正当理由相信不能以其他方法保护自己免遭死亡或者严重人身伤害。”第35条规定：“任何人，无正当理由攻击他人，但开始时并无意图导致他死亡或者严重人身伤害，或者无正当理由激怒他人攻击自己，如于攻击后使用武力且符合下列条件，可视为正当：(a) 其使用武力符合下列条件：Ⅰ. 基于对其已攻击或者激怒之人使用之暴力可能导致的死亡或者严重人身伤害的合理理解；Ⅱ. 有正当理由相信为保护自己免遭死亡或者严重人身伤害所必要；(b) 在保护自己免遭死亡或者严重人身伤害之必要性产生前，未力图造成死亡或者严重人身伤害；(c) 在保护自己免遭死亡或者严重人身伤害之必要性产生前，尽其可能地拒绝进一步冲突，并回避或者退让。”第36条规定：“在第34条或者第35条中，挑衅包括打击之挑衅、语言之挑衅或者姿势之挑衅。”第37条规定：“(1) 任何人，为保护自己或者受其保护者免遭攻击，如果使用武力为防止攻击或者重复攻击之必要，其使用武力，应视为正当。(2) 考虑使用武力欲防止攻击的性质，对过度之故意伤害或者损害者，不得依本条之规定，视为正当。”第38条规定：“(1) 和平占有动产者及其合法协助者，实施下列行为而未殴打或者伤害不法入侵者，应视为正当：（a）阻止不法入侵者攫取其财产，（b）自攫取其财产的不法入侵者处取回财产。（2）当和平占有动产者得到其财产时，不法入侵者坚持欲保留之，或者从占有者或者其合法协助者处攫取之，应视为无正当理由或者无挑衅之攻击。”第39条规定：“（1）基于请求权而和平占有动产者以及经其授权之人，如果使用未超过必要武力，以保护占有，即使系针对依法有权占有财产者，仍受刑事责任豁免保护。（2）非基于请求权或者授权而和平占有动产者，为保护占有而抵抗依法有权占有财产者，视为不正当或者不受刑事责任豁免保护。”第40条规定：“合法占有住宅者、其合法协助者或者经其授权之人，为阻止他人未经合法许可强行侵入或者强行闯入其住宅，而使用必要之武力，应视为正当。”第41条规定：“（1）和平占有住宅或者不动者、其合法协助者或者经其授权之人，为阻止他人入侵其住宅或者不动产或者将不法入侵者赶出其住宅或者不动产，而使用必要之武力，应视为正当。（2）不法入侵者，对于和平占有住宅或者不动产者、其合法协助者或者经其授权之人阻止其进入或者将其赶出，而进行抵制，应视为无正当理由或者无挑衅之攻击。”第42条规定：“（1）任何人，如其或者经其授权之人是依法有权占有住宅或者不动产，为了占有住宅或者不动产而于日间和平进入其中，应视为正当。（2）任何人，为了阻止依法有权占有住宅或者不动产并为取得占有而于日间和平进入者之进入对其进行攻击，且有下列情形之一，该攻击应视为无正当理由或者无挑衅之攻击。（a）基于请求权，但非和平占有住宅或者不动产；（b）基于请求权，但未经和平占有住宅或者不动产者授权。（3）任何人，有下列情形之一，为阻止依法有权占有住宅或者不动产并为取得占有而于日间和平进入其中者之进入而对其进行攻击，此攻击应视为由进入者引起：(a) 基于请求权和平占有住宅或者不动产；(b) 基于请求权，并经和平占有住宅或者不动产者授权。”第 43 条规定：“学校教师、家长或者处于家长地位之人，为纠正受其照看之学生或者儿童而使用武力，只要其武力在具体情况下未逾合理程度，应视为正当。”第 44 条规定：“航行中指挥船只的船长或官员，为维护船上良好的秩序与纪律，使用其有正当理由认为必要之武力，应视为正当。”第 45 条规定：“为了接受手术者之利益而为其施行手术者，如果符合下列条件，受刑事责任豁免保护：(a) 手术系在合理注意与技术下施行；(b) 考虑到实行手术时受术者之健康状况以及一切相关情况，手术是合理的。”

《日本刑法典》在总则第七章“犯罪的不成立及刑罚的减免”中规定了三种不处罚或减轻处罚的行为。其第 35 条规定：“依照法令或者基于正当业务而实施的行为，不处罚。”第 36 条规定：“为了防卫自己或者他人的权利，对于急迫的不正当侵害不得已所实施的行为，不处罚。超过防卫限度的行为，可以根据情节减轻或者免除刑罚。”第 37 条规定：“为了避免对自己或者他人的生命、身体、自由或者财产的现实危难，而不得已实施的行为，如果所造成的损害不超过其所欲避免的损害限度时，不处罚；超过这种限度的行为，可以根据情节减轻或者免除刑罚。”

《美国模范刑法典》在总则中专设第三章规定违法阻却之一般原理。按照该章规定，行为者相信为避免自己或他人之危害所必要而为之行为，阻却其违法性，但是这种行为如果由于自己的轻率或不注意而被迫选择或以误判为基础时，应当承担过失犯罪之责任。这类行为包括：(1) 依法执行公务的行为；(2) 为防卫人身、财产或第三者而实行正当防卫的行为；(3) 对人之保护、训导或安全负有特别责任之人所为的行为，如父母、监护人、教师等对未成年人或无能力人，医护人员对病人，矫正人员对矫正对象，船舶、航空器负责人员对乘客以及其他公务人员对被管理人员等。《美国模范刑法典》第2.11条还规定："(1) 通则。被害人对于应构成犯罪而被追诉之行为或其结果之承诺，如可因此而否定犯罪成立要件或可排除规定该罪之法律所欲防止之危害之发生时，即为积极抗辩。(2) 对于伤害身体之承诺。被追诉之行为系以引起或威胁引起身体之伤害为犯罪之场合，对其行为或引起危害之承诺，在下列情形可作为抗辩。(a) 所承诺之身体伤害或由所承诺之行为所生之身体伤害之危险非常重大时。(b) 其行为与伤害由共同参加合法的运动竞赛与比赛一事，通常即能预见其危险时。(c) 其承诺基于本法第三章之规定，可作为其行为之违法阻却事由时。(3) 无效之承诺。除本法或规定该罪之法律有特别规定外，该当于下列各款之同意，不能构成有效的承诺。(a) 在法律上对被追诉应构成犯罪行为，无认可权限之人所作之同意。(b) 由于年轻、精神的疾病或缺陷或酩酊，对于被追诉应构成犯罪行为之性质或有害性显然不能作合理判断之人，或行为者明知其不能作此种判断，而由此人所作之同意。(c) 规定该罪之法律即系在防止本人有欠考虑之承诺之场合，而由该人所作之同意。(d) 由于规定该罪之法律所欲防止之威力、强制或欺罔所诱导出来之同意。"

我国《刑法》第20条规定："为了使国家、公共利益、本人或者他人的人身、财产和其他权利免受正在进行的不法侵害，而采取的制止不法侵害的行为，对不法侵害人造成损害的，属于正当防卫，不负刑事责任。正当防卫明显超过必要限度造成重大损害的，应当负刑事责任，但是应当减轻或者免除处罚。对正在进行行凶、杀人、抢劫、强奸、绑架以及其他严重危及人身安全的暴力犯罪，采取防卫行为，造成不法侵害人伤亡的，不属于防卫过当，不负刑事责任。”第21条规定：“为了使国家、公共利益、本人或者他人的人身、财产和其他权利免受正在发生的危险，不得已采取的紧急避险行为，造成损害的，不负刑事责任。紧急避险超过必要限度造成不应有的损害的，应当负刑事责任，但是应当减轻或者免除处罚。第一款中关于避免本人危险的规定，不适用于职务上、业务上负有特定责任的人。”我国台湾地区“刑法”第21条规定：“（一）依法令之行为，不罚。（二）依所属上级公务员命令之职务上行为，不罚。但明知命令违法者，不在此限。”第22条规定：“业务上之正当行为，不罚。”第23条规定：“对于现在不法之侵害，而出于防卫自己或他人权利之行为，不罚。但防卫行为过当者，得减轻或免除其刑。”第24条规定：“（一）因避免自己或他人生命、身体、自由、财产之紧急危难而出于不得已之行为，不罚。但避难行为过当者，得减轻或免除其刑。（二）前项关于避免自己危难之规定，于公务上或业务上有特别义务者，不适用之。”

在刑法中，一种行为之所以被禁止和制裁，是因为它具有危害社会的性质。对刑法所保护的社会利益的危害，既是刑法禁止它的原因，也是刑法制裁它的基础。因此，一个行为虽然在客观上表现为刑法所禁止的行为，但是如果由于选择它的原因，或者由于行为时的具体环境，或者由于在两害相权中取其轻，从而本身不具有或者在法律上不认为其具有危害社会的性质，那么，这种行为就会因此而失去作为刑事责任之基础的理由。对此，立法者也就会在立法时将其作为例外而加以明确规定，以确认其不具有危害性，或者排除其违法性。

但是，由于立法者所依据的理论基础的不同，以及对这种行为不具有危害性的认识角度的不同，有的从构成犯罪的角度将其排除在构成要件的行为之外，认为这类行为因缺乏犯罪构成要件而不构成犯罪；有的从是否违反法律要求的角度排除这类行为的违法性，将其视为阻却违法事由，认为这类行为因为不违法而不构成犯罪；有的从承担刑事责任的角度排除这类行为的有责性，将其视为阻却责任的事由，确认这类行为不负刑事责任；有的则从可罚性的角度排除这类行为的可罚性，规定对这类行为不处罚。这些立法，虽然角度不同，但可以说是殊途同归，都从立法上确认了其合法性，将其排除在可以成为刑事责任之基础的行为之外。

关于这类行为的种类，几乎相同的，有依法令或职责而为的行为、正当防卫行为、紧急避难行为。此外，有的国家还对被害人承诺（权利人同意）行为、议会言论和议会报道、对被监护人的强制行为等作了规定。但是对这类行为的范围、要求以及不完全符合规定要素时的处罚原则等，各国刑法的规定是不尽相同的。

1. 依法令或职责而为的行为

瑞士刑法、日本刑法只是规定，依照法令而为的行为和业务上的正当行为不处罚。法国刑法除规定完成法律、条例规定或授权的行为之人不负刑事责任之外，还规定完成合法当局指挥的行为即依照上级命令而为的行为，只要不是明显非法，亦不负刑事责任。对此，意大利刑法也作了类似规定，并且强调依官署命令而为的行为构成犯罪时应由发布命令的公务员负责。加拿大刑法则详细规定了对依法有权实施某些行为的人的保护。这些人包括私人、安全官或公务员、协助或应邀帮助安全官或公务员的人、执行职务的人等。这些人只要是依照职责从事管理或者执行法律包括逮捕人犯、维护治安、镇压暴动，并且是基于合理及可能的理由而为职责或法律所要求或准许的行为，即使使用必要的武力，也因其为正当行为而不负刑事责任。但是按其行为的性质，使用武力逾越必要限度时应就逾越部分承担刑事责任；执行命令的行为而该命令显然违法时应承担刑事责任。此外，按照加拿大刑法的规定，以职责而为的行为，还包括教师、父母及其监护人对学生、子女及儿童履行管教职责而施以合理程度之强制的行为，船长依其职责在航行中维护船上秩序和纪律的行为以及医生依其职责正常地施行外科手术的行为等。这些行为只要是在必要、合理的限度之内，就免除刑事责任。

2. 正当防卫行为

几乎每个国家的刑法都规定正当防卫行为不负刑事责任。这是刑法维护社会正义的宗旨的要求，也是实现刑法制止和预防犯罪之目的的政策性要求。但是从对正当防卫的具体规定中看，有以下几点值得注意：

（1）防卫的目的性。防卫的目的是保护自己或者他人的合法权益，这是法国、德国、日本等国刑法的共同要求。我国刑法在此基础上还强调为了公共利益而进行防卫也具有目的的正当性。奥地利刑法更明确地指出为了保护的自己或他人的权益包括生命、健康、身体、自由、财产等方面。加拿大刑法则把防卫的目的性仅仅限定在保护自己、受自己保护之人的人身或财产权利的场合，为了他人（非受自己保护之人）的权益不能进行防卫。

（2）防卫的对象和时机。多数国家的刑法都规定，防卫行为必须是针对不法侵害行为的，并且必须是在其实施时进行的，如“在本人或他人面临不法侵害之当时”“排除对自己或他人之现在不法侵害”“对现在直接急迫之不法侵害”“对于现在不法之侵害”“正在进行的不法侵害”等。这些规定，既表明防卫的对象只能是不法侵害行为，还表明必须是在不法侵害行为正在实施的时候，才能进行防卫。这就暗含着事先防卫和事后防卫都是不允许的。但是有的刑法却没有这样的要求，并且规定“可能遭受直接攻击”之人也有权对攻击进行防卫，这就意味着攻击可能存在而尚未实际面临时也可以进行防卫。此外，法国刑法把夜间击退以破门撬锁、暴力或诡计进入居住场所的行为和对盗窃犯、抢劫犯进行自我防卫的行为“推定”为正当防卫，亦有其独特之处。

（3）防卫的限度。为了保障防卫的正当性，各国刑法都要求防卫行为不能超过必要的限度。例如新《法国刑法典》规定，“所采取的防卫手段与侵害之严重程度之间”应当相适应，不相适应时就排除在正当防卫之外。奥地利刑法也规定，防卫行为与引起防卫之不法侵害行为“显不相当者，不视为正当防卫”。意大利刑法规定，对不法侵害“于采取不过当之防卫行为者”不罚。这类立法都强调防卫行为必须有所节制，必须限制在保护合法利益或权利所必要的限度之内。

（4）防卫过当的责任。正因为防卫必须限制在一定的强度之内，所以各国刑法都强调为了正当的目的而进行防卫时超过必要限度的行为应当承担刑事责任，但是同时又规定对这类行为应当减轻或者免除刑事责任。其中有的刑法中规定，行为人在防卫过程中由于惶惑、恐惧、警愕、激奋以致超过必要限度的，不负刑事责任（不处罚），如德国刑法、瑞士刑法等；有的刑法规定防卫过当时以过失行为并在有处罚规定的情况下处罚，如奥地利刑法；有的刑法规定，正当防卫超过必要限度造成不应有的损害的应当负刑事责任，但应当根据情节酌情减轻或免除处罚，如日本刑法、我国刑法等。此外，有的刑法只规定防卫过当的不属于正当防卫，而没有对防卫过当的责任问题作出专门规定，如法国刑法、意大利刑法等，这就意味着，防卫过当要按照一般的违法行为承担刑事责任。

3. 紧急避难

紧急避难也是各国刑法中普遍规定的排除违法性的行为之一。这种行为由于是在两害相权中取其轻，所以刑法对之的要求比较严格，限制条件也要多一些。

（1）紧急避难的前提条件。各国刑法都规定，紧急避难的前提条件是面临现实的、紧迫的危险（危难），或者正在发生的危险。没有这种迫在眉睫的危险的存在，就不能实行紧急避难。有的刑法还强调这种危险必须是“无他法可以避免之危难”，如果有其他方法可以避免，就不认为存在着紧急避难的前提条件，如德国刑法。有的刑法还规定，这种危险不是行为人自行招致，即不是行为人故意引起（意大利刑法）或过失引起（瑞士刑法）。如果是由自己先前的行为导致了某种危险的存在，亦不能进行避难。此外，有的刑法如德国刑法、瑞士刑法、意大利刑法、我国刑法等都规定，依法负有特殊冒险义务的人或者职务上、业务上负有特定责任的人，即使在上述危险现实存在的情况下，也不能实行避难行为。

（2）紧急避难的目的性。紧急避难一般被限定为为了公共利益、本人或者他人的人身或财产。但是德国刑法和瑞士刑法将其扩展到为了避免自己或他人生命、身体、自由、名誉、财产或其他法益遭受危难。日本刑法只将其扩展到为避免自己或者他人生命、身体、自由、财产之紧急危难。而意大利刑法则将紧急避难的目的仅仅限定为解救自己或他人生命、身体之紧急危难。对这种目的性的扩展与限制，实际上是对紧急避难的范围的界定。

（3）紧急避难的方式。各国刑法对紧急避难的行为方式或称限制条件都作了明确的规定。有的刑法强调避难行为的手段必须与所受威胁的严重性相适应，所实行的必须是完成保护人身或财产之必要行为，如法国刑法。有的刑法要求避难行为必须是以牺牲较轻（小）的法益来保全较重（大）的法益的行为，如德国刑法。有的刑法则强调紧急避难行为必须是出于迫不得已的行为，如日本刑法。有的刑法则将其限定为难以期待其为其他举动的行为，或者不能期待放弃受威胁法益的行为，如奥地利刑法和瑞士刑法。

（4）避难过当的责任。日本刑法、我国刑法都规定，紧急避险超过必要限度的行为，应当负刑事责任，但是应当根据情节减轻或者免除处罚。德国刑法则把紧急避难分为阻却违法之紧急避难与阻却责任之紧急避难两种。前者因其行为不具有违法性而不存在责任问题；后者虽然其行为具有违法性但因主观上没有罪过而不承担刑事责任，如果认识错误且有过失，应当承担刑事责任，但可以减轻责任的程度（以过失犯罚之）。这与奥地利刑法的规定是相同的。值得注意的是，有的刑法中对紧急避难的构成要求必须是不超过必要限度的行为，但对超过必要限度的避难行为却没有规定责任，这实际上意味着，紧急避难超过必要限度的行为就不是紧急避难行为，因而不能不负刑事责任，其应负的刑事责任与其他场合下的违法行为应负的刑事责任没有法定的区别。

4. 被害人承诺的行为

多数国家的刑法都没有关于被害人承诺的规定。这意味着不法侵害行为即使事前获得被害人的同意，也不影响其应负的刑事责任。但是意大利刑法规定，侵害或危害权利的行为，如果是经依法有处分权的人同意而为的，行为人就不负刑事责任。《美国模范刑法典》也作了类似规定，并且强调被害人的同意必须是有责任能力的人自愿承诺的。但是加拿大刑法则规定，任何人都没有同意被杀害的权利，杀人行为即使经被害人的同意也不影响其刑事责任。

（四）行为形态

行为形态是指行为的未完成状态和行为的组合方式。前者通常称为犯罪未遂，后者通常称为共同犯罪。但是关于共同犯罪的规定，一般都是从共同犯罪人的责任分担的角度来规定的，所以本章将其作为不同主体的责任进行比较。在此主要是关于未完成状态的比较。

关于犯罪的未完成状态，有的国家刑法将其作为责任一般原理的内容加以规定，有的国家刑法则将其作为犯罪的一种特殊形式专门加以规定。这是对犯罪与刑事责任的关系之不同理解使然。

新《法国刑法典》第 121－5 条规定："已着手实行犯罪，仅仅由于犯罪人意志以外的情况而中止或者未能得逞，构成犯罪未遂。"

《西班牙刑法典》第 16 条第 1 款规定了犯罪未遂的概念："未遂犯是指罪犯通过其外部行为故意直接实施某项犯罪，其实施的全部或部分行为客观上可能造成结果，但因罪犯作为以外的原因没有造成犯罪结果。"该条第 2、3 款分别规定了未遂犯的刑事责任："实施犯罪行为的主体因作为避免构成犯罪，无论是放弃一项已经开始的行为还是阻止其行为造成的结果，免除其刑事责任。但已实施的行为构成犯罪或过失罪的，应承担刑事责任"；"多个主体共同实施犯罪的，对于放弃已经开始的行为，以及真实、明确、确定地阻止或试图阻止其行为造成的结果的一个或多个主体，免除其刑事责任。但已实施的行为构成犯罪或过失罪的，应承担刑事责任”。

《意大利刑法典》第56条规定：“实施毫不含糊地表明旨在犯罪的、适当的行为的，如果行为尚未完成或者结果尚未发生，对犯罪未遂负责。对犯罪未遂者的处罚是：如果法定刑为无期徒刑，处以十二年以上有期徒刑；在其他情况下，处以为有关犯罪规定的刑罚并减轻三分之一至三分之二。如果犯罪人自愿中止行为，只有当已完成的行为本身构成其他犯罪时，才处以为该行为规定的刑罚。如果自愿阻止结果的发生，处以为犯罪未遂规定的刑罚并减轻三分之一至一半。”

《加拿大刑法典》第24条规定：“（1）任何人计划犯罪并为实施计划而作为或不作为，无论依当时情况是否有可能犯罪，为犯罪未遂。（2）未遂犯罪者之作为或者不作为是否单纯为犯罪预备，以及是否太轻微而不能构成未遂，为法律问题。”

《奥地利刑法典》第15条规定：“（一）故意犯罪行为之处罚规定，于既遂犯、未遂犯及其参与行为，均适用之。（二）行为人决定实施犯罪或唆使他人犯罪（第12条），而为直接着手行为者，为未遂。（三）犯罪行为如因欠缺法定之特定身份关系，或依行为之性质，或犯罪之对象，不能完成犯罪时，其未遂犯及未遂之参与行为均不罚。”第16条规定：“（一）行为人因己意中止实行，或于数人共犯时因己意阻止，或防止结果之发生者，行为人不因其未遂或对未遂之参与行为受罚。（二）实行行为或结果非因其加功而不发生，如行为人不知其情而仍因己意真挚努力于阻止实行行为或防止发生结果者，不罚。”

《瑞士联邦刑法典》在总则第二章“可罚性”中设专节规定未遂。其第21条规定：“（1）行为人在开始实施重罪或轻罪后，未将其违法行为实施终了的，减轻处罚（第65条）。（2）行为人自动中止犯罪的实施，法官可因犯罪未遂免除其刑罚。”第22条规定：“（1）犯罪行为已经实施终了，但重罪或轻罪的结果未发生的，可对行为人减轻处罚。（2）行为人主动阻止犯罪结果的发生或实际阻止了犯罪结果的发生的，法官以自由裁量减轻处罚。”第23条规定：“（1）行为人实施重罪或轻罪的方法或对象事实上不可能使犯罪行为实施终了的，法官可以自由裁量减轻处罚。（2）行为人因无知而为行为的，法官可免除其刑罚。”

《德国刑法典》第22条规定：“行为人已直接着手实现构成要件，而未发生行为人所预期的结果的，是犯罪未遂。”第23条规定：“（1）重罪的未遂一律处罚；对轻罪的未遂的处罚以法律有明文规定为限。（2）未遂可比照既遂减轻处罚（第49条第1项）。（3）行为人由于对行为对象和手段的认识错误，其行为根本不能实行终了的，法院可免除其刑罚，或酌情减轻其刑罚（第49条第2项）。”第24条规定：“（1）①行为人自愿地使行为不再继续进行，或者主动阻止行为的完成的犯，不因犯罪未遂而处罚。②如果该行为没有中止犯的努力也不能完成的，只要行为人主动努力阻止该行为的完成，即应不予刑罚。（2）①数人共同实施同一行为的，其中主动阻止行为完成的，不因犯罪未遂而处罚。②如果该行为没有中止犯的努力也不能完成的，或该行为没有中止犯停止以前的行为也会实施的，只要行为人主动努力阻止该行为完成的，即应不予刑罚。”

《日本刑法典》第43条规定：“已经着手实行犯罪而未遂的，可以减轻刑罚，但基于自己的意志中止犯罪的，应减轻或者免除刑罚。”第44条规定：“处罚未遂的情形，由各本条规定。”

《泰国刑法典》第 80 条规定："着手犯罪行为而未完成或完成而未达其目的者为未遂犯。未遂犯，依其所犯之罪之刑三分之二处罚之。"第 81 条规定："意图发生法定犯罪之结果而着手实行，因其所采之手段或犯罪之对象，确无发生结果之可能者，视为未遂犯，依其所犯之罪之刑二分之一处罚之。因迷信而为前项行为者，法院得免除其刑。"第 82 条规定："着手犯罪行为而自行中止，或变更其意思并防止其结果之发生者，不罚。但其已完成之行为构成犯罪者，依该罪处罚之。"

《韩国刑法典》第 25 条规定："（一）已经着手实行犯罪，但行为尚未实行终了或者未发生结果的，以未遂犯处罚。（二）未遂犯的处罚，可以比照既遂犯予以减轻。"第 26 条规定："已经着手实行犯罪，但行为人自动中止或者防止其结果发生的，减轻或免除处罚。"第 27 条规定："因实行的手段或者对象错误，致使结果不可发生，如果存在危险性，仍予处罚。但可以减轻或者免除处罚。"第 28 条规定："犯罪的阴谋或预备行为未达到着手实行阶段，不予处罚。但法律有特别规定的，不在此限。"第 29 条规定："未遂犯之处罚，以有关条文有特别规定者为限。"

我国《刑法》第 22 条规定："为了犯罪，准备工具、制造条件的，是犯罪预备。对于预备犯，可以比照既遂犯从轻、减轻处罚或者免除处罚。"第 23 条规定："已经着手实行犯罪，由于犯罪分子意志以外的原因而未得逞的，是犯罪未遂。对于未遂犯，可以比照既遂犯从轻或者减轻处罚。"第 24 条规定："在犯罪过程中，自动放弃犯罪或者自动有效地防止犯罪结果发生的，是犯罪中止。对于中止犯，没有造成损害的，应当免除处罚；造成损害的，应当减轻处罚。"我国台湾地区"刑法"第 25 条规定："（一）已着手于犯罪行为之实行而不遂者，为未遂犯。(二)未遂犯之处罚,以有特别规定者为限,并得按既遂犯之刑减轻之。”第26条规定:“行为不能发生犯罪之结果,又无危险者,不罚。”第27条规定:“(一)已着手于犯罪行为之实行,而因己意中止或防止其结果之发生者,减轻或免除其刑。结果之不发生,非防止行为所致,而行为人已尽力为防止行为者,亦同。(二)前项规定,于正犯或共犯中之一人或数人,因己意防止犯罪结果之发生,或结果之不发生,非防止行为所致,而行为人已尽力为防止行为者,亦适用之。”

《美国模范刑法典》在总则第五章“未完成的犯罪”中规定了未遂罪与共同犯罪。其中第5.01条规定:“(1)未遂之定义。具备成立实质犯罪所需种类之责任条件,而实行该当于下列各款行为之一者,为犯未遂罪。(a)行为时之附随状况,倘如行为人所信时,其行为已足构成犯罪而蓄意为该行为。或(b)以引起特定结果作为犯罪之成立要件时,以引起其结果为直接目的,或信为自己纵未更为其他之行为亦足引起其结果,而为某种行为或不为某种行为时。或(c)在行为者信为存在之状况下,为使犯罪之实行能完成所计划之一系列行为中,对该当于形成重要阶段之作为或不作为之行为,蓄意为之者。(2)在前项(c)之适用上,能认为该当于重要阶段之行为。如非有力地确证行为者犯罪意思存在之行为,不得解为前项(c)所称之重要阶段,该当于下列各款之行为,如能有力地确证犯罪意思之存在时,不得解为法律上当然不允许认其为重要阶段。本规定之意旨并不排斥承认其他行为为重要阶段。(a)埋伏、搜索,或跟踪被预定为被害人者。(b)诱导或计划诱导被预定为被害人者至预定实施犯罪之场所。(c)勘查预定实施犯罪之场所。(d)不法进入预定为实施犯罪之建筑物、车辆或用地。(e)持有供实施犯罪所用之物件,而该物件为其不法使用特别设计者，或在具体的状况下，该物件无供行为者合法目的使用之余地。(f) 在预定为实施犯罪之场所或其附近持有、收集或制造供实施犯罪所用之物件。但以其持有在具体的状况下，无供行为者任何合法目的使用之余地者为限。(g) 教唆不知情者实行该当于犯罪成立要件之行为。(3) 为援助他人实行犯罪之行为。为援助他人实行犯罪为目的，而实行如该他人实行犯罪，依第 2.06 条其应构成共犯之行为者，纵该他人未实行犯罪或未着手时，亦应认为触犯该罪之未遂罪。(4) 犯罪目的之放弃。行为者之行为，依第 1 项（b）或（c）应构成未遂罪时，在能确认行为者完全而自动放弃其犯罪目的之情况下，放弃其实行犯罪之努力或依他法防止犯罪之完成者，即为积极抗辩，但此抗辩虽成立，亦不影响未参与放弃或防止行为之共犯之责任。有关本章之适用上，尚致使放弃犯罪目的之原因之全部或一部，由于犯罪行为开始时不存在或不明显之事情而增加发觉或逮捕可能性，或致使达成犯罪目的更困难时，不得谓为自动放弃其犯罪目的。又犯罪意思之放弃，如仅系决定将犯罪行为拖延至更有效之时期，或将犯罪活动转向其他同种之目的物或被害人时，对之不得谓为完全的放弃。按照该章第 5.05 条的规定，未遂的犯罪与既遂中最重要等级之罪是同一等级；但有关第一等级重罪之未遂罪为第二等级重罪。对于未遂犯，比照该等级既遂犯减轻处罚，但法院可根据情况比照更低之种类或等级之犯罪作出有罪判决及刑之宣告。”

《巴西刑法典》第 14 条规定：“下列犯罪形态：Ⅰ. 当法定的全部构成要件齐备时，为既遂犯罪；Ⅱ. 行为人已经开始实行犯罪，但由于其意志以外的原因未完成犯罪的，为未遂犯罪。除非另有不同规定，对未遂犯罪按照既遂犯罪规定的刑罚减轻三分之一至三分之二处罚。”第 15 条规定：“行为人自动放弃继续犯罪的实行或者有效地阻止结果发生的，只对其已经实施的行为承担责任。”第 16 条规定：“对于不是以暴力或者针对人身的严重威胁为手段的犯罪，如果行为人在被告发之前，主动地赔偿损失或者归还赃物的，应当减轻三分之一至三分之二处罚。”第 17 条规定：“因为使用了绝对不能的手段或者针对绝对不能的对象而使犯罪的实施不可能达到犯罪既遂的，这种未遂不能处罚。”

《俄罗斯刑法典》第 29 条规定：“1. 如果犯罪人实施的行为含有本法典规定的犯罪构成的全部要件，则犯罪是既遂犯罪。2. 预备犯罪和犯罪未遂是未完成的犯罪。3. 未完成的犯罪的刑事责任，依照本法典中规定既遂犯罪责任的条款并援引本法典第 30 条的规定确定。”第 30 条规定：“1. 为了实施犯罪而寻找、制造或加工犯罪手段或工具，寻找共同犯罪人，进行犯罪勾结或者以其他方式故意为犯罪创造条件，如果在这种情况下由于犯罪人意志以外的情况而未将犯罪进行到底的，是预备犯罪。2. 只有对预备严重犯罪和特别严重的犯罪，才追究刑事责任。3. 犯罪人直接实施犯罪的故意行为（不作为），如果在这种情况下由于犯罪人意志以外的情况而未将犯罪进行到底的，是犯罪未遂。”第 31 条规定：“1. 如果行为人意识到可能将犯罪进行到底而终止预备犯罪或者终止直接实施犯罪的行为（不作为），是自动中止犯罪。2. 如果行为人自愿并彻底中止将犯罪进行到底，则不应对犯罪承担刑事责任。3. 自动中止将犯罪进行到底的人，如果其事实上已经实施的行为含有其他犯罪构成，则应该承担刑事责任。4. 组织犯和教唆犯，如果及时向权力机关报告或者采取其他措施阻止了实行犯将犯罪进行到底，不负刑事责任。如果帮助犯采取了他能采取的一切措施以阻止犯罪的实施，则从负刑事责任。5. 如果本条第 4 款规定的组织犯或教唆犯的行为未能阻止实行犯实施犯罪，则法院在处刑时可以将他们采取的措施视为减轻刑罚的情节。”

《印度刑法典》将“未遂犯”作为法典的最后一章予以特别规定，显示了其立法的独特风格。其第二十三章第511条规定：“无论何人，企图实施依本法典应处无期徒刑或监禁的犯罪，而实施一定行为，如本法典对该犯罪企图处罚未作明文规定的，处可达为该犯罪所规定的监禁种类的最高刑期的二分之一的刑期，或为该犯罪所规定的罚金，或二者并处。”

犯罪的未完成形态是相对于完成形态而言的。多数国家的刑法直接规定了犯罪的未完成形态，也有些国家在规定未完成形态之前，首先明确规定了完成形态即既遂的概念。如巴西刑法、俄罗斯刑法等都规定，既遂犯罪是具备刑法有关条文规定的犯罪全部构成要件的形态，相对应地，未遂犯罪则是已经着手实施刑法规定的犯罪行为但还没有完成的形态。

尽管各国刑法都规定了未完成的行为形态，并且大多数国家的刑法都将其作为减轻刑事责任的原因之一，但是从上述引文中，还是可以看出各国刑法对未完成形态犯罪的刑事责任的规定中所存在的差别：

1. 关于犯罪的未完成形态

几乎每个国家的刑法都规定了未遂状态及其刑事责任。但是西方国家往往只承认未遂（也有例外，如奥地利刑法），即使承认中止状态，也将其作为未遂的一种形式加以规定，如瑞士刑法、意大利刑法；东方国家不仅承认未遂，而且承认中止，并且把犯罪的中止作为独立于犯罪的未遂之外的一种形态，单独规定其处罚原则，如日本刑法、韩国刑法、泰国刑法以及我国刑法等。此外，我国刑法、韩国刑法还把犯罪的预备行为也作为犯罪的未完成状态加以规定，并对之规定了刑事责任。

2. 未遂及其刑事责任

在各国刑法中，未遂都是作为故意犯罪中可能出现的未完成状态而规定的，所以通常都强调未遂行为中的意图、故意或目的，并且，都将未遂的原因规定为行为人意志以外的因素。如果是由于行为人自愿放弃而未完成，通常都将其作为中止对待而不认为是未遂（有的将其作为未遂的特例加以规定）。但是对未遂的标志、界限及责任，却存在着不同的看法。

（1）未遂的标志。未遂是指犯罪未遂，亦即没有完成作为刑事责任基础的犯罪构成全部要件的行为。但是怎样的行为才算没有完成犯罪构成全部要件的行为，各国刑法中的规定是不尽相同的，这反映了作为立法指导思想的未遂理论之差别。其中，有的刑法以行为未完成为未遂的标志，如俄罗斯刑法、巴西刑法、奥地利刑法、加拿大刑法、印度刑法等，都把未遂规定为已着手实施犯罪行为而未完成；有的刑法则以结果（行为人希望达到的或法律规定构成某种犯罪的）未发生为未遂的标志，如西班牙刑法规定，未遂犯是指犯罪者实施可能造成犯罪结果的行为而未造成预定结果（我国现行刑法使用“未得逞”一说，按照现代汉语的一般理解，也应属于行为人所希望的结果没有发生）；有的刑法既承认行为未完成也承认结果未发生，将二者同时作为未遂的选择性标志，如法国刑法中的“中止或未能得逞”，意大利刑法中的“未达既遂或不生结果”，瑞士刑法中的行为未完成或结果未发生，泰国刑法中的行为“未完成”或“未达其目的”，韩国刑法中的行为“未能进行完了或未发生结果”；有的刑法则以是否齐备犯罪构成的事实要件为区别既遂与未遂的标志，不完全具备有关犯罪构成事实要件的即为未遂，因而在结果犯中结果未发生为未遂、在行为犯中行为未完成为未遂、在帮助犯中所帮助的犯罪没有实施或完成为未遂等，如美国刑法和德国刑法等。

（2）未遂的界限。未遂始于犯罪构成要件行为的“着手”实施，这是各国刑法中共同的要求。有的刑法甚至明确规定，犯罪之阴谋或预备行为尚未达到着手实行阶段者，不罚，如泰国刑法。我国刑法、俄罗斯刑法则把犯罪预备作为独立于未遂的一种未完成形态加以专门规定。这类规定都表明，未着手实施犯罪构成要件行为就不存在犯罪未遂。但是，何为“着手”，各国刑法中都没有具体解释，以致引起适用上的争议。有的国家刑法则避开“着手”之类的用语，以“直接以犯罪为目的实施的故意行为”（俄罗斯刑法）、行为“直接临近于犯罪构成或事实”（德国刑法）、“为实现其犯意作为或不作为”（加拿大刑法、）“实施以犯罪为目的之行为”（意大利刑法）等来界定未遂的开始行为。

至于未遂的结束时间，则以未遂与既遂的区分标志为终止的界限。以未发生结果为未遂标志的，未遂的终止时间即以行为实施终了、结果未发生为界限；以行为未完成为未遂标志的，未遂的终止时间即以行为未实施终了为界限；以行为未完成和结果未发生为选择性标志或以犯罪构成事实要件为标志的，行为未完成或结果未发生都可以成为未遂终止的界限。

（3）未遂的刑事责任。对于犯罪的未遂，多数国家刑法都规定比照既遂减轻刑事责任。其中，有的刑法明确规定了未遂行为减轻刑事责任的幅度，如西班牙刑法、美国刑法规定，对于未遂减一等（按既遂较低一等之刑或罪）处罚；意大利刑法、巴西刑法规定，未遂犯的处罚，法定刑为无期徒刑时处 12 年以上有期徒刑，其他情形减轻 1/3 至 2/3；印度刑法亦规定对未遂犯减轻 1/2 的刑期；加拿大刑法则根据意图实施的犯罪应处刑罚的轻重给予不同的减轻处罚。一些国家刑法还专门区分了能犯的未遂与不能犯的未遂，并对之规定了不同的处罚原则。如泰国刑法规定，对于未遂犯，依其所犯之罪的法定刑 2/3 处罚，如果是不能犯的未遂则按 1/2 处罚，如果是迷信犯，则免除其刑事责任。

有的刑法只规定减轻处罚，如瑞士刑法、德国刑法、日本刑法、韩国刑法等规定，对于未遂犯得按既遂犯之法定刑减轻处罚，其中对不能犯的未遂可以自由裁量减轻处罚（瑞士、德国刑法）。我国刑法则规定，对于未遂犯可以比照既遂犯从轻减轻或免除处罚。

此外，还有些国家没有规定处罚未遂犯的一般原则，在总则（或类似总则）中只是规定了未遂的定义，至于未遂的刑事责任则由刑法分则根据具体犯罪的严重程度规定是否处罚以及处罚的程度，如美国；有的甚至只是把未遂规定为量刑时应当考虑的一个情节，而没有从轻、减轻或免除处罚的原则规定，如俄罗斯。

不过，值得注意的是，法国刑法对未遂规定了与既遂相同的刑罚。新《法国刑法典》虽然没有规定处罚未遂的一般原则，但是分则有关处罚未遂的犯罪中，都规定未遂与既遂的刑罚相同。这种规定，无视危害发生与否在人类社会生活中的不同意义，不能说不具有主观主义责任原则之嫌。

3. 中止及其刑事责任

中止是指，由于行为人自身的原因即基于自己的意愿而自动放弃犯罪意图从而自动停止实施犯罪行为，或者在行为实施终了时自动有效地防止犯罪结果的发生。对于中止犯，我国刑法规定“应当免除或者减轻处罚”，韩国刑法、日本刑法规定应“减轻或者免除处罚”，泰国刑法、德国刑法、奥地利刑法甚至规定对中止犯不处罚；俄罗斯刑法规定，只有在其已实施的行为含有其他犯罪构成时才负刑事责任。意大利刑法、瑞士刑法虽然没有把中止作为未完成形态的一种独立类型，但是在未遂中都规定，基于行为人己意而中止犯罪行为的，只要已实施的行为不独立构成犯罪，就不负刑事责任，行为实施终了但因己意而防止结果发生的，减轻处罚。《美国模范刑法典》则规定，自动放弃犯罪目的而停止犯罪行为的实行或防止犯罪完成的，是未遂罪的一种。

4. 预备及其刑事责任

多数国家的刑法都没有对犯罪的预备行为作出规定，但也有国家在刑法中明确规定了犯罪的预备行为及其刑事责任。如韩国刑法、俄罗斯刑法和我国刑法，都专门规定了犯罪预备的概念及其处罚原则，但规定的处罚原则不尽相同：韩国的规定是对犯罪的预备行为原则上不处罚，只有在法律特别规定的情况下才处罚；俄罗斯的规定是只对严重犯罪或特别严重犯罪的预备行为予以处罚；我国刑法的规定是原则上要处罚，只是可以从轻、减轻或者免除处罚。

三、有关罪过的立法

罪过是刑事责任合理化的根据。在现代刑法中，几乎所有国家都将其作为承担刑事责任亦即构成“犯罪的心理要素或责任条件”加以明文规定。比较各国刑法中的有关这方面的规定，可以看出各国刑法对心理要素的共同要求及其差异，认识刑事责任合理化的一般规律。

（一）心理要素（责任要件）

有的国家在刑事立法中明确规定了对心理要素的要求，将其作为承担刑事责任的原则要件。也有国家在刑事立法中并没有明确规定刑事责任必须以故意或过失为要件，只是规定了故意、过失的概念。在规定故意、过失为刑事责任原则要件的刑法中，有的同时规定了故意、过失的含义，有的则没有规定其具体内容。

《俄罗斯刑法典》在总则第二编“犯罪”中专章规定了“罪过”，其中第24条规定：“1. 故意或过失实施犯罪的人被认为是有罪过的人。2. 因过失而实施的行为，只有在分则的相应条款有专门规定时，才被认为是犯罪。”第25条规定：“1. 具有直接故意或间接故意而实施的行为，被认为是故意实施的犯罪。2. 如果行为人意识到自己的行为（不作为）的社会危害性，预见到可能或必然发生危害社会的后果并希望这种后果发生，则犯罪是具有直接故意实施的犯罪。3. 如果行为人意识到自己的行为（不作为）的社会危害性，预见到可能发生危害社会的后果，虽不希望，但有意识地放任这种后果发生或对这种后果采取漠不关心的态度，则犯罪是具有间接故意实施的犯罪。”第26条规定：“1. 因轻信或疏忽而实施的行为，被认为是过失犯罪。2. 如果犯罪人预见到自己行为（不作为）可能发生危害社会的后果，但却没有足够理由地轻信可以防止这种后果的发生，则犯罪是因轻信而实施的犯罪。3. 如果犯罪人在加以必要的注意和具有必要的预见时本来应该和可以预见到自己行为（不作为）可能发生危害社会的后果却未预见到这种后果，则犯罪是因疏忽而实施的犯罪。”第27条规定：“如果由于实施故意犯罪造成了依法应该处以更重刑罚的严重后果，而这种后果又不包括在犯罪人的故意之中，则只有在犯罪人预见到这种后果发生的可能性却没有足够根据地轻信可以防止这种后果发生，或者犯罪人应该预见或可以预见这种后果可能发生却未预见时，才应对这种后果承担刑事责任。在总体上，这种犯罪是故意犯罪。”第28条规定：“1. 如果实施行为的人没有意识到而且根据案情也不可能意识到自己行为（不作为）的社会危害性，或者没有预见到而且根据案情也不应该预见到或者不可能预见到可能发生危害社会的后果，则该行为被认为是无罪过行为。2. 如果实施行为的人尽管预见到自己行为（不作为）可能发生危害社会的后果，但由于其生理心理素质不符合极度异常条件的要求或者不适应神经心理过重负担而未能防止这种后果发生，其行为也是无罪过行为。”

《希腊刑法典》在总则第二章“犯罪”中专节规定了“行为的归责”。其中第26条规定：“1. 重罪和轻罪，只有在故意实施时才能够追究刑事责任。在法律有具体规定的特殊情况下，可以对过失实施的轻罪追究刑事责任。2. 除非法律明确要求是故意，违警罪通常是在过失实施的情况下被追究刑事责任。”第27条规定：“1. 故意，是指希望出现某一犯罪构成要件的法定事实，或者明知其行为可能出现这些事实并且容认其出现的。2. 在法律要求所实施的行为必须对特定事实存在明知时，不可能成立容认故意。在法律要求所实施的行为必须具有造成特定结果的目的时，要求行为人已经在力图导致该结果。”第28条规定：“过失，是指在当时的情况下本来能够预见到其行为所导致的犯罪结果却没有认识到，或者虽然已经预见却认为其大概不会发生。”第29条规定：“在法律将发生特定的结果作为对某一行为处以更重的刑罚的条件时，只有当该结果能够被归责于该行为人的过错时，才能适用这一刑罚。”

《奥地利刑法》第4条规定：“行为以出于有责者为限，罚之。”第7条规定：“（一）法律别无规定时，仅处罚故意行为。（二）犯罪行为有结果加重之规定者，以行为人至少对此结果有过失时，始予以加重处罚。”

《德国刑法典》第15条规定：“本法只处罚故意行为，但明文规定处罚过失行为的除外。”第 18 条规定：“本法对行为的特别后果较重处罚，只有当正犯或共犯对特别后果的产生至少具有过失时，始可适用。”

《丹麦刑法典》第 19 条规定：“就本法述及之犯罪而言，过失行为不应当受到刑事处罚，除非法律有明确规定。关于其他法律规定之犯罪，除非法律有特别规定，应当适用本法适当之刑罚条款，包括过失犯罪。”第 20 条规定：“若处罚或者加重处罚以某一故意犯罪已经发生非故意之危害后果为条件，则仅当非故意之危害后果可归因于被告人之过失或者被告人明知危险后没有尽其所能避免危害后果发生时，方可处罚被告人。”

《古巴刑法典》在总则第四编“犯罪”中专设第二章规定了“故意犯罪与过失犯罪”，其中第 9 条规定：“1. 实施犯罪可能出于故意或者过失。2. 犯罪故意，是指行为人明知并且自愿地实施其具有社会危害性的作为或者不作为，而且希望社会危害结果发生或者容忍可能发生结果之危险的。3. 犯罪过失，是指行为人已经预见到其作为或者不作为发生社会危害后果的可能性但轻信能够避免，或者行为人没有预见到这种可能性但其本来能够预见或者应当预见。4. 如果作为或者不作为发生应当处以更重刑罚的超出预想结果的加重结果的，只有当行为人能够预见或者应当预见该结果时，才能处以该更重的刑罚。”

《韩国刑法典》第 13 条规定：“未认识到犯罪构成要件之事实的行为，不予处罚。但法律有特别规定的，不在此限。”第 14 条规定：“由于疏忽大意，未认识到犯罪构成要件之事实的行为，其处罚以法律有特别规定者为限。”

《瑞士联邦刑法典》第 18 条规定：“（1）如本法未明确作出其他规定的，只有故意之重罪或轻罪始受处罚。（2）有意识地实施重罪或轻罪的，是故意犯罪。（3）行为人由于违背义务过失地未考虑行为之结果，或者对行为之结果未加注意者，是过失犯罪。根据当时的情形和个人情况，行为人应当注意而未加注意的即为过失。”

《法国刑法典》第121－3条规定：“无实施重罪或轻罪之故意，即无重罪或轻罪。但是，在法律有规定时，蓄意置他人人身于危险之情形，可以构成轻罪。如根据行为人承担的使命或职责的性质、享有的权限及掌握的权力与手段，认定行为人没有尽到正常谨慎之责，在法律有规定时，轻率不慎、疏忽大意或者违反法律或条例规定的谨慎或安全义务之情形，亦构成轻罪。在前款所指情形下，自然人，虽未直接造成损害，但成就了或有助于成就令损害得以实现的状态，或者没有采取能够避免损害发生的措施，如经认定该自然人明显故意违反了法律或条例规定的谨慎或安全义务，或者其犯有明显过错，令他人面临其不可能不知道之特别严重的危险，应负刑事责任。不可抗力之场合，无违警罪。”

《美国模范刑法典》第2.02条规定：“（1）责任条件之必要性。除第2.05条别有规定外，无论何人关于犯罪之一切基础要件，依各该法律之规定如无蓄意、故意、轻率、过失之行为时不构成犯罪。……（3）无特别规定时所必需之责任条件。作为犯罪基础要件之责任条件，法律如无特别规定时，就其要件行为者如有蓄意、故意、轻率之行为时，即已充足该基础要件。（4）作为法定责任条件之对象之基础要件规定犯罪定义之法律，定有成立该犯罪所必要之责任条件之种类，而未定明该责任条件究在犯罪基础要件中之那一部分所必需时，除能明白认定有相反意旨外，对所有之基础要件必须具备责任条件。（5）代替过失、轻率或故意之责任条件。法律规定过失即足成立犯罪时，对于有蓄意、故意、轻率之行为亦成立犯罪。如规定轻率即足成立犯罪，有蓄意、故意之行为亦成立犯罪。如规定故意即足成立犯罪时，有蓄意之行为，亦成立犯罪。(6) 附条件之意图。犯罪之成立以特定之意图为必要之罪，纵其意图为附条件之意图，亦不妨碍其犯罪之成立，但所附条件如属于在排除定该罪之法律所欲防止之危害者不在此限。(7) 高度之盖然性之认识。认识特定事实之存在为成立犯罪所必要时，对该事实之存在之高度盖然性有认识时，即对该事实已有认识，但行为者实际上相信其不存在时，不在此限。(8) 有意识地与故意。以有意识地犯罪为成立犯罪所必要时，行为者对于犯罪的基础要件，故意地为其行为时，即为有意识地为其行为。但有明白的规定必须有更高度之责任条件者不在此限。”第 2.05 条规定：“秩序违反行为或其他特别法所规定之犯罪不需具备责任条件之场合，自犯罪降低至秩序违反行为之绝对责任之效果。(1) 第 2.01 条及第 2.02 条所定之责任条件对下列之罪无其适用。(a) 该当于秩序违反行为之罪。但必须具备责任条件为该罪之定义所包括时或法院判断解释为必须具备责任条件始适合于有效执行规定该罪之法律时，不在此限。(b) 本法以外之制定法所定之罪，如其立法意旨明白表示对于该罪或该罪之基础要件之某一部分须课绝对责任时。(2) 不管现行法有何不同之规定，关于绝对责任依下列所定，但将来之立法另为特别规定时，不在此限。(a) 对于本法以外之制定法所定之罪之基础要件之某一部分课以绝对责任，并基于该绝对责任认定有罪时，该罪即为秩序违反行为。(b) 纵对于本法以外之制定法所定之罪之基础要件之某一部分科以绝对责任之场合，犯人如具备责任条件而犯该罪时，即得对之加以追诉与立证。在此场合，只要有过失即已具备责任条件之要件，而因认定有罪应科以罪之种类及应谕知之刑依本法第 1.04 条及第六章所定。”

《巴西刑法典》第18条规定：“下列犯罪形态：1. 行为人希望发生结果或者冒发生结果的危险的，是故意；2. 由于轻率、疏忽或者标称值而造成结果的，是过失。除非法律有明文的规定，否则只能处罚故意犯罪行为。”第19条规定：“对于法律特别规定要加重量刑幅度的结果，只有行为人对之至少具有过失时，才能对之承担责任。”

《意大利刑法典》第42条规定：“如果某人在实施行为时不具有意识和意志，不得因被法律规定为犯罪的作为或者不作为受到处罚。如果某人在实施行为时不是出于故意，不得因被法律规定为重罪的行为受到处罚，被法律明确规定为超意图犯罪或者过失犯罪的情况除外。法律规定行为人应对因自己的作为或不作为而造成的结果以其他名义承担责任的情况。在违警罪中，每个人对自己有意识和意志的作为或者不作为负责，无论这种行为是故意的还是过失的。”第43条规定：“当行为人对于因作为或者不作为而引起的、法律据以确定重罪是否成立的损害结果或者危险结果有所预见并且希望成为其作为或者不作为的后果时，重罪是故意的或者有意的。当产生于作为或者不作为的损害结果或者危险结果比行为人所希望的更为严重时，重罪是超意图的或者超出意愿范围的。当行为人虽然预见到结果，但不希望其发生，该结果因疏忽、轻率、无经验或者未遵守法律、规章、命令或者纪律而发生时，重罪是过失的或者违背意愿的。当刑事法律将违警罪的某一法律后果与对犯罪故意和过失的区分联系在一起时，本条为重罪规定的故意犯罪和过失犯罪的划分也适用于违警罪。”第44条规定：“当法律规定对犯罪处罚必须具备某一条件时，即使造成这一条件出现的结果不为犯罪人所希望，该人也对犯罪负责。”

《西班牙刑法典》第10条规定：“蓄意或过失的作为或者

不作为为本法所处罚的，构成犯罪或过失罪。”

《日本刑法典》第38条规定：“没有犯罪故意的行为，不处罚，但法律有特别规定的，不在此限。实施了本应属于重罪的行为，但行为时不知属于重罪的事实的，不得以重罪处断。即使不知法律，也不能据此认为没有犯罪的故意，但可以根据情节减轻刑罚。”

《泰国刑法典》第59条第1款规定：“行为人，除法律规定应就过失行为负责，或法律明示纵就非故意行为亦应负责外，仅就其故意行为负刑事责任。”

我国台湾地区“刑法”第12条规定：“（1）行为非出于故意或过失者，不罚。（2）过失行为之处罚，以有特别规定者，为限。”

从上述规定中可以看出，一个人对自己的行为承担刑事责任，原则上以故意而为为条件，这是各国刑法中的共同要求。这类规定反映了刑法学家们长期坚持的只有故意选择危害行为的人才应当承担刑事责任的观念，也反映了立法者把故意的罪过心理作为刑事责任心理要素的原则。至于过失的心理要素，在各国刑法中都限于法律有专门规定的场合。这就意味着，在具体犯罪的构成中，法律没有明文规定处罚过失所为的行为，行为人对这种行为没有故意的心理要素，就不负刑事责任；行为人对自己的行为仅有过失而没有故意，只有在法律明文规定的具体犯罪构成可以以过失构成时，才负刑事责任；对自己的行为既没有故意也没有过失，就不负刑事责任。有的刑法还把特定范围或特定认识作为独立于故意之外的责任条件，没有这种特定的意图或认识就不承担相应行为的刑事责任。

此外，在个别国家如意大利和美国的刑法中，还规定对某些行为的处罚不要求有特定的心理要素。这就是所谓绝对责任、严格责任或称无过错责任的犯罪。对于这类犯罪，法律要求只在法律有特别规定时始得成立。这就意味着绝对责任只适合于某些极个别专门规定的场合，而不适用于一般犯罪的场合。就一般犯罪的刑事责任而言，仍以故意或过失为责任条件。

（二）故意的概念

多数国家刑法在规定刑事责任以故意、过失为要件时，都明确界定了故意、过失的概念，但是也有国家在刑法中只规定刑事责任以故意、过失为要件，而没有具体规定什么是故意、什么是过失。有的国家在刑法中规定故意、过失时是将其作为犯罪类型加以规定，而不是作为心理要素加以规定，因而只有“故意犯罪”的规定并把故意、过失的内容包含其中。

《奥地利刑法典》第5条规定：“（一）行为人有意实现法定构成之事实且明知其可能实现而予以认许者，为故意。（二）法律规定某种情况或结果之发生，以有意图为条件者，如行为人对此情况或结果有意任其发生时，视为有意图。（三）法律规定某种情况或结果之发生，以明知为条件者，如行为人对此情况或结果，不仅认为可能，且确信其必然存在或发生时，视为明知。”

《美国模范刑法典》第2.02条中规定：“（2）各种责任条件之定义。（a）蓄意地。就犯罪基础要件言之，如有下列所定情形时，行为即具有蓄意。（i）法律定有作为犯罪基础要件之特定行为或其结果时，行为者以有意识的目的去实行其行为或引起其结果时。（ii）法律定有作为犯罪基础要件之附随状况时，行为者认识其状况之存在或确信或期待其存在时。（b）故意地。就犯罪基础要件言之，如有下列所定情形时，行为即具有故意。（i）特定之行为或附随状况定为犯罪基础要件时，行为者明知其行为之性质或其状况之存在而犹为其行为时。（ii）行为之结果被定为犯罪基础要件时，行为者充分知道由其自己之行为足以引起其结果时。”

《泰国刑法典》第59条规定：“故意行为，指明知并希望或预见其结果之发生。行为人不知构成犯罪之事实者，不得认其希望或预见其结果之发生。”

《印度刑法典》第39条规定：“一个人有意使用引起结果发生的方法，明知或有理由相信使用这些方法会使后果发生，以致后果发生时，是‘故意’引起后果发生。”

我国《刑法》第14条规定：“明知自己的行为会发生危害社会的结果，并且希望或者放任这种结果发生，因而构成犯罪的，是故意犯罪。故意犯罪，应当负刑事责任。”我国台湾地区规定：“（1）行为人对于构成犯罪之事实，明知并有意使其发生者，为故意。（2）行为人对于构成犯罪之事实，预见其发生而其发生并不违背其本意者，以故意论。”

从上述规定并结合上一小节所引的规定中可以看出，在各国刑法中故意都是由两个方面的心理因素构成的，即认识因素与意志因素。

关于故意的认识因素，有的刑法只指出“明知”，而没有指明明知的内容，这可以视为明知“行为是犯罪”这样一种性质，也可以理解为明知行为之结果。有的刑法指出，明知是指行为人对自己的行为可能或必然发生某种危害社会的结果或情况有认识、有预见或者有确信，这往往与将结果作为犯罪构成必备要件的规定（观念）有关，因为只有在这个前提下，故意才必须是对结果的明知或认识。有的刑法指出，“明知”是对“法定构成之事实”或“构成犯罪之事实”明知其可能实现，这就全面地概括了明知在不同犯罪中的不同内容，即在举动犯

（行为犯）中明知是对行为性质和方式的认识，在结果犯中是对结果发生的可能性的认识，在状态犯中是对行为可能导致的状态的认识，凡是犯罪构成的事实要件，都是具体犯罪中明知的内容。《俄罗斯刑法典》对故意的认识因素提出了更高的要求，即必须是“认识到自己的作为或不作为的社会危害性并预见到它的社会危害后果”，这就使故意的认识因素不仅包含对结果的认识，而且包括对行为的社会价值的评价。

关于故意的意志因素，有的刑法只指出“有意实施犯罪”“有意实现法定构成之事实”或有意“使结果发生”；有的刑法则明确规定是“希望或者放任”危害结果发生、“希望或预见”危害结果发生、“希望后果或冒发生后果的危险”。前者强调“有意”，似乎是将故意的意志因素限定在直接故意即以实现犯罪构成事实为目的的心理状态下；后者强调“希望或者放任”，显然是将故意的意志因素扩展到直接故意（以实现危害结果为目的）之外的间接故意（虽然不是有意造成某种结果但预见到该结果而其发生并不违背其本意的放任之心理状态）。“有意”“希望”或“放任”的内容，即与故意认识因素的内容相一致，强调对危害结果之认识或预见的，意志所及的对象亦为危害结果；强调对犯罪构成事实之认识的，意志所及亦为犯罪构成事实。不过，在强调结果的场合，对结果的追求必然包括（暗含）对行为的“有意”实施。

关于罪过形式，《美国模范刑法典》采取了与各国刑法明显不同的规定方式。各国刑法中规定的故意之心理状态，在《美国模范刑法典》中是通过“蓄意地”和“故意地”这两种责任条件表示出来的。其中，“蓄意地”相当于各国刑法中以希望为意志特征的故意即直接故意，“故意地”则相当于各国刑法中以放任为意志特征的故意即间接故意。在故意的内容上，《美国模范刑法典》包括了以行为为要件的犯罪中的特定行为、以结果为要件的犯罪中的特定结果、以附随状况为要件的犯罪中的附随状况。

（三）过失的概念

除了前面引用的各国刑法有关过失的规定之外，下列国家的刑法典也对过失的概念作了明确规定。

《奥地利刑法典》第6条规定：“（一）行为人依其情况应注意，且按其精神及身体状况能注意，而怠于注意，致发生其所不知之法定构成事实者，为过失。（二）认识该事实可能实现，而未希望其发生者，以过失论。”

《美国模范刑法典》第2.02条中规定：“（2）各种责任条件之定义。……（c）轻率地。关于犯罪之基础要件已存在或将由行为者自已之行为而生一事，有不被容许之高度危险性，行为者犹对之有意识地予以忽视而为其行为者，就犯罪基础要件言之，该行为者所为，即为轻率的行为。唯自行为之性质、目的以及行为者所知之状况予以考虑，以对之加以忽视显已逸出在同一状况下守法的一般市民应遵守之行为基准相违背之性质及程度为限。（d）过失地。关于犯罪之基础要件已存在或将由行为人自已之行为而产生一事，本有不被允许之高度之危险性，行为人应认识其危险性而犹未予认识而为行为时，关于犯罪之基础要件，应认为由行为人之过失的行为为之。唯自行为之性质、目的以及行为者所知之状况予以考虑，以对之未能认识显已逸出在同一状况下有理性之人应遵守之注意基准之危险性质及程度为限。”

《泰国刑法典》第59条第4款规定：“过失行为，指其犯罪非故意，但未为通常之人于此情况下所可预期之注意，且行为人有此注意之能力而未为充分之注意。”

《古巴刑法典》在“故意犯罪与过失犯罪”一章中明确规定了犯罪过失的概念：“犯罪过失，是指行为人已经预见到其作为或不作为发生社会危害后果的可能性但轻信能够避免，或者行为人没有预见到这种可能性但其本来能够预见或者应当预见。”

《巴西刑法典》规定：“行为人由于轻率、疏忽大意或没有经验而造成后果的，是过失犯罪。附款：除法律有明文规定的情况以外，只要不是故意犯罪，任何人不因规定为犯罪的事实而受惩罚。”

我国《刑法》第15条规定：“应当预见自己的行为可能发生危害社会的结果，因为疏忽大意而没有预见，或者已经预见而轻信能够避免，以致发生这种结果的，是过失犯罪。过失犯罪，法律有规定的才负刑事责任。”我国台湾地区规定：“行为人虽非故意，但按其情节应注意，并能注意，而不注意者，为过失。行为人对于构成犯罪之事实，虽预见其能发生而确信其不发生者，以过失论。”

过失是对行为的心理状态还是对结果的心理状态，从以上所引的规定中看，各国刑法立法中所依据的基础是不同的。有的刑法以对结果的心理状态为基础，把过失规定为对特定结果的轻率或疏忽；有的刑法则以对行为的心理状态为基础，把过失规定为对行为或犯罪构成事实（包括行为）的轻率或疏忽。

关于过失的种类，多数国家的刑法都同时规定了无认识的过失与有认识的过失（或称疏忽大意的过失与过于自信的过失）两种，但是也有的国家刑法中只规定了无认识的过失一种。

关于无认识的过失，多数刑法都强调行为人具有注意义务而违反了这种义务。其中有的刑法规定，对可归责之结果，因违反注意义务而没有予以考虑和顾及；或者应当预见，因疏忽大意而没有预见。这种规定以注意（预见）义务为前提，着眼于原因（违反义务或疏忽大意）和结果事实（没有预见）。有的刑法规定，依其情况或情节，应注意且按其精神或身体状况能注意，而怠于注意。这种规定指出了客观的注意义务，并且着重于主观的注意能力和未注意的结果事实。有的刑法规定，应当预见、可以预见而没有预见。这种规定在指出注意义务之后，着眼于客观上的预见可能性而不是主观的预见能力和未预见的结果事实。有的刑法既强调客观的预见能力和未预见的结果事实，如“通常之人于此情况下所可预期之注意”，又强调行人主观的注意能力和未注意之结果事实。这些不同的规定反映了对过失标准的不同理论基础。

关于有认识的过失，有的刑法没有规定，有的刑法则把非故意或非有意行为统统规定为过失。这就可能把放任纳入过失之列。有的刑法规定，已经预见而轻信能够避免或防止结果发生。有的刑法则强调，虽已预见但确信结果不发生才构成有认识的过失。这反映了在有认识的过失的场合对结果不发生的认识程度的不同要求。

意大利刑法和巴西刑法，没有区分有认识的过失与无认识的过失，也没有强调过失的注意义务和无认识的事实，而是规定了造成危害结果的原因，即“疏忽、不注意、无经验，或不知法规命令或指示”，或者“轻率、疏忽大意或没有经验”，通过对原因的规定排除故意犯罪的心理状态，同时指出行为人主观上不是没有过错。

《美国模范刑法典》则用“轻率地”与“过失地”来表示和区分过失的心理状态。前者强调对行为的轻率选择，后者强调对行为所生之结果应认识而没有认识。因而前者相当于其他国家刑法中有认识的过失，后者则相当于无认识的过失。

此外，按照瑞士刑法的规定，过失既可以构成重罪也可以构成轻罪；但是按照法国刑法的规定，过失只能构成轻罪而不能构成重罪。

（四）错误对责任的影响

1. 对法律的认识错误

《美国模范刑法典》在第2.02条责任条件之一般的要件中规定："（9）有关行为违法性之责任条件。关于行为是否构成犯罪或关于规定犯罪成立要件之法律之存在、意义以及适用有无故意、轻率或过失并非犯罪之成立要件，但规定犯罪之法律或本法有特别规定者不在此限。"在第2.04条中又规定："（3）确信其行为在法律上不构成犯罪时，如有下列所定情形，可作为基于其行为而生之罪之追诉之抗辩。（a）行为者不知规定犯罪之制定法或其他成文法规之存在，且至实行被追诉之行为时，其法令尚未被公布或在未能知悉其法令存在之状况时。（b）基于相当之理由所信赖之，包括（Ⅰ）制定法或其他成文法规、（Ⅱ）法院之裁定、意见或判决、（Ⅲ）行政命令或许可或（Ⅳ）对于规定该罪之法律之解释、运用或执行在法律上有责任之公务员或公之机关之正式解释等公之法律见解变成无效或错误时。（4）第三项之抗辩，被告应以较优越之证据予以证明。"

新《法国刑法典》第122-3条规定："证明自己系由于无力避免的对法律的某些误解，本以为可以合法完成行为者，不负刑事责任。"

《德国刑法典》第17条规定："1. 行为人行为时没有认识其违法性，如该错误认识不可避免，则对其行为不负责任。2. 如该错误认识可以避免，则依第49条第1款减轻其刑。"

《意大利刑法典》第5条规定："任何人不得以对刑事法律的不知为理由要求宽宥。"

《韩国刑法典》第16条规定："误认自己的行为依法令不构成犯罪，如其误认确有正当理由者，不予处罚。"

《奥地利刑法典》第9条规定："（一）因不知法律致对不法行为欠缺认识，而其认识错误系不可归责于行为人者，其行为无责任。（二）行为之不法，对一般人及行为人均为明显可知或依行为人之职业、业务或其他情况应知有关规定而不知者，其法律之错误认识即属可归责于行为人。（三）法律错误如可归责于行为人，则于其故意犯罪时，依故意犯处罚，于其过失犯罪时，依过失犯处罚。"

《瑞士联邦刑法典》第20条规定："行为人有足够的理由认为，他有权为该行为的，法官以自由裁量减轻处罚（第66条）或免除刑罚。"

《希腊刑法典》第31条规定："1. 仅仅是没有认识到犯罪性，不足以阻却责任。2. 如果行为人错误地以为他有权利实施该行为并且该认识错误是可以宽恕的，该行为不能归责于行为人。"

《加拿大刑法典》第19条规定："对法律无知而犯罪，不能成为恕罪事由。"

我国台湾地区规定："除有正当理由而无法避免者外，不得因不知法律而免除刑事责任。但按其情节，得减轻其刑。"

《泰国刑法典》第64条规定："法律而免除刑事责任，但法院认为依其情状行为人不知其行为系法律所规定之犯罪者，得命举证；若仍认其不知法律者，得减轻其法定之刑。"

《巴西刑法典》第21条规定："对法律的无知，不能作为辩护理由。对行为违法性的认识错误如果是不可避免的，不追究刑事责任；如果是可以避免的，可以减轻刑罚1/6至1/3。独立款一行为人在没有认识到行为的违法性的情况下作为或者不作为，但在当时情况下其原本能够具有或者获得这种认识的，视为可以避免的认识错误。”

从上述规定中可以看出，尽管多数国家和地区都承认客观上存在着对法律的认识错误这一事实状态，但是对这种错误认识对罪过的影响亦即其与刑事责任的关系所持的态度是不同的。有的国家强调对法律的不知和错误不能免除刑事责任及刑罚，如意大利刑法、加拿大刑法、巴西刑法等。这种规定也意味着对法律的认识亦即违法性认识不是罪过心理的构成要素。行为人只要认识到构成犯罪的事实并决意实施其行为，不论是否认识到该行为违法，都要以故意犯罪承担刑事责任。

但是有些国家和地区则强调在某些特殊情况下对法律的认识错误影响刑事责任的有无或大小。其中有的国家在刑法中规定，不得因不知法律而免除刑事责任，但可以根据情节减轻刑罚，如泰国、日本等（日本似乎只承认在故意犯罪中才存在对法律的认识错误问题）；有的国家和地区甚至规定，有正当理由相信自己的行为为法律所允许时可以免除刑罚，如韩国、瑞士和我国台湾地区等。有的国家则根据对法律的认识错误的产生原因，分别不同情况规定其对刑事责任的影响：由于行为人不可避免的原因产生对法律的认识错误时，或者对法律的认识错误不能归责于行为人时，免除行为人对可以构成犯罪的行为的刑事责任，如法国、德国、奥地利等；如果行为人对法律的认识错误是可以避免的，则不能免除其刑事责任（如奥地利），但可以减轻其刑（如德国）。《美国模范刑法典》则规定，在一般情况下对行为违法性的认识不是责任条件，但在法律有特别规定的情况下，缺乏对行为违法性的认识，就可能影响刑事责任的存在。

2. 对事实的认识错误

《古巴刑法典》在总则第三章“刑事责任阻却事由”中专设第四节规定了“错误”。其中第23条规定：“1. 由于对构成要件产生错误认识或者错误地以为客观上存在正当化事由，而实施被禁止的行为的，不承担刑事责任。2. 如果该错误是行为人的过失所造成的，并且对之规定为过失犯罪的，不适用前款规定。”第24条规定：“如果由于错误或者其他意外的原因，导致犯罪针对非其意图侵害对象的其他人实施的，不能将被害人的身份作为刑罚加重的情节。”

《泰国刑法典》第60条规定：“以故意行为对人犯罪，因误失致其结果发生于他人者，应认系对被害人之故意行为。但法律因行为人与被害人间之个人身份关系而有加重处罚之规定者，关于其加重处罚之规定，不适用之。”第61条规定：“以故意行为对人犯罪，因错误而对他人为之者，不得以错误为非故意之抗辩。”第62条规定：“有足以阻却犯罪，免除或减轻刑罚之事实，或其事实不存在而行为人误认为存在者，应按案件之情形，宣示行为人无罪，免除或减轻其刑罚。行为人不因过失而知第59条第3项之事实或对于前项事实之存在发生错误者，于法律有处罚过失犯之规定时，依过失行为负其责任。因一定事实而加重处罚者，必以行为人已知该事实，始有适用。”

《印度刑法典》第76条规定：“一个人依法实施的行为或由于对事实的误解而非对法律的误解，善意地相信自己是依法而实施的行为，不构成犯罪。”第79条规定：“一个人经法律许可的行为，或由于误解事实而善意地认为自己是为法律所许可而实施的行为，不是犯罪。”

《巴西刑法典》第20条规定：“对法定的构成要件的认识错误阻却故意的成立，在法律有规定的情况下，可以按照过失犯罪追究刑事责任。1. 区别对待。行为人基于当时行为的状况误认为其行为是完全正当，且如果这些行为状况客观存在的话，其行为就属于合法的行为，不承担刑事责任。如果行为人对这一认识错误的发生存在过失并且被法律规定为过失犯罪的，不能免除刑事责任。2. 由第三人导致的错误。第三人以其行为导致行为人的认识错误的，应当对该犯罪承担刑事责任。3. 对人的认识错误。对犯罪所侵害的被害人发生误认的，不能免予刑事责任。在这种案件中，只能以行为人意图侵害的被害人的状况和身份作为处断的根据，而不能以实际的被害人的状况和身份作为根据。”

《德国刑法典》第16条规定：“（1）行为人行为时对法定构成要件缺乏认识，不认为是故意犯罪。但要对其过失犯罪予以处罚。（2）行为人行为时误认为具备较轻法定构成要件的，对其故意犯罪只能依较轻之法规处罚。”

《奥地利刑法典》第8条规定：“误认阻却行为违法性之事实者，不得以故意犯罚之。认识错误系由于过失，且其过失依法应处罚者，此类误认始得依过失犯处罚。”

《瑞士联邦刑法典》第19条规定：“（1）行为人行为时对事实产生错误认识的，法官根据行为人的认识作出有利于行为人的判决。（2）行为人的错误认识应当能够避免而未避免的，以过失犯处罚之，但以该过失行为明文规定应处罚者为限。”

《韩国刑法典》第15条规定：“（一）未认识到应特别加重处罚的犯罪之事实者，不以重罪处罚。（二）对行为所引起的应加重处罚再严重结果无法预见者，不以加重处罚。”

《意大利刑法典》第47条规定：“行为人对构成犯罪的行

为发生认识错误，排除可罚性。但是，如果属于因过失而导致的错误，当法律将此行为规定为过失犯罪时，可罚性不被排除。对构成某一特定犯罪的行为发生认识错误，不排除对其他犯罪的可罚性。对刑事法律以外的法律发生认识错误，当该错误导致对构成犯罪的行为发生错误时，排除可罚性。”第 48 条规定：“即使对构成犯罪的行为的认识错误是因他人欺骗而造成的，前条的规定仍予适用；但是，在此种情况下，致使受欺骗者犯罪的人对受欺骗者实施的行为负责。”第 49 条规定：“实施不构成犯罪的行为，却错误的推测该行为构成犯罪的，不受处罚。当因行为不适当或者行为的对象不存在而不可能发生损害结果或者危险结果时，也排除可罚性。在以上规定列举的情况下，如果行为具备构成其他犯罪的要件，适用为实际实施的犯罪规定的刑罚。在第二款规定的情况下，法官可以决定对被开释的被告人采取保安处分。”此外，“犯罪情节”一节中第 59 条规定：“除法律另有规定外，对于减轻或者排除刑罚的情节，作为有利于行为人的考虑，即使这些情节未被该人所认识或者被该人误认为不存在。对于加重刑罚的情节，只有当被行为人所认识、因过失而忽视或者因过失而误认为不存在时，才作不利于行为人的考虑。如果行为人错误地认为存在加重或者减轻情节，这样的情节不针对他加以考虑。如果行为人错误地认为存在排除刑罚的情节，对于这样的情节作有利于行为人的考虑。但是，如果涉及因过失而造成的错误，当行为被法律规定为过失犯罪时，不排除可罚性。”第 60 条规定：“在对被害人产生错误的情况下，涉及被害人地位、身份或者被害人与犯罪人关系的加重情节，不作不利于行为人的考虑。相反，被误认为存在的，涉及上述地位、身份或者关系的减轻情节，则作有利于行为人的考虑。如果有关情节涉及被害人的年龄或者其他身体或精神的条件或素质，不适用本条的规定。”第 82 条规定：“当由于错误地使用实施犯罪的工具或者其他原因造成侵害对象以外的其他人受到侵害时，犯罪人就像对其所希望侵害的人实施了犯罪一样承担责任；在加重或减轻情节问题上，适用第 60 条的规定。如果，除上述其他人外，犯罪人所希望侵害的人也受到侵害，对犯罪人处以最严重犯罪规定的刑罚，并且在 1/2 的幅度内增加刑罚。”第 83 条规定：“除前条所规定的情况外，当由于错误地使用实施犯罪的工具或者其他原因造成与所希望的后果不同的后果时，如果有关行为被法律规定为过失犯罪，犯罪人以过失犯罪的名义对其不希望发生的后果负责。如果犯罪人也造成了所希望的后果，适用数罪并罚的规则。”

《希腊刑法典》第 30 条规定：“1. 如果在实施行为时对构成要件事实没有认识的，不能将该行为归责于行为人。但是，如果对这些事实没有认识可以归责于实施该行为人的过失的，作为过失犯罪追究刑事责任。2. 如果对加重其行为的刑事责任的事实没有认识的，也不能归责于行为人。”

《美国模范刑法典》第 2.04 条规定：“（1）关于事实或法律之不知或错误，在下列所定场合，即可作抗辩。（a）其不知或错误系在否定证明犯罪基础要件所须要之目的、认识、确信、轻率或过失时。（b）由其不知或错误所证明之心理状态，经法律规定可作为抗辩时。（2）不知或错误可作被追诉之罪之抗辩时，尚纵有被告所信之事实存在，亦应成立其他罪名时，即不得认其抗辩为有效。但在此情形，以被告之不知或错误为理由所追诉之罪之等级应降低至被告所信之事实存在时应成立之罪名之等级”。

《美国模范刑法典》还规定，足以使人相信其行为未被禁止的事实，或者足以使本无犯罪意图的人实施犯罪的执法官员的陷阱行为，也可以成为抗辩的理由。

罪过心理是以对客观事实的认识为基本要素的，对事实的认识错误往往影响到罪过心理的有无或程度。因而各国刑法常常对事实错误与刑事责任的关系加以明文规定。从有关这方面的规定看，对事实的认识错误主要包括以下几种情况：

（1）对作为犯罪构成要件的事实的认识错误。有的刑法规定，对作为犯罪构成要件的事实发生认识上的错误以致缺乏故意心理所要求的认识因素时，不能以故意犯罪追究刑事责任，并且只有当行为人对这种错误具有过失而这种过失被法律规定为可罚行为时才负过失的刑事责任，如意大利刑法、奥地利刑法、德国刑法、巴西刑法等。这类规定意味着对构成要件性事实的认识错误，由于其阻却罪过而不负刑事责任，只有不阻却过失罪过且法律规定处罚过失的个别情况下才负过失的责任。

（2）对行为对象的认识错误。对象错误既是一种认识错误，也可以说（或者有时是）一种行为错误。对此，一些国家的刑法规定，对象错误没有改变行为的性质，即行为实际侵害的对象虽然不是行为人企图加害的对象，但这两种对象在法律保护的价值上相同时，不影响刑事责任的存在。这种情况主要发生在（立法者主要是针对）以人为侵害对象的场合。如泰国刑法、巴西刑法、意大利刑法等。但是当被害人的身份或情况对刑罚的轻重有影响时，巴西刑法规定在对象错误的情况下，只以行为人所希望的对象的身份或情况处罚；而意大利刑法则规定，因被害人身份或情况加重刑罚的场合，对象错误不适用加重刑罚的规定（泰国刑法亦有相同规定），但在减轻刑罚的场合，对象错误应适用减轻刑罚的规定。

（3）行为错误。对行为方式、手段的功能或者行为过程中的有关情况认识错误以致在不可能发生犯罪结果的情况下误认为会发生某种犯罪结果，这种认识错误所导致的行为错误即不能犯，意大利、巴西、韩国等的刑法明确规定不处罚，多数国家刑法对这种情况则没有明文规定。

（4）对加重情节的认识错误。在结果加重犯或者情节加重犯的场合，行为人由于认识上的错误而对应当加重处罚的结果无法预见或者对应当加重处罚的情节没有认识时，不能以实际发生的加重结果或情节追究加重的刑事责任，如日本刑法、韩国刑法的规定。意大利刑法也规定了相似的原则，即由于错误而引起行为人所未预见的犯罪结果时，在法律有处罚过失的场合下就其结果负过失的刑事责任。

（五）排除心理要素之事由

心理要素是要求一个人对自己的行为承担刑事责任合理性的根据，也是国家追究个人刑事责任正当性的根据。如果危害行为的实施不是行为人有意选择的结果，追究刑事责任也就丧失了合理性的根据。因此，一些国家在刑法中就排除心理要素作出规定，这种规定意味着排除行为人的刑事责任。

1. 意外事件与不可抗力

《意大利刑法典》第 45 条规定："因意外事件或者不可抗力而实施的行为，不受处罚。"

《荷兰刑法典》在总则第三章"刑事责任的排除与加重"第 40 条规定："由于无法抗拒的力量而实施犯罪的，不负刑事责任。"第 42 条规定："因执行合法要求而实施犯罪的，不负刑事责任。"

《西班牙刑法典》在卷一"共同规定"第一章"犯罪及过失罪"第 14 条规定："因无法避免的行为触犯刑法的，不承担刑事责任。如果考虑到行为人和行为时的情节，错误是可以避免的，则按过失罪处罚。过错行为触犯刑法或行为情节十分恶劣的，可以追究其刑事责任。因无法避免的不法行为触犯刑法的，免除其刑事责任。如果该过错是可以避免的，减轻一级或两级法定刑幅度予以处罚。”

《印度刑法典》在第 80 条规定：“由于意外或不幸而实施的行为，和没有犯罪意图而用合法手段并在适当注意和谨慎的情况下实施的行为，不构成犯罪。”第 81 条规定：“行为人虽然认识到自己的行为会造成一定的损害，但是，如果没有造成损害的犯罪意图，而是积极地为了防止或避免其他对人身或财产的损害而实施的行为，不构成犯罪。”

我国《刑法》第 16 条明确规定：“行为在客观上虽然造成了损害结果，但是不是出于故意或者过失，而是由于不能抗拒或者不能预见的原因所引起的，不是犯罪。”

这类规定，从消极的方面，强调在既没有故意也没有过失的情况下，行为人不对自己的行为引起或导致的危害结果承担刑事责任。这种结果虽然与行为人的行为有关，但由于它是行为与某种意外因素或不可抗拒的因素相互作用的结果，行为人对之没有罪过，因而不能要求行为人对之承担刑事责任。这种规定，与强调行为人只有在故意或过失的场合才负刑事责任的从积极方面强调责任的心理要素的规定，可以说是异曲同工。

2. 身心强制

《意大利刑法典》第 46 条规定：“因遭受他人采取的、不可抵抗的或者不能以其他方式避免的暴力而被迫实施行为的，不受处罚。”

《俄罗斯刑法典》第 40 条规定：“1. 如果一个人由于身体受到强制而不能控制自己的行为（不作为），则由于身体受到强制而对受刑事法律保护的利益造成损害的，不是犯罪。2. 一个人由于心理受到强制而对刑法保护的利益造成损害，以及由于身体受到强制，但仍能控制自己行为时而对上述利益造成损害，其刑事责任问题应考虑本法典第 39 条[1]的规定予以解决。”第 41 条规定：“1. 为了达到对社会有益的目的而在合理风险情况下对受刑事法律保护的利益造成损害的，不是犯罪。2. 如果不冒行为（不作为）的风险上述目的便不能达到，而冒风险的人已采取足够的措施防止对受刑法保护的利益造成损害，则风险是合理风险。3. 如果风险显然伴随着对众多人生命的威胁，造成生态浩劫或社会灾难的威胁，则风险不是合理风险。”第 42 条规定：“1. 行为人为了执行对他具有强制力的命令或指令而对受刑事法律保护的利益造成损害的，不是犯罪。造成损害的刑事责任应该由发出非法命令或指令的人承担。2. 明知命令或指令非法却为执行命令或指令而故意实施犯罪的人，应按照一般根据承担刑事责任。不执行明知非法的命令或指令的，不负刑事责任。”

《古巴刑法典》在刑事责任阻却事由中除了规定正当防卫和紧急避险之外，还在第三章第六节专节规定了“无法抗拒的恐惧”，其中第 26 条规定：“1. 在对迫近的不法侵害所产生的无法抗拒的恐惧的支配下实施行为，并且所造成的损害小于或者等于所恐惧的不法侵害可能造成的后果，不承担刑事责任。2. 在所恐惧的不法侵害可能造成的后果小于行为人的行为实际造成的后果时，如果是由于行为人的个人状况所产生的无法抗拒的恐惧的支配下所实施的行为导致的，法院可以在不超过法定最低刑 2/3 的幅度内减轻处罚。”

新《法国刑法典》第 122－2 条规定：“在其不可抗拒的力

〔1〕 关于紧急避险的规定。

量或强制所迫下实施行为者，不负刑事责任。”

《加拿大刑法典》第 17 条规定：“当场受他人以即刻处死或者人身伤害相威胁而强迫犯罪之人，如相信威胁即将实施而犯罪，并且也未参与共谋或者结伙，应免予刑事责任。但是，当犯罪为严重叛国罪或者叛国罪、谋杀罪、海盗罪、未遂杀人罪、性侵犯罪、持武器性侵犯罪、对第三方威胁罪或者造成人身伤害罪、严重性侵犯罪、强迫诱拐罪、扣留人质罪、抢劫罪、持武器侵害罪或者造成人身伤害罪、严重侵害罪、非法造成人身伤害罪、纵火罪或者第 280 至 283 条规定之罪（诱拐及扣押青少年），本条不适用。”第 18 条规定：“仅凭其配偶在犯罪现场的理由，不能推定已婚者系受配偶强迫而犯罪。”

《美国模范刑法典》第 2.09 条规定：“（1）行为者被强制对自己或他人之身体使用或威胁要使用不法的威力，而被追诉其应构成犯罪之行为时，如被认定具有通常之抵抗力之人在同一状况之下，亦不能抗拒其强制时，即可作为积极抗辩（2）行为者因轻率而自己招致受强制之状况时，不得主张本条之抗辩。被追诉之罪之责任条件，以有过失为充足之场合，行为者如因过失而招致同样之状况时亦同。（3）妇女因丈夫之命令而行为时，除非足认有本条所定之抗辩程度之强制存在而为行为外，不得作为抗辩（推定在丈夫面前之妇女之行为系由强制而来之规定应予废止）。（4）不管本条之规定如何，行为者之行为依第 3.02 条之规定而阻却其违法性时，依同条之抗辩，不因本条之规定而被排除。”

《泰国刑法典》第 67 条规定：“因下列情形犯罪者，不罚，但不得逾越必要之程度：（一）于受强迫或暴力影响不能避免或抗拒而犯之者；（二）为避免自己或他人非由其过失引起之紧急危险且无其他避免方式而犯之者。”

从上述规定中可以看出，有些国家在刑事立法时为了强调相对的自由意志是归责的根据，或者为了强调犯罪行为的主体性，明确规定行为出于心理受到强制或者非自愿等因素而实施时，行为人不负刑事责任或不受处罚。这种规定意味着，危害行为虽然是行为人故意实施的，但由于他人的原因，行为并不是出于行为人的本意自由选择的结果，而是在被强制的情况下不得已做出的，亦即危害行为的实施不能反映行为人的主体性，因而不能要求行为人对之承担刑事责任。从某种意义上讲，这类立法是人道主义刑法观的体现。但是，这种导致行为人无责任能力的状况与醉酒一样，也应当是行为人意志以外的因素造成的。按照《美国模范刑法典》的规定，如果是由于行为人自己的过失而招致不可抗力的，不能作为抗辩理由，亦即不能免除刑事责任。

这类规定，从消极的方面保障了刑事责任的合理性，同时也使刑法典的规定更为缜密。

四、有关主体的立法

主体是犯罪的实施者和刑事责任的承担者。关于主体，有的国家在刑事立法中从积极的角度加以规定。但是多数国家刑法则是从消极的角度即从不具备主体资格的特殊情形中规定对刑事责任的免除、减轻甚或加重，这种立法方式都是以假定任何人都应对自己的犯罪行为承担刑事责任为前提的，因而认为没有必要专门规定。有的则是以刑法效力范围的方式规定本法适用于效力范围内的一切人，因而排除刑事责任只是例外情况，所以需要专门加以规定。

（一）主体资格

新《法国刑法典》在刑事责任的一般规定中对刑事责任的主体作了明确规定。第121—1条规定：“任何人仅对本人的行为负刑事责任。”第121—2条规定：“除国家外，法人依照第121－4条至第121－7条区分之情况，对其机关或代表为其利益所实施的犯罪负刑事责任。但是，地方行政单位及其联合组织仅对在从事可以订立公共事业委托协议的活动期间实施的犯罪行为负刑事责任。在适用第121－3条第4款的条件下，法人负刑事责任，不排除作为同一犯罪行为之正犯或共犯的自然人之刑事责任。”第121－4条规定：“下列之人为罪犯：1. 实施犯罪行为者；2. 意图实施重罪者，或者在法律规定的情形下意图实施轻罪者。”

《美国模范刑法典》在总则第一章“通则”第1.13条中规定：“‘人’‘者’及‘行为者’系指一切自然人及有关之法人或非法人团体”；在第二章“责任之一般原理”第2.07条中规定：“（1）有下列各款所定情形，对法人得作有罪之认定。（a）所犯为违反秩序行为之罪时，或本法以外之制定法所规定之罪而对法人科刑事责任为立法意旨所明白承认且其行为系由为法人行为之机关在其职务权限或雇佣契约范围内所为时。但定该罪之法律对于其行为应归法人负责之机关之范围以及应归法人负责之状况有特别指定时，从其规定。（b）法律对法人课以积极履行行为内容之特殊义务，如不履行此不作为而应构成犯罪时。（c）董事会授权、要求、命令、实行或轻率地容忍其罪之实行，或为法人行为之高级管理职员在其职务权限或雇佣契约之范围内为其行为时。（2）对于犯罪之实行课以绝对责任时，除有明显的相反意旨外，视为对法人有科以刑事责任之立法意旨。（3）有下列各款所定之情形，对非法人团体得作有罪之认定。（a）所犯为本法以外之制定法所规定之罪，而对非法人团体科刑事责任为立法意旨所明白承认，且其行为系由为团体行为之机关在其职务权限或雇佣契约之范围内所为时。但定该罪之法律对于其行为应归团体负责之机关之范围以及应归团体负责之状况有特别指定时，从其规定。(b) 法律对团体科以积极履行为内容之特殊义务，如不履行此不作为应构成犯罪时。(4) 本条所使用之用语之意义，依下列各款所定。(a) 法人不包括为执行政府之措施，由政府机关或作为政府机关组织之机构在内。(b) 代理人系指董事、职员、使用人、受雇人或其他被授权为法人或团体行为之人，在非法人之团体时，包括其成员。(c) 高级管理职员系指法人或非法人团体之职员，在合伙系指合伙之合伙人，或其他其行为具有可视为有代表法人或团体之方针之重要职务权限之法人或团体之机关。(5) 除科有绝对责任之罪外，关于该当于第 (1) 项 (a) 或第 (3) 项 (a) 之犯罪，法人或非法人团体被追诉时，具有监督责任之高级管理职员关于作为其罪之内容之事项已尽适当的注意以防止犯罪之实行一事，业由被告以较优越的证据予以证明时，即可承认其为抗辩。但与定该罪之立法意旨显然有矛盾时，不适用本规定。(6) (a) 无论何人对于法人或非法人团体之名义所为或为了其等或引起其等所为之行为，要负与以自己之名义或为了自己而为之行为同一之责任。(b) 法律对法人或非法人团体科以作为义务时，对履行其义务负首要责任之法人或团体之机关，如因轻率而怠于为其作为义务时，需负与该法律直接科其自己履行其义务时同一之法律上责任。(c) 基于法人或非法人团体之行为之法律上责任被认定有罪者，以自然人对于同等级之罪被认定有罪时能科处之刑谕知之。"

《德国刑法典》第 14 条规定："1. 以下列身份：(1) 法人的代理机构或其成员，(2) 股份公司的有代理权的股东，或 (3) 他人的法定代理人，而为代理行为的，如果某一法律规定以特定之个人身份、关系或情况（特定之个人特征）为可罚性之基础，但代理人不具备此等特征而被代理人具备时，则代理人的行为仍适用该法。2. 受企业主或其他有此职权者：（1）委托经营企业之全部或一部的人，或（2）特别委托以自己的责任完成企业主的任务的人，根据委托而实施的行为，如某一法律以特定的个人特征为可罚性之基础，但代理人不具备此等特征而企业主具备时，则对代理人的行为仍适用该法。经营单位可视为与第一句的企业相同。受相应的委托执行公共管理任务的，适用第一句的规定。（3）即使产生代表权或委托关系的法律行为无效，仍适用本条第 1 款和第 2 款的规定。”

《丹麦刑法典》在总则第三章中规定了自然人的刑事责任条件，在第五章中专门规定了法人的刑事责任。其第 25 条规定：“由法律或者根据法律制定之法规授权对法人处以刑罚的，可以对法人处以罚金。”第 26 条规定：“除非有其他规定，关于法人刑事责任之规定等，适用于任何法人，包括合资公司、合作社、合伙企业、社团法人、基金会、集团公司、市政当局以及政府当局。除上述第 1 款列举之法人外，此类规定适用于在规模与组织方面类似于前款规定之公司的一人公司。”第 27 条规定：“法人之刑事责任由与该法人有关联的一人或者多人或者法人本身实施了违法行为而产生。对法人犯罪未遂之处罚，同样适用本法第 21 条第 3 款之规定。国家机构或者市政机构仅在其类似自然人或者法人履行其职能过程中有违反刑法之规定时可以处罚。”

《奥地利刑法典》第 14 条规定：“（一）法律规定行为之可罚性或刑度系取决于与不法行为有关之行为人之个人特定身份关系时，如参与人之中仅有一人具有此种身份或关系时，所有参与人均适用此项规定。行为之不法系取决于行为人于直接实施犯行或以其他特定方式参与行为之际，应具备特殊身份关系者，亦同。（二）因特定身份关系，而免除刑责时，仅具有此种身份关系之参与人，始适用之。”

《意大利刑法典》第85条规定：“如果某人在实施行为时是不可归罪的，不得因被法律规定为犯罪的行为受到处罚。具有理解和意思能力的人是可归罪的。”第86条规定：“如果某人使他人处于无理解或意思能力状态的目的是令其实施犯罪，造成这种无能力状态的人对无能力者实施的犯罪负责。”第87条规定：“如果某人以实施犯罪或者为自己准备借口为目的使自己处于无理解或意思能力的状态，对该人不适用第85条前一部分的规定。”

《俄罗斯刑法典》第19条规定：“只有达到本法典规定的刑事责任年龄并具有刑事责任能力的自然人才得承担刑事责任。”

《印度刑法典》第11条规定：“‘人’一词包括任何公司、社会团体、或法人团体、或非法人团体。”第37条规定：“当一个犯罪是由几个行为构成时，任何人有意同他人合作实施该犯罪而实施其中的任何一个行为，无论是单独实施还是同他人共同实施，都构成该罪。”

《古巴刑法典》在总则第五编“犯罪人”第一章“应当承担刑事责任的人”第16条中规定：“1. 刑事责任由自然人和法人承担。2. 实施应当承担刑事责任的行为之时年满16周岁的自然人，应当承担刑事责任。3. 行为人代表某一法人或者依据法人的章程的规定，在该实体的权限范围内实施本法典或者特别法规定的犯罪的，该法人应当承担刑事责任；但这不影响对该犯罪的实行犯或者共犯追究自然人的刑事责任。4. 在本法典的适用过程中，合作社、按照法定条件成立的社会团体和协会、基金会、被许可进行经营的非国有的企业以及法律赋予法人资格的其他非国有实体，应当承担法律有明确规定的法人的刑事责任。”

上述规定表明：

第一，刑事责任的主体必须是犯罪行为的实施者。正像新《法国刑法典》所表明的，任何人仅对其本人的行为负刑事责任。

第二，实施犯罪行为的人必须具有刑事责任能力。正如意大利刑法明文规定的，无责任能力人的行为不处罚。

第三，当法律以特定个人的身份、关系或情况为可罚性之基础时，只有具有这种特殊的个人要素的人才能成为刑事责任的主体，但是在共同行为或代理行为中，只要其中一个或被代理人具有这种特殊的个人要素，法律就视为该行为主体符合对特殊个人要素的要求，如奥地利刑法。

第四，按照《法国刑法典》《印度刑法典》和《美国模范刑法典》的规定，犯罪的主体亦即刑事责任的主体既包括自然人也包括法人。法人包括任何公司、非法人团体、联合团体甚或国家机构（国家机构作为犯罪主体受到明确的限制，即仅在其类似自然人或法人履行职能过程中有违反刑法的规定时才可以处罚，如丹麦刑法）。

第五，在法人可以成为刑事责任主体的国家，法人对其代表机关（负责机关）或代表人（高级管理人员）为法人利益或在其职务权限或雇佣契约范围内所实施的犯罪行为负刑事责任，同时该代表机关或代表人亦对自己实施的这类行为负刑事责任。

（二）刑事责任年龄

《德国刑法典》第 19 条规定：“行为人行为时不满十四岁的，无责任能力。”

《加拿大刑法典》第13条规定：“十二岁以下儿童不得因其作为或者不作为被判决有罪。”

《意大利刑法典》第97条规定：“在实施行为时不满十四岁的，是不可归罪的。”第98条规定：“在实施行为时已满十四岁、但尚不满十八岁的，如果具有理解和意思能力，则是可归罪的；但是，刑罚予以减轻。如果所科处的监禁刑低于5年，或者科处的是财产刑，不适用有关的附加刑。如果所科处的刑罚较重，只适用不超过5年的褫夺公职，并且在法律规定的情况下，适用停止行使父母权。”

《希腊刑法典》专设第八章对未成年人的刑事责任问题作了规定。其第121条规定：“1. 本章所指的未成年人，是指实施行为时已满8周岁不满18周岁的人。2. 应当按照下列各条的规定，对未成年人适用教育处分、治疗处分或者刑事处罚。”第126条规定：“1. 8周岁至13周岁的未成年人实施的犯罪行为，不能对其归责。2. 未满13周岁的未成年人实施犯罪行为的，只应当适用教育处分或者治疗处分。3. 已满13周岁的未成年人实施犯罪行为，如果不能按照第127条的规定予以刑事处罚的，适用教育处分或者治疗处分。”第127条规定：“1. 法院对已满13周岁的未成年人所实施的行为的情节和其整体的人格进行审查后，如果认为有必要通过刑罚矫正来预防其实施新的犯罪的，可以判决将其禁闭于青少年专门羁押机构。2. 法院应当根据第54条的规定，在判决中指定该未成年人禁闭于机构中的期间。”第133条规定：“对在犯罪之时已满18周岁不满21周岁的人，法院可以适用第83条所规定的减轻的处罚，第130条第2款和第3款的规定也适用于此类案件。”

《丹麦刑法典》在总则第三章“刑事责任条件”第15条中规定：“十五周岁以下儿童实施之行为不可罚。”

《瑞典刑法典》在总则第一章“犯罪和对犯罪的制裁”第6条中规定：“不满15岁的人犯罪，不科处制裁。”

《荷兰刑法典》在总则第八A章“关于少年犯之特别规定”第77a条中规定：“行为人在实施犯罪时已满12岁不满18岁的，不适用本法第9条第1款、第10条至第22a条、第24c条、第37条至第38i条、第44条、第57条至第62条的规定，而只适用本法第77a条至第77gg条的规定。”第77b条规定：“行为人在实施犯罪时已满16岁未满18岁的，法官可在其认为有必要时根据犯罪的严重性、犯罪人的品格或犯罪实施时的各种情况，不适用本章第77g条至第77gg条的规定，而根据本章以前的条文作出判决。”第77c条规定：“若行为人实施犯罪时已满18岁未满21岁的，法官可在其认为有必要时根据犯罪人的品格或犯罪实施时的各种情况，依照本法第77g条至第77gg条的规定作出判决。被判处拘禁刑的少年犯应在司法部长指定的未成年犯监狱执行，并适用本法第22条的规定，对青少年判处的收容于矫正机构的保安处分措施，根据本法第37c条的规定执行。”

《瑞士联邦刑法典》在“责任能力”中没有关于责任年龄的规定，但是在总则第四章“儿童和少年”和第五章“刚成年青年”中有。其第82条规定：“（1）年龄不满7岁的儿童不受本法调整。（2）已满7岁不满15岁的儿童实施了本法规定的应受刑罚处罚的行为的，适用下列特别之规定。”第89条规定：“已满15岁不满18岁的少年实施法律规定的应受刑罚处罚的行为的，适用下列有关之规定[1]。”第100条规定：

〔1〕这些特别规定是该法第90—99条所规定的“调查”“教育处分”“特殊治疗”“收容于劳动教养所或教养院”以及可能判处的刑罚。

“（1）行为人在行为时已满18岁不满25岁的，在保留适用本法第100条和第100条a规定之情况下，适用本法的一般规定。(2）如需要，法官可命令对行为人的行为、其教育和生活关系进行调查，并对其身体和精神状况以及可教育性作出鉴定。”

《西班牙刑法典》中没有关于责任年龄的一般规定，但其总则卷一第二章“刑事责任免除的情形”第19条中规定：“本法典关于刑事责任的规定不适用于18岁以下的未成年人。18岁以下的未成年人实施犯罪行为的，其刑事责任依照未成年人刑事责任的法律的相关规定确定。”

《法国刑法典》在总则第二编“刑事责任”第二章“不负刑事责任或减轻刑事责任之原因”第122-8条中规定：“具有辨别力的未成年人对其被认定有罪的重罪、轻罪和违警罪承担刑事责任。依据特别法律规定之条件，对其采取保护、救助、监视与教育措施。特别法律还在考虑未成年人因年龄而享受减轻责任的情况下规定可对10—18岁的未成年人宣告的教育制裁，以及可对13—18岁的未成年人判处的刑罚。”

与之相类似，《美国模范刑法典》在总则第四章“责任能力”第4.01条中规定：“（1）无论何人，在下列所定情形，不受审判或有罪之认定。（a）为被追诉之犯罪行为时，其年龄未满16岁者（在此情形应成为少年裁判所之专属管辖）。（b）为被追诉之犯罪行为时，其年龄为16岁或17岁者，但下列所定情形不在此限。Ⅰ. 少年裁判所对本人无裁判权时。Ⅱ. 少年裁判所决定放弃其裁判权，而承认对被告开始刑事程序时。（2）不得依第一项规定对其实施刑事程序者，无论任何裁判所，无对之为审判及认定有罪之权限。”

《巴西刑法典》在总则第三编“刑事责任”第27条中规定：“不满18周岁的人，不负刑事责任，应当按照有关专门立法的规定进行处理。”

《古巴刑法典》第 17 条规定：“1. 对已满 16 周岁不满 18 周岁的犯罪人，可以在幅度不超过 1/2 的范围内降低其法定最高刑和法定最低刑；对已满 18 周岁不满 20 周岁的犯罪人，可以在幅度不超过 1/3 的范围内降低法定最高刑和法定最低刑。对这两类行为人，处罚的主要目的在于矫正、进行手艺或者职业培训、灌输遵守法律秩序的观念。2. 对审判时年满 60 周岁的人，可以在幅度不超过 1/3 的范围内降低法定最低刑。”

《日本刑法典》第 41 条规定：“不满 14 岁的人的行为，不处罚。”

《韩国刑法典》[1] 第 9 条规定：“未满 14 岁的人的行为，不予处罚。”

《印度刑法典》在第四章“一般例外”第 82 条中规定：“不满 7 岁的儿童所实施的行为，不是犯罪。”第 83 条规定：“7 岁以上不满 12 岁的儿童，在不具有判断所实施的行为的性质和后果的能力的情况下实施的行为，不构成犯罪。”

《泰国刑法典》第 73 条规定：“未满 7 岁之人犯罪者，不罚。”第 74 条规定：“7 岁以上未满 14 岁之人犯罪者不罚，但法院得为下列处置……”第 75 条规定：“14 岁以上未满 17 岁之人犯罪者，法院应斟酌其责任感及其他关于个人之因素，以决定是否科处刑罚。其认为免科刑罚为适当者，应依第 74 条规定处理；其认为科处刑罚为适当者，应减轻法定刑 1/2。”第 76 条规定：“17 岁以上未满 20 岁之人犯罪者，法院认为适当时，得减轻其刑 1/3 或 1/2。”

---

〔1〕《韩国刑法典及单行刑法》，〔韩〕金永哲译，中国人民公安大学出版社 1996 年版（下引同）。

《俄罗斯刑法典》第 20 条规定："1. 在实施犯罪前年满 16 岁的人应该承担刑事责任。2. 在实施下列犯罪前年满 14 岁的人应该承担刑事责任：杀人（第 105 条）、故意严重损害他人健康（第 111 条）、故意中等严重损害他人健康（第 112 条）、绑架（第 126 条）、强奸（第 131 条）、暴力性犯罪（第 132 条）、偷窃（第 158 条）、抢夺（第 161 条）、抢劫（第 162 条）、勒索（第 163 条）、没有盗窃目的的非法侵占汽车或其他交通工具（第 166 条）、有加重情节的故意毁灭或损坏财产（第 167 条第 2 款）、恐怖行为（第 205 条）、劫持人质（第 206 条）、故意虚假举报恐怖主义行为（第 207 条）、有加重情节的流氓行为（第 213 条第 2 款）、野蛮行为（第 214 条）、侵占或勒索武器、弹药、爆炸物品或爆炸装置（第 226 条）、侵占或勒索麻醉品或精神药物（第 229 条）、破坏交通运输工具或交通道路（第 267 条）。3. 如果未成年人达到本条第 1 款或第 2 款规定的年龄，但由于与精神病无关的心理发育滞后而在实施危害社会行为时不能完全意识到自己行为（不作为）的实际性质和社会危害性或者不能完全控制自己的行为，则不应承担刑事责任。"

我国《刑法》第 17 条规定："已满十六周岁的人犯罪，应当负刑事责任。已满十四周岁不满十六周岁的人，犯故意杀人、故意伤害致人重伤或者死亡、强奸、抢劫、贩卖毒品、放火、爆炸、投放危险物质罪的，应当负刑事责任。已满十二周岁不满十四周岁的人，犯故意杀人、故意伤害罪，致人死亡或者以特别残忍手段致人重伤造成严重残疾，情节恶劣，经最高人民检察院核准追诉的，应当负刑事责任。对依照前三款规定追究刑事责任的不满十八周岁的人，应当从轻或者减轻处罚。因不满十六周岁不予刑事处罚的，责令其父母或者其他监护人加以管教；在必要的时候，依法进行专门矫治教育。”第 17 条之一规定：“已满七十五周岁的人故意犯罪的，可以从轻或者减轻处罚；过失犯罪的，应当从轻或者减轻处罚。”我国台湾地区规定：“（1）未满十四岁人之行为，不罚。（2）十四岁以上未满十八岁人之行为，得减轻其刑。（3）满八十岁人之行为，得减轻其刑。”

当刑事责任的主体是自然人时，该自然人必须达到一定的年龄，未达到一定年龄的人不对自己的行为承担刑事责任。这是各国刑法确立的共同原则。但是，从上述规定中可以看出，各国刑法中关于刑事责任年龄的规定亦有差异。

关于规定方式，各国刑法采取了三种不同的做法：

一是两分法，即规定一个年龄界限，未达到这个年龄的为无责任能力年龄，达到这个年龄的为责任能力年龄。如德国刑法、日本刑法、韩国刑法、巴西刑法等。

二是三分法，即规定两个年龄界限，未达到第一个年龄的为无责任能力年龄；达到第一个年龄但未达到第二个年龄的为限制责任能力年龄；达到第二个年龄的为完全责任能力年龄。如加拿大刑法、意大利刑法、印度刑法、瑞士刑法、西班牙刑法等。

三是四分法，即规定三个年龄界限，未达到第一个年龄的为无责任能力年龄；达到第一个年龄但未达到第二个年龄的为部分责任年龄，只对某些严重的犯罪负刑事责任；达到第二个年龄但未达到第三个年龄的为减轻责任年龄，虽对所有犯罪负刑事责任，但应减轻处罚；达到第四个年龄的才对自己的行为负完全的刑事责任。如我国刑法、俄罗斯刑法等。泰国刑法可以视为四分法，也可以说它是五分法，因为它在不受刑罚处罚的未成年人中还规定了一个受非刑罚处罚的年龄段。

关于负刑事责任的最低年龄，多数国家的刑法规定为14岁；但有的国家刑法规定为7岁、8岁、12岁，如瑞士刑法、泰国刑法、印度刑法、希腊刑法、加拿大刑法等；有的国家刑法规定为13岁，如法国刑法；有的国家刑法规定为16岁，如古巴刑法、《美国模范刑法典》等；有的国家刑法规定为18岁，如巴西刑法。

关于完全负刑事责任的年龄，多数国家规定为18岁。但是有的国家刑法中规定为14岁，如采取两分法的德国刑法、日本刑法、韩国刑法以及加拿大刑法；有的甚至规定为12岁，如印度刑法。有的规定为20岁，如泰国刑法；有的还规定为25岁，如瑞士刑法。

关于限制责任能力年龄段的人的刑事责任，有的国家刑法从承担刑事责任的范围上作了限制，如规定只对某些严重的犯罪负刑事责任而不对普通犯罪负刑事责任；有的国家刑法从承担刑事责任的程度上作了限制，如规定应当或可以减轻处罚；有的既从范围上限制又从程度上限制；有的则从承担刑事责任的方式上作了限制，如以特殊的程序或特殊的处置方式承担刑事责任。不过，对于限制责任能力年龄段的人实施刑法禁止的行为而不负刑事责任的，各国刑法都规定了特殊的管教措施。

（三）责任能力

在一些国家刑法中，生理缺陷并不是限制责任能力的事由，所以没有这方面的规定。但是也有一些国家在刑事立法中明确规定了生理缺陷对刑事责任能力的影响。

我国《刑法》第19条规定："又聋又哑的人或者盲人犯罪，可以从轻、减轻或者免除处罚。"我国台湾地区也规定：

“喑哑[1]人之行为，得减轻其刑。”

《韩国刑法典》第 11 条规定：“聋哑人的行为，得减轻处罚。”

《意大利刑法典》第 96 条规定：“处于聋哑状态的人在实施行为时因其残疾而不具有理解或意思能力的，是不可归罪的。如果理解或意思能力严重降低，但未完全丧失，刑罚予以减轻。”

多数国家的刑法都没有关于聋哑人刑事责任能力的特殊规定，但是在上述立法例中则对聋哑人犯罪作了专门规定。从这些规定中可以看出，关于生理缺陷即聋哑对刑事责任能力的影响，有关国家的立法者有三种态度：

一是凡是又聋又哑的人都是限制责任能力的人，其实施犯罪行为，都可以从轻、减轻或免除处罚。

二是只有先天性或自幼年起即完全聋哑的人才免除刑事责任，这就意味着成年之后形成生理缺陷的不能免除刑事责任。

三是喑哑人只有因此而失去辨别或意思能力的才是无责任能力的人，才不对自己的行为负刑事责任，并且只有因喑哑而导致辨别或意思能力严重减弱时才应减轻处罚，否则应像正常人一样对自己的行为负刑事责任。

此外，我国刑法除规定又聋又哑的人犯罪可以从轻、减轻或者免除处罚外，对盲人犯罪也作了同样的规定。

---

〔1〕 喑，同“瘖”，即失音。《辞源》释：“喑哑即哑口不言。”但是我国台湾地区学者通常把“喑哑”解释为又聋又哑，并把外国刑法中的“又聋又哑”翻译为“喑哑”。例如：“喑哑人指无听能又无语能之人而言”（韩忠谟：《刑法原理》，台湾大学法学院 1981 年版，第 193 页）；“喑哑人，从文义言，系指哑而且聋之人”（陈朴生：《刑法总论》，正中书局 1969 年版，第 108 页）；“喑哑人乃指既欠缺听能又欠缺语能之人”（林山田：《刑法通论》，三民书局 1986 年版，第 175 页）。

（四）精神障碍

各国刑法几乎都有关于精神障碍排除或限制刑事责任能力的规定，但规定的方式和内容不尽相同。

《西班牙刑法典》第20条在总则第二章“刑事责任免除的情形”第20条中规定：“以下行为免除刑事责任：(1) 实施违法行为时，因精神异常或精神状况暂时改变造成了不能理解其行为的违法性或不能按照其理解实施行为。暂时精神错乱者，受他人煽动而实施犯罪，且已预见或应预见其行为的，不免除其刑罚。(2) 实施违法行为时因吸食酒精性饮料、毒品、麻醉品、扰乱精神物质或能产生类似效力的物质而正处于其药性发作期间，障碍当事人理解其行为的违法性或按照其理解实施的行为。但亦须符合以下条件：非故意实施犯罪，或未曾预见或无法预见其行为，或已产生对某物质的依赖性虽未吸食但造成症状的影响之下。(3) 自出生或幼年起理解能力发展迟缓，造成其认知力严重低下的。”

《奥地利刑法典》第11条规定：“行为时，因精神病，愚钝或严重之意识障碍，或其他相类似之严重精神障碍，致无法辨别自己行为不法或无法依其辨别而为行为者，其行为无责任。”

《加拿大刑法典》第16条规定：“(1) 因患精神病，从而无能力辨别作为或者不作为的本质和性质，或者无能力知晓其行为或者不行为系错误的人，对该作为或者不作为不负刑事责任。(2) 除以优势证据证明有相反情况外，任何人被推定精神正常而不得依据第一款规定免予刑事责任。(3) 称被告正患精神病从而可以免予刑事责任的人，对此负有举证责任。”

《美国模范刑法典》在总则第四章“责任能力”第4.01条中规定：“(1) 无论何人于犯罪行为之际，因精神之疾病或缺陷，对其行为之犯罪性（反伦理性）之识别或依从法律之要求而行为之能力显有欠缺时，对其行为不负责任。（2）于本章所用之‘精神之疾病或缺陷’一语，不含因反复犯罪的或其他反社会的行为始能显示之反常在内。”除此之外，《美国模范刑法典》还规定了“排除诉讼能力之精神疾病或缺陷”，认为“因精神疾病或缺陷，对自己之诉讼程序之意义缺乏理解之能力，或对自己之辩护活动缺乏协助之能力时，在其状态继续中不受审判、有罪之认定或刑之谕知”，并就作为责任阻却事由之精神疾病或缺陷的提出和鉴定程序、标准和方法作了详细规定。

《德国刑法典》第 20 条规定：“行为人行为时，由于病理性精神障碍、深度的意识错乱、智力低下或其他严重的精神病态，不能认识其行为的违法性，或依其认识而行为的，不负责任。”第 21 条规定：“行为人认识行为违法性的能力，或者依其认识而行为的能力因第 20 条规定的某种原因而显著减弱的，可依第 49 条第 1 款减轻其刑罚。”

《意大利刑法典》第 88 条规定：“在实施行为时因疾病而处于无理解或意思能力状态的，是不可归罪的。”第 89 条规定：“在实施行为时因疾病而处于严重降低但未丧失理解或意思能力状态的，对其所实施的犯罪负责，但减轻处罚。”第 90 条规定：“激动或者冲动状态既不排除也不降低可归罪性。”

新《法国刑法典》第 122－1 条规定：“实施行为时，患精神紊乱或神经精神紊乱，完全不能辨别或不能控制自己行为者，不负刑事责任。实施行为时，患精神紊乱或神经精神紊乱，损害其辨别力或有碍控制自己行为者，仍受惩处；但法院在量刑与确定刑罚制度时将考虑此情节。”

《瑞士联邦刑法典》把“责任能力”作为“可罚性”一章中独立的一节专门予以规定。其第 10 条规定：“行为时因精神病、弱智、严重之意识错乱而不能认识其行为的违法性，或者以该认识而行为的，不处罚。但本法第 43 条和第 44 条规定的保安处分[1]不受影响。”第 11 条规定：“行为人在行为时因精神障碍、意识错乱，或智力发育低下，因而认识其行为不法性或以其认识而行为的能力减弱的，法官可自由裁量减轻处罚(第 66 条)。本法第 42 条至第 44 条和第 100 条 a[2] 规定之保安处分不受影响。”第 12 条规定：“如果严重之精神障碍或意识错乱是由行为人自己故意造成，并在此等状态下实施犯罪行为的，不适用第 10 条和第 11 条的规定。”[3] 第 13 条规定：“（1）预审机关和审判机关对行为人的责任能力有怀疑的，或者，为决定科处保安处分需要对其身体和精神状况进行检查的，可命令对被告进行此等检查。(2) 鉴定人对被告的责任能力作出鉴定，并对是否科处和科处第 42 条至第 44 条规定的何种预防性保安处分符合目的发表意见。”

《希腊刑法典》在总则第二章“犯罪”第三节“行为的归责”和第四节“应当归责的减轻责任能力的罪犯”第 34 条中规定：“如果行为人在实施行为之时因为精神病或者意识障碍，而不具有认识其行为的违法性质或者根据对行为违法性质的认识而行为之能力的，其所实施的行为不能归责于行为人。”第 35 条规定：“1. 存在意识障碍的人在正常的精神状态下决意实施犯罪，为了实施该犯罪行为使自己陷入意识障碍状态的，应当按照故意犯罪归责。2. 如果行为人在该状态下所实施的行为不是其此前所决意实施的行为，对该行为人按照第 83 条规定

〔1〕第 43 条规定了对精神病患者的保安处分；第 44 条规定了对酒鬼、毒品瘾君子的治疗处分。

〔2〕第 42 条为对常习犯人之监管；第 100 条之一为对犯罪青年之工作教养院。

〔3〕瑞士刑法中没有醉酒的专门规定，此条似应特指醉酒情形。

的减轻的刑罚处罚。3. 如果行为人在对可能实施的行为已经预见或者本来可以预见时，导致该意识障碍状态的，可以对其所实施的行为按照过失犯罪归责。”第 36 条规定：“1. 对因为第 34 条规定的精神状态责任能力没有完全丧失但被重大减弱的人，如果应当被归责的，按照第 83 条规定的减轻的刑罚处罚。2. 前款规定不适用于应当归责的醉态。”

《丹麦刑法典》在总则第三章“刑事责任条件”第 16 条中规定：“行为时，行为人因患有精神病或者类似于精神病而不具有责任能力，或者具有严重精神缺陷的，其行为不可罚。若被告人因为饮酒或者服用其他麻醉品而致暂时处于精神病状态或者类似于精神病状态中，可以对其按照法律规定之特定事项处罚。行为人行为时具有轻度精神缺陷者，除非法律有特别规定，不予处罚。本规则同样适用于处于类似于精神缺陷之状态者。”

《巴西刑法典》在总则第三篇“刑事责任”第 26 条中规定：“行为人因为患精神病、智力发育不健全或者发育迟缓，在作为或者不作为时完全不能辨认行为的不法性质或者根据这一辨认对其行为进行控制的，不负刑事责任。如果行为人因为精神错乱、智力发育不健全或者发育迟缓，不能完全辨认行为的不法性质或者根据这一辨认对其行为进行控制的，可以减轻刑罚 1/3 至 2/3。”第 28 条规定：“不能阻却刑事责任的情形：1. 情绪或者激情；2. 行为人故意或者过失地陷入有酒精或者具有类似作用的物质所致的醉态。1）由于意外情况或者不可抗力陷入醉态的行为人，在作为或者不作为时，完全不能辨认行为的不法性质或者根据这一辨认对其行为进行控制的，不负刑事责任。2）由于意外情况或者不可抗力陷入醉态的行为人，在作为或者不作为时，不能完全辨认行为的不法性质或者根据这一辨认对其行为进行控制的，可以减轻刑罚的1/3至2/3。”

《古巴刑法典》在总则第三章“刑事责任阻却事由”中第一节专门规定了精神疾病。第20条规定：“1. 因为处于精神病、短暂的精神错乱、智力发育迟滞状态而不具有理解其行为的意义或者控制其行为的能力的人实施行为的，不负刑事责任。2. 如果行为人理解其行为的意义或者控制其行为的能力在犯罪时严重减弱的，法定的监禁刑的限度降低1/2。3. 如果行为人自愿地以酒精或者精神药物使自己陷入精神错乱或者本来能够预见其行为之后果的其他任何状态的，不适用前两款的规定。”

《埃及刑法典》在总则第九章“正当化事由和刑罚阻却事由”第62条中规定：“在实施行为时，因为精神错乱或者智力障碍而丧失认识或者控制能力，或者因为被强迫或者无意识地使用任何种类的药品而导致意识丧失的，不能追究刑事责任。在实施行为时，因为精神错乱或者智力障碍导致认识或者控制能力减弱的，应当追究刑事责任，但法院在量刑时应当考虑该情节。”

《俄罗斯刑法典》第21条规定：“1. 在实施社会危害的行为时处于无刑事责任能力状态的人，即由于慢性精神病、暂时性精神失常、痴呆症或其他心理病态而不能意识自己行为（不作为）的实际性质和社会危害性，或者不能控制自己行为的人，不负刑事责任。2. 对处于无刑事责任能力状态中实施刑事法律所规定的危害社会行为的人，法院可以判处本法典规定的医疗性强制措施。”第22条规定：“1. 具有刑事责任能力的人，在实施犯罪时由于精神失常而不能完全意识自己行为（不作为）的实际性质和社会危害性或者不能完全控制自己的行为的，应负刑事责任。2. 不排除刑事责任能力的精神失常，法院在处刑时应当予以考虑，它也可以成为判处医疗性强制措施的根据。”

《日本刑法典》第39条规定：“心神丧失人的行为，不处罚。心神耗弱人的行为，减轻刑罚。”

《韩国刑法典》第10条规定：“（一）因精神障碍，没有辨别事物的能力或者没有决定自己意思能力者的行为，不予处罚。（二）由于精神障碍，前项所列能力减弱者的行为，得减轻处罚。（三）前二项之规定，不适用于已预见危险发生而有意装成精神障碍者的行为。”

《泰国刑法典》第65条规定：“犯罪时不能辨识其行为之性质或违法性，或因心智缺陷、精神病或精神耗弱而不能自我管制者，不罚。行为人对其行为之性质或违法性，能为部分之辨识或自我管制者，仍应处罚，但法院得减轻其法定刑。”

《印度刑法典》第84条规定：“一个人由于精神不健全，不能辨认自己行为的性质是否错误或违法的情况下所实施的行为，不构成犯罪。”

我国《刑法》第18条规定：“精神病人在不能辨认或者不能控制自己行为的时候造成危害结果，经法定程序鉴定确认的，不负刑事责任，但是应当责令他的家属或者监护人严加看管和医疗；在必要的时候，由政府强制医疗。间歇性的精神病人在精神正常的时候犯罪，应当负刑事责任。尚未完全丧失辨认或者控制自己行为能力的精神病人犯罪的，应当负刑事责任，但是可以从轻或者减轻处罚。”我国台湾地区规定：“心神丧失人之行为，不罚。精神耗弱人之行为，得减轻其刑。”[1]

---

〔1〕“刑法上之心神丧失与精神耗弱，依行为时精神障碍程度之强弱而定。如行为时之精神对于外界事务虽然缺乏知觉理会及判断作用而无自由决定意思能力者，为心神丧失。如此项能力并非完全丧失，仅较普通人之平均程度，显然减退者，则为精神耗弱。”韩忠谟：《刑法原理》，台湾大学法学院1981年版，第196页。

从上述规定中可以看出，虽然各国刑法都规定了精神障碍及其对责任能力进而对刑事责任的影响，但规定的内容在以下几个方面是有差别的。

1. 精神障碍的范围

有的国家刑法将精神障碍仅限于精神病的范围，如意大利刑法、俄罗斯刑法、我国刑法等。有的国家刑法用“心神丧失”或“心神障碍”“心神耗弱”等来表示精神障碍，如加拿大刑法、日本刑法、韩国刑法等，似乎也应属于因精神病引起障碍一类，但是加拿大刑法明确规定，“心神丧失”是指因先天白痴或患心理疾病而引起。奥地利刑法、西班牙刑法、德国刑法、瑞士刑法、巴西刑法以及《美国模范刑法典》等，在“精神病”或“心神丧失”“精神疾病”“病理的精神错乱”等原因之外，还分别规定了与之并列的“愚钝”“严重之意识障碍”“其他与之类似之严重精神障碍”“精神暂时不正常”“精神缺陷”“深度的意识错乱”“心智薄弱”“其他严重的精神反常”“痴愚”“智力发育不健全”“发育迟缓”等。这类原因，在有些国家的刑法理论中视为广义的精神病的范围，因而认为可以归入“精神病”之类。但是上述立法显然是采取了狭义精神病的概念，从而将其排除在精神病之外，作为独立原因加以规定。其中有些原因本身也是“疾病”的概念所不能包含的。

此外，印度刑法将精神障碍的原因规定为“精神不健全”；泰国刑法则把心理障碍（认识能力）与精神障碍并列，亦是其特色。

2. 精神障碍的程度（分级）

精神障碍无疑有程度上的差别，但是这种程度上的差别在刑法中要不要分级，各国刑法的规定是不同的。其中，有的国家刑法对精神障碍只有有无的规定，而没有程度的规定，如奥地利刑法、西班牙刑法、《美国模范刑法典》、印度刑法、俄罗斯刑法等。按照这些刑法，只要认定行为人在行为时存在着精神障碍，就不负刑事责任，否则就要负刑事责任，而没有程度上的差别。

但是德国刑法、意大利刑法、瑞士刑法、日本刑法、韩国刑法、泰国刑法、巴西刑法等，都把精神障碍根据其严重程度分为两级，即严重的精神障碍和比较严重的精神障碍。按照这些刑法的规定，只有严重的精神障碍才视为无责任能力。在由于精神障碍引起的无责任能力与有责任能力之间还存在着一种限制责任能力的状态，即虽然有精神障碍但还没有达到完全丧失责任能力的程度。在这种精神障碍作用下实施危害行为的，可以减轻处罚。

3. 精神障碍的鉴定标准

精神障碍在刑法中的意义在于影响人的刑事责任能力，那么刑法规定的精神疾病等因素所引起的精神障碍是否达到了影响刑事责任能力的程度，就需要按照一定的标准来鉴别。对此，一些国家刑法作了明确规定。除了对精神疾病的医学鉴定标准之外，这些国家刑法规定根据法学（或心理学）标准来鉴定精神疾病等因素对责任能力的影响程度。其中有的刑法规定了单一的鉴定标准，即根据精神障碍对认识能力的影响程度来鉴定是否达到影响责任能力的程度，如加拿大刑法、西班牙刑法、意大利刑法、印度刑法等。有的刑法规定了双重（选择）的鉴定标准，即根据精神障碍对认识能力的影响程度和对控制行为的能力的影响程度来鉴定是否达到影响责任能力的程度，如奥地利刑法、美国模范刑法典、德国刑法、法国刑法、瑞士刑法、泰国刑法、韩国刑法、巴西刑法、我国刑法等。按照这些刑法的规定，精神疾病等因素引起的精神障碍致使行为人在行为时不能辨认自己行为的性质或者不能控制自己的行为时，都影响刑事责任能力。这就意味着，精神障碍引起的辨认能力的丧失，或者控制能力的丧失，或者辨认能力和控制能力的同时丧失，其中任何一种情况都符合丧失刑事责任能力的标准。

至于辨认能力的含义，有的强调辨别行为的不法（错误）性质，如奥地利刑法、加拿大刑法、德国刑法、泰国刑法、印度刑法等；有的强调识别行为或事实的犯罪性质（反伦理性），如美国模范刑法典、巴西刑法等；有的强调辨认行为本身，如法国刑法、我国刑法、俄罗斯刑法等，韩国刑法中规定的欠缺事物辨别力也可视为对行为本身事实的辨别能力。此外，意大利刑法只规定意思及辨别能力，这似乎也应认为是对行为本身的意思和辨别能力。

至于控制能力的含义，各国刑法都规定为控制自己行为的能力。但是强调的侧重点或表述的方式不同，如“依其辨别而为行为”（奥地利刑法、德国刑法）、“依从法律之要求而行为”（美国模范刑法典）、“意思决定力”（韩国刑法）、“自我管制”（泰国刑法）、“根据辨认控制自己”（巴西刑法）、“控制自己行为”（俄罗斯刑法、我国刑法）。前三种表述是从积极的方面强调意志选择能力的，后三种表述则是从消极的方面强调意志自控能力的。

4. 不影响刑事责任能力亦即不影响刑事责任的精神障碍

意大利刑法特别规定，情绪上的激动、意气不得免除或减低责任能力；瑞士刑法、韩国刑法也规定，自己陷于重大意识障碍的，不属于无责任能力或限制责任能力的情况。这是对精神障碍影响刑事责任能力的限制性规定。

（五）醉酒

关于醉酒状态下犯罪的刑事责任问题，有的国家刑法没有对之作出专门规定，而是将其作为自愿（故意或过失）陷入无责任能力状态的情形之一，规定其不免除或减轻行为人的刑事责任。但是有些国家对此作了专门规定。

《奥地利刑法典》第35条规定：“行为人因不能阻却责任能力之酩酊状态而为行为时，仅限饮用或使用麻醉剂有理由，且对其辨别能力减低不应予以责难者，得为减轻事由。”

《意大利刑法典》在总则第四章“罪犯和犯罪被害人”第一节“可归罪性”第91条中规定：“因意外事件或者因不可抗力而处于完全的醉酒状态，从而在实施行为时不具有理解或意思能力的，不是可归罪的。如果醉酒状态是不完全的，但仍能大大降低理解或意思能力，却不能排除该能力，刑罚予以减轻。”第92条规定：“如果醉酒状态不是产生于意外事件或者不可抗力，既不排除也不降低可归罪性。如果醉酒状态是为了实施犯罪或者准备借口的目的而预先安排的，刑罚予以增加。”第93条规定：“当行为是在麻醉品作用下实施的时，也适用前二条的规定。”第94条规定：“如果犯罪是在醉酒状态中实施的，并且该状态属于惯常性醉酒，刑罚予以增加。在刑事法律的意义上，那些沉溺于饮用酒精饮料并且经常处于醉酒状态的人，视为惯常性醉酒者。当沉溺于使用麻醉品的人在麻醉品作用下实施犯罪时，也适用本条第一款规定的加重处罚。”第95条规定：“在因酒精和麻醉品造成的慢性中毒状态下实施犯罪的，适用第八十八条和第八十九条[1]中的规定。”

《加拿大刑法典》第33.1条规定：“（1）如果被告明显违背了第（2）款所述之注意标准其基于自愿引起的醉态而缺乏

〔1〕 第88条为完全精神错乱而无责任能力之规定；第89条为部分精神错乱而减轻其刑之规定。

第（3）款规定犯罪所要求的一般的故意或者意愿，对于这类犯罪不构成辩护理由。（2）在本条中，行为人处于自愿引起的醉态，使其不能意识到或者不能控制自己的行为，故意或者非故意地妨害或者威胁妨害他人的身体完整性即为明显违背了注意标准而有刑事过错。（3）本条适用于根据本法或者其他议会法律将攻击或者其他对于他人的身体完整性之妨害或者威胁妨害作为构成要素的犯罪。”

《美国模范刑法典》在总则第二章“责任之一般原理”第2.08条中规定：“（1）除第四项有特别规定外，行为者酩酊状态中者，除能依之否定犯罪成立要件者外，不能作为抗辩。（2）以轻率作为责任条件之罪，行为者如因自己招致之酩酊之结果，以致未能认识如未酩酊当能认识之危险时，其认识之欠缺不影响犯罪之成立。（3）仅有酩酊尚不该当于第4.01条所谓之精神疾病。（4）（a）因非自己招致之酩酊或（b）因病理上的酩酊之结果，行为者于行为之际，对自己之行为之犯罪性（反伦理性）欠缺辨别能力或欠缺适应法律所要求之行为之能力时，即可作为积极抗辩。（5）定义，本条所用用语之意义除明显地应为不同之解释外，依下列各款所定。（a）‘酩酊’系指因摄取物质于体内而引起之精神的或肉体的机能之障碍。（b）‘自己招致之酩酊’系指行为者知悉或得知其会为酩酊之原因之物质，而有意识地予以摄取而产生之酩酊。但其摄取如系基于医师之建议或对犯罪可作为抗辩之情况下所为者不在此限。（c）‘病理上的酩酊’系指自外摄取足以引起酩酊作用之物质之分量而观，行为者不知竟会招致如此过度之酩酊而言。”

《俄罗斯刑法典》第23条规定：“在使用酒精饮料、麻醉品或者其他迷幻药物而导致的不清醒状态中实施犯罪的人，应承担刑事责任。”

我国《刑法》第 18 条第 4 款规定："醉酒的人犯罪，应当负刑事责任。"

《泰国刑法典》第 66 条规定："饮用酒类或其他酒精饮料致泥醉者，无前条规定之适用。但其泥醉系不知或反于其意志，而于犯罪时不能辨识行为之性质或违法性，或不能自我控制者，免除其刑；能为部分之辨识或自我控制者，得减轻其法定刑。"

《印度刑法典》第 85 条规定："一个人在不能抗拒的情况下醉酒，以致不能辨认自己行为的性质是否错误或违法而实施的行为，不构成犯罪。"第 86 条规定："一个人在醉酒的状态中犯罪应当与正常人犯罪一样受到处罚；但必须具有特定目的或动机的犯罪和不能抗拒的情况下醉酒的除外。"

从上述国家刑法的规定看，醉酒状态下实施犯罪行为的，醉酒与刑事责任有四种关系：（1）不影响犯罪行为的刑事责任；（2）免除犯罪行为的刑事责任；（3）有条件地减轻犯罪行为的刑事责任；（4）加重犯罪行为的刑事责任。

其中有的刑法只规定醉酒的人犯罪不免除或者应当负刑事责任，如俄罗斯刑法、古巴刑法、我国刑法等。按照这类规定，不论醉酒的原因如何，醉酒都不能作为免除或减轻刑事责任的理由。有的刑法对自愿醉酒与非自愿醉酒作了区分，自愿醉酒的不影响刑事责任；因偶然事件或者在不能抗拒的情况下醉酒，或者在不知或违反其意志的情况下醉酒，或者病理性醉酒，或者在既无故意又无过失的情况下醉酒，以致不能辨认或者控制自己行为时，实施犯罪行为的，免除刑事责任；辨认或者控制能力减弱但未完全丧失时减轻刑事责任，如加拿大刑法、意大利刑法、泰国刑法、印度刑法、巴西刑法、美国模范刑法典等。这种规定意味着，醉酒在一般情况下不影响行为的刑事责任，但在法定情况下（通常是既无故意又无过失）醉酒时，可以免除或减轻刑事责任。西班牙刑法的规定与之类似，即明文规定在非经常性酗酒并且没有犯意的情况下因醉酒而犯罪的，减轻刑事责任，这就暗含着非这种情况下醉酒的，不免除亦不减轻其行为的刑事责任。此外，意大利刑法还规定，图谋犯罪或冀求免责而预筹酒醉，或者常习性酒醉，因而犯罪的，不但不免除刑事责任而且要加重处罚。这种规定，更多地恐怕是基于政策性考虑。

除了醉酒之外，奥地利刑法、意大利刑法等还规定，使用麻醉剂而处于酩酊状态的，适用有关醉酒的规定。

（六）共同犯罪人

新《法国刑法典》第121－6条规定："第121－7条意义上的共犯，以正犯论处。"第121－7条规定："故意给予帮助或协助，为准备或完成重罪或轻罪提供方便者，构成重罪或轻罪之共犯。以礼物、许诺、威胁、命令、滥用权势或职力挑动犯罪或教唆实行犯罪者，亦构成共犯。"

与法国刑法的规定相类似，《奥地利刑法典》第12条规定："直接实施犯行、唆使他人实施犯行或其他加功于犯罪行为之实行者，均为实施犯罪行为之人。"第13条规定："数人参与犯罪行为时，依各人之责任处罚之。"

《加拿大刑法典》亦在第一章"通则"第21条中规定："（1）实施下列行为之一人，为犯罪参与犯罪者：（a）实行犯罪；（b）为帮助他人犯罪而实施作为或者不作为；（c）教唆他人犯罪。（2）当两人或者两人以上共同计划实施非法意图并相互协助，且其中任何一人实施此共同意图而构成犯罪时，其中每个明知或者应知实施此共同意图之可能结果为犯罪之人，为此犯罪之参与者。"第22条规定："（1）教唆他人参与犯罪，而被教唆者此后构成犯罪参与者时，尽管其犯罪手段不同于教唆之手段，教唆者也构成此犯罪之参与者。(2) 教唆犯罪者明知或者应知被教唆者有可能因其教唆而犯各罪，为被教唆者因其教唆所犯各罪之参与者。(3) 本法中，‘教唆’包括诱使、唆使和煽动。”第23条规定：“(1) 明知他人参与犯罪，而为使其脱逃的接受、安慰或者为其提供帮助，构成事后从犯。(2)（已婚之人其配偶参与犯罪为便利其脱逃而容留、安慰或帮助者，非事后从犯已废止）。”第23.1条规定：“为更加明确无疑，尽管受被告协助或者教唆、指使或者诱使，或者接受、安慰或者帮助之人，不能被定罪，第21条至第23条仍适用于被告。”

《西班牙刑法典》在卷一第一编“共同规定”和第二编“犯罪及过失罪的刑事责任人”中规定了犯罪及其刑事责任的一般原则。其中第17条规定：“所谓合谋，是指两人或两人以上协商执行并共同实施犯罪。所谓教唆，是指力邀他人或多人参与实施犯罪。合谋和教唆犯罪的，只有在法律特别规定时才处以惩罚。”第27条规定：“主犯和从犯应承担犯罪和过失罪的刑事责任。”第28条规定：“独自、伙同他人及利用他人实施犯罪的，为主犯。以下行为亦被认定为主犯：1. 直接诱使他人或多人实施犯罪的。2. 以一种完成犯罪事实不可或缺的行为与他人合作完成犯罪行为的人。”第29条规定：“所谓从犯，是指不满足前条规定，但在犯罪行为发生时接受、实现或同时以行动合作参与完成犯罪事实的行为人，而不包括前条规定的情节之内的。”第30条规定：“利用媒体和传播技术支持实施犯罪和过失罪，从犯和其他对其行为提供便利的人不负刑事责任。第28条关于主犯的规定按照以下次序逐一替补地认定为‘诱使他人或多人实施犯罪的’：1. 确实着手编撰文稿或制作图标的，认定为诱使实施犯罪。2. 从事传播的负责人。3. 出版社、广播台或发射单位的负责人。4. 制作、复制或印刷部门的负责人。前款诸项的当事人以缺席审判或定居国外等方式逃避刑事责任而无法对其诉讼的，对后一项所述的当事人进行起诉。”《西班牙刑法典》在卷一第四编“刑罚”第二章“刑罚之执行”第62条又规定：“在对煽动罪的主犯处以刑罚时，考虑到犯罪意图和实施的犯罪行为，在依法对既遂的处罚的基础上降低一至二级予以处罚。”第63条规定：“从犯既遂或未遂的，按照法律对相同犯罪的主犯规定的刑罚，降低一级处罚。”第64条规定：“以上对煽动犯和从犯的规定，在法律对其有专门规定时不适用。”

《美国模范刑法典》在总则第二章“责任之一般原理”第2.06条中规定：“（1）凡对于自己之行为或法律上应归责于自己之他人之行为或由双方之行为而犯之罪，应对该罪负其责任。（2）有下列所定情形时，即应对他人之行为负其责任。（a）引起不知情之他人或不负刑事责任之他人行为者，如其具备成立该罪所需种类之责任条件时。（b）本法或规定该罪之法律规定须对他人之行为负其责任时。（c）他人实行犯罪，而为该他人之共犯时。（3）对于所犯之罪，如有下列所揭情形，即系为该犯罪行为之他人之共犯。（a）以促进或助成该罪之实行为目的，而为下列各款所列之行为者。Ⅰ. 教唆他人犯该罪者。Ⅱ. 他人在实行犯罪时或正在计划犯罪时，对之帮助或同意或尝试帮助者。Ⅲ. 在法律上有义务防止该罪之实行，而怠于作适当的努力者。（b）实行法律上明示为共犯之行为者。（4）以发生特定结果为犯罪成立要件之罪，如对引起该结果之原因行为有共犯关系之人，对其结果而言，如具备成立该罪所必需之种类之责任要件时，且为实行该罪之共犯。（5）法律上无犯特定罪之资格之人，如由于法律上可归责于自己之他人之行为而犯之时，得令其负犯该罪之责任。但令其负责与欠缺犯罪资格之规定意旨不相容时，不在此限。(6) 除本法或规定该罪之其他法律别有规定外，有下列所定之情形之一者，不能作为他人所实行之罪之共犯。(a) 其为该犯罪之被害人时。(b) 依定该罪之法律曾预定其行为为他人实行犯罪所必然随伴之事件时。(c) 在实行犯罪之前，终止共犯关系且Ⅰ. 将共犯关系给予实行犯罪之效果完全予以消灭。或Ⅱ. 给予执法机关适时之警告或以其他方式对阻止其罪之实行作适当的努力。(7) 纵实行其罪之他人未受诉追或有罪之认定，或受其他之罪或等级不同之罪之有罪之认定，或对诉追或有罪认定有免责特权，或受无罪认定之场合，如能证明实行犯罪之事实及对其罪有共犯关系时，无碍于认定其有罪。”此外，《美国模范刑法典》在总则第五章“未完成的犯罪”中还对共谋罪、教唆罪等作了规定。第5.02 条规定：“(1) 教唆犯之定义。以促进或助成实质犯罪之实行为目的，对他人命令、鼓吹或要求为构成犯罪或其未遂罪或该当于此等罪之共犯之特定行为为犯该罪之教唆罪。(2) 教唆罪之不成功。行为者对被教唆实行犯罪之对方为沟通意思之行为，纵实际上未能沟通其意思时，并不妨碍第一项之适用。(3) 犯罪目的之放弃。教唆者于教唆他人实行犯罪后，如能确认其系在完全而自动的放弃犯罪目的之状况下，说服被教唆者并不为犯罪之实行，或以其他方法防止犯罪之实行时，即为积极抗辩。”第 5.03 条规定：“(1) 共谋之定义。以促进或助长实质犯罪之实行为目的，为该当于各款行为之一者，即为与他人犯该罪之共谋罪。(a) 行为人与他人同意由全体或其中一部分之人，实行构成该犯罪或其未遂罪或教唆罪之行为者。(b) 于他人计划或实行该犯罪或其未遂罪或教唆罪之际，同意对之给予援助者。（2）共谋关系之范围。依第一项规定，犯共谋罪者，如知悉其共谋之对方更与其他之人共谋实行同种之犯罪，纵不知该其他之人系属何人时，亦属触犯该其他人所实行之犯罪之共谋罪。(3）以复数犯罪为目的之共谋。共谋犯数个实质犯罪者，如其数罪系为同一之合意或继续的共谋关系之目的时，即为仅犯一个共谋罪。（4）追诉共谋罪之合并及土地管辖。(a）有下列情形时，依本项（b）所定，得对犯共谋罪之二人以上之人合并追诉。Ⅰ. 其等以彼此共谋被追诉时。或Ⅱ. 不管其参与者是否同一，作为追诉对象之二个以上之共谋，如有可视为仅为有组织的犯罪活动计划之不同表现之密切关系时。（b）依本项（a）之规定为之合并追诉，依次例为之。Ⅰ. 任何被告不在自己加入共谋关系，或自己或共谋之对方基于共谋而为显示行为之地点以外之郡（教区或地区），受共谋罪之追诉。Ⅱ. 被告之刑事责任，或其他人之行为或发言作为对被告不利之证据之许容之范围，不因有合并追诉而被扩张。Ⅲ. 裁判所为了促进关于被告有罪或无罪之公正之判断，认为有必要及适当时，基于被告之要求命分离审理，或仅对该被告作特别之评决，或采取其他适当之措施确保审理之公正。(5）显示行为。无论何人犯了第一级及第二级重罪以外之实质犯罪之共谋罪，如未被主张及证明达到共谋之目的之显示行为，系由其自己或共谋之对方所为，不受有罪之认定。(6）犯罪目的之放弃。行为者共谋实行实质犯罪后，在能确认其在完全而自动的放弃犯罪目的之状况下，阻止共谋目的之达成，即为积极抗辩。(7）共谋之继续。关于第1.06条（4）之适用，依下列之例为之。(a）共谋系继续的一系列之行动，于其作为目的之一个或数个实质犯罪被实行时，或其实行之合意为被告及其共谋之对方所废弃时终了。(b）被告及共谋之对方，至其时效期间届满时止，未为远其共谋目的之显示行动时，推定已废弃其共谋之合意。（c）共谋者之一，纵有废弃其合意，如未将合意之废弃告知共谋之对方，或向法律执行机关申告共谋之存在及自己为共谋之一员时，对该人之关系上，不得认为共谋已终结。”第5.04条规定：“（1）除第二项有特别规定者外，纵有下列各款所定情形，对教唆他人或与他人共谋实行实质犯罪之责任并无影响。（a）自己或教唆共谋之对方，欠缺形成该犯罪构成要件之特定地位或属性。但以行为人相信自己或对方之任何一方具有其地位及属性者为限。（b）教唆或共谋之对方，关于该犯罪之实行欠缺责任能力，或对追诉或有罪认定具有免责特权。（2）纵使达成犯罪之目的，如对教唆或共谋者，依规定该罪之法律，不能作为犯罪，或依第2.06条（5）或第2.06条（6）（a）或（b）不能作为共犯时，得作为对追诉教唆罪或共谋罪之抗辩。”

《德国刑法典》在总则第二章“犯罪”中专设第三节规定“正犯与共犯”。其第25条规定：“（1）自己实施犯罪，或通过他人实施犯罪的，依正犯论处。（2）数人共同实施犯罪的，均依正犯论处（共同正犯）。”第26条规定：“故意教唆他人故意实施违法行为的是教唆犯。对教唆犯的处罚与正犯相同。”第27条规定：“（1）对他人故意实施的违法行为故意予以帮助的，是帮助犯。（2）对帮助犯的处罚参照正犯的处罚，并依第49条第1款减轻其刑罚。”第28条规定：“（1）正犯的刑罚取决于特定的个人特征（第14条第1款）的，如共犯（教唆犯或帮助犯）缺少此特征，依第49条第1款减轻处罚。（2）法定刑因行为人的特定的个人特征而加重、减轻或排除的，其规定只适用于具有此特征的行为人（正犯或共犯）。”第29条规定：“数人共同犯罪的，各依自己的罪责受处罚，不考虑他人的罪责。”第30条规定：“（1）命令或教唆他人实施重罪而未遂的，依该重罪的未遂论处。但依第49条第1款减轻处罚。可相应地适用第23条第3款的规定。（2）示意他人犯罪，或接受他人的犯罪请求，或与他人约定实施重罪，或教唆他人实施重罪的，其处罚适用前款规定。”第31条规定：“（1）具有下列情形之一的，不依第30条处罚：1. 自动放弃命令他人犯重罪的意图，且消除可能发生的他人犯罪的危险的；2. 在已经声明愿意实施重罪之后放弃其计划；3. 接受他人的犯罪请求或与他人约定实施重罪后，能自动阻止犯罪的。（2）如没有中止犯罪的中止行为犯罪行为也会停止的，或没有中止犯中止以前的犯罪行为行为也会实施的，只要行为人主动努力阻止行为发生的，即不予处罚。”

《瑞士联邦刑法典》总则第二章“可罚性”第五节“共犯”第24条中规定：“（1）故意唆使他人犯重罪或轻罪的，是教唆犯。对教唆犯的处罚与正犯相同。（2）教唆他人犯重罪未遂的，依此重罪之未遂论处。”第25条规定：“故意帮助他人实施重罪或轻罪的，可减轻处罚（第65条）。”第26条规定：“裁判时应考虑到正犯、教唆犯和帮助犯所具备的从重、减轻或排除刑罚的特殊之个人关系、特征和情况。”

《意大利刑法典》在总则第四章“罪犯和犯罪被害人”第三节“共同犯罪”第110条中规定：“当数人共同实施同一犯罪时，对于他们当中的每一个人，均处以法律为该犯罪规定的刑罚。以下各条另有规定的除外。”第111条规定：“指使因人身条件或者个人身份而不可归罪的或者不受处罚的人员实施犯罪的，对该人员实施的犯罪负责；刑罚予以增加。如果属于可实行当场逮捕的犯罪，刑罚增加1/3至一半。如果指使他人实施犯罪的人是被指使者的父母，刑罚增至一半；如果属于可实行当场逮捕的犯罪，刑罚增加的幅度为1/3至2/3。”第112条规定：“有下列情况之一的，对犯罪应科处的刑罚予以增加：1）共同参加犯罪的人数为5人或者5人以上的，法律另有规定的除外；2）除以下两项规定的情况外，发起或者组织犯罪合作的，或者在共同犯罪中起领导作用的；3）在行使其权力、领导或监督职责中，指使其属员实施犯罪的；4）除第111条规定的情况外，指使不满18岁的未成年人或者处于精神病或精神缺陷状态的人实施犯罪的。出于人身条件或身份的原因，利用不可归罪者或者不受处罚者实施可对之实行当场逮捕的犯罪的，处罚可增加至一半。如果指使他人实施犯罪或者利用他人实施犯罪的人是对被指使者或被利用者行使父母权的人，在第1款4）规定的情况下，刑罚可增加至一半；在第2款规定的情况下，刑罚可增加至2/3。如果某一参加犯罪的人是不可归罪的或者不受处罚的，同样适用本条1）项、2）项和3）项规定的加重处罚。”第113条规定：“在过失犯罪中，当危害结果是由数人的合作造成时，对每人均处以为该犯罪规定的刑罚。对于指使他人在犯罪中合作的人，当具备第111条和第112条3）项和4）项规定条件时，刑罚予以增加。”第114条规定：“如果法官认为在第110条和第113条规定的情况下参加共同犯罪的人在犯罪的准备合作执行过程中只起了轻微的作用，可以减轻处罚。上述规定不适用于第112条列举的情况。对于被指使实施犯罪或者在犯罪中合作的人，当具备第112条第1款第3）项和第4）项和第3款规定的条件时，也可以减轻处罚。”第115条规定：“除法律另有规定外，如果两人或两人以上为实施犯罪的目的而达成协议，并且该犯罪没有实施，不得仅因协议行为而对任何人予以处罚。但是，在为实施某一重罪而达成协议的情况下，法官可以适用保安处分。在教唆他人实施犯罪的情况下，如果教唆已被接受，但犯罪没有实施，适用同样的规定。如果教唆没有接受，并且属于教唆实施某一重罪，对教唆人可处以保安处分。”第116条规定：“如果已实施的犯罪是某一共同犯罪人不希望实施的犯罪，当结果是因其作为或者不作为造成时，该人也对该犯罪负责。如果已实施的犯罪重于所希望实施的犯罪，对于希望实施较轻犯罪的人减轻处罚。”第117条规定：“如果由于犯罪人的人身条件或身份或者由于犯罪人与被害人之间的关系而对某些共同犯罪人改变罪名，其他人也对相同的犯罪负责。但是，如果这后一犯罪比较严重，对于不具备上述条件、身份或者关系的人，法官可以减轻处罚。”第118条规定：“如果使刑罚加重或者减轻的情节涉及犯罪的原因、故意的强度、过失的程度或者犯罪人的人身条件，则只对与之有关的人员加以考虑。”第119条规定：“使某一共同犯罪人不受处罚的主观情节仅针对与之相关的人具有效力。排除刑罚的客观情节针对所有共同犯罪人均具有效力。”

《希腊刑法典》在总则第三章“未遂与共犯”第二节“共犯”第45条中规定：“两个或两个以上的人共同实施犯罪的，每个人均作为该行为的正犯追究刑事责任。”第46条规定：“1. 下列人员也应当处以正犯的刑罚：a）故意地让他人决意实行已经被实施的不法行为的人；b）故意地向实行人在实行其主要行为的过程中提供直接帮助的人。2. 故意地让他人决意实行已经被实施的不法行为的人，在该他人力图实行犯罪或者力图实施可追究刑事责任的预备行为之时，基于本人的意思和意志阻止该犯罪达到既遂的，按照正犯的刑罚减轻1/2处罚。”第47条规定：“1. 在不法行为实施之前或者实施之时故意地提供任何其他帮助，不属于前条第1款b项规定的情形的，作为从犯按照第83条规定的减轻的刑罚予以处罚。2. 第42条第2

款的规定也相应地适用于本条。3. 对违警罪实施的此种帮助行为，只有在法律有规定的情况下才能够追究刑事责任。”第48条规定：“第46条和第47条规定的犯罪，不受实行行为人是否构成犯罪的影响。”第49条规定：“1. 对以特殊的身份或者关系为法定构成要件的犯罪，如果只有实行者具有该身份或者关系的，对第46条第1款规定的关联人，按照第83条所规定的减轻的刑罚予以处罚；如果只有第46条第1款和第47条规定的关联人具有该身份或者关系的，将其作为正犯追究刑事责任，将实行者作为从犯追究刑事责任。2. 加重、减轻或者免除刑罚的个人的身份、关系或者其他情节，效力只能及于具有该情节的共同犯罪人。”

《巴西刑法典》总则第四编“共同犯罪”第29条中规定：“以任何方式加功于犯罪的人，根据他们的责任大小，按照法律对该罪规定的刑罚追究刑事责任。1. 如果参与共同犯罪的行为所起作用属轻微的，可以减轻刑罚1/6至1/3。2. 如果部分共同犯罪人只是希望参与实施比实际结果较轻的罪行的，对这些人适用较轻的刑罚；但是如果发生了比预想结果更重的结果的，应当加重其刑罚的1/2。”第30条规定：“除非属于犯罪构成要件，否则不能将个人特征视为共同犯罪的情节和状况。”第31条规定：“对于策划、共谋、教唆或者帮助行为，除非另有例外规定，否则在犯罪的实施尚未达到未遂程度的情况下，不追究刑事责任。”

《古巴刑法典》在总则第五编“犯罪人”第二章“共犯”第18条中规定：“1. 刑事责任由主犯和从犯承担。2. 主犯是指：a）直接实行犯；b）对犯罪计划的制定及其执行起组织作用的人；c）教唆有刑事责任能力的其他人实施犯罪的人；d）以实施作为犯罪发生之必要条件的行为（如无该协力行为该犯罪就不会发生）为手段协力犯罪实行的人；e）利用不属于共犯的其他人、无刑事责任能力人、在暴力或胁迫支配下或者基于认识错误实施行为而不承担刑事责任的人的行为，实行犯罪的人。3. 从犯是指：a）鼓励他人坚持其实施犯罪的意图的人；b）提供工具、情报，或者为获取工具、情报提供便利，或者为更好地实行犯罪而提供建议的人；c）在犯罪实行完毕之前承诺窝藏主犯、湮灭犯罪证据或者隐匿犯罪所得的人；d）以其他方式对犯罪的实行进行协力但不成立主犯的人。4. 对于危害人类、人类尊严、公众健康的犯罪或者国际条约规定的犯罪，不论行为人是以何种形式参与犯罪，均按主犯追究刑事责任。”第19条规定：“1. 对主犯，法院在其所犯之罪的法定刑幅度内量定刑罚。2. 对从犯，在幅度不超过1/3的范围内降低其所犯之罪的法定最高刑和法定最低刑，法院在此修正后的幅度内量定适当的刑罚。3. 共同犯罪人自动并且成功地阻止犯罪的既遂的，可以免除处罚。如果该共同犯罪人虽然已经尽力地予以阻止但犯罪还是达到既遂的，可以在幅度不超过2/3的范围内降低其法定最低刑。”

《埃及刑法典》在总则第四章“共犯”第39条中规定：“下列人员视为正犯：1. 单独或者与他人共同施行犯罪的人。2. 有通谋地参与实施组成复合行为犯之部分行为的人。但是，如果其中一个正犯具有致使犯罪种类或者对其所适用的刑罚发生改变的特定情节的，该情节的效力不能及于其他正犯。如果其中一个正犯的目的或者对犯罪的认识状况致使犯罪种类发生改变的，效力同样不能及于其他正犯。”第40条规定：“下列人员视为共犯：1. 教唆他人实行犯罪行为的人，且该犯罪行为基于该教唆而发生。2. 与他人就实行犯罪达成合意的人，且该犯罪基于合意而发生。3. 在明知的情况下，向正犯提供武器、设备或者用于实施犯罪的任何其他物品或者在正犯预备、便利、完成犯罪实施之行为中以任何方式提供帮助的人。”第41条规定：“除非法律另有特殊规定，参与实施犯罪的共犯应当承担刑事责任。但是：1. 在正犯具有致使犯罪种类发生改变的特定情节时，如果共犯对这些情节不存在明知的，这些情节的效力不能及于共犯。2. 在因为正犯的目的或者对犯罪的认识状况致使犯罪种类发生改变时，如果共犯和正犯之犯罪目的或者对犯罪的认识是一致的，共犯应当对之承担刑事责任。”第42条规定：“如果正犯因为存在正当化事由、缺乏犯罪意图或者其自身相关的其他情节而不受刑罚处罚的，对共犯仍然应当按照法律对之规定的刑罚处罚。”第43条规定：“如果实际实施的犯罪造成了教唆、合意、帮助之潜在可能结果的，对参加实施犯罪的共犯人而言，即使其对该结果不存在故意，也应当对之承担刑事责任。”第44条规定：“如果对同一犯罪的数个被告人在同一判决中作出判决的，无论是正犯还是共犯，都应当对每一个被告人分别判处罚金。除非在法院的判决中另有规定，否则所有被告人对被判处的罚金负有连带支付责任。”第44条A规定：“在明知的情况下，隐藏被盗物品或者通过实施重罪或轻罪所获得的物品的，处不超过2年的劳动拘役。如何行为人明知其隐藏的物品来源于处刑比前款更重的犯罪的，应当对之判处对该更重的犯罪所规定的刑罚。”

《日本刑法典》在总则第十一章“共犯”第60条中规定：“二人以上共同实行犯罪的，都是正犯。”第61条规定：“教唆他人实行犯罪的，判处正犯的刑罚。教唆教唆犯的，与前项同。”第62条规定：“帮助正犯的，是从犯。教唆从犯的，判处从犯的刑罚。”第63条规定：“从犯的刑罚，按照正犯的刑罚予以减轻。”第64条规定：“仅应判处拘留或者科料之罪的教唆犯和从犯，如果没有特别规定的，不处罚。”第 65 条规定：“对于因犯罪人身份而构成的犯罪行为进行加功的人，虽不具有这种身份的，也是共犯。因身份而特别加重或者减轻刑罚时，对于没有这种身份的人，判处通常的刑罚。”

《泰国刑法典》在总则第一章第六节“主犯与从犯”第 83 条中规定：“二人以上共同参与犯罪者，皆为正犯，依同罪法定刑处罚之。”第 84 条规定：“利用聘雇、强迫、恐吓、雇工、利诱、煽动或其他方法，使他人犯罪者，为教唆犯。受雇人实行其犯罪行为者，教唆犯依主犯之刑处罚之。受雇人未实行犯罪行为，无论系因未经同意、未及着手或其他原因，唆使犯依该罪法定刑 1/3 处罚之。”第 85 条规定：“宣传或散布印刷品使公众犯罪，而该犯罪法定刑为 6 个月以下有期徒刑者，依该罪之刑 1/2 处罚之。前项之犯罪因该宣传或散布之结果而犯之者，宣传或散布人依主犯之刑处罚之。”第 86 条规定：“于他人犯罪前或犯罪时，以任何方法帮助或便利其犯罪者，为从犯，依该罪法定刑 2/3 处罚之。犯罪人不知帮助或便利之情者，亦同。”第 87 条规定：“依第 84 条雇佣他人犯罪或依第 85 条宣传或散布印刷品使公众犯罪或依第 86 条使从犯帮助或便利犯罪，而发生之犯罪，逾越雇佣、宣传、散布之范围，或超过从犯之意图者，其唆使人、宣传人、散布人或从犯，仅依其情形就雇佣、宣传、散布或其意图范围内负其刑事责任。但其因唆使、宣传、散布或帮助而发生犯罪可得预见者，其唆使人、宣传人、散布人或从犯，应就其发生之犯罪负责。受雇人，因宣传或散布犯罪行为之人或主犯，对其犯罪应负加重刑事责任者，其唆使人、宣传人、散布人或从犯，亦依加重刑罚之犯罪负其责任。但依犯罪之性质，犯罪人仅于其就犯罪结果之发生明知或有预见始负加重刑罚之责任者，其唆使人、宣传人、散布人或从犯依加重刑罚之犯罪负责，亦以其就犯罪结果之发生明知或有预见为限。”第 88 条规定：“因唆使、宣传或散布印刷品使公众犯罪，或帮助而着手犯罪之实行，因唆使人、宣传人、散布人或从犯之干涉，致其犯罪未完成，或完成而未发生犯罪之结果者，其唆使人、宣传人、散布人仅就第 84 条第 2 项或第 85 条第 1 项之规定负其责任；从犯不罚。”第 89 条规定：“因被告个人而免除、减轻或加重刑罚之情况，对该犯罪行为之其他被告不适用之。因犯罪性质而免除、减轻或加重刑罚之情况，适用于该犯罪行为有关之各被告。”

我国《刑法》在总则第二章第三节“共同犯罪”第 25 条中规定：“共同犯罪是指二人以上共同故意犯罪。二人以上共同过失犯罪，不以共同犯罪论处；应当负刑事责任的，按照他们所犯的罪分别处罚。”第 26 条规定：“组织、领导犯罪集团进行犯罪活动的或者在共同犯罪中起主要作用的，是主犯。三人以上为共同实施犯罪而组成的较为固定的犯罪组织，是犯罪集团。对组织、领导犯罪集团的首要分子，按照集团所犯的全部罪行处罚。对于第三款规定以外的主犯，应当按照其所参与的或者组织、指挥的全部犯罪处罚。”第 27 条规定：“在共同犯罪中起次要或者辅助作用的，是从犯。对于从犯，应当从轻、减轻处罚或者免除处罚。”第 28 条规定：“对于被胁迫参加犯罪的，应当按照他的犯罪情节减轻处罚或者免除处罚。”第 29 条规定：“教唆他人犯罪的，应当按照他在共同犯罪中所起的作用处罚。教唆不满十八岁的人犯罪的，应当从重处罚。如果被教唆的人没有犯被教唆的罪，对于教唆犯，可以从轻或者减轻处罚。”我国台湾地区亦有如下规定：“二人以上共同实行犯罪之行为者，皆为正犯。”“教唆他人使之实行犯罪行为者，为教唆犯。教唆犯之处罚，依其所教唆之罪处罚之。”“1. 帮助他人实行犯罪行为者，为帮助犯。虽他人不知帮助之情者，亦同。2. 帮助犯之处罚，得按正犯之刑减轻之。”“1. 因身份或其他特定关系成立之罪，其共同实行、教唆或帮助者，虽无特定关系，仍以正犯或共犯论。但得减轻其刑。2. 因身份或其他特定关系致刑有重轻或免除者，其无特定关系之人，科以通常之刑。”

各国刑法中都有关于共同犯罪人的规定，但是规定的角度有所不同：有的是从共同犯罪人的身份角度加以规定的；有的是从共同犯罪人的刑事责任区分的角度加以规定的；有的是从共同犯罪的构成的角度加以规定的。所以有的刑法将其放在刑事责任的一般规定中；有的将其放在有关犯罪人的规定中；有的首先规定了共同犯罪的构成，然后规定不同犯罪人的刑事责任；有的只规定了共同犯罪人的资格即构成条件，有的同时规定了共同犯罪人的资格及其刑事责任。

关于共同犯罪人，首先涉及的问题是共同犯罪人的分类。对此，各国刑法的规定是不尽相同的。其中：

奥地利刑法规定，所有参与共同犯罪的人不论参与方式如何皆为正犯。类似的还有巴西刑法（不对共同犯罪人进行分类，但按照作用处罚）。这可以称为不分法。

古巴刑法、埃及刑法、意大利刑法、加拿大刑法、西班牙刑法，可以说对共同犯罪人采取了两分法，即把共同犯罪人分为主犯（正犯、实行犯）与从犯（共犯、帮助犯）两类。意大利刑法把共同犯罪人分为共犯与教唆犯；加拿大刑法将共同犯罪人分为参与人与事后从犯两类，在参与人中又分实行犯、帮助犯、教唆犯三种；西班牙刑法则采取两种标准对共同犯罪人进行分类，其中按共同犯罪人之间的结合方式分为共谋犯与教唆犯两种，按共同犯罪人的刑事责任又分为主犯与从犯两种。

德国刑法、瑞士刑法、日本刑法、泰国刑法，可以说是采取三分法，将共同犯罪人分为正犯（实行犯）、教唆犯、帮助犯三种，或者教唆犯、主犯、从犯三种。

希腊刑法、我国刑法对共同犯罪人都采取了四分法，但分类标准不同，结果亦不同。我国刑法将共同犯罪人分为主犯、从犯、胁迫犯和教唆犯；希腊刑法把共同犯罪人分为共同正犯、教唆犯、直接帮助犯、普通帮助犯。

《美国模范刑法典》对共同犯罪人可以说采取了五分法，即将共同犯罪人分为实行犯、教唆犯、帮助犯、怠于防止犯（有义务防止犯罪之实行但以促进或助成该罪之实行为目的而怠于作适当努力者）、其他实施法律上明示为共犯之行为者五种。在这五种共同犯罪人之外，《美国模范刑法典》还在未完成的犯罪中使用了共谋犯的概念，这似乎也应作为共同犯罪人的一种。

此外，日本刑法和《美国模范刑法典》还就共同犯罪中的特殊身份问题作了明确规定，即犯罪要求以特定身份才能构成时，只要实行犯中一人有此身份，其他共同犯罪人都构成该罪。

关于共同犯罪人的刑事责任，有的国家刑法在共同犯罪人中并无专门规定，只是在量刑中将其作为一个因素考虑；有的国家刑法则对之作了专门规定。从后者的规定中看，各个共同犯罪人依各自行为的责任受处罚，几乎是共同的原则。在这个原则下，有的国家刑法规定，对于主犯，应当从重或加重处罚；有的国家刑法规定，对于正犯应依其所犯之罪处罚，但对指使、利用无责任能力或不受处罚的人犯罪的要加重处罚，共同参与犯罪的人数在 5 人以上的加重处罚。对于教唆犯，按正犯（实行犯）处罚，对于教唆未遂的按未遂犯处罚。多数国家刑法都规定，对于帮助犯或从犯，减轻处罚。我国刑法则规定，对于从犯应当比照主犯从轻、减轻或免除处罚；对于胁迫（胁从犯），应当按照其犯罪情节比照从犯减轻或免除处罚。

此外，法国刑法还规定，滥用权势或职权，指使或教唆他人犯罪者亦为共犯。泰国刑法则对雇佣他人犯罪者与受雇于人实施犯罪者的刑事责任作了具体区分。对以特殊身份为构成要件的犯罪，只要其中一个参与人具有这种身份，就构成该犯罪。

五、有关刑事责任程度的规定

影响刑事责任程度的因素主要是危害行为、行为时的心理态度以及行为主体等事实情况。有关这些因素的规定，一般都包括在关于刑事责任要素的上述规定之中。但是量刑原则中以及在有些国家刑法关于刑罚的加重或减轻情节中，也包含着对影响刑事责任程度的若干因素的规定。在此，仅就责任构成要件之外明确规定的影响刑事责任程度的因素摘录如下，以便比较。

《德国刑法典》在总则第三章“犯罪之法律效果”第二节“量刑”第46条中规定了量刑的基本原则：“（1）行为人的罪责是量刑的基础。量刑时应考虑刑罚对行为人将来的社会生活所产生的影响。（2）法院在量刑时，应权衡对行为人有利和不利的情况。特别应注意下列事项：行为人的行为动机和目的；行为所表露的思想和行为时的意图；违反义务的程度；行为的方式和行为结果；行为人的履历、人身和经济情况，及行为后的态度，尤其是行为人为了补救损害所作的努力。（3）属于法定犯罪构成要件的情况，可不予考虑。”

《瑞士联邦刑法典》在总则第三章“刑罚、保安处分和其他处分”第二节“量刑”第63条中规定：“法官根据行为人的罪责量刑；量刑时要考虑到被告人的犯罪动机、履历和个人关系。”第64条规定：“行为人因下列各项原因之一而行为的，法官可以对其减轻处罚：出于值得尊敬的动机；在严重之困境情况下；在受到严重威胁之压力下；在必须对之服从之人或依赖之人的要求下；行为人因被害人行为的诱惑；非法刺激或侮辱造成行为人愤怒和痛苦；主动悔罪，尤其是赔偿可指望其赔偿的损失；犯罪后经过的时间较长，且在此期间行为人表现良好；行为人年龄在18—20岁之间，对其行为的不法性还不能完全认识。”

《希腊刑法典》在总则第五章“刑罚的裁量”第79条中规定：“1. 在法律规定的限度内量刑时，法院应当考虑：a）所实施的犯罪的严重程度；以及b）行为人的人格。2. 法院在评价犯罪的严重程度时，应当考虑：a）犯罪所造成的损害或者所导致的危险；b）犯罪的性质、类型、对象，以及犯罪的预备或实行中所伴随的时间、地点、工作、方式等情节；c）行为人的故意的强度或者过失的程度。3. 在评价行为人的人格时，法院尤其应当注意衡量在行为实施过程中所表现出来的行为人的犯罪意向的程度。为了准确地认定，应当考察下列情节：a）导致其实施犯罪的原因、行为的动机和所追求的目的；b）体质和发育程度；c）个人境况、社会环境和以往表现；d）行为中的行为表现和行为后的行为表现，尤其是显示其悔悟和纠正行为后果的意愿的行为表现。基于民族仇恨、种族仇恨、宗教仇恨或者被害人不同的性取向而实施犯罪行为的，是加重处罚情节。4. 在判决中，应当明确陈述法院所适用刑罚的理由。”第84条规定：“1. 在法院认定存在减轻处罚情节的情况下，也可以在前条规定的幅度内减轻刑罚。2. 减轻处罚情节尤其应当考虑下列情形：a）行为人在犯罪之前总体上过着诚实的个人生活、家庭生活、职业生活和社会生活；b）在高尚的动机或者极度贫困的驱使下实施犯罪，或者在严重威胁的支配下实施犯罪，或者在其必须服从或者所隶属的人的强迫下实施犯罪的；c）在有被害人的不正当行为的驱动下实施犯罪，或者在针对其所实施的不正当行为所产生的剧烈的愤怒或者悲伤支配下实施犯罪的；d）表现出真诚悔罪和力图消除或降低行为所造成的后果的；e）行为人在实施行为之后的相当长时间内表现良好的。”

《奥地利刑法典》在总则第四章“量刑”中规定了量刑的基本原则及特别加重、减轻事由。其中第32条规定：“（一）量刑应以行为人之责任为准。（二）法院为量刑时，对于未明定法定刑加重事由及减轻事由，应予以比较衡量。对行为人就不同的法律价值之取舍态度，以及决定取舍倾向之外在环境或内在动机，均应加以考虑。（三）在通常之情形，行为人所引起或虽非行为人所引起，而对之应负责之损害或危害越大，或行为人对其行为所违反之义务越多，或行为人对其行为之思虑越充分，或行为人对其行为之准备越慎重，或行为人实行其行为越肆无忌惮，以及对行为越不谨慎，其量刑应随之越严格。”第33条规定：“行为人有下列情形者，应构成加重事由：1. 犯数个同种或异种之可罚性行为，或可罚性行为继续相当长期间者。2. 因基于相同之有害性习癖之行为，曾受有罪之宣告者。3. 诱使他人犯可罚性行为者。4. 为数人所犯之可罚性行为之发起人或教唆人者，或指导而参与此项行为者。5. 基于应特别责难之动机而行为者。6. 以奸诈、残酷或令被害人备受痛苦之方法而行为者。7. 利用他人无防备或无援之状态而遂行犯罪行为者。”第34条规定：“行为人有下列情形者，应构成减轻事由：1. 于满 18 岁而未满 21 岁人为之者，或行为人于精神异常状态之影响下而为之，或行为人之理解力薄弱或受教育极少者。2. 行为与其日常举动显然矛盾而又一向循规蹈矩者。3. 基于值得尊敬之动机而行为者。4. 受第三人指使，或由于恐惧或顺从而为之者。5. 仅因不作为而使犯罪结果发生以致犯罪者。6. 参与数人所为之可罚性行为而仅有从属性行为者。7. 仅因未经熟虑而为之者。8. 于显然受可理解之激烈之兴奋状态下而为之者。9. 于并非预谋，而系于被诱惑之机会所为者。10. 于非可归责于懒惰之急迫紧急状态下而为之者。11. 于类似阻却责任或阻却违法事由之情况下而为之者。12. 于不能阻却责任之法律错误（第 9 条）之状态下为之而受故意犯之处罚者。13. 犯罪行为虽已终了，而未招致任何损害，或行为止于未遂者。14. 虽有予以更重大损害之机会，而仍依己意抑制之，或损害已由行为人或代替行为人之第三人赔偿者。15. 已赔偿所招致之损害，或为阻止其不利益之结果已尽真挚之努力者。16. 原可轻易逃逸或处于不能被察觉之状态中，而仍亲自自首者。17. 为有悛悔诚意之自白，或其供述，对真相之发见具有重要性者。18. 于相当久之前所为行为，其后保持善行者。”

《瑞士联邦刑法典》在总则第一部“重罪及轻罪”第三章“刑罚、保安处分及其他处分”第二节“量刑”第 63 条中规定：“法官依行为人之罪责量定刑罚，并应斟酌，行为人之动机、素行及个人关系。”第 64 条规定：“法官得于下列情况，减轻刑罚：行为人之行为出于高尚之动机，严重之急迫、胁迫、受有自己须服从或依附人之促使。行为人因被害人之行为，受重大之诱惑。行为人因不当之刺激或侮辱，而生之重大愤怒及痛苦，因而犯罪者。行为人真切表示痛悔，特别在可能期待之范围内，赔偿其所造成之损失。犯罪之后，经过相当之期间，而行为人在此一期间内，行状良好者。行为人年在18岁至20岁之间，对其行为之违法性未具完全判断力者。”此外，《瑞士联邦刑法典》还规定对累犯、竞合犯加重刑罚。

《巴西刑法典》在总则第三章“刑罚的适用”第59条中规定：“法官应当根据犯罪人的一贯社会行为表现、人格、犯罪原因、犯罪情节、犯罪后果、被害人的行为表现，以及惩罚和预防犯罪的必要性和充分性量定刑罚：1. 在规定的数种刑罚中选定所适用的刑种；2. 在刑度范围内可适用的刑罚数量；3. 对剥夺自由最初的执行方式；4. 用另外一种能够适用的刑罚替代被判处的剥夺自由刑。”第61条规定：“如果不单独构成犯罪或者属于结果加重犯的，下列情节在任何情况下都是刑罚加重情节：1. 累犯；2. 行为人实施犯罪时具有下列情形之一的：a）出于卑鄙或者下流的原因；b）是为了便利或者确保其他犯罪的实施，或者为了使其他犯罪被掩饰或者逃避惩罚或者从中获利的；c）使用背信、陷害、伪装、让被害人难以或者不可防卫的手段；d）使用毒药、放火、爆炸物、折磨或者其他诱人上当的或者残酷的手段，或者足以造成公共危险的手段；e）针对尊亲属、卑亲属、兄弟姐妹或者配偶实施犯罪；f）滥用权力、家庭关系、同居关系、热情待客或者针对特别法有规定的妇女使用暴力的；g）滥用官职、公务、交易、服务或者职业固有的权利或者违背其固有的义务；h）针对儿童、60周岁以上的老人、病人或者孕妇实施的；i）当被害人处于有权机关保护之下时；j）在发生火灾、船舶失事、水灾、任何公共灾害或者被害人遭受不幸时；k）在其事先预设的醉态下实施的。”第62条规定：“共同犯罪的行为人具有下列情节之一的，应当加重处罚：1. 策动、建立犯罪集团或者指挥其他犯罪人的活动；2. 强迫或者劝诱他人实行犯罪的；3. 教唆或者指示受其权利支配的人或者由于个人状况、身份而无法构成犯罪的人实施犯罪；4. 因为收买或者许诺给予报酬而实施犯罪或者参与犯罪。”第 63 条规定：“行为人在国内或者国外实施前一犯罪而被判决有罪之后，又实施新的犯罪的，构成累犯。”第 64 条规定：“下列情形，不视为累犯：1. 从前一犯罪被判处的刑罚被执行完毕或者消灭之日（如果被缓刑或者假释而未被撤销的，从考验期满之日起计算）起，到后一犯罪的实施之时已经满 5 年的；2. 军事犯罪和政治犯罪不被考虑构成累犯。”第 65 条规定：“下列情节在任何情况下都是刑罚减轻情节：1. 在犯罪实施之时未满 21 周岁或者在判决之时年满 70 周岁的；2. 不知道法律；3. 行为人具有下列情形之一：a）出于社会的或者道德的价值观念而实施犯罪的；b）在犯罪后主动有效地避免结果发生或者减轻犯罪结果，或者在判决之前已经赔偿了损失的；c）在可以抗拒的胁迫的作用下，或者出于服从上级命令，或者在由于被害人的不正当行为所引起的强烈情绪的作用下实施犯罪的；d）犯罪人主动向有权机关供认罪行；e）在聚众骚乱的影响下实施犯罪但不属于策动者的人。”第 66 条规定：“行为人具有法律没有明确规定的出现在犯罪之前或者犯罪之后的一些相关情节的，也可以予以减轻处罚。”第 67 条规定：“在加重情节和减轻情节同时存在的情况下，判决应当以占优势地位的情节作为量刑取向，并在对该情节规定的限度内量刑。犯罪结果、犯罪人的人格和累犯必须被视为占优势地位的情节。”

《古巴刑法典》在总则第五章“刑罚的裁量”第 47 条中规定：“1. 法院在社会主义法律意识的指导下，主要考虑行为的社会危害程度、减轻或者加重情节、罪犯的动机、罪犯的一贯表现、罪犯的个人性格、罪犯的最后行为表现、罪犯的矫正可能性，在法定的限度内确定刑罚的轻重。2. 作为犯罪构成要件的情节，不能同时被视为刑事责任的加重情节。3. 第52条c项、h项规定的减轻情节、第53条b项、c项、e项、f项、h项规定的加重情节和累犯、多重累犯，适用于法人。”第52条规定：“下列情节是减轻情节：a）行为人在威胁或者强制作用下实施行为的；b）行为人在其所依赖的近亲属的直接影响下实施行为的；c）将应当追究刑事责任的行为错误地认为是正当的而实施犯罪的；d）行为人自发地避免、补救、减轻犯罪后果，或者补偿被害人，或者向当局供认其涉案事实或者协助查清事实的；e）妇女在因为孕期、更年期、月经期或者分娩之后所导致的错乱中实施行为的；f）行为人在实施犯罪之前的履行其对祖国、工作、家庭、社会的义务的过程中保持着一贯的卓越表现的；g）行为人在被害人的不当行为激起的严重精神波动状态下实施行为的；h）行为人基于服从上级的动机而实施行为的；i）由于过度劳动引起的疲劳所导致的不作为。”第53条规定：“下列情节是加重情节：a）作为人数达到3个或者更多的集团成员之一而实施行为的；b）出于获利或者其他卑劣的动机或者微不足道的原因而实施犯罪的；c）犯罪造成严重后果的；d）所实施的行为有未成年人参加的；e）以残酷的方法或者基于反常的野蛮冲动实施犯罪的；f）利用发生公共灾害、面临发生公共灾害活动迫近危险或者其他特殊的境况实施犯罪的；g）使用导致公共危险的方法实施犯罪的；h）犯罪涉及滥用权利、职权或者信任的；i）在夜间实施犯罪，或者在精心选择或者利用的无人居住之处、人迹罕至之处、昏暗之处实施犯罪的；j）利用被害人无自卫能力的状态、对其的依赖或者隶属关系实施犯罪的；k）犯罪人和被害人之间是配偶、四等以内血亲或者二等以内姻亲的，但只有犯危害生命与身体罪、危害正常的性关系和家庭、儿童、青少年罪时，才可以将其作为加重情节；l）犯罪人置其与被害人之间亲密的友谊或者感情于不顾而实施犯罪的；m）在酒精的作用下实施犯罪的，并且是出于实施犯罪的动机而自愿陷入醉态或者其属于惯常醉酒人的；n）在吞食、吸食、注射毒品、致幻药、催眠药、麻醉药或者具有类似效力的其他物质所产生的作用力下实施犯罪，并且是出于实施犯罪的动机而自愿陷入该状态或者其属于惯常成瘾人的；o）（废止）；p）在被有权机关给予正式警告后仍然实施犯罪的；q）对正在适当地履行法定义务或者社会义务的人实施犯罪，或者针对这些人的行为进行报复、倒算而实施犯罪的；r）针对与经济社会发展中的优先重要活动有关的人员或者财产实施犯罪的。”

《俄罗斯刑法典》在总则第三编“刑罚”第十章“处刑”第60条中规定：“1. 对被认定犯罪的人，应在本法典分则相应条款规定的限度内，并考虑本法典总则的规定，判处公正的刑罚。在对犯罪规定的所有刑罚种类中，只有在较轻的刑种不能保证达到刑罚目的时才得判处更重的刑种。2. 在依照本法典第69条和第70条的规定数罪并罚和数个判决合并处刑时，可以判处比本法典分则相应条款对犯罪规定的刑罚更重的刑罚。判处比本法典分则相应条款的规定更轻的刑罚的根据由本法典第64条规定。3. 在处刑时应考虑犯罪社会危害性的性质和程度以及犯罪人的身份，其中包括减轻刑罚的情节和加重刑罚的情节，以及所处的刑罚对被判刑人的影响和对其家庭生活条件的影响。第61条规定：“1. 减轻刑罚的情节是：（1）由于各种情况的耦合而初次实施犯罪；（2）犯罪人未成年；（3）犯罪人怀孕；（4）犯罪人有幼年子女；（5）由于生活困难情况的交迫或者出于同情的动机而实施犯罪；（6）由于身体或心理受到强制或由于物质的、职务的或其他的依赖从属关系而实施犯罪；（7）因违反正当防卫、拘捕犯罪人、紧急避险、合理风险、执行命令或指令等合法条件而实施犯罪；（8）由于被害人的行为不合法或不道德而实施犯罪；（9）自首、积极协助揭露犯罪、揭发同案犯和起获赃物；（10）在犯罪之后立即对被害人给予医疗救助或者其他帮助、自愿赔偿犯罪所造成的财产损失或精神损害，以及其他旨在弥补对被害人所造成的损失的行为。2. 在处刑时还可以考虑本条第1款没有规定的减轻刑罚的情节。3. 如果减轻刑罚的情节已在本法典分则的相应条款中作为犯罪要件作了规定，则它本身不得在处刑时再重复予以考虑。”第62条规定：“在具有本法典第61条第1款第9项和第10项规定的减轻情节而没有加重情节的情况下，刑罚的期限或数额不得超过本法典分则相应条款规定的最重刑种最高刑期或数额的3/4。”第63条规定：“1. 加重刑罚的情节是：（1）累犯；（2）由于实施犯罪而发生严重后果；（3）参加团伙、有预谋的团伙、有组织的集团或犯罪团体（犯罪组织）实施犯罪；（4）在犯罪中作用特别积极；（5）引诱患有严重精神病的人或处于不清醒状态中的人犯罪，以及引诱未达到刑事责任年龄的人犯罪；（6）出于政治的、意识形态的、种族的、民族的、宗教的仇恨或敌视的动机而实施犯罪，或者出于对某一社会集团的仇恨或敌视的动机而实施犯罪；（6-1）为报复他人的合法行为而实施犯罪，以及为了掩盖其他罪行或为给其他犯罪创造条件而实施犯罪；（7）由于他人执行职务或履行社会义务而对该人及其亲属实施犯罪；（8）对犯罪人明知正在怀孕的妇女以及对幼年人、其他没有自卫能力或孤立无援的人实施犯罪或者对依赖从属于犯罪人的人实施犯罪；（9）犯罪手段特别残忍、对被害人进行虐待或严重侮辱，以及折磨被害人；（10）使用武器、弹药、爆炸物品、爆炸装置或仿造爆炸装置、专门制造的机械、剧毒物质和放射性物质、药品和其他化学品犯罪，以及采用身体或心理的强制迫使他人实施犯罪；（11）在紧急状态、自然灾害或其他社会灾难条件下以及在聚众骚乱中实施犯罪；（12）利用他人因犯罪人的职务地位或合同而对犯罪人给予的信任实施犯罪；（13）利用国家权力机关代表的制服或证件实施犯罪。2. 如果加重刑罚的情节已在本法典分则相应条款中作为犯罪要件加以规定，则它本身不得在处刑时再重复考虑。"

《韩国刑法典》在总则第三章"刑"第二节"量刑"第51条中规定："量刑时，应审酌下列事项：1. 犯人之年龄、性行、知能与境遇。2. 与被害人之关系。3. 犯罪之动机、手段与结果。4. 犯罪后之情况。"第52条规定："（一）犯罪后向侦查犯罪机关自首者，得减轻或免除其刑。（二）告诉乃论之罪，向被害人自白者，准用前项规定。"第53条规定："犯罪之情状可悯恕者，得酌量减轻其刑。"第56条规定："刑之加减理由同时发生时，依下列顺序为之：1. 依分则相关条文而为加重。2. 依第34条第2项而为加重。3. 累犯加重。4. 法律上减轻。5. 竞合犯加重。6. 酌量减轻。"

《西班牙刑法典》在总则第一集中，除第一章规定了犯罪的有关概念之外，第二、三、四、五章中分别规定了刑事责任的免除、减轻及加重的各种情况。其中第二章免除刑事责任的情况主要是从责任要素的方面规定的（如前述）。第三章第9条"减刑之情况"规定："第一项：前章所述各有关案件中无法符合免除刑责之必需条件。第二项：非经常性酗酒亦无意造成犯罪。第三项：犯罪者年未满18岁者。第四项：并无造成严重伤害之犯罪意图。第五项：在犯罪发生之前，被害者曾有挑拨及威胁行为。第六项：于受到攻击后，对犯罪者、其配偶、尊亲属、卑亲属、婚生、非婚生或认领兄弟或同亲等之亲属，立即采取一种报复行为。第七项：基于道德、利他主义者或非常深厚之爱国心而从事之行为。第八项：由于过分之刺激，自然地致使当事者喜怒无常或神志不清所造成之行为。第九项：在获悉提出司法诉讼前，犯罪者由于内心真正之忏悔所刺激，拟对犯罪加以解救或为使犯罪效果减低程度而给予被害者满意之补偿或向有关当局表示悔过。第十项：任何与上述各款意义相似之情况。”第四章第10条“刑责加重之情况”规定：“第一项：经背信之方式完成犯罪事实——系指犯罪者触犯任何罪行侵害别人，在其执行犯罪时，其所使用之手段、方法或方式直接地或特别地令人相信或保证对被害人并无危险，以致被害人未能采取所可能采取之防备措施。第二项：为达到某种代价、补偿或承诺而犯罪。第三项：经由水灾、火灾、毒药、爆炸物、航空器之破坏，船只之海难或故意造成之海损、火车头之出轨，或使用其他人为之方法造成重大之灾难。第四项：利用印刷品、广播或其他有利于传播之方式而完成之犯罪。第五项：在进行犯罪中故意增加犯罪之损害以致造成另外不必要之损害。第六项：利用已知之预谋。第七项：利用狡猾、欺诈或伪装。第八项：滥用上级职权或使用致使对方减少防卫之方法。第九项：滥用信任。第十项：犯罪者利用公共性质。第十一项：利用火灾、海难或其他天灾或不幸之机会犯罪。第十二项：利用武装人员或其他完全不受处罚或比例上不受处罚者之协助而进行犯罪。第十三项：利用夜间在人烟稀少地方或结伙犯罪者。所谓结伙犯罪系指三个人以上武装犯罪者共同参与某一犯罪行为。第十四项：所谓累犯系指犯罪时曾被法律处罚相等或较重刑之罪，或曾受两个或两个以上较轻刑之罪所处罚者。第十五项：所谓重犯系指犯罪人犯罪时已受本法同一集所规定之罪行经判决处罚者。第十六项：执行犯罪事实时攻击政府当局或蔑视被害者应受尊重之尊严、年龄及性别或在未引发事件前在其私邸执行犯罪。第十七项：在教堂完成犯罪事实。”第五章第11条规定：“刑责之减轻或加重责任应就案件本身之性质、动机及犯罪结果或者是否系被害者之配偶、尊亲属、卑亲属、婚生、非婚生。或认领之兄弟或被侮辱者同亲等之亲属等等情况再作决定。”

《意大利刑法典》在总则第三章“犯罪”第二节“刑之酌科及加减”第59条中规定：“除法律另有规定外，不论行为人是否知悉或有所误认，关于加重、减轻或免除等有利或不利行为人之情况，应加以斟酌。行为人主观所误认之加重、减轻情状，不得作为有利或不利之准据。行为人主观误认有免除刑罚之情状时，应为其有利之认定，但行为人之误认乃由于其本身之过失，而法律明文处罚过失犯罪时，不得免除其刑。”第60条规定：“犯罪之客体错误，因被害人之身份、关系，或被害人与行为人之关系，而有加重刑罚之情状时，不得适用之。犯罪人对上述之身份或关系有减轻情况之误认时，应适用之。有关被害人年龄、身体、精神之情形或其他情形时，不适用本条之规定。”第61条规定：“下列各种情形，如非犯罪之构成要件或加重刑罚之特别原因者，均为加重刑罚之一般原因：1. 因卑劣或琐微之动机而犯罪者。2. 为便利犯他罪或隐匿他罪，或为自己或他人取得犯罪之利益，而犯罪者。3. 于过失犯罪时，虽有结果之预见而仍犯罪者。4. 对人身以暴虐或残酷之方法犯罪者。5. 利用时、地、身份特殊情形，以阻碍公私之防卫与救助者。6. 犯罪人在逃避因前次犯罪所发生之拘留逮捕、收押期间中更犯他罪者。7. 对财产，或以他法侵害财产之犯罪，或以得利为动机导致他人蒙受重大财产上之损害者。8. 加重或企图加重犯罪之结果者。9. 滥用官职、公务或神职之权限或违背其义务而犯罪者。10. 对公务员、公职人员、天主教或其他合法宗教之传教士，或外国之外交官或领事官，于其执行职务时，加以侵害者。11. 滥用管理服从、家属、公务、劳务、同居或东道招待等关系而犯罪者。”第 62 条规定：“下列各种情形，如非犯罪构成要件，或减轻刑罚之特别原因者，均属减轻刑罚之一般原因：1. 由于在道义上或社会上值得特别嘉许之动机而犯罪者。2. 因他人不正之行为，引起义愤而犯罪者。3. 行为人并无职业性或习惯性之犯罪特性，在法律或官署不禁止之集会或结社当中，其意志受群众骚动之影响而犯罪者。4. 对财产或其他侵害财产之犯罪仅导致被害人蒙受极轻微之财产损失者。5. 行为人之作为或不作为，与被害人故意行为交互作用导致犯罪结果者。6. 在审判前已赔偿全部之损害、恢复原状，或在审判前，除第 56 条最后一项规定之情形[1]外，自行以有效之方法减轻其犯罪之侵害或危险之结果者。”第 62 条之一规定：“除第 62 条所规定之各种情状外，法官得依其裁量，斟酌其他减轻刑罚之情状。此类情状在适用本条时得视为唯一情况，并得与第 62 条所列举之各项情状之一种或数种合并考虑之。”第 70 条规定：“本法所谓主观、客观之情状，其定义如下：1. 关于行为之性质、种类、方法、对象、时间、地点、及行为之其他附随情况、损害及危险之轻重，以及被害人本身之关系与身份均为客观情状。2. 故意之强弱、过失之程度、犯罪人本身之关系与身份、犯罪人与被害人之关系，或专属犯罪人本身之事项，均属主观情状。所谓犯罪人本身之事项即有关犯

〔1〕 因己意防止结果发生。

罪责任能力及累犯之事项。”

我国台湾地区规定：“科刑时应审酌一切情状，尤应注意下列事项，为科刑轻重之标准：一、犯罪之动机。二、犯罪之目的。三、犯罪时所受之刺激。四、犯罪之手段。五、犯人之生活状况。六、犯人之品行。七、犯人之智识程度。八、犯人与被害人平日之关系。九、犯罪所生之危险或损害。十、犯罪后之态度。”“犯罪之情状可悯恕者，得酌量减轻其刑。”“依法律加重或减轻者，仍得依前条之规定酌量减轻其刑。”

从上述规定中可以看出立法者认定的影响刑罚轻重的某些因素。这些因素，除了犯罪构成的基本要素之外，可以归纳为以下几个方面：

1. 影响罪过程度的因素

这方面的因素主要包括：

(1) 表明行为原因的因素。

这些因素由于可以说明行为人罪过心理产生的原因，因而影响罪过的可责程度。主要包括：由于被害人的挑拨、威胁，由于被害人行为而受到重大诱惑，由于被害人的不法行为或不道德行为而引起强烈的激动、愤怒、刺激、痛苦、侮辱以致当即实施犯罪行为；由于受到自己必须服从或者所依附的人之促使，或者受到物质上的、职务上的以及其他从属关系的影响而犯罪；由于各种情况的偶然聚合，由于在合法集会、竞赛、结社等活动中受到群众骚动之影响而犯罪；由于受到来自其他方面的过分刺激而在异常兴奋或者恐惧的状态下犯罪；由于困难交迫而犯罪；由于受到诱惑的机会而犯罪；行为人在威胁或者强制作用下实施行为的；行为人在其所依赖的近亲属的直接影响下实施行为的，等等。这些因素都使犯罪行为的动机选择具有可宽恕的原因，从而减轻了行为人的罪过的程度，因而都是可以减轻刑罚的因素。而出于卑鄙或者下流的原因，为了便利或确保其他犯罪的实施，为了掩饰其他犯罪或者为了逃避惩罚而实施的犯罪，则被规定为加重刑罚的因素。

（2）表明行为动机的因素。

这类因素由于能够表明动机的善与恶、好与坏，从而影响到罪过心理的可责程度。其中，可以减轻罪过程度的因素主要有：基于高尚的动机、值得尊敬的动机、合乎道德要求的动机、利他主义的动机，基于爱国心，基于在道义上或社会上值得特别嘉许之动机，由于生活困难情况的交迫或者出于同情的动机而实施犯罪等。可以加重罪过程度的因素主要有：基于应当特别责难的动机、贪利的动机、卑劣或琐微的动机、各种仇恨或报复的动机等。

（3）表明构成要件之外的目的性因素。

这类因素由于其本身就是行为时的心理状态的一部分，因而直接影响罪过程度。其中，可以减轻罪过程度的因素主要有：未经熟虑而为之；没有犯严重罪行的意图；在认识错误状态下的故意；非经常性酗酒状态下无犯罪意图而为犯罪行为等。可以加重罪过程度的因素主要有：为便利犯他罪或者为隐匿他罪而犯罪；为取得已实施的犯罪之利益而犯罪；为了达到某种代价、补偿或承诺而犯罪；故意诬陷无罪之人等。

2. 影响行为之危害程度的因素

这方面的因素主要包括：

（1）表明行为环境的因素。

这类因素因其自身的特殊性或者有利于犯罪的完成而被一些国家的刑法规定为加重刑罚的因素。主要包括：行为的时间，如利用夜间在人烟稀少的地方实施的犯罪，可罚性行为的持续时间等；行为的地点，如在被害人私邸完成犯罪，在教堂内实施犯罪等；行为的机会，如利用天灾及其他不幸之机会犯罪、利用他人无防备或无援助的状态犯罪等。

（2）表明行为方式的因素。

这类因素直接决定着行为的危害程度，因而刑法中对之规定得甚为详尽。其中包括：有关行为数量的，如多次实施同种类的数个行为不实行数罪并罚的，行为竞合的；有关行为性质的，如行为的种类，如结伙犯罪，引诱、教唆、组织、指导他人犯罪，犯罪时攻击政府当局；有关行为手段的，如手段特别残酷、暴虐或者使被害人备受痛苦，行为时蔑视被害人应受尊重之尊严、年龄、性别等；有关行为方法的，如利用狡猾、欺诈、伪装的方法实施犯罪，利用天灾或不幸之机会实施犯罪，利用武装人员或其他不受处罚者的协助实施犯罪，利用上级的职权、任信、公共性质或者利用自己的职权或从事公务的便利实施犯罪，利用自己获知之预谋实施犯罪，利用印刷品、广播或其他有利于传播的方式完成犯罪，以背信弃义的方法完成犯罪，利用时间、地点及身份的特殊性质阻碍他人制止犯罪或救助被害人，或者在夜间实施犯罪，或者在精心选择或者利用的无人居住之处、人迹罕至之处、昏暗之处实施犯罪，通过制造水灾、火灾、中毒、爆炸、空难、交通事故等方法（用危害公共安全的危险方法）完成犯罪等。这些因素都加重了行为的危害程度并因之而加重了行为的责任程度，从而被立法者作为加重刑罚的因素予以专门规定。

（3）表明行为对象的因素。

一些国家的刑法明确规定，针对特定对象实施犯罪行为时，要加重处罚。如对幼年人、老年人、处于无援助状态之人实施犯罪；对尊亲属、卑亲属、兄弟姐妹或者配偶实施犯罪；对病人或者孕妇实施犯罪；对因各种原因从属于自己的人实施犯罪；对具有公务员、外交官等特殊身份之人犯罪；教唆或引诱未成年人犯罪；教唆或者指示由于个人状况、身份而无法构成犯罪的人实施犯罪等，都是应当加重处罚的情节。

（4）表明行为结果的因素。

这类因素也是直接表明行为的危害程度的因素。这类因素包括：可以减轻行为之危害程度的因素，如危害结果轻微，与被害人的故意行为交互作用导致犯罪的结果，为阻止不利结果已尽真挚的努力，虽有造成更大损害之机会而依已意予以抑制，仅因不作为而致犯罪结果发生，未招致任何损害等；可以加重行为之危害程度的因素，如故意增加的不必要的损害，加重的犯罪结果等。

3. 影响行为人之责任能力的因素

这方面的因素包括年龄因素（如未成年人、未满 18 岁或 20 岁或 21 岁）所决定的对行为之违法性尚未具备完全的判断力；受精神异常状态之影响，行为人理解力薄弱或受教育极少，行为人的智识程度不高；由于过分之刺激而在犯罪时神志不清等。这些因素都因限制或减弱了行为人的责任能力而成为斟量减轻处罚的因素。

4. 行为人的人身因素

这方面的因素包括累犯、惯犯、有害性习癖、品行不良等加重刑罚的因素；一向循规蹈矩、初次犯罪、品行良好等减轻刑罚的因素，以及与被害人之间的经济关系、人身关系、个人生活经历等中性因素。

5. 行为人的事后态度

这方面的因素包括犯罪后自首、供认（自白）、真切表示痛悔（悔过）等认罪态度；帮助揭露犯罪等立功态度；努力消除犯罪损害、自愿赔偿（补偿）对被害人的损害，由行为人自己或代替行为人之第三人赔偿或补救犯罪之损害等赎罪态度；犯罪后相当长的时间内保持善行（行为良好）等。这类事后态度被一些国家的立法者规定为减轻刑罚的因素。

刑罚的轻重与刑事责任的大小具有密切的联系。一些国家刑法甚至明文规定，犯罪人的责任是量刑的基础，甚至量刑应以行为人之责任为准，因此法官要根据行为人的责任大小来量定刑罚，如德国刑法、奥地利刑法、瑞士刑法等明确地将其规定为量刑的基本原则。所以刑法中关于加重或者减轻刑罚的规定，在很大程度上是对加重或者减轻刑事责任的规定，其中强调的加重或者减轻刑罚的因素，绝大多数都是影响刑事责任程度从而影响刑罚轻重的因素。

但是也应当看到，由于刑法中规定量刑除了以行为人的责任为基础之外，还要斟酌“刑罚对犯罪人未来社会生活所可期待发生之影响”，或者行为人之“素行及个人关系”，并且刑罚的轻重还受到制约刑罚目的的政策性因素的影响，因而立法者认定的影响刑罚轻重的因素并不完全是影响刑事责任大小的因素。上述第4、5种影响刑罚轻重的因素，我认为，主要是政策性因素，而不完全是影响责任程度的因素。因为刑事责任是因其行为而产生的责任，与行为无关的或者行为之后的态度无法决定或影响行为责任本身的大小。上述第4、5种因素之所以被立法者规定为加重或者减轻刑罚的因素，可以说主要是基于预防犯罪的目的而考虑刑罚适用的必要性的结果。

限于篇幅，本书对各国有关刑事责任的立法，只进行了简要的比较。但其中所引立法例，可以为读者进一步研究这个问题提供可资参考的素材。特别是其中存在着诸多共性的东西，可以窥见决定和影响刑事责任的规律性的要素。